KB170000

언어와 독일의 분열

언어와 독일의 분열

1945~2000년 동독과 서독의 사회언어학적 역사에 대하여

패트릭 스티븐슨 지음
신명선 · 양수경 · 강남욱 · 강보선 · 박진희 옮김
김하수 감수

사회평론아카데미

추천의 글

1990년 독일이 45년 만에 전격적으로 통일되었을 때, 우리는 그제야 북한어 연구를 본격화하기 시작하였다. 그 후 30여 년이 흘러 해방 78년째를 맞고도 아직 우리는 분단 상태이다. 전격적 통일이 올지, 점진적 통일이 올지, 통일 후 통합의 어려움이 어떠할지 알 수 없는 현실이지만, 이번에 언어학계는 물론, 남북 언어에 관심 있는 사람이라면 한번 읽어 볼 만한 책이 나왔다. 바로 독일 통일을 둘러싸고 독일의 언어 통합을 언어학적으로 분석한 패트릭 스티븐슨(Patrick Stevenson)의 *Language and German Disunity*(2002)를 '언어와 독일의 분열'이란 제목으로 중견 국어교육학자들이 번역한 것이다. 남북통일 연구자, 특히 독일 통일의 언어 문제를 다룬 논저를 찾는 이들이라면 가뭄의 단비 같은 도움을 받을 수 있을 것이다.

이 책은 동독, 서독, 오스트리아, 스위스 지역에 걸쳐 독일어 사용 인구가 분포된 분열의 역사로부터 오늘날 독일연방으로 통일된 시점까지 다루고 있다. 1장 도입, 6장 결론을 빼면 2, 3장이 1945~1990년 통일 이전의 독일어를 다루고, 4, 5장은 1990~2000년 통일 이후를 다루면서 동서독 출신의 차별과 갈등 문제를 동서독인들의 담화 텍스트를 통해 분석하면서 동서독인들이 자신과 타인의 정체성을 형성하고 변화시켜 가는 과정을 기술하였다.

122년간(1838-1960) 편찬된 『독일어사전(Deutsches Wörterbuch)』을 시작한 것으로 유명한 언어학자 그림(Grimm) 형제는 "국가는 동일한 언어를 쓰는 사람들의 총체이다. 우리의 언어는 우리의 역사다."라고 하였다.

독일도 패전 직후 분단을 공식화하고 베를린 장벽을 세워 냉전이 격화되면서 언제 다시 독일과 독일어를 통합할 수 있을까 암담하였지만 〈동서독 기본조약〉(1972)을 맺어 상호 교류를 허용하면서 통일의 기운을 일으켰다.

1990년 10월 3일 공식 통일 선포 이후 '동독 대 서독'의 대립은 사라졌지만 '동독 출신'과 '서독 출신'의 갈등은 '오씨'와 '베씨' 즉 'Ossizität(동독다움)'과 'Wessizität(서독다움)'으로 남아 직업, 나이, 성별보다 더 중요한 1차 식별 기준을 구성하였다고 한다. 그러나 독일인들은 상호 이해의 노력으로 이런 갈등을 꾸준히 줄여 나가 오늘날 독일은 유럽의 강자로 부활하였다.

인간이 모어(母語)를 모든 정치적 구속에서 벗어나 자유롭고 순수하고 진실하게 사용하는 것은 인간 영혼의 천부적(天賦的) 기본권의 하나라는 점에서 민족 통합과 언어 통일은 하늘의 명령이다. 이 책을 읽다 보면 우리도 장차 서로 하나가 되려는 노력만 쉬지 않는다면 쪼개진 남북 언어는 반드시 봉합되어 하나가 될 수 있다는 교훈을 얻게 될 것이다. 78년째 분단된 우리는 45년 만에 통일한 독일과 통일 과정이 다르겠지만 우리도 우리의 언어로 통합의 어려움을 극복할 수 있다는 믿음이 필요하다.

우리 한국인은 '우리'라는 말을 잘 쓴다. 그러나 진정 '우리'는 하나인가? 남북은 언제 분열된 '우리'에서 통합된 '우리'가 될 것인가? 통일 후 통합된 '우리'가 되려면 지금 분단 상태에서부터 남북 사회에 대한 상호이해를 통해 남북 통합을 이루는 훈련을 해야 한다는 점에서, 남북통일을 소망하는 이들의 조용한 일독(一讀)을 권한다. 우리도 독일 통일보다 더한 일을 이룰 수 있다는 믿음이 생길 것이다.

민현식(閔賢植)

겨레말큰사전남북공동편찬사업회 이사장, 서울대학교 국어교육과 명예교수

옮긴이 서문

1.

이 책은 패트릭 스티븐슨(Patrick Stevenson)의 *Language and German Disunity*(2002)를 번역한 책이다. 동독과 서독의 통일이 임박했을 때 많은 사람들은 두 나라의 정치적, 경제적 차이로 인한 불통과 갈등을 염려했었다. 사실 언어는 논의의 중심에서 한참 밀려나 있었다. 그런데 1990년 통일이 된 뒤 언어는 의외로 강력한 불협화음을 냈다. 동독인과 서독인 사이의 언어적 갈등은 구직이나 면담과 같은 다양한 담화 상황에서 심각한 사회 문제로 등장했으며 'Ossi, Easterness(동독 출신, 동독다움)', 'Wessi, Westerness(서독 출신, 서독다움)' 등과 같은 용어가 생겨나면서 동독인이나 서독인의 특성을 규정짓거나 한계지으려는 사람들이 늘어났다. 이른바, '동독인스럽다', '서독인답다' 등과 같은 '다움' 논란이 언어를 매개로 활발하게 이루어지면서 서로에 대한 한정된 인식과 편견이 자라난 것이다. 통일 후 10여 년이 지나도록 언어로 인한 갈등과 논란은 쉬이 사라지지 않았다.

저자는 1945년까지 거슬러 올라가 독일어가 민족과 국가의 언어로 독일에서 역사적으로 자리매김해 가는 과정을 추적하고 통일 전 동서독 양쪽에서 독일어가 어떤 정치적 의미를 갖고 사회적 기능을 담당했는지 실제 자료와 이론들을 기반으로 꼼꼼히 분석하였다. 그리고 통일 후 동서독인들의 소통 과정을 분석하면서 동서독인들이 언어를 통해 자신과 타인의 정체성을 형성하고 변화시키는 과정을 기술하였다.

독일의 경우 동서 분단 대치 국면이 50년이 채 되기 전에 통일되었음에도 언어적 분열과 갈등이 사회적 문제로 크게 대두되었는데, 우리의 경우 남북 분단 대치 국면이 반백 년을 훌쩍 넘었다. 남북 분단 기간이 길어지면서 남북한 언어의 공통점과 차이점, 통일 이후 언어 문제를 다루는 논의들의 중요성이 점점 더 커지고 있다. 이러한 시점에서 이 책은 통일 전후 주목해야 할 언어 연구의 논점과 언어 정책의 방향 등에 놀라운 시사점을 주고 있다고 판단된다. 분단과 통일을 먼저 겪은 독일의 사례는 언어 갈등의 핵심과 원인, 정책과 연구의 방향 등에 매우 유의미한 참조점이 될 것이다.

저자는 사용으로서의 언어(language in use)를 시종일관 강조하면서 사회언어학적 입장을 취하고 있다. 따라서 사전에 등재된 어휘나 문장이 아니라 실제 동서독인들의 담화나 공공 텍스트 등을 자료로 삼고 있으며 구체적인 맥락에서 언어가 갖는 기능과 의미, 담화 참여자가 느끼는 생각과 감정 등을 여과 없이 기술하고 있다. 이러한 연구 방향은 남북한 언어 연구에도 유의할 것이다. 어휘나 문장의 차이를 사전적으로, 통사적으로 분석하는 연구도 필요하지만 실제 담화 분석을 통한 사회언어학적, 화용론적 연구 결과도 좀 더 활발하게 이루어질 필요가 있다.

2.

우리는 이 책을 2009년에 새터민을 위한 어휘 학습 교재 개발 연구를 진행하던 중 처음 접했다. 당시에 스터디를 하면서 이 책의 중요성을 깨닫고, 꼼꼼히 분석하면서 다시 읽어야겠다고 다짐했지만 그러지 못한 채 금세 10년이 흘러버렸다. 2019년 말이 되어서야 더 늦기 전에 이 책을 다시 봐야겠다고 결심했다.

2020년 봄이 막 오려던 무렵, 코로나19로 마스크 착용이 의무화될 것이라는 소식이 들릴 때쯤 우리는 이 책을 번역하기 위해 교대역 근처 카페 한편에 모였다. 그때만 해도 우리는 이 책의 번역 작업이 이렇게 지리하고 힘들지 미처 예상하지 못했다. 남북한 언어의 특징, 통일 이후 국어교육의 방향, 새터민들의 삶과 언어 등에 대한 이야기를 재미있게 나눈 뒤 우리는 제법 흐뭇해져 헤어졌다.

그리고 2022년 늦은 봄, 코로나19 감염이 이제 정점을 찍었으니 외부에서는 마스크를 벗어도 좋다는 선심 같은 지침이 내려올 때에야 우리는 이 책의 번역본을 그나마 잠시 손에서 뗄 수 있게 되었다. 그러고도 1년이 지났다. 참으로 쉽지 않은 일이었다. 우선 독일어에 능통하지 못하다는 기본적인 탄식이 있었지만, 그 외에도 독일의 정치사나 사회적 사건, 다양한 인명과 지명 등등에 대한 무지도 번역을 어렵게 했다. 그래서 우리는 독일어뿐만 아니라 정치사회적 사건이나 다양한 명명들의 적합성 여부까지 여러 전문가에게 자문을 구해야 했다.

마스크를 쓰고 있는 내내 답답한 마음을 떨칠 수 없었던 것처럼, 번역 작업 시간들도 그러했다. 저자의 길고 난해한 문체를 탓하기에는 내용의 깊이를 따라잡기가 쉽지 않았다. 온라인 화상 회의는 때로 밤 12시를 넘기고서야 끝났지만 우리는 여전히 명쾌하게 내용을 정리하려 노력하는 중일 뿐이었다. 그래서 이제 이 책을 떠나보내는 마음이 그리 편치가 않다. 'with covid19'가 역설적이게도 'over covid19'가 되는 시기이다. 책을 떠나보내지만 이 책에 담긴 우리의 노력과 애정, 그리고 여전히 더 알고 싶은 지혜에 대한 갈증은 그대로 우리와 함께 있다.

서문을 읽고 있는 독자에게, 이 책의 제목이 갖는 의미에 대해 생각해 보기를 권하고 싶다. 우선은 저자가 왜 이런 중의적인 제목을 선택했을까? 둘째는 왜 '언어와 독일의 통일'이 아니고 '언어와 독일의 분열'일까? 정답은 없지만 해법은 여러분에게 있다.

"느리기에 방향이 확실하고 무겁기에 발자국이 깊다."

다산 정약용 선생의 유명한 말씀이다. 남북한 언어의 사용 양상을 사회언어학적으로 분석하는 작업은 연구가 쉽지 않아 느리고 더딜 수밖에 없지만 이러한 연구 방향이 갖는 의의는 확실하다. 중요한 것은 넓게 펼치기보다 깊게 파헤쳐서 내용의 무게를 확보해야 한다는 점일 것이다.

3.

번역을 진행하는 과정에서 여러 은인들의 도움을 받았는데 다음의 두 분께는 특별히 감사를 표하고 싶다. 우선 서울대학교 독어교육과 박사수료 최영은 선생님은 책에 나오는 주요 용어 및 인명, 지명 등을 검토해 주었다. 각종 논문과 신문, 잡지 등을 찾아 용어의 적합성을 검토해 준 노력과 정성에 깊이 감사한다. 우리 번역팀은 스위스 취리히에 있는 최 선생님과 온라인 화상 회의로 여러 용어들의 적합성을 검토받은 경험을 매우 소중하고 즐거운 추억으로 간직하고 있다.

무엇보다 김하수 전 연세대학교 국어국문학과 교수님께 깊이 감사드린다. 사실 부족한 초고의 자문을 선생님께 의뢰해도 될지 여부부터 모두 걱정이었다. 그런데 조심스레 부탁을 드렸을 때 선생님께서 흔쾌히 받아주셔서 정말 감사했다. 이미 퇴임하셨지만 여전히 학문에 대한 열정을 갖고 계신 선생님의 모습 때문에 존경하는 마음도 솟아올랐다. 선생님께서는 이 긴 초고를 모두 읽어 주셨고 주요 구절마다 애정 어린 자문을 꼼꼼히 달아 주셨다. 진심을 담아 감사드린다.

그리고 감사할 분을 떠올릴 때마다 늘 내 가슴을 벅차오르게 만드시는 우리 민현식 선생님! 책 출간 상황을 말씀드렸더니 이내 단비 같은 책이라며 기뻐하신다. 나는 차마 선생님의 제자라고 하기도 부끄러울 뿐이다. 선생님의 깊은 학문적 경지와 올곧은 성품을 받들 뿐이다. 부족한 제자를 끝까지 묵묵히 지켜봐 주시는 선생님께 이 자리를 빌려 다시 감사드린다.

번역을 진행하는 과정에서 우리는 힘들었지만 더 끈끈해졌고 더 깊어졌다. 대학원 시절부터 새터민 언어에 관심을 갖고 사회언어학을 지속적으로 연구해 온 양수경 선생님의 깊이 있는 지식과 지혜는 번역의 방향을 잡는 데 늘 길잡이가 되어 주었다. 오랫동안 한국어교육에서 빛을 발휘해 왔고 일찍이 몽골어 사전을 우리나라에서 최초로 엮은 강남욱 선생님의 정확한 번역 용어 선택과 맥락 파악 능력은 번역 문장을 시작할 수 있는 힘이 되어 주었다. 역시 대학원 시절부터 남북한 언어에 관심을 갖고 통일 이후 언어 문제를 치밀하게 공부해 온 강보선 선생님의 혜안은 독일어에 대한 책의 논의를 한국어에 대입해 우리의 현실에서 다시 생각해 보게 하는 밑거름이 되었다. 무엇보다 성실함과 정직함으로 늘 학문의 기본을 지켜 온 박진희 선생님의 놀라운 정리 능력과 꼼꼼하고 치열한 논증 능력 덕분에 우리의 번역은 끝을 맺을 수 있었다. 나는 그저 이들과의 토의와 논증을 즐기다 보니 지금 이 자리에 와 있다. 글을 쓰다 보니 다시 한번 좋은 사람들과 작업했음에 감사가 저절로 나온다.

마지막으로 일정이 빠듯해서 책을 내기 어려운 상황인데도 책을 내어 준 (주)사회평론아카데미에 감사드린다. 이 책을 담당한 편집부의 노력과 정성에도 무한한 애정을 담아 감사를 표하고 싶다.

2023년 2월 옮긴이를 대표하여

신명선 씀

일러두기

1. 통일되기 전 독일은 동독과 서독으로 나뉘어 있었고, 각기 다음과 같은 이름으로 불렸다.
   동독: Deutsche Demokratische Republik(독일민주공화국), DDR(데데에르)서독: Bundesrepublik Deutschland(독일연방공화국), BRD(베에르데)
   *참조: 1949년 9월 동독의 사회주의자들이 서독을 가리킬 때 German Federal Republic(GFR)을 사용했는데, 1968년 이후로는 GFR 대신 BRD를 더 많이 사용했다.

2. 동독과 서독의 영어 명칭은 다음과 같다.
   동독: GDR(German Democratic Republic)
   서독: FRG(Federal Republic of German)
   서독(독일연방공화국)이 통일을 주도하여 통일 후 동독과 서독을 계승한 국가가 되었고, 국호도 그대로 물려받았다. 따라서 '독일연방공화국'은 분단 시대의 서쪽, 그리고 통일 시대의 독일 전체를 가리키는 중의적인 용어로 자리 잡았다.

3. 독일의 정당 조직에 대한 명칭은 다음과 같다.
   구동독의 집권당은 SED(독일사회주의통일당)로, 흔히 '사회주의통일당'으로 불린다. 서독 혹은 현재의 독일연방공화국에서 출발한 정당으로는 CDU(체데우) 기독교민주당(약칭 '기민당'), CSU(체에스우) 기독교사회당(약칭 '기사당'), SPD(에스페데) 사회민주당(약칭 '사민당'), FDP(에프데페) 자유민주당(약칭 '자민당'), Grune(그뤼네) 녹색당 등이 있다.

4. 원서의 주는 1, 2, 3, …으로, 옮긴이 주는 *로 표기하였다.

서문

1949년부터 1989년까지 중부 유럽이 제2차 세계대전 이후 독일의 폐허에서 등장한 두 국가에 의해 지배되던 기간 동안, 동독과 서독에서는 언어와 국가적, 사회적 정체성의 관계가 학술 연구와 대중의 토론 주제로 지속적으로 재부상되었다. 많은 사람들은 1990년 독일의 정치적 통일이 사회적 통합을 위한 조건을 마련해 주기를 바랐고, 언어 문제는 자동적으로 해결될 것이라고 대부분(보편적이지는 않지만) 가정했다. 그러나 사회적 통합이 낙관론자들이 생각하는 것보다 더 어려운 목표임이 증명되었을 뿐만 아니라 '동서독 언어'의 문제는 학술적, 비학술적 맥락에서 계속 집중적으로 분석되었다. 통일 국가의 첫 10년은 연속성과 불연속성 사이의 긴장으로 특징지어진다. 삶의 어떤 측면은 거의 하룻밤 사이에 바뀌거나 심지어 사라졌고, 다른 측면은 동일하게 유지되거나 초기 혼란과 격동의 기간 후에 새로운 빛으로 다시 나타났다. 이러한 과정에서 언어가 어떤 역할을 했는지는 엄청난 관심을 불러일으켰고 상당한 논란을 불러일으킨 질문이다. 이것이 이 책을 쓰게 된 주된 동기였다.

나는 이 주제에 대한 내 논의가 다양한 층위의 불일치에 대한 사회언어학적 연구에 기여하기를 바란다. 이를 위해 다양한 연구 방향을 통합하는 광범위한 역사적 관점을 취했고, 독일 상황에 대한 비판적이지만 균형 잡힌 설명을 제시하고자 '참여적 외부자'의 관점에서 글을 썼으며, 독일 학자 및 학생들의 전문적인 관심사이면서 또한 다른 언어 공동체에서의 연구를 자극하는 내용을 다루었다. 나는 이 책에 대한 내 개념을 '역사 속의 언어' 연구로서 1장에서 자세히 논의할 것이다. 그러나 이 주제에 관한 책은 많은 다른 형태를 취할 수 있기 때문에 내 연구 주제에 대한 내 입장, 책을 쓰면서 염두에 두었던 독자층 등 내 연구의 범위에 대해 서두에서 몇 마디 말하고 싶다.

앞선 연구는 어휘적 차이와 변화에 대한 텍스트 연구에서부터 서로 경합하는 담화들에 대한 비판적인 해석들이 어떻게 변화하는지를 살펴보거나 언어 태도에 정량적인 분석을 가하거나 언어 행동에 대한 실증적인 연구를 수행하거나 면담(interview)을 민족지학적으로 해석하는 등 광범위한 여러 가지 접근법 내지는 방법론 중 하나를 채택하고 그것에 집중해 왔다.

이 주제와 관련해 가장 최근의 기여 중 하나는 아우어와 하우젠도르프(Auer & Hausendorf 2000b)로서, 이 글은 통합의 (사회)언어학적 결과에 관한 연구의 단편적 속성을 비판하고 이전과는 다른 방식으로 그들의 앤솔로지(2000a)와 스티븐슨과 테오발드(Stevenson & Theobald 2000a)의 에세이가 좀더 통합적이면서 다학제적인 접근으로 다가가는 첫걸음을 내딛도록 했다. 이 책에서 나는 이 복잡한 과정 하나하나에 여러 가지 다른 수준에서 어떠한 분석을 요구하는지를 보여 줌으로써, 또 이러한 상황에 대한 더 나은 이해는 다른 접근법을 훼손하면서 한 가지 방법만을 주장하는 것으로 이루어지지 않는다는 것을 보여 줌으로써 한 단계 더 나아가려고 한다. 그렇게 하기 위해서 나는 다양한 조건과 서로 다른 의사소통 장르에서 도출된 광범위한 구어와 문어 텍스트를 제시했다. 비록 내가 가능한 한 폭넓게 그물을 던져서 최근 연구의 주요 동향을 재조명하려고 노력했지만 역사의 모든 측면을 포괄적으로 다루는 것은 분명히 불가능하며, 따라서 어느 정도의 선택성은 불가피하다. 그렇기에 나는 한편으로 창조적인 글이나 허구적인 글(문학적 텍스트, 영화, 카바레(Kabarett),* 대중음악 등등)로

....

* 풍자극, 주로 정치 풍자극을 가리키는 드라마 장르.

분류될 수도 있는 자료에는 관심을 두지 않았다(이러한 주제들에 대한 사례로 Baumann(2000)과 Durrani(2000)를 살펴보라. 또 학술적인 공헌으로서 Stevenson and Theobald(2000a)에 수록된 Reifarth, Hörschelmann and McNally를 들 수 있다). 또한 나는 본문에 실제로 언급된 것에 더해서 이 책에 담긴 내 연구에 다양한 방법으로 정보를 준 서지(書誌)들을 참고문헌에 수록했다.

학술 연구에서 연구자의 입장은 최근 몇 년 사이 점점 더 꼼꼼한 검증을 받게 되었지만(일례로 Cameron 외(1991) 참조) 동서 문제에 대한 대부분의 출판물을 살펴보면 놀랍게도 저자들은 자신의 출신에 대해 침묵하고, 독자들은 이 중요한 측면을 연구에서 기술된 사항으로 추측할 수밖에 없다(예를 들어 Fiehler(1995)와 같은 사례는 저자의 '서쪽' 지역의 정체성을 명시적으로 밝히고, 자료를 해석해 내는 저자의 정체성이 관련되는 지점들을 알 수 있도록 한다는 점에서 비교적 이례적이다). 그렇지만 서로 반대되는 두 사회집단 사이의 관계를 다루는 연구 분야에서 이 점은 중요하다. 이는 대다수의 연구가 한쪽에만, 우리의 경우라면 동쪽 편에만 초점을 맞추고 있기에 더욱 그러하다. 로타어 프리츠(Lothar Fritze 1996: 922)는 이 불균형한 방법론적 절차에 대해 (아마도 서독에서 이루어진 연구들을 언급하면서) 의심할 바 없이 동독인들을 대변해 불만을 토로한다.

> Unterschiede zwischen Ost und West—etwa im Wahlverhalten, Unterschiede im Grad der konfessionellen Gebundenheit, unterschiedliche Vorstellungen von Gerechtigkeit oder von sozialer Sicherheit, habituelle Unterschiede und dergleichen mehr—werden sehr häufig, ja nahezu ausschließlich als *ostdeutsche Abweichungen von der Normalität* gedeutet. Als normal gilt die westdeutsche Art, sich zu verhalten oder sich zu geben; die Standards der Normalität werden

durch die westdeutschen Standards definiert.

동독과 서독 사이의 차이점들, 예를 들어 선거, 특정 종교의 교파와 사회가 맺고 있는 일종의 연계 환경, 정의(正義)라든지 사회보장에 대한 관념, 일상적 행동 등에서 나타나는 차이점들은 실제로 거의 전적으로 동독이 정상치에서 벗어난 것으로 해석되는 일이 매우 흔하다. 정상으로 간주되는 것은 서독의 행동 방식이고, 그 '정상(표준)'이라고 말하는 기준은 서독의 관점에서 정의된다.(강조는 원문)

물론 반드시 그런 것은 아니지만, 내 판단으로는 '한쪽' 혹은 다른 쪽에서 나온 모든 연구가 같은 결점이 있다고 하거나 개별 연구자들에게 내재하는 편견을 주장하는 것은 불공평한 일이다. 그럼에도 불구하고 나는 서독의 많은 연구가 종종 암묵적으로 서독의 언어 사용 패턴을 표준으로 삼았다고 생각하고, 이러한 접근법이 사회언어학적 실행에서 존재하는 차이들의 중요성을 모호하게 하거나 과장할 위험이 분명히 있다고 생각한다. 나는 연구자의 관점이 그들의 사회적 출신에 의해 영향을 받을 것이라는 불가피성을 인정하는 것이 중요하다고 생각한다. 외부인인 나는 독일 원주민으로서 자신들의 경험과 직관에 호소할 수 있는 사람들이 지닌 이점이 당연히 부족하지만, 헬무트 콜(Helmut Kohl) 전 총리가 '외국에서 태어난 것의 축복(die Gnade der fremden Geburt)'[1]이라고 말한 것에 따라 내 부족한 점이 극복되기를 바란다. 그리고 나는 비판적이지만 편파적이지 않은 방법으로 이 감정적인 주제에 접근하려고 분명히 노력했다.

동독-서독 연구(예를 들어 Hellmann 1999 참조)에 대한 참고 문헌을

....

1 1984년에 콜은 '늦게 태어나서' 직접적으로 관여되지 않았던 것의 '축복'을 언급함으로써 자신, 그리고 함축적으로는 독일에서 자신의 세대를 국가사회주의 시대와 거리를 둔 것으로 유명했다('늦게 태어나게 해 주신 축복(Die Gnade der späten Geburt)').

훑어보면 거의 전적으로 독일인에 의해 수행되었을 뿐만 아니라, 사실상 완전히 독일어로 작성되었다는 것을 알 수 있다. 물론 이것은 전적으로 합리적이지만, 이제 독일어로 된 출판물들이 독일어를 사용하는 나라들 밖에서는 독자들에게 거의 전달되지 않는다는 것은 슬픈 사실이다. 그러나 내가 보기에 이 책의 핵심 이슈는 훨씬 더 광범위한 독자들에게 잠재적으로 흥미로울 뿐만 아니라 현재에 그리고 과거에 분열된 다른 언어 공동체와도 관련이 있을 수 있다. 여기에는 베트남이나 한국과 같이 정치적으로 분열된 국가들의 아주 유사한 사례뿐만 아니라 정치적 투쟁이 언어적 실행과 복잡한 방식으로 얽혀 있는 발칸 국가들, 카탈루냐, 퀘벡, 예루살렘과 같은 다양한 다언어적 맥락도 포함될 수 있다. 그러한 모든 사례들은 우리에게 독일의 경험이 유럽 (심지어 세계) 역사의 과정에서 특수하고 특별히 중요했을지 모르지만 유일하지는 않다는 것을 상기시켜 주는 역할을 한다.

이러한 이유로 나는 이 책을 영어로 쓰고 본문에 인용한 모든 독일어 단어와 문단에 영어 번역을 추가했으며, 독일사와 독일 제도에 대한 자세한 지식을 당연시하지 않았다. 더군다나 나는 모든 독자가 훈련된 언어학자일 것이라고 보지 않았다. 오히려 나는 누구보다 역사학자, 사회학자, 정치과학자, 그리고 특정한 학문적 성향 없이 일반적 관심에서 읽는 독자들이 포함되기를 바란다. 그래서 구어 자료 샘플을 인용할 때 대화 분석에서 사용하는 음성기호, 전사 관행을 사용하지 않고 단순화된 형태로 제시했다. 이러한 방식으로 인용된 저작의 연구자들, 기술적으로 더 정확한 전사 방식을 선호하는 독자들은 이러한 결정을 한 이유를 양해해 줄 것이다.

마지막으로 이 책은 수년간 내가 이 주제에 몰입해 얻은 결과물이지만, 바로 그 본질상 많은 개인 연구자들의 저작에 크게 의존하고 있다. 나는 여기서 그들 모두에게 감사하고 싶다. 특히 동독과 서독의 학자들에게 감사를 표하고 싶다. 그들은 자료를 제공하고, 시간을 내어 자신의 저작에 대해 나와 토론해 주었고, 내가 이 복잡한 주제에 대해 자신들의 관점을 이해하도록 도와주었다. 여기서 나는 특별히 페터 아우어(Peter Auer), 게르트 안토스(Gerd Antos), 카린 비르크너(Karin Birkner), 우르줄라 브레델(Ursula Bredel), 노르베르트 디트마르(Norbert Dittmar), 울라 픽스(Ulla Fix)와 라이프치히에 있는 그녀의 동료 만프레트 헬만(Manfred Hellmann), 프리데리케 케른(Friederike Kern), 잉그리트 퀸(Ingrid Kühn), 외르크 팜(Jörg Palm), 외르크 페촐트(Jörg Pätzold), 마르기타 페촐트(Margita Pätzold), 페터 포르슈(Peter Porsch), 슈테판 리히터(Stefan Richter), 그리고 루트 라이허(Ruth Reiher)를 염두에 두고 있다. 그들은 내 모든 기술에 대해서는 동의하지 않을지 모르지만, 나는 그들의 저작을 공정하게 평가하려고 노력했으며 그들의 서로 다른 견해를 고려하고자 애썼다.

나와 오랫동안 이 책의 주제를 공유하고 있는 알리사 세타어(Alissa Shethar)와 존 테오발드(John Theobald)는 내 프로젝트에 여러모로 기여해 왔다. 나는 그들의 지속적인 관심과 격려, 그리고 무엇보다도 독일의 정체성 담론에 대한 그들의 열정적인 연구에 감사하고 싶다. 원고 전체를 호의적으로 읽고 자세히 코멘트해 준 세 사람, 로드니 볼(Rodney Ball), 슈테펜 바르부어(Stephen Barbour), 볼프디트리히 하르퉁(Wolfdietrich Hartung)에게 큰 빚을 지고 있다. 내용과 문체에 관한 그들의 건설적인 비판은 초안의 부적절함과 약점을 일깨워 주었고, 나는 이것들을 최종본에서 바로잡기 위해 최선을 다했다. 출판된 형태의 책을 읽는 사람들은 틀림없이 이 책의 흠을 찾겠지만, 이러한 초기 비평가들의 개입이 없었다면 훨씬 덜 만족스러운 설명이 되었을 것이다. 최종본의 모든 면에 대한 책임은 당연히 내게 있다.

학문적 삶을 영위해 나가는 일이 결코 만만치 않다는 사실을 고려하면, 특정한 지원이나 동료들의 개인적인 희생 없이 이 책을 쓰는 일은 불가능했을 것이다. 이러한 맥락에서 나는 굳건한 지지를 보내 준 빌 브룩스(Bill Brooks)에게 특별한 빚을 지고 있다. 특히 이 책에 관한 대부분의 작업이 이루어진 특별 기간 동안 추가적인 교수(teaching) 및 행정적 부담을 기꺼이 떠안았던 앨런 밴스(Alan Bance)와 클레어 마몰리네로(Clare Mar-Molinero)에게도 빚을 졌다. 이들이 보여 준 친절과 우정 덕분에 책의 완성도를 높일 수 있었다. 언젠가 그들에게 보답할 수 있기를 바란다. 또한 마지막 순간 번역 문제를 해결해 준 하이디 암브루스터(Heidi Armbruster), 앨런 밴스, 클라우디아 펠머(Claudia Fellmer), 줄리아 시크만(Julia Siekmann)에게 감사한다. 그리고 특히 서지 사항 관련 문제를 해결해 준 빌 애비(Bill Abbey)에게도 감사한다.

끊임없는 관심과 애정을 보여 준 OUP의 존 대비(John Davey)와 없어서는 안 될 지원을 제공해 준 몇몇 기관들에도 감사를 남기고 싶다. 예술인문연구원의 보조금 덕분에 책의 완성도를 높일 수 있는 특별한 시간이 마련되었고, 영국 아카데미와 독일 학술교류원의 지원금 덕분에 독일 방문 연구가 여러 차례 이루어질 수 있었다. 늘 그렇듯이 만하임에 있는 퀴르 도이체 스프라체 연구소는 훌륭한 연구 자원을 제공해 주었다. 특히 지원과 조언을 아끼지 않았던 에바 테우베르트(Eva Teubert)와 그녀의 동료들에게 감사한다.

마지막으로 끊임없는 지지를 보내 준 조에게 감사하고, 내 투덜거림을 참아 주고 내게 큰 기쁨과 자부심의 원천이 되어 주는 로지와 잭에게 감사의 말을 전한다.

차례

2부 1990~2000년 '동'과 '서'의 재배치

1

도입

“현재 총리가 공화국 동쪽의 낯선 지역을 방문하고 있습니다. 동서 통합 후 10년이 지난 지금 그는 다시 서독과 이질적인 사회를 만나고 있습니다.”(『디 차이트(Die Zeit)』, 2000년 8월 24일 자) 특별할 것 없는 이 신문 헤드라인은 익숙한 편이다. 왜냐하면 그 당시 신문에서 흔히 읽을 수 있었던 표현 중 하나였기 때문이며 또한 동독 사회학자 볼프강 엥글러(Wolfgang Engler)의 기사에 동반되었던 낯설지 않은 어떤 감정을 표현하고 있기 때문이다. 볼프강 엥글러는 통일 독일의 지속적인 (그리고 늘고 있는 것으로 추정되는) 분열 경향의 특정 차원을 탐구한다. 기사의 주요 헤드라인은 다음과 같다. “그들은 모두 독일어를 말한다. 그렇지만 동서는 여전히 서로를 이해하지 못한다.” 글쓴이는 ‘문화 투쟁에 대한 주해(Anmerkungen zu einem Kulturkampf)’를 제공한다. 독일인과 그들의 ‘문화’를 이해하려는 시도가 늘 역설에 직면했다는 것 또한 놀랍지 않다. 그들은 독일어 외에는 공통점이 거의 없었지만 사실 독일어 역시 그 밖의 다른 어떤 것만큼 그들을 구분 지었다.

여기에는 두 가지 중요한 포인트가 있다. 첫째, 유럽에서 사용되는 독일어는 모든 방향에서 종종 지역적 대조를 보여서 고도로 다양한 변이가 늘 있어 왔는데 이때 동서의 축은 두드러지지 않았다. 그런데 요즘 자연스럽게 부딪히는 독일어의 지역 변이 중 상당수는 위도보다는 경도를 두드러지게 보여 준다. 둘째, 통일 10년 후에 구연방 주와 새 연방 주 사이에 경제적 및 사회적 불균형이 여전히 존재할 것이라는 점은 1990년에도 예상하지 못할 전망은 아니었을 테지만, 10년이 지난 뒤에도 동서 독일인이 여전히 만족스럽게 소통하지 못할 것이라고 내다보지는 못했다.

그래서 결국 이 평범한 개념에 대한 설명이 필요한 것 같다. 왜 남북 차이로 인한 실제적 이슈는 결코 신문에서 다루어지지 않는데, 동서 간 의사소통의 문제는 온 신문 지면을 장식하는가? 10년간의 자유로운 접촉에도 의사소통 공동체 구축에 방해가 되는 가장 기본적인 이런 장애들이 왜 극복되지 않았을까? 그리고 '문화 투쟁'에 대한 언론의 언급은 다소 거칠지 않은가?

이제, 엥글러는 언어학자가 아닌 사회학자이며 언어 문제는 본질이 아니라 그의 토론의 출발점이다. 그는 서독 텔레비전 기자의 일화를 접한 후 동독과 서독 간의 문화 투쟁을 섬세하게 묘사하기 시작했다. 한 기자가 브란덴부르크의 숲 상황에 대해 동독 산림 관리인과 인터뷰를 한 후 "당신은 확실히 서독 출신이 아닙니다. 당신은 독일어를 할 수 있군요."라고 말했고, 산림 관리인은 당황했다. 그런 다음 기자는 그에게 "나는 지난번 회의에 참석했습니다."라면서 이 수수께끼 같은 발언에 대해 설명했다. "연설을 시작하기 전에 연단의 연사가 외쳤습니다. '우리 중에 변호사가 있나요?' 아무도 손을 들지 않았습니다. '여기 서독 출신이 있나요?' 아무도 대답하지 않았습니다. '좋아요, 독일어로 말할게요.'"

이 이야기가 설명하고자 하는 것은 의사소통(Verständigung)과 이해(Verstehen)의 개념 차이다(Schiewe 1998: 259; Paul 2000b 참조). 문제는 사실 동서독인들이 서로 의사소통할 수 있는지의 여부가 아니다. 의사소통을 하는 데 어려움이 있을지 모르지만 그것들은 사소하며 어쨌든 동서로 분리되면서 동서의 경계가 굳어지기 훨씬 전부터 존재했다(이런 어려움은 의심할 여지없이 1949년 이후 장기간의 접촉 부족으로 악화되었다. Barbour and Stevenson 1990/1998: 1장 참조). 신문 헤드라인은 어떤 의미에서 다소 문자 그대로 이해된다. 동서독인은 서로의 단어를 이해할 수 있지만 서로가 말하는 내용을 이해하지 못한다. 또는 더 명확하게는 서로를 이해하지 못한다.

남성과 여성은 서로를 "그냥 이해하지 못한다."(Tannen 1991)라는 데버라 태넌(Deborah Tannen)의 유명한 논쟁적 주장에는 무시할 수 없는 암시가 있는데, 동서독에 대한 이 포괄적인 주장들 역시 똑같이 논쟁적이다. 그러나 이 두 가지 문제는 용어의 가장 넓은 의미에서, 심오한 정치적 문제이며 내 연구에 동기를 부여하는 것은 언어(또는 더 정확하게는 텍스트)의 정치적 기능이다. 엥글러에게 문자 및 음성 텍스트의 생산과 수용은 공동체를 식별하고 구축하는 수단으로서 문화적 차이를 조사하기 위한 시작점에 불과하다(Engler 2000a 참조). 내 목적은 현대 독일의 맥락에서 차이에 대한 논쟁에 기여하는 언어 문제를 자세히 탐구하는 것이다. 강조점은 그것이 내러티브에서 각자의 역할을 갖더라도 개별적인 언어적 형식이라기보다 언어 실행(linguistic practices)이나 언어가 '언어적 분석의 기초가 되는 것'을 넘어서 정치적 및 사회적 논쟁으로 끌려가는 방식이다. 그러므로 한스 위르겐 헤링거(Hans Jürgen Heringer 1990: 9)의 '정치적 활동은 언어적 활동(politische Tätigkeit [ist] sprachliche Tätigkeit)'이라는 말과 그 반대(언어적 활동은 정치적 활동)와 같은 격언을 채택하면서 언어 분석의 기본은 정치적인 언어 사용(혹은 아마도 다소 언어 활동)임을 이해하는 것이 중요하다.

동독과 서독 언어 공동체 사이의 언어 및 의사소통 차이를 주제로 하는 수많은 연구가 있었다(Manfred Hellmann의 서지 목록은 1990~1999년에만 700개가 넘는다). 그러나 사실상 그것들은 모두(Bauer 1993은 예외) 1989~1990년 이전의 정치적 분열 기간이나 1989~1990년의 전환기(Wende)[1*] 또는 통일 국가의 현재 시기에 시선을 고정한다. 더 넓은 역사적 맥락에서 동시대의 상황을 설정하고 이 역사에 자명한 불연속성뿐만 아니라 중요한 연속성을 끌어내는 사회언어학적 불일치에 관한 연구는 부족했다. 그래서 나는 여기서 이를 제공하고자 한다. 이 책 "2부 1990~2000년 '동쪽'과 '서쪽'의 재배치"의 주요 초점인 현대 독일의 사회언어학적 차이와 의사소통적 불협화음 현상은 통일 이전 40년 분단의 배경과 더 넓게는 지난 200년 동안 국가 정체성 구축과 경쟁 과정에서 독일어의 개념이 해 온 역할의 맥락에서 이해될 수 있다.

뒤따르는 사회언어학적 역사는 두 가지 다른 원칙에 따라 구성된다. 첫째, 간단한 연대순으로 두 부분으로 나뉜다. 1부는 전환기까지의 기간을 다루고, 2부는 통일 후 첫 10년(1990년부터 2000년까지)을 다룬다. 둘째, 이 책의 두 부분의 각 두 장은 시간에 따른 선형적 진행을 따르기보다는 주제별로 구성되어 있다. 이런 식으로 나는 동서 문제의 역사성과 핵심 문제의 근간이 되는 복잡한 질문망을 모두 포착하고자 한다. 왜, 그리고 어

....

1 이 용어는 학문적으로나 일상적 맥락에서 광범위하게 사용되기 때문에, 나는 이 용어를 책 전체에서 (독일어지만) 영어에 상응하는 표현으로 쓸 것이다.

* 제2차 세계대전 이후 동독과 서독으로 분리된 독일은 1990년 10월 3일 다시 하나의 국가로 통일되었다. 'Wende'는 1989년에서 1990년 통일 이전까지의 변화 시기를 가리키는 단어로, 이 시기의 특성을 고려해 '전환기'로 번역했다.

떤 방식으로, 언어는 반복적으로 독일어 언어 공동체에서 통일과 분리의 원천으로 인식되었는가?

내 연구는 동서 관계라는 거시적 수준과 동독인과 서독인의 경험이라는 미시적 수준 둘 다를 포함해 독일어의 최신 역사뿐만 아니라, 더 중요하게는 최근 독일 역사에서 언어의 역할을 다룬다. 이것은 확실히 1945년 이후 독일어가 변화한 방식을 고려하겠지만, 언어 변화에 대한 특별한 관점은 사회변화와의 관계에 있을 것이다. 2장에서는 이 관계를 20세기 후반 독일의 맥락에서 국가 정체성의 복잡한 문제를 이해하는 하나의 수단으로 해석하는 방법을 설명하고자 한다. "독일 그리고 언어 문제(Germany and the Questione della Lingua)"라는 제목의 장에서 나는 사회 및 언어의 역사(예를 들어 Steinberg 1987; Joseph 1987 참조)가 같은 문제를 안고 있는 이탈리아의 상황에서 언어와 지역적 정체성 또는 언어와 국가 정체성에 대한 논쟁과 관련해 사용하는 용어(Questione della Lingua)를 빌려 왔다. 그것은 더 넓은 유럽 프레임워크 내에 토론을 위치하게 하고(유럽에서 언어와 민족주의에 관한 권위 있는 조사는 Barbour & Carmichael 2000 참조) '독일 문제'에 대한 이러한 접근 방식의 역사적 차원을 강조하기 위해서다. 더 진행하기 전에 '이 문제의 역사적 차원'이 의미하는 바를 설명해야 한다.

내 연구는 사건의 순서와 시간 흐름의 중요성을 인정하는 서사이지만 독일인의 언어에 대한 사회적 경험의 복잡한 층위(layering)에 대한 주의 환기를 의도한다. 얀 블로마르트(Jan Blommaert 1999b: 3-4)는 페르낭 브로델(Fernand Braudel 1958a)의 작업을 바탕으로 '객관적'이고 연대기적인 속도와 주관적으로 시간을 인식하는 방법, 서로 다른 이 두 시간 개념에 근거해 역사에서 언어를 연구하는 접근법을 논했다. 한편으로는 사람들이 보고 느끼고 통제할 수 있는 '전통적인 역사적 시간'이 있다. 다른 한편으로는 '다른 시간들(times)이나 시간성(temporalities), 즉 개인의 손이 닿지 않는 느린 과정, 사회적 및 정치적 그리고 경제적 시스템의 시간'이 있다. 이러한 관점에서 역사는 '사람들의 삶에서 겹치고 얽히고 상충되는 시간성에 대한 연구다. … [이것은] 객관적인 시간계 현상뿐만 아니라 인간의 시간에 대한 인식과 경험, 즉 시간의 사회적 속성을 언급'한다. 사람들의 삶에서 이러한 서로 다른 '시간성' 사이의 마찰은 독일 역사에서 언어의 역할을 이해하게 하는 기초다.

시간의 이러한 경쟁적인 패턴의 효과 중 하나는 한 차원의 불연속성이 다른 차원의 연속성을 가릴 수 있다는 것이다. 블로마르트(1999c: 425-6)는 계속해서 다음과 같이 주장한다.

> 역사상 언어가 정치적, 사회적, 문화적 개입의 대상이 되는 중요한 순간이 있다. 드라마 같은 일이나 위기가 거의 일어나지 않는 것처럼 보이는 순간이 있다. … [그러나] 격렬한 투쟁과 논쟁의 모든 순간은 상호텍스트적이며 장기간에 걸쳐 이전의 발달 배경에 대항하며 발전한다.

국가 원수 암살, 군대의 항복, 봉인된 국경 개방 등의 역사적 '사건'이 예상치 못하게 갑자기 발생할 수 있지만, 사회적 관습과 구조 및 관계의 변화는 일반적으로 더 느리고 덜 지각적으로 발생하거나 파생된다. 블로마르트(1999c)가 말했듯이 '매우 느린(그리고 매우 깊은) 과정에 대항해 매우 집약적이고 빠르게 움직이는 환경'이 설정된다. 이는 언어 변화에도 동일하게 적용된다. 왜냐하면 권한과 자원을 가진 기관에 의해 위에서 제정된 예외적인 경우를 제외하고 그것은 사회적 과정이며 따라서 그런 의미에서 사회적 변화의 한 측면이기 때문이다. 더욱이 언어 변화와 보다 일반적으로 사회변화는 대체로 지속적인 과정이다(변화 속도는 상당히 다를 수 있지만). 이는 특정 시간 프레임의 변화에 대한 연구가 실제로는 연속적 기간의 시작점과 끝점을 어느 정도 임의로 정의함을 의미한다.

물론 베를린장벽의 설치 및 해체와 같은 '재앙적' 순간에 기반해 시간 조각(chunks)의 관점에서 변화를 생각하는 것이 편리하며, 그러한 사건은 역사적 과정에서 실질적으로 진화적 운동보다는 혁명적 운동을 나타낸다. 어떤 순간은 분명히 다른 순간보다 더 큰 영향을 미친다. 그러나 그러한 중요한 사건 이후에도 어떤 것들은 바뀌고 다른 것들은 그렇지 않다. 그리고 장벽이 무너지기 전과 후와 같은 라벨을 사용하는 것은 복잡한 과정을 더 관리하기 쉽게 만드는 한 가지 정당화가 될 수 있지만, 그럼에도 불구하고 역사가 세분화될 수 있다는 환상을 만들 위험이 있다. 이 책의 화제인 독일에서 동서의 분열은 예외적으로 그러한 범주적 접근을 허용한다고 주장할 수 있다. 1949년 두 독일의 창립과 1990년 합병은 독일 정치사에서 비정상적으로 명확하게 한정된 발전을 나타낸다. 그러나 이 책의 주제인 '동서의 사회적 분열의 연속성에서 언어의 위상'은 사회적 변화가 정치적 변화보다 갑작스러운 변화에 덜 민감하고 실제로 잠재적으로 더 저항력이 있다는 전제를 기반으로 한다. 그래서 내 연구의 종점(통일 10년의 끝)은 임의적이지만, 그 범위(1990년 이전의 정치 분열기와 1990년 이후 통일기 모두를 포괄하는)는 논의에 필수적이다.

검토의 시작점은 제2차 세계대전 이후 독일의 분열로, 처음에는 4개의 점령 구역에서 나중에는 떠오르는 힘 있는 구역에 따른 두 국경 국가로 많은 설명이 필요 없을 것 같다. 그러나 이 순간은 동서 분열이 탄생하는 순간이다. 그 이상은 아니지만, 적어도 이전 200년 동안의 독일 역사를 특징짓는 원심력과 구심력 사이의 긴장(지역화와 중앙집중화)의 맥락에서 이를 보는 것이 그 발전의 의미를 이해하는 데 중요하다. 이러한 관점에서 동서 분단은 독일 국민의 가장 최근의 분열일 뿐이며, 현재의 민족국가는 이를 통일하려는 가장 최근의 시도이다.

이 복잡하고 구불구불한 분열의 역사를 길게 논의하는 것은 내 범위를 훨씬 넘어선다. 그러나 동서 분열의 특정 현상에 초점을 맞추면서 독일의 사회적, 언어적 혼란의 역사적 깊이를 인정하는 것이 중요하다. 따라서 1부에서 추구하고 싶은 것은 먼저 언어가 독일에서 사회적 분열을 구축하고 도전하며 해체하는 데 항상 중요한 역할을 해 왔고, 두 번째로 독일인의 언어 경험이 정치에 내재되어 있다는 생각이다. 이러한 점을 설명하기 위해 나는 시간적으로 한 단계 뒤로 이동하는, 아마도 확실한 단계를 밟지 않고 제3제국 시대(Third Reich)[2*] 동안 언어의 역할을 논의할 것이다. 더 이른 시점의 논의를 신중하게 제거하면서 시작하겠다. "2.1 정치적 변화와 언어의 위기"에서 내 목표는 19세기 전반기 언어에 관해 논의함으로써 독일에서 언어와 사회적 및 정치적 정체성 사이의 논쟁적인 관계의 역사성을 확립하는 것이다. 그리고 그것은 그 당시에 어떻게 '국민어(national language)'[**] 또는 '모어(mother tongue)'에 부가된 가치가 내 연구 주제와 관련되어 추후에 많은 발전을 하게 되었는지에 대한 논증으로서 다룰 것이다.

1950년대부터 1980년대까지 언어적 및 문화적 유산에 대한 논쟁과 언어와 국가 정체성 간의 관계에 대한 논쟁은 이러한 초기 논쟁의 맥락에서 볼 필요가 있다. 19세기 초 지식인의 한 가지 목표가 사회정치적 문제가 공개적으로 논의될 수 있는 공적 영역인 공론장(Öffentlichkeit)[***]을 처

....

2 이에 대한 상세한 분석은 예를 들면 바우어(Bauer 1988)와 마스(Maas 1984)를 보라. 영어로 된 짧은 논의로는 타운슨(Townson 1992: Chapter 4)과 웰스(Wells 1985: 407-19)도 있다.

* 공식적으로 1933년부터 1945년까지의 독일제국을 가리키는 말로 나치 독일로도 언급된다.

** 'national language'는 국가의 결속력을 강화하려는 이데올로기적 성격을 지니므로 '국민어'로 번역했다.

*** 독일어로 'Öffentlichkeit'는 '공론, 공연성(公然性)' 등을 가리키는데, 문맥상 '열린 토론 공간'을 가리키는 개념으로 사용했다. 이에 대한 자세한 내용은 3장에서 다룬다.

음으로 만드는 것이었다면(Townson 1992: 53-6 참조), 냉전 중 발전한 언어 논쟁은 어떻게 이 공적 영역이 경쟁 이데올로기를 촉진하기 위해 언어에 대한 담론을 개발하는 방식으로 이용될 수 있는가이다. "2.2 언어, 사회 그리고 정치"에서 나는 이러한 논쟁의 과정을 추적해 1945년 이후 독일에서 동서 관계의 정치적 변화의 분위기를 추적하고 정치적 의제와 학문적 의제 사이의 연관성을 조사할 것이다.

2장의 마지막 부분에서는 언어의 담론적 표현에서 언어 변화 및 언어 사용으로 논의를 이동한다. 동독과 서독에서 언어에 대한 논쟁이 변별적 언어들에 대한 주장의 근거를 만드는 데 실패하면서("2.2 언어, 사회 그리고 정치"에서 볼 수 있음), 두 언어 공동체 사이의 언어적이고 사회언어적인 차이의 성격, 범위, 중요성이 객관적이고 정량적인 접근 방식을 채택한 연구에서 종종 과소평가되었다. 나는 "2.3 언어적 그리고 사회언어적 차이"에서 특히 1989년 이후에 많은 동독인들이 경험한 소외("4.1 통일의 언어적 도전" 참조)가 몇몇 중요한 어휘들과 의미의 차이에 근거해서 설명할 수 있다고 주장할 것이다. 보다 구체적으로 나는 명명(주, 도시, 정치적 과정 등)과 같은 언어적 실행의 이데올로기적 힘이 양적 차이의 정도보다 더 중요하며, 맥락을 구성하기 위해 키워드를 사용하는 것이 별개의 단순한 하위 어휘 집합의 존재보다 더 중요하다고 제안하고자 한다.

그래서 2장에서 나는 1945년 이후 두 독일의 출현과 발전, 그리고 이들 사이의 변동 관계의 필수 측면이었던 언어와 사회언어학적 변화가 어떻게 쟁점이 되었는지를 보여 줄 것이다. 3장에서는 동독의 공적 언어(public language)* 사용에 초점을 맞출 것이지만, 그렇게 하는 목적은 이

---

* 'public language'는 공공 영역에서 쓰이는 언어를 가리키는 용어로 대개 'private language'와 대립적으로 사용된다. 대개 public language를 공적 언어, private language를

를 서독의 언어 사용과 대조하는 데 초점이 있는 것도 아니고, 서독 관습에 의해 정의된 '규범'에서 일탈한 것으로 표현하려는 것도 아니다. 오히려 내 목표는 사회를 결집하고 해체하는 보완적인 과정에서 언어가 어떻게 징집되었는지, 그 결정적인 현상을 탐구하는 데 있다. 동독의 언어는 내적 일관성과 단결의 모델이 되었지만, 실제로는 치명적으로 분열되어 그것의 소멸이 두 독일 언어 공동체를 포용하는 새로운 사회를 만드는 기회를 제공하는 것처럼 보였다.[3] 여기서 핵심적인 질문은 다음과 같다. 동독에서 공식적으로나 비공식적으로 언어가 사용된 바로 그 방식이 역설적으로 동독의 몰락에 어떻게 기여했는가?

동독과 마찬가지로 '구(舊)'서독에도 적용되는 모든 정치 문화는 경쟁하는 이익집단이 권력을 획득하고 유지하기 위해, 그리고 일단 권력을 잡으면 통치자와 피통치자 사이의 거리를 유지하기 위해(예를 들어 계산된 모호성, 부정확성, 진부한 완곡어법)(Wodak and Kirsch 1995b: 11 참조) 발전한다. 그러나 이러한 점에서 전체주의 사회와 민주주의 사회의 근본적인 차이점은 다양한 사회계층 내에서 그리고 다양한 사회계층 사이에서 '대화'의 방식과 가능성, 즉 언어적 상호작용과 교환이 전자에서 더 엄격하게 제한된다는 점이다. (물론 정치 구조와 과정 면에서 민주적이라고 간주할 수 있는 사회가 반드시 완전히 개방적이고 투명한 의사소통 관행(communicative practices)을 특징으로 한다는 것은 아니다.) 우리 맥락에서 흥미로운 것은 동독에서 새로운 사회를 건설하는 과정에서 의사소통의 패턴이 어떻게 개발되고 통제되었는가이다. 어느 정도로 그리고 어떤 방식으로 그것이 '존재했다고

....

사적 언어로 번역한다.

3 물론 이러한 관점은 이 사회의 복합적인 성격을 마치 그것이 실제로는 다언어적이거나 다문화적이 아닌 것처럼 무시하는 것이다. 이 질문은 여기서 내 범위를 넘어서지만 연속적인 후속 논의의 주제가 될 것이다.

말할 수 있는가?' 그리고 어떻게 국가가 이 일을 통해 자기 파괴의 씨앗을 뿌렸는가? 어떤 의미에서 우리는 그것이 '존재하지 않게 되었다고 말할 수 있는가?'

이로부터 그 접근 방식은 언어에 대한 토론이나 개별 언어 특질에 초점을 맞추는 것이 아니라 경쟁 담론[4]의 구성에서 언어 사용에 초점을 맞출 것이다. 나는 "3.1 공식적 담화의 '비잔티움 건축'"에서 다양한 종류의 공개 성명(예를 들어 당 정책 발표 및 당대회 연설)에 나타난 독일사회주의 통일당(Sozialistische Einheitspartei Deutschlands, SED)의 공식 담화를 검토하는 것으로 시작했다. 이것은 동독에서 '공적 언어'의 기반을 형성한다. 그것은 일상적인 사회적 교류의 언어가 아니라 일반 시민들이 필연적으로 접하게 되는 권위와 정치적 정통성에 대한 담론으로, 그 안에서 그들은 최소한의 공적 언어에 대한 이해 능력(passive competence)*을 개발

....

4 나는 노먼 페어클로프(Norman Fairclough) 및 루스 우닥(Ruth Wodak)과 같은 언어학자와 관련된 비판적 언어학(또는 비판적 담론 분석, CDA)에서 다소 관습적으로 사용되는 '담론(discourse)'이라는 용어를 책 전반에 걸쳐 사용하고 있다. 주로 미셸 푸코(Michel Foucault)의 작업을 바탕으로 비평 언어학자들은 언어를 사회적 실행(social practice)의 한 형태로 간주하고 '담론'을 사용해 지식과 사회적 실천의 영역을 구성하는 다양한 방식을 드러낸다(Fairclough 1992: 3). 예를 들어 페어클로프는 "의학" 담론이 현재 건강관리의 실천에서 지배적인 담론이지만, 대중적인 "민간요법"뿐만 아니라 다양한 전체적 "대안" 담론(예를 들어 동종 요법 및 침술 담론 같은 것)과 대조된다고 주장한다(1992). 내 연구 목적에 특히 적절한 정의는 군터 크레스(Gunther Kress 1985: 6-7; Fowler 1991: 42에서 재인용)에 의해 제공된다. "담론은 제도의 의미와 가치를 표현하는 체계적으로 조직된 일련의 진술이다." 그 외에도 그들은 주변적으로든 중심적으로든 해당 기관의 관심 영역과 관련해 말할 수 있는 것과 말할 수 없는 것(확장할 수 있는 것과 하지 않는 것)을 정의하고 설명하고 구분한다. 담론은 주어진 영역에 대해 가능한 일련의 진술을 제공하고 특정 주제, 대상, 과정이 논의되는 방식으로 구조를 제공하고 조직한다. 그 안에서 사회적이고 개별적인 행동에 대한 설명, 규칙, 허가 및 금지가 부여된다. 담론 이론에 대한 간결하지만 광범위한 소개는 밀스(Mills 1997)를 참조하라.

* 'passive language'는 알아들을 수는 있으나 잘 사용하지 않는 언어를 가리키는 말이다.

하게 된다. 독일사회주의통일당의 주요 목표가 모든 구성원을 껴안는 사회주의 사회를 건설하는 것이라면 그리고 그 안에서 모든 구성원들이 자기 역할을 수행하는 것이라면, 당의 정책과 그 정책이 기반을 둔 신념과 가치가 소통되는 것은 분명 필요하며 동시에 공개토론의 공간이자 공공영역인 공론장의 한계를 규정하고 제한하는 것 또한 필요했다. 따라서 미디어 텍스트의 생산 및 수용에 대한 제약도 여기서 고려해야 한다. 마지막으로 통제는 정책 집행의 핵심적 요소였기 때문에 국가안보작전의 강박적이고 편집증적인 세계가 사설 사전 『정치 공작 사전(Wörterbuch der politisch-operativen Arbeit)』의 비밀코드를 통해 어떻게 드러나는지 살펴보겠다.

공식 담론의 가장 중요하고 특징적인 측면은 의례성(rituality)이라는 개념으로 설명할 수 있다. 곧 보겠지만, 동일한 언어적 특징과 텍스트 패턴이 당 텍스트에서 놀랍도록 단조로운 규칙으로 되풀이된다. 텍스트 구성의 이러한 의례적 성격은 당대회 및 공화국의 날(Tag der Republik, 공화국 건국을 기념하는 날)처럼 조직적 축하 행사와 같은 공식적 공개 행사의 고도로 의례화된 패턴에 기인한다. "3.2 일상생활 담화에서 나타나는 의례성"에서 나는 한 번에 또는 여러 번에 걸쳐 대부분의 구성원을 포함하는 연설 행사의 의례성이 갖는 기능과 중요성을 고찰할 것이다(세속적이고 의례적 행사인 노동절과 유겐트바이에(Jugendweihe, 청소년축성식)에 초점을 둔다).

여기서 문자 텍스트(스피치 및 의식적 행사 연설과 같은 구두 전달을 위해 만들어진 텍스트 포함)에 대한 강조는 동독의 언어 사용에 대해 왜곡되

....

'passive competence'는 그러한 수용적, 수동적 언어 능력을 가리키는 용어로 대개 'active competence'와 대립적으로 사용된다. passive competence와 active competence는 각각 '수용적/수동적/이해 능력'과 '생산적/적극적/표현 능력' 등으로 번역되거나 이해된다.

고 잘못된 인상을 줄 수 있다. 그러므로 나는 내 관심사가 비공식적이거나 준(準)공식적인 영역에서의 일상어 사용이 아니라는 점을 강조한다. 지역 변이형(regional or local variants)("2.3 언어적 그리고 사회언어학적 차이" 참조)의 발생을 제외하고 동독의 (일상적 구어) 언어 사용이 서독의 (일상적 구어) 언어 사용과 구별된다는 제안은 증거가 없다. 오히려 초점은 문자 텍스트의 물질성(materiality)과 아이디어와 신념 및 가치의 재생산, 전달, 순환 등에 대한 문자 텍스트의 잠재력에 있다. 이러한 잠재력이 이념적 목적과 정책의 실행에서 어느 정도 실현되었는지 살펴보기 위해 나는 또한 공식적 담론 패턴이 특정 영역, 교육 및 학교 기관 내에서 모든 수준의 담론 활동에 스며든 방식을 여기서 분석할 것이다.

공식 담론의 단조로움과 동독의 공적 언어 독점은 1989년 가을 경쟁적 담론의 분출로 마침내 산산조각이 났다. 전환기에 일생의 담론 습관을 변화시킴으로써 권력에 매달리려는 독일사회주의통일당 지도부의 필사적이지만 운명적인 최후의 시도가 다른 한편에 존재했던 조직화된 반대파, 지식인, 말 그대로 거리 남녀의 비의례적인 목소리에 의해 산산조각이 났다. 따라서 이 장의 마지막 절("3.3 '전환기' 담화가 이루는 대위법")에서는 페터 폰 폴렌츠(Peter von Polenz 1993)가 1989년의 언어 혁명(Sprachre-volte)이라고 부른 것을 탐구할 것이다. 이는 '사람들'의 목소리가 어떻게 당의 목소리보다 더 '웅변적'이었는지(Joseph 1987), 그리고 동독에서의 일상생활 경험과 일반 사람들이 개발한 언어적 실행에 의해 유도된 대중적 반대 의견의 자발적이고 다면적인 폭발이 어떻게 준비되었는지를 보여 줌으로써 밝혀질 것이다.

그러므로 1부는 전환기의 경쟁하는 목소리들과 지배적인 서독 담론의 궁극적인 재주장 사이의 전투로 마무리할 것이다. 그런데 장기적으로 결과는 다양하지만 상호보완적이며 상호긍정하는 선율의 조화로운 교향

곡인가, 아니면 조화되지 않은 불협화음인가? 전환기가 그 당시 선호되는 은유였고 내 서사의 구조에서 중추적인 지점을 드러내는 적절한 개념인 것처럼 보이지만, 아마도 2부의 주제에는 대체 용어인 격변기(Umbruch)가 더 적합할 것이다. 여기서 우리는 재앙적인 변화의 순간, 즉 1989년 독일의 '뜨거운 가을' 화산 폭발이 아니라 통일 초기 10년 동안의 여파에 더 관심을 가진다. 분위기가 진정되기 시작하면서 페터 풀처(Peter Pulzer)가 '통일되었지만 통합되지 않은'(Pulzer 1995의 장 제목)으로 표현한 독일어 언어 공동체는 어떻게 그 혼란 속에서 등장했는가? 한편으로 독일에는 항상 지역적 변이가 있었음을 물론 기억해야 한다. 다른 한편으로 이러한 전통적인 차이는 이제 무수한 새로운 특징들과 겹쳐졌는데, 다른 사회적 및 정치적 그리고 문화적 현상과 마찬가지로 언어 형식과 언어 실행(language forms and linguistic practices)에서도 그러했다. 따라서 여기서 우리의 임무는 이러한 최근의 특징들을 풀어내어 그것의 유산과 그것이 통일 과정에 미친 영향을 조사하는 것이다.

4장에서 나는 1990년대 초 격변기 '의사소통 환경'(Townson 1992)의 변화 몇 가지와 특히 동독인들이 새로운 '언어 생태학'(Mühlhäusler 1996)에서 삶에 적응한 방식을 언어 형태 목록과 언어 행동 레퍼토리(repertoires of speech behaviours)와 함께 탐구함으로써 이 분석을 시작한다. 여기서 핵심 질문은 다음과 같다. 이 새로운 맥락에서 동서독인들은 사회언어적 차이를 어떻게 경험했으며 그 도전에 어떻게 대응했는가? 나는 "4.1 통일의 언어적 도전"을 동독인이 직면한 어휘적, 텍스트적 형태에서의 가장 명백한 변화와 그러한 변화에 저항하고 수용하고 촉진함으로써 그러한 차이를 인지한 효과로 시작할 것이다.

'의사소통 장르'(예를 들어 구직 면접 및 소비자 상담 섹션)를 특징짓는 언어적 패턴은 어휘 및 텍스트 구성의 차이보다 더 미묘해서 표층 분석으로는 쉽지 않으며, 이러한 패턴이 야기할 수 있는 문제는 간단한 대체 표현 연습으로 해결할 수 없다. 따라서 "4.2 의사소통의 불일치"에서 나는 그러한 일상적 상호작용 형식(forms)에 대한 서로 다른 경험의 충돌을 조사하고 이것이 동독인을 '새로운' 독일어 언어 공동체로 통합하는 데 얼마나 큰 장애물로 나타났는지(또는 나타냈는지) 살펴본다.

이 두 절에 이어 "4.3 언어 변이와 사회이동"에서 통일 후 독일의 사회적 이동성과 언어적 이동성 사이의 보다 일반적인 관계를 조사할 것이다. 그리고 어떤 방식으로든 동독인들은 자신의 언어 행동을 변화된 사회 상황과 언어 환경에 얼마나 적응시켜 왔는가? 그리고 현재 동독에 살고 있는 서독인들이 그들의 새로운 환경을 수용했다는 어떤 지표가 있는가?

이러한 모든 문제의 기저에는 언어의 다양성과 차이에 대한 태도의 문제가 있다. 1989년 이전에는 두 개의 '의사소통 공동체' 각각이 다양한 언어 레퍼토리의 구성 요소와 관련해 고유한 가치 집합을 가지고 있었다. 이 두 공동체의 통합은 불가피하게 이러한 가치의 재평가 또는 재조정으로 이어졌다. 적어도 동독에서는 언어적 특성이 사회적 차이를 드러내는 가장 두드러진 표시이기 때문에 언어 태도가 차별과 편견을 드러내는 강력한 자원이었다. 따라서 "4.4 언어 이데올로기와 사회적 차별"에서 나는 특정 언어 변이(베를린의 모국어 및 표준 형식과 같은)에 대한 평가 변화, 표준화 이데올로기, 그리고 언어 변이에 대한 폄하가 사회적 지배의 도구로 기능하는 방식에 대한 연구를 살필 것이다.

5장에서는 4장의 주제를 다른 방향으로 전개한다. 여기서 관심의 초점은 언어 사용(인식)과 언어에 대한 성찰이 서로 다른 종류의 동서 정체성을 구성하고 협상하는 데 보다 직접적 도구가 되는 방식에 있다. 사람들은 어떻게 현재의 관점에서 과거를 '재정리'하는가, 그들은 과거의 경험을 현재 상황에 어떻게 투영하는가? 이 장의 핵심은 한편으로는 '동독다움

(eastness)'의 본질과 '서독다움(westness)'의 본질 사이의 긴장이고, 다른 한편으로는 경험을 개인화하거나 개별화하려는 열망과 그 반대 경우와의 긴장이며, 또 다른 한편으로는 모국어 범주 동독 출신(Ossi)과 서독 출신(Wessi)*의 대조로 구현된 환원적 일반화에 대한 거부와 동쪽(Ossizität) 및 서쪽(Wessizität)에 내재된 믿음을 지속하려는 것 사이의 긴장이다.

동독과 서독의 독일인은 언어가 다른 것이 아니라 언어에 대한 관계가 다르다는 볼프강 티르제(Wolfgang Thierse)가 자주 인용한 말에서 힌트를 얻어(Thierse 1993: 116), 먼저 "5.1 집단 기억의 내러티브"에서는 개인이 자신의 경험을 재구성하고 그들의 삶에서 언어의 역할에 대해 성찰하는 개인 내러티브를 논의할 것이다. 그들이 개인 전기를 구성하는 방식은 과거에 대해 어떤 관점을 드러내며, 언어 사용 및 언어 변화에 대한 의견은 사회변화에 대해 어떤 태도를 시사하는가?

상호작용의 수행은 대담자의 상호인식에 크게 의존한다. 4장에서 우리는 독일의 맥락에서 사회적 가치가 언어적 판단과 어떻게 연관되어 있는지, 그리고 사회적 가치가 타자성에 대한 논의에서 어떻게 의식적으로 전개되는지 살펴보겠지만, 나는 "5.2 자신과 타인에 대한 재현"에서 '동쪽의 이야기'와 '서쪽의 이야기'의 내면화된 이미지가 맥락적 단서(contextualization cues)를 통해 상호작용에서 활성화되는 방식을 탐구할 것이다(Gumperz 1982). 화자는 그들이 동독인에게 말하는지 서독인에게 말하는지를 식별하기 위해 어떤 언어적 또는 의사소통적 지식을 사용하는가? 그리고 이것은 어떤 결과를 가져올 수 있는가?

"5.3 정체성의 형성과 경합"에서 나는 동독다움과 서독다움의 이미

---

* 'ossi, wessi'는 각각 동독 출신 사람이나 동독다움, 서독 출신 사람이나 서독다움 등을 가리키는 용어로 폭넓게 사용되는데 지역적 차별과 편견을 담고 있는 용어다.

지가 개인적인 상호작용 과정(예를 들어 토크쇼, 전화 통화 및 그룹 토론)과 공적 담화(예를 들어 광고)에서 어떻게 다양하게 실현되는지 분석함으로써 인식(perception)의 문제를 더 발전시킬 것이다. 참가자들은 상호작용에서 이러한 인식을 사용해 자신과 다른 사람의 위치를 어떻게 정하며, 이것은 서로의 관계에 어떤 영향을 미치는가? 공적 담화(특히 광고와 같은 미디어 담론)과 대면 만남이 결합해 종종 편견과 고정관념을 만들어 내고 확인하는 효과를 낸다. 이것은 동독과 서독 모두에 동등하게 적용될 수 있지만, 직접적인 영향을 받을 가능성이 있는 쪽은 전자뿐이다. 따라서 나는 '동독다움'과 '서독다움'에 대해 어떤 종류의 고정관념이 생겨났는지, 그리고 '동쪽'의 목소리를 낙인찍히지 않게 개발하는 것이 가능한지 아닌지를 마지막으로 생각해 보겠다.

그런 다음 6장에서 나는 본 연구 과정에서 제기된 몇 가지 근본적인 질문을 다시 제기하고, 독일에서 동서 간의 언어적 만남을 해석하는 방법과 일반적으로 사회언어학적 충돌 연구에서 이 특수한 연구 문제가 미치는 광범위한 관련성을 고려할 것이다.

1부

1945~1990년
언어, 국가 그리고 체제

2

독일 그리고 언어 문제

2.1 정치적 변화와 언어의 위기

독일은 여러 시기에 걸쳐 '어려운', '때늦은', '불안정한', '혼돈된', '상처 입은', '분리된', '감당하기 어려운'(Busse 1995: 204) 나라로 다양하게 언급되어 왔다. 모든 그런 딱지(label)들은 독립국가로서의 '독일(German)'이 갖는 불확실성과 불안정성을 기본적으로 드러낸다. 그리고 동독과 서독 사이에 지속되는 불협화음과 국가적이라기보다는 지역이나 지방에 집중된 충성심이 과거처럼 현재에도 사실이라는 점을 지적하는 듯하다. 그러나 독일의 국가적 정체성의 속성과 구성을 분석하는 것이나 독일 역사에서 서로 다른 민족주의 이념의 흥망성쇠를 설명하는 것(이러한 예는 Dann 1992 참조)은 이 책의 목적이 아니다. 내 목적은 더 한정적이고 더 특수하다. 나는 우리의 지속적 논의 주제인 어떻게 말(사회적으로 언어 사용을 위치하게 만드는)이 사회적 정체성(social identities)의 발전과 경쟁의 충돌 과정에 기여하는지에 대한 맥락을 제공하고 싶다. 부분적으로 3장에서 검토되는 논의들인 사회적 프로젝트로서 동독이 무엇인가를 하게 하거나 못 하게 한 것들은 그렇게 과장된 것으로 보이지 않을 수 있다. 만약 우리가 먼저 독일의 초기 역사에서 언어가 가졌던 역할이나 언어가 1945년에 '통합된' 파시스트 국가의 몰락 후 심각한 사회적 이슈로 다시 드러나는 방식을 검토("2.2 언어, 사회 그리고 정치")한다면 그러하다(독일의 언어적 민족주의(linguistic nationalism)에 관한 더 확장된 논의는 Barbour 1993, 2000b; Coulmas 1997; Townson 1992 참조).

20세기 말 경제적, 문화적 세계화가 급격히 진행되면서 유럽이나 그 밖의 지역에서 오랫동안 확고하게 지속되어 온 민족국가의 진정성에 대해 지속적으로 의심이 제기되었다. 유럽연합(EU), 동남아국가연합(ASEAN), 세계은행(WB), 국제통화기금(IMF)과 같은 초국가적 조직체나 셸(Shell), 제너럴 모터스(General Motors)와 같은 다국적 기업에 의해 지배되는 세계에서 정말로 많은 전문가들은 민족국가를 시대착오적 개념으로 간주해 왔다. 그러므로 1990년에 정치적, 지역적으로 '독일 국가(German nation)'로 명명하는 조직체, 긍정적으로 보면 '통합체'가 구성된 것에는 아이러니한 무엇인가가 있다.

서독(FRG)*과 동독(GDR)**이 40주년 기념행사를 하던 해에 통합의

....

* Federal Republic of Germany(FRG), 독일어로 Bundesrepublik Deutschland(BRD). '독일연방공화국'의 공식 국호이며, 현재 통일 독일의 국호다. 독일은 1990년 10월 옛 독일민주공화국의 다섯 개의 주를 연방으로 받아들이는 흡수 방식으로 통일을 이루었기 때문에, 옛 서독의 국호가 통일 이후에도 동일하게 유지되었다. 이 책에서는 문맥상 공식적으로 국가 명칭을 가리키는 경우에는 독일연방공화국(FRG)으로 옮기되, 그 외에는 이해의 편의를 위해 통일 이전의 경우는 '서독', 통일 이후의 경우는 '독일'로 옮겼음을 밝혀 둔다.

** German Democratic Republic(GDR), 독일어로 Deutsche Demokratische Republik(DDR). '독일민주공화국'의 공식 국호이며, 이 책에서는 문맥상 공식적으로 국가 명칭을 가

기미가 보였다. 동독은 강력하게 사회주의 국가로서의 독립성을 홍보하고 있었고, 서독은 독일 국민의 '재통합'을 기다리면서 잠정적인 처리 방식으로 헌법적 입장만 유지하고 있었다. 이러한 점에서 두 국가의 공식 입장은 정말로 달랐다. 그렇지만 두 국가의 논의에서 일반적 방침은 현재 상황을 받아들이고 있는 대중들의 인식을 반영하는 것이었다. 실제로 분리된 두 국가에 두 세대가 공존하는 상황에서 별도의 국가 의식(비록 민족 의식은 아니더라도)이 동서독 양쪽에서 발달해 왔으며, 폴렌츠(Polenz 1990: 9)가 말한 다음과 같은 견해에서 벗어난 목소리는 거의 없었을 것이다.

> Als langfristige Folge der von der Regierung Brandt/Scheel eingeleiteten Entspannungs- und Normalisierungspolitik wird es heute ... immer deutlicher, daß das Nebeneinander und Miteinander mehrerer deutschsprachiger Staaten sich mit gemeinsamen ... kulturnationalen Beziehungen und Bindungen durchaus verträgt.
>
> 브란트/셸(Brandt/Scheel) 정부가 도입한 데탕트* 및 정상화 정책의 장기적인 결과로, 지속적인 국가 문화 정체성의 관점에서 독일어권 국가들의 공존과 유대가 가능하다는 것이 점점 더 분명해지고 있습니다.

쿨마스(Coulmas 1990: 181)에 따르면,

....

리키는 경우에는 독일민주공화국(GDR)으로 옮기되, 그 외에는 이해의 편의를 위해 대부분 '동독'으로 옮겼음을 밝혀 둔다.

* 제2차 세계대전 이후 세계는 이데올로기 중심의 미소 냉전 체제가 심화되었다. 그런데 1960년대부터 점차 이데올로기보다 국가 이익을 중시하는 경향이 생겨나면서 이데올로기적 냉전 체제가 완화되고 다국적 체제로 변화했다. '데탕트(détente)'는 프랑스어로 '휴식, 완화' 등을 뜻하는 말로서 이러한 냉전 체제의 완화를 가리키는 개념이다.

제2차 세계대전의 결과로 언어, 국가, 민족의 (거의) 동일성, 다소 허구적인 언어적 민족주의의 이상인 동일성은 독일에서 파괴되었다.

그러나 몇 주 안에 서독과 동독 지역의 국민(이 두 용어가 논란의 여지가 남아 있음에도 불구하고)을 통합하는 하나의 국가라는 관점은 다소 '자연스러운' 것으로 받아들여졌고, 하나의 독일 국가가 존재하는 것이 유사-정통적 입장에서 본질적으로 마땅하다는 인식이 생겨났다. 통합 그 자체와 통합을 정당화하기 위해 호소된 문화적 가정에 대한 광범위한 논란과 불안감이 있었음에도 불구하고 독일의 문화적 유산에 대한 오래된 논의와 독일 국민을 드러내는 정당성 등은 완전히 무시되었다. 1989년 11월 이후 독일의 문제는 다음과 같은 두 가지 상충되는 문제를 조화하는 데 있었다. 하나는 두 독일의 발전 정도를 수용하는 것이고, 다른 하나는 일종의 태곳적 독일다움(Germanness)과 같은 거의 인간 본래의 믿음 같은 것을 논의하는 것이다. 그러므로 거의 19세기 초 이래로 다양한 모습으로 수행되어 온 언어, 국가, 국민, 민족 사이의 연결 고리에 대한 논쟁이 통일 이후 다시 시작되었다.

문학에는 민족에 대한 다양한 정의가 있다. 그런데 페터 알터(Peter Alter)와 앤서니 스미스(Anthony D. Smith)가 제안한 다음과 같은 것들이 전형적이다.

언어성, 문화성, 종교성, 정치성의 역사적 발달 관계의 다양성 때문에 어떤 사회적 집단(그리고 이것으로 우리는 사람들 또는 사람들의 무리를 의미한다)은 그것의 응집성, 정치적 통일성 그리고 특별한 관심사 등을 자각해 왔다. … 국가는 국가임을 자각하거나 하나이고자 하는 사회적 집단(사람들)에 의해 구성되며 정치적 자기-결정성에 대한 사회적 집단의 요구에

의해 구성된다.(Alter 1994: 11. 강조는 원문)

모든 구성원들을 위해 역사적 영토, 보편적 신화, 역사적으로 유의미한 유물들, 대중, 대중문화, 일반 경제, 일반 법적 권리, 의무들을 공유하고 있다고 일컬어지는 인간 집단.(Smith 1991: 14; Barbour 2000a: 4에서 인용)

적어도 19세기 초까지는 실제적으로 이러한 정의에 목록화된 공유된 자질들(shared characteristics)이, 일반적이지만 매우 다양한 언어를 제외하고, 독일에서 민족성을 자각하게 하는 기초로 제시될 수 없었다. 지역에 대한 충성심이 강했던 오랜 전통은 알터가 말한 의미에서 독일 국가에 대한 광범위한 정치적 자각의 발달을 지연시켰다. 정말로 어떤 다른 유럽 국가보다도 독일은 '한 언어를 사용하는 민족(Sprachvolk)'으로 간주해도 좋을 것이다. 독일에서 사람들은 거의 절대적으로 언어로 구분된다. 'deutsch'라는 용어의 초기 형태는 처음에 중부 및 동부 유럽에서 말해진 언어의 변종들을 언급했는데, 나중에서야 이러한 변종을 말하는 화자들을 가리켰다(Townson 1992: 77-80). 정치적 조직체라는 의미에서 독일 사람들은 많은 공작령과 작은 도시들로 흩어져 있었고, 신성로마제국이라는 타이틀 아래에서 '독일 국가'라는 어구로 묶이는 부속체로서 파편화된 연맹들을 통일한다는 것은 실제로 환상에 지나지 않았다. 게다가 이미 설계된 질서는 안정되어 있고 공적 영역은 부재한 상태에서 1806년 빈사 상태의 제국이 붕괴하기 전까지는 그리고 프랑스가 독일 영토를 점령해 힘없는 부르주아를 제외한 지식인들과 신흥 세력들 사이에서 일정한 대항 움직임이 생겨나기 전까지는 국가 의식이 생겨날 가망은 거의 없었다(Fulbrook 1990: 98-101; Polenz 1999: 10-13 참조).

'국가에 대한 소망'을 자각하도록 불을 붙인 것은, 그렇다고 하더라도 의문이다. 1990년대 초에 중앙 및 동유럽의 혼란에 대한 글에서 홉스봄(Hobsbawm 1991: 16)은 체코 역사가 미로슬라프 흐로흐(Miroslav Hroch)를 인용했다.

> 옛 체제가 무너지는 곳에, 옛 사회적 관계가 불안정해지는 곳에, 일반적 불안정성이 높아지는 가운데, 공통의 언어와 문화에 속하는 것이 모호함과 의심을 넘어서는 유일한 가치이며 유일한 사회적 안정성이 되었다.

이 명확한 경구적 표현은 보편타당성을 가지고 있어 단언화되었다. 확실히 '공통의 언어와 문화에 속하는 것'은 좋든 싫든 간에 격동의 시기에 사람들이 편안한 안식처를 찾을 때라든가 충성심을 시험 당할 때 등과 같은 많은 경우에 문학적 주제(topos)로 부각된다. 그러나 19세기 초반 독일의 옛 확실성이 무너진 뒤 도덕적, 정치적 진공상태에서 공통의 언어와 문화에 속하는 것이 '모호함과 의심을 넘어서는 가치'로 이해받을 수 있는가는 결코 확실하지 않다. 표준 독일어를 계발하고 이를 사전과 문법서 출간을 통해 균일하고 안정적인 방식으로 고정시키는 장기간의 과정이 18세기 말에 광범위하게 이루어졌다(Wells 1985: 8장; Polenz 1994의 5, 6장 참조). 그러나 이것은 그 자체로는 국가 의식을 높이는 충분조건이 아니다. 하나는, 표준 문자언어가 대부분의 사람들이 여전히 문맹인 사회를 통합하는 필수적 '깃발(flag)'은 아니기 때문이다. 다른 하나는, 언어 형태를 정련하는 것이 프랑스어를 정치적 지배 언어로 삼거나 라틴어를 학술 연구나 학문적 토론의 언어로 삼는 것에 대항하는 지점에서 자동적으로 상황을 호전시키지는 못하기 때문이다. 공통의 언어는 독일 사람들을 정의할 때 사용하지만 정작 독일 사회의 지배적 체재 내에서는 아무 쓸모가 없다는 이 아이러니는 타운슨(1992: 539ff)이 의사소통 환경이라고 부른 것들이 변화했을 때에야(이 변화는 도시화, 정치적 조직의 고도화, 교통수단의 발달로 증가된 이동성, 의사소통 기술의 향상과 같은 현대화 과정의 결과물이다.) 공적 토론의 조건을 충족시키는 그런 방식으로 비로소 정치적 이슈가 되었다.

독일에서 언어와 국가 정체성 사이의 관계에 대한 논쟁은(사실 유럽에서는 일반적으로, Mar-Molinero 2000: 1장 참조) 거의 항상 요한 고트프리트 헤르더(Johann Gottfried Herder)와 빌헬름 폰 훔볼트(Wilhelm Von Humbolt)의 중요한 아이디어에 초점이 맞춰져 있다.[1] 언어를 본질적으로 변화할 수 있는 사회적 생산물(특히 Herder 1770 참조)로 보는 헤르더는 언어의 속성은 그 언어를 사용하는 국민(Volk)의 독특함에서 이끌어져 나오므로 언어는 자연적으로 발전하는 유기체라는 관점을 발전시켰다. 예를 들어 훔볼트는 국가별 언어 구조는 국민의 개별 정신 그 자체가 다양한 만큼 다양하다고 했다(Humbolt 1963b: 413). 그리고 초기 에세이에서 언어와 국민 사이에는 떼려야 뗄 수 없는 불가분의 관계가 있다고 강력하게 단언했다. 언어는 유일하게 국민에 의해 생산되고 보유되고 변화하는 것이다. 국민이라는 관점에서 인류의 분포는 단지 언어라는 관점에서 언어의 분포에 지나지 않는다(Humbolt 1963a: 161).

독일에서 언어적 민족주의를 발전시킨 초기에 국민의 '얼(soul)' 또는 '정신(spirit)'과 같은 것은 그 자체로는 언어적 주제가 아니었다. 인간 사회조직의 기초 원리를 발달시키려는 의도를 가진 학술적 실행을 국가의식을 일으키고 애국적 열정을 불러일으키는 정치적 프로젝트로 이끌기 위해서는 중요한 단계가 있다. 현대 독일 역사에서 언어사의 핵심 과제는 그러므로 국수주의자들이 헤르더와 훔볼트의 생각을 자신들의 이데

....

1 최근의 예외는 그라트(Gradt 1999)인데, 그는 18세기 이전 독일에서 '언어적 애국심'이라고 부르는 것을 추적한다.

올로기를 표현하기 위해 변형해 온 것을 설명하는 것이다. 에른스트 모리츠 아른트(Ernst Moritz Arndt)가 『외국어 사용에 대한 국민의 증오에 대해(Ueber Volkshaßund über den Gebrauch einer Fremden Sprache)』(1813)에서 명맥하게 설명했으며, 프리드리히 클루거(Friedrich Kluge)도 제1차 세계대전의 경험에 대한 그의 격론 『조국과 모어(Vaterland und Muttersprache)』에서 "모어는 조국의 상징이다. 언어의 통일은 조국의 통일이다. 모어를 가꾸는 것이 독일성을 가꾸는 것을 의미한다."고 주장했다.

클루거는 전쟁의 끝이 국가의 패배뿐만 아니라 제국의 몰락을 의미했던 독일에서 대규모 사회적, 정치적 대격동의 시기에 글을 썼다. 이와 같은 시기에 그람시(Gramsci 1985: 183)의 "언어적 표면의 문제는 한 가지 방식이든 아니든 간에, 다른 문제가 곧 연이어 항상 뒤따라온다는 점이다."라는 문장이 친숙하게 언급되었다. 이러한 '언어 문제'는, 즉 언어와 독일다움 사이의 관계 문제는 프랑스대혁명 후 사회적 변화의 대격동 시기에 자극을 받아 100년 전에 제기되었으나, 단계마다 겉으로 드러나는 양상이 달랐다. 19세기 초반과 후반의 언어 작업은 요아힘 하인리히 캄페(Joachim Heinrich Campe)와 카를 구스타프 요흐만(Carl Gustav Jochmann)(Schiewe 1998: 125-49 참조)이 프랑스에서 앙시앙 레짐(ancien régime)*의 타도를 강조하는 정치적 해방에 대한 염원과 계몽(Enlightenment)에 대한 합리주의자들의 이념을 고취하려는 방식으로 추구되었다. 그들은 정치 과정에 대중 참여의 증가가 새로운 정치적 구조 발달이나 시민 권리의 소개뿐만 아니라, 이러한 권리의 실현과 아이디어의 교환을 위한 공개적 영역(공론장)[2] 구성에 중대하게 의존한다고 이해했다. 그리고

---

* 구제도. 프랑스혁명에서 타도 대상이 된 절대왕정체제 등을 가리킨다.

2 타운슨(1992: 54)에 따르면 'Öffentlichkeit'라는 용어는 처음에 브로크하우스(Brockhaus)

이것은 독일어를 논쟁을 이끄는 정치적 도구로 사용할 수 있게 점검할 것을 요청했다.

이것은 정치 문화에서 매우 점진적인 변화였다. 그리고 우리가 지금 말하고 있는 것처럼 독일어가 공적 담화에 적합한 도구가 되도록 현대화하는 프로젝트는 초등교육의 확대와 더불어 19세기 중반 의사소통 환경에서 가장 중요한 변화를 이끌었다. 토론에 참여할 기회를 가지는 집합적 대중을 창조한다는 개념의 순환을 위한 가장 본질적인 필수조건을 충족시켰다. 그러나 언어의 지위(status)와 형식은 정치적 아젠다에서 격렬한 이론적(異論的) 이슈로 남았다. 정치적 아젠다들은 좌절의 폭발이나 또는 벌거벗은 징고이즘(Jingoism)*으로 중요한 순간에 폭발하며 19세기를 거치면서 발전 형성되었다(Polenz(1967)는 그람시와 비슷한 기조로 17세기 중반의 30년 전쟁 말부터 1930년대 파시스트 시기 초까지 격렬한 언어적 순수주의(linguistic purism) 운동은 항상 국수주의자들의 정서에 강력한 정치적 호소를 동반해 왔다고 논했다). 이 시기에 두 가지로 구별되는 순수주의에서 강조하는 논쟁의 핵심은 외국어 단어(특히 프랑스어, 나중에는 영어도)의 영향이다. 예를 들어 캄페와 요흐만은 독일어 어휘에서 프랑스어 단어를 제거하는 것이 자유롭고 효과적인 아이디어 생성을 방해하는 요소를 제거한다고 보아 내적인 언어 해방운동을 옹호했다. 그들의 계승자들은 유사한 목표를 추구했지만 급진적으로 다른 목표를 추구했다. 그들은 다른 '열등한' 언어에 의한 '오염'을 막기 위해 다른 언어보다 뛰어난 독일어의 우수성을 단언했다(Kirkness 1975; Busse 1995: 213; Schiewe 1998: 155ff 참조).

....

의 1819년 판본 백과사전에만 등장했다.

* 타 집단에 대한 적대적 자기중심적 심리 상태를 가리키는 말로 편협한 애국주의, 광신적 대외강경주의 등을 가리킨다.

그러므로 이 시기 초기에 언어적 순수주의는 사회적 결집을 촉진하고 대중들의 소통에 대한 접근을 강화하는 것이었다. 반면 후기 순수주의(대부분 구체적으로는 1885년에 설립한 일반독일어협회(Allgemeiner Deutscher Sprachverein)와 연관되었다)는 민족적 절대성을 조성하고 그 접근이 엄격하게 제한되는 '독일 요새(fortress Germany)'의 상징적 표상으로서 순수한 언어를 사용하는 것에 관한 것이었다. '언어 조정(language management)'의 이러한 두 형태는 데버라 캐머런(Deborah Cameron 1995)이 '언어 순화(verbal hygiene)'*라 부른 것의 현현이다. 언어 순화는 일반적으로 '언어를 혼자 내버려두는 것'을 거부하는 광범위한 사회적 실행을 가리키는 집합적 개념이며, 언어를 '더 좋게 하기 위해' 언어를 '통제하고 조절하고 만드는' 언어적 삶에의 간섭을 중요하게 여기는 개념으로 알려져 있다. 이에 관해서는 이 책의 여러 지점에서 다시 언급할 것이다.

순수한 해방 담론을 넘어서는 순수한 맹목적 애국 담론의 힘은 19세기 초 독일의 상황과 정치적 변화의 분위기로 설명될 수 있다. 많은 사람들이 프랑스대혁명에서 느낀 자유 에너지와 흥분을 이후 프랑스의 독일 점령으로 모두 상실해 버렸다. 독일어를 독일 민족성(volksgeist, 민족의 정신이나 얼)의 구현이나 보고(寶庫) 정도로 여기는 생각은 이 시기에 '모호함과 의심을 넘어서는 가치'(앞 참조)를 드러내는 데 충분히 작용하지 않았다. 그러나 1770년에 헤르더의 『언어의 기원에 관한 논문(Abhandlung über den Ursprung der Sprache)』이 출간된 이후, 그것은 공공연해졌고 정치적 논객들에게 이용되었으며 문화적 자만심을 고양하고 민족주의자들의 이데올로기를 구체화하는 기저로 동원되었다. 독일어를 민족어(조국의 모어)로 동원하는 이데올로기는 이론적으로 유도되었으나 행동을 유발

....

* 언어 위생, 언어 정화 등으로도 번역된다.

하는 실제적 캠페인에 의해 강화되었다. 예를 들어 프리드리히 루트비히 얀(Friedrich Ludwig Jahn)은 다음과 같이 일반적인 용어(그러나 독일어 에세이의 맥락에서)로 설명했다. "모든 사람들이 모어로 자신에 대한 존경을 표현하고 문화사의 현장은 언어적 보물로 기록되며, 각 개인들의 경우처럼 언어에는 물질계, 정신계 그리고 도덕계가 풍부히 담겨 있다." 그리고 그는 모어를 무시하는 데서 오는 끔찍한 결과를 경고한다. "자신의 언어를 무시하는 사람들은 인간성(humanity)을 의심받는다."(Jahn 1806: XII; Schiewe 1998: 155에서 인용) 나폴레옹이 16개의 독일 성들을 통합해 라인 동맹을 만들던 해에, 그리고 신성로마제국이 공식적으로 종식되었을 때 정치적 메시지는 더 명확해질 수 없었다.

동시에 알츠바이크(Ahlzweig 1994: 132ff)는 독일어를 사용하는 것이 필수적인 애국적 행동으로 승화되는 방식을 보여 주었다. 1814년 예를 들어 베른하르트 요제프 도센(Bernhard Joseph Docen)은 모든 독일 국민에게 독일 내 외국어(예를 들어 프랑스어)의 멍에를 벗어던지고, 독일어를 사용하기 위해서 독일어를 사랑하고 독일어의 자주권을 인정하라고 요청했다.

> Mögen also die Teutschen Fürsten, der Adel und die ganze vornehmere Welt die Selbständigkeit und die naturgemäßen Rechte der heimischen Sprache endlich einmal völlig anerkennen, vorzüglich dadurch, daß es eine der ersten, gern erfüllten Pflichten Aller werde, in der früheren Erziehung schon der Jugend das zu gewähren, daß sie in der eigenen Sprache sich schön und edel auszudrücken wisse, damit sie eben durch die Bildung des Geistes und Herzens, die ihnen durch die liebevollste Lehrerin, die heimische Sprache

geworden, all jene Achtung und Neigung gegen die empfinden, die auf dem bisherigen Wege Französischer Erzieher und Erzieherinnen frühzeitig unterdrückt wurde.

따라서 독일의 왕자, 귀족, 품격 있는 모든 우리 사회 구성원들은 결국 모국어의 자율성과 모국어에 대한 자연권적 인식을 인정해야 합니다. 젊은이들이 어릴 때부터 모국어로 가장 정교하고 고귀한 방식으로 자신을 표현하는 방법을 알 수 있도록 하는 것은 모든 사람들의 최초의 그리고 가장 기꺼이 수행할 수 있는 의무입니다. 결과적으로 젊은이들은 모국어로 표현하는 방법을 애정을 갖고 가르칠 수 있는 교사를 통해 영적, 정서적 교육을 받음으로써 프랑스어 교사들에 의해 초기부터 억압받았던 자신의 모어에 대한 존경과 사랑을 표현할 수 있게 됩니다.

(Docen 1814: 301)

같은 해에 요한 크리스토프 아우구스트 하이제(Johann Christoph August Heyse)는 독일어 문법을 발표했는데, 그는 '피 흘려 쟁취한 독일을 해방'해서 '우리의 언어'도 자유를 되찾고 교회 및 학교, 사회관계, 법정 및 사업장 등에서 사용되어야 한다고 선언했다. 하이제는 직접적으로 동료 독일인들에게 가장 심오하게 국가와 융합되어 있는 그들의 모어에 우선권을 부여함으로써 '독일다움의 르네상스'에 기여할 것을 요청했다.

Wohl uns, wenn wir alle, wenigstens jetzt in der ewig denkwürdigen Zeit der Wiedergeburt unserer Deutschheit anfangen, als ächte Deutsche unsere Muttersprache, als das schätzbarste Vermächtniß unserer Voreltern, zu achten, als das einzige unter allen politischen Stürmen, die unser Vaterland schreckten, unauflöslich gebliebene

Band, als den sichersten Hoffnungsgrund einer desto festern Wiedervereinigung und Genesung unserer durch das Schwerdt eines Barbaren blutig zerrissenen Völkerschaften, kurz, wenn wir sie als unseren Triumph betrachten, sie vor allen anderen Sprachen ehren und immer gründlicher zu erlernen suchen!

진정한 독일인으로서 우리는 독일인이 다시 태어나는 이 영원히 기억에 남을 시간에 야만인의 검에 의해 피 흘렸던 우리 민족의 보다 탄탄한 통일과 회복을 희망하는 가장 확실한 이유로서, 조국을 흔들었던 정치적 폭풍에서도 온전하게 남은 유일한 유대의 끈으로서, 우리의 모국어를 우리 선조의 가장 귀중한 유산으로 존중하기 시작했습니다. 한마디로 그것을 우리의 승리로 바라보고, 다른 모든 언어들보다 모국어를 존중하고 더욱 철저하게 배우고자 노력합니다!

(Heyse 1814: 30-3)

그리고 카를 빌헬름 콜베(Karl Wilhelm Kolbe 1804: XVIII)는 노골적이고 독단적인 진술로 대안을 제시했다. "모국어를 소홀히 하는 사람은 누구라도 자기 나라의 정신적 형태(forms)를 소홀히 하는 사람으로 자기 나라를 진정으로 사랑한다고 인정할 수 없다."

그래서 개인적이면서 집단적인 해방의 도구인 독일어는 비교적 단기간에 국가적 통일의 순수 상징이 되었고, 독일어란 매체는 메시지가 되었다. 모국어인 독일어는 '실제로 존재하는' 독일 국가 건설의 기초가 되었다. 그러나 이 야심 찬 임무는 성취하는 것보다 선포하기가 더 쉬웠고, 좌절된 통일의 수사학은 '해방 전쟁'(1813~1815년) 이후 일종의 '언어에 대한 불평 전통'(다소 다른 맥락에서 Milroy & Milroy 1999: 24ff에서 사용)에서 수십 년 동안 계속되었다. 예를 들어 1818년에 출판된 『독일어와 프랑스어의 풍부성에 대해(Über den Wortreichthum der deutschen und der französischen Sprache)』의 두 번째 판에서 콜베는 모국어가 국가의 영혼의 목소리였고, 언어와 문학은 여전히 모든 다양한 정신을 묶을 수 있는 유일한 끈이었으며, 대중의 정신과 애국심을 고취할 수 있는 유일한 지점이었다고 반복했다.

> Das scheinen weder unsere Staatsmänner, denen jedes Mittel die schlummernde Kraft der Nation zu wekken willkommen sein müste, noch unsere gelehrten, die Ausbreitung veredelnder geistesbildung bezwekken, zu wissen oder wissen zu wollen.
> 잠자고 있는 민족의 힘을 일깨우기 위한 모든 수단을 동원해야 할 우리 정치가도, 고상한 마음의 교육을 퍼뜨리려는 우리 학자들도 이것을 알지 못하고, 알고 싶어 하지도 않는 것 같습니다.
>
> (Kolbe 1818; Dieckmann 1989b 35-6에서 인용)

그러나 30년 후 1848년 혁명의 시기에 다른 작가가 '교육 받은 사람들의 독일어(common language)' 실력 부족을 여전히 한탄했다. 그것은 우리가 부끄러워해야 하는 것이고, 국가의 언어적 정체성 부족이며, 국가 정체성이 끝났음을 나타내는 구멍이다(J. F., 1846; Dieckmann 1989b: 214에서 인용).

그럼에도 불구하고 같은 기간에 국민 문학(national literature)의 형태에서 역사적 재구성과 미적 표현에 중점을 둔 언어적 학술 활동이 발달했다(Townson 1992: 91). 이 시기에 독일학(Germanistik) 같은 학문 분야는 기본적으로, 반드시 그런 것은 아니었지만 굉장히 자주 빌헬름 그림(Wilhelm Grimm)의 작품이나 특히 야코프 그림(Jacob Grimm)의 작품과 연계되었으며 철저히 정치적인 작업이었다. 그것은 통일된 국가의 시민권에 의한 것은 아직 아니었지만, 문화적 전통으로 결집된 국가로서 독일인이라는 개념을 실질적으로 제공하고자 하는 목표가 있었다. 1846년 프랑크푸르트에서 열린 독일인 컨퍼런스 연설에서 야코프 그림은 분명히 선언했다.

> Lassen Sie mich mit der einfachen frage anheben: Was ist ein volk? Und ebenso einfach antworten: ein volk ist der inbegriff von menschen, welche dieselbe sprache reden. Das ist für uns Deutsche die unschuldigste und zugleich stolzeste erklärung.
> 단순한 질문으로 시작해 보자. 국가란 무엇인가? 그리고 단순하게 대답해 보자. 국가는 동일한 언어를 말하는 사람들의 총체이다. 우리에게 가장 순수하고 동시에 가장 자랑스러운 언명은 독일 사람이다.
>
> (Grimm 1847: 11)

그러므로 그림에게 언어 문제는 매우 근본적인 것이다. 그는 자신의 저술에서 '언어'의 정체성과 '사람'은 실질적으로만이 아니라 언어 그 자체의 역사에서 뿌리부터 얽혀 있음을 명확히 했다. "우리의 언어는 우리의 역사다."(Grimm 1864: 285)

19세기 전반에 독일어와 독일 국가의 관계에 대한 토론은 점점 더 얽히고 상호의존적이 되어서, 국가의 역사를 언어에 기반해 설명하는 이러한 개념은 가장 중요하고 광범위한 토론 결과 중 하나가 되었다. '공통의 언어와 문화에 속한다'는 말은 현대 시대의 사회적, 정치적 폭풍에 내던져진 사람들을 위한 닻으로 이용되기 전에 생성되었지만, 국가 유산으로서의 언어라는 아이디어는 국가의 과거로 가는 경로를 전망하게 했다. 따라서 자국어는 공통 통화와 동등한 수준의 통일 수단, 공통 도량형 시스템 또는 공통 철도 계측기, 그리고 공통된 의사소통 수단 등을 넘어서는 그 이상이었다. 그것은 통합의 상징이자 과거부터 내려온 신화의 실체에 접근하고 신화를 축적하는 수단이며 발명과 상상력을 유지하기 위한 수단이다(Anderson 1991). 우리가 우리의 과거에 대해 아이들에게 말하는 이야기라는 의미에서 문화적 전통은 글자 그대로 '전통, 물려줌(tradiert)'으로서 민족어의 주요한 종합적 성취를 통해 전달된다.

그런데 이러한 관점을 더 확장하면 언어는 시간에 따른 국가 이야기의 전달 수단일 뿐만 아니라, 우리의 현대사를 기록하기 위한 수단이라는 점이 현재 맥락에서 특별히 더 중요하다. 다시 말해 우리는 우리가 생산하는 텍스트(구어든 문어든 간에)를 통해 우리의 현재를 만든다. 독일 역사에서 언어의 역할에 대한 두 가지 관점(공시적 및 통시적)은 제2차 세계대전에서 '독일인'의 권리를 대변하는 이념적 논쟁에서 언어에 대한 논쟁이 어떤 공헌을 했는지 이해하는 데 중요하다. 이것이 다음 절의 주제다.

2.2 언어, 사회 그리고 정치

1945년 5월 8일은 독일의 역사와 독일의 집단 기억에서 모욕적인 패배, 정권의 붕괴, 폭정으로부터의 해방 등 여러 가지 방식으로 표상된다. 우리가 여기서 채택하고 있는 더 넓은 역사적 관점과 외부자적 입장에서 그것은 '독일 국민'을 통합하려던 또 다른 실험은 실패했으며, 정치적 및 문화적 진공상태는 외부의 힘으로 급격하게 채워졌음을 확정하는 것이었다. 당시 독일은 이 시기에 다시 불거진 많은 문제를 안고 있었는데, 그중

점령자들 입장에서 가장 명백한 문제는 당연히 정치 및 안보 문제였다. 민주적 절차와 민주적 참여 과정이 체계적으로 제거된 국가에서 어떻게 효과적인 민주적 구조와 제도를 수립할 것인가? 새로운 침략 가능성이 확실히 제거되도록 하려면 어떻게 해야 하는가? 안정되고 평화로운 국제 커뮤니티를 창조하는 데 국민이 어떤 역할을 하도록 하려면 권위주의와 국수주의와 같은 파괴적 가치로 가득 찬 국민을 어떻게 재교육해야 하는가? 무엇보다도 세계적 영향력을 갖고 있는 라이벌들에 대항하기 위한 방어벽으로서 이 지정학적으로 중요한 영토를 유지하고 건설하기 위해서 어떻게 이데올로기를 주입해야 하는가?

독일인들에게 이는 다른 해석도 있지만 "2.1 정치적 변화와 언어의 위기"에서 인용한 흐로흐의 언급과 유사한 또 다른 재앙의 순간이었다. 그들에게는 물리적 시설물의 재건축과 새로운 정치적, 경제적, 산업적 시스템의 건설이 중요했으므로 문화적 질문이 독일의 미래에 대한 논쟁으로 수렴되었던 것은 놀라운 일이 아니다. 이러한 맥락에서 명백한 표현 수단, 예를 들어 새로운 미디어 제도, 특히 인쇄 매체 및 라디오(Badenoch 2004 참조)의 발달에 의해 문화적 재구성이 이루어지고 있었다. 독일의 작가와 극작가, 예술가와 영화 제작자들의 역할과 적절한 관심사는 무엇이었는가?

이러한 모든 문제의 기저에는 과거 국가의 대단히 문제가 되는 전통을 다시 상기하면서 어떻게 새롭고 미래지향적인 무엇인가를 창조할 것인가에 대한 도전이 있었다. 따라서 언어 문제(questions della lingua)가 다시 다른 모습으로 재포장되었다는 것은 놀라운 일이 아니다. 이제 문제는 '우리를 통합할 수 있는 공통의 언어가 있는가?'가 아니라 '국가로서의 정체성을 살릴 수 있는 공통의 언어를 소유한 사람은 누구인가?'이다. 시간이 지남에 따라 이 질문은 차례로 다른 문제들에 영향을 미쳤다. 그래서 이 2.2의 목표는 정치적 분위기와 학술적 의제 사이의 변화와 1945년에서 1989년까지 발달한 언어 문제들 사이의 관계를 탐구하는 것이다.

현재의 맥락에서 몇 가지 얽힌 문제들이 어떻게 중대한 문제를 만들어 냈는지 검토해야 한다. 분단된 두 독일의 내부와 두 독일 사이의 정치적 분위기에서 그리고 사회언어 연구에서 또 동서 사회언어학적 불일치에 대한 논쟁에서, 어떻게 그리고 어느 정도나 언어 연구에 변화가 있었는가? 핵심은 자연스럽게 동독과 서독 간의 정치적 관계 변화의 결과가 될 것이다. 몇몇 상당히 많은 언어학자들은 언어를 다른 것과 구별해 변별적 현상으로 다루기를 원하지만, 내 입장은 언어와 사회는 둘 다 생산되거나 수행되는 역사적 조건에 불가분하게 뿌리를 두고 있으므로 이러한 문제는 다른 문제와 별개로 구분되지 않는다는 것이다. 그러므로 이 시기 언어 논쟁의 중요성을 이해하려면 다음과 같은 문제를 고려해야 한다.

- 대중적 담론에서의 상징적인 위상에도 불구하고 1989~1990년의 전환기는 1945년 이후 독일 동서 관계의 유일한 주요 전환점이 아니었다. 다른 중요한 순간으로 1949년 두 국가의 건립을 통한 '임시' 분단의 공식화, 1961년 베를린장벽 건설에 따른 분단의 확인 및 통합, 그리고 무엇보다도 1973년 기본 조약(the Basic Treaty) 서명을 통한 서독과 동독 간 관계의 부분 정상화가 최소한 포함된다.
- 동시에 주요한 변화가 특히 1960년대 후반과 1970년대 초에 각국(동서독)에서 일어나고 있었다. 서독에서는 전후 세대가 나이가 들고 있었고, 동독에서는 사회주의자 프로젝트와 에리히 호네커(Erich Honecker) 시대가 활성화되었다.
- 언어학 및 독일어 학문 분야가 동서독 양국에서 다시 설계됨으로써, 그들의 목적과 이론적 근거는 서로 다른 방식으로 경쟁했다.

'사회에서의 언어'와 같은 분야에서 관심을 끌 만한 '언어와 국가' 라는 화제 외에도 다른 화제들이 있었다. 역시 1960년대 후반과 1970년대 초반에 주요한 전환점이 있었다.

나는 이것들 중 마지막 이슈에 집중할 것이지만, 다른 것들도 필연적으로 토론이 필요하다.

전쟁 후 첫 20년 동안 사회에서의 언어 연구는 서독에서 주목할 만한 방언학 연구가 주도했다. 이 전통의 언어가 항상 '실세계의 실제 화자'(사회언어적(soziallinguistisch)이라는 용어는 1903년 초기 변증법을 이끌었던 주요 인물 중 한 명인 페르디난트 브레데(Ferdinand Wrede)에 의해 처음 사용됨)의 생산물, 즉 사회적 인공물로 여겨져 왔음에도 언어와 사회의 개념은 본질적으로 별개의 실체였다. 사회는 언어가 발생하는 환경으로서 그리고 범주 집합으로서 모호하게 개념화되었는데, 그중 일부만이 특정 지리적 위치에서 사용되는 실제 언어의 원천으로 간주될 수 있었다(후에는 챔버스와 트루드길(Chambers and Trudgill 1980/1998)에 의해 NORM, 즉 Non-mobile(비이동), Older(노인), Rural(농촌), Male(남성)으로 불멸화되었다).

이 정도로 방언학은 경험적이고[3] 기술적인(descriptive) 학문이어서 방언학자들은 17세기와 18세기의 처방적(prescriptive) 문법학자들이 언어의 형태를 고정하거나 범주화하려는 이유를 살펴보지 않았다(이 경우 항상 지역을 참조함). 차이점이 확인되면 안정적인 언어 공동체의 언어 레퍼토리 내에서의 변이(variation)가 아니라 언어 공동체 간의 차이에 의한 급격한 변동(turbulence)으로 받아들였다(Barbour and Stevenson 1990/1998:

....

3 실제 화자들에게서 수집한 데이터를 기반으로 한다는 의미지만, 이 데이터의 대부분은 직관적이었는데 실제 언어 사용에 대한 관찰보다는 설문 응답 형태로 수집되었다.

3장 참조). 작은 시골 지역사회 내부의 언어적 동질성은 경험적 사실보다 항상 더 가정적인 데다, 이러한 접근 방식은 변이가 직접적으로 기능 장애가 되지 않는 복잡하고 역동적인 사회 분석에는 적합하지 않았다. 방법론적이나 분석적으로 더 정교한 접근법의 시작은 1960년대 초중반에 수행된 많은 연구에서 발견할 수 있지만(Barbour and Stevenson 1990/1998의 4장 참조), 이 새로운 도시 방언학은 사회학, 사회지리학, 사회심리학과 같은 다른 분야에 더 큰 개방성을 가진 다른 곳(특히 미국과 영국)만큼 광범위하게 발전하지는 않았는데 이는 적어도 특히 1960년대 후반의 사회적 격변 때문만은 아니었다. 그 시기는 학술 의제뿐만 아니라 공공 영역에까지 영향을 준 독특하고 더 급진적인 종류의 사회언어학의 생성 조건이 되었다.

1960년대 서독에서 민주주의의 위기는 '새로운' 합의 지향적 정치 체제의 정당성 논쟁을 중심으로 전개되었다. 이 정치 체제는 특히 젊은 세대의 눈높이에 맞춰져 있었는데 (그중에서도) 첫째로는 미국 제국주의의 베트남 지원이나 이란 샤(Shah)의 억압적인 독재 정권 지원 등과, 둘째로는 고등교육의 엘리트적 전통에 완전히 체화된 구조들을 고려한 것이었다. 동시에 1969년 빌리 브란트(Willy Brandt) 아래 사회민주당의 선거 승리는 완전한 보수주의를 표방하는 기독교민주당에게 충격을 주었다. 그들은 더 이상 '정부의 당'이 아니라는 것을 받아들여야 했다. 그들은 새로운 미디어 시대에 반좌파적 사람들이 담론의 힘을 늦게 인식했다는 것을 깨달아야 했다(Townson 1992: 192-204에는 1970년대에 정당들 사이에서 진행된 '의미 전쟁'에 대한 훌륭하고 간결한 분석이 나온다). 정치 변화의 방향과 사회정의의 본질에 대한 논쟁이 심화되는 가운데 서독의 학문 및 공공 논쟁의 초점으로 새로운 언어 문제인 언어와 사회적 차별에 관한 문제가 제기되었다.

독일어 연구가 새롭게 자기 색깔(a new self-image)을 찾는 동안 (Schlieben-Lange 1991: 56) 학생들은 좌절하고 연구에서 소외되었으며, 사회는 높은 교육적 성취를 이룬 자와 그렇지 않은 자를 구분하는데 교육적 성취의 기반은 사회계층과 관련이 있었다. 어떻게 사회계층적 차이가 교실에서 지배적 언어 코드(the dominant linguistic codes)에 대한 접근의 차이를 만들고, 그것이 결국 삶에서 기회의 차이를 만들어 내는지를 보여 주는 논쟁적 이론이 독일에서 논의되고 있었다. 영국의 사회학자 바실 번스타인(Basil Bernstein)의 언어 코드 이론(theory of linguistic codes)(1971a)은 구문의 복잡성 정도 차이와 담론 조직의 패턴 차이를 설명하는데, 이 이론은 독일에서 성공하기 위해서는 표준 독일어 능력이 중요하기 때문에 전통적 방언 화자들이 현 교육 시스템에서 불리하다는 논쟁으로 독일 맥락에서 변형되었다(독일에서 번스타인 이론에 대한 학술적 비판적 분석은 Barbour and Stevenson 1990/1998: 6장; Barbour 2000c 참조). 우리의 관점에서 이 작업의 중요한 점은 번스타인의 아이디어를 다루는 것이 아니다. 코드 이론은 서독 사회에서 학술적, 사회적, 교육적 충돌 등 다양한 측면에서 구체적인 논의의 초점을 제공했다. 특히 그것은 학생들에게 기존의 '철학 연구'와 목적의식에 대한 근본적인 대안을 제시하는 것처럼 보였다. 언어학자들은 전통적인 철학의 영역을 계속 고수하거나 (미국식) 구조주의를 따르는 학자들로 나뉘었다. 학자들은 일상생활 언어학을 옹호하면서 언어 행동의 문제를 논의하거나 언어학을 따르거나 했다.

궁극적으로 이 논쟁을 둘러싼 행복감과 강렬한 열정은 그들이 용감한 신세계를 여는 데 실패했을 때 새로운 환멸로 이어졌다. 그리고 1970년대 후반 냉랭한 분위기와 불경기 속에서 고등교육 기간이 연장되었다. 당시 많은 사람들은 언어 연구에 대한 새로운 접근법이 서독 사회에서 급격한 변화를 이끌 수 있다고 믿었다. 그것은 언어를 보는 다른 방법일 뿐만 아니라 실제 언어 사용에 대한 더 적절한 설명을 제공하는 방법 이상이었다. 초기 서독의 사회언어학 연구는 거의 선교적 열의에 차 있었다. 예를 들어

디터 분더리히(Dieter Wunderlich)는 다음처럼 논의했다.

> Wenn man nach wissenschaftspraktischen Möglichkeiten der Soziolinguistik fragt, so liegen diese m.E. tatsächlich im Bereich der Sozialisation und der Bewußtmachung ihrer Voraussetzungen in Familie, Schule, usw., dann in der Klärung von Kommunikationskonflikten, Medieneinflüssen, Aktivierungen gesellschaftlicher Erfahrung, usw. Es soll sich hier nicht um Chancengleichheit handeln im Sinne einer bewußtseinslosen Anpassung, sondern im Gegenteil um einen Prozeß der öffentlichen Bewußtwerdung, Einschränkung der Manipulation und Diskrimination, Hinterfragung von Voraussetzungen, Vermeidung von Stereotypen, deutlichen Austragung von Konflikten.
>
> 학문으로서 사회언어학의 실제적 가능성에 관한 한, 내 의견은 이것이 사회화 영역과 관련이 있으며 가족, 학교 등의 전제조건에 주의를 기울이게 해 결과적으로 의사소통 갈등, 미디어 영향, 사회 경험의 활성화 등을 명확하게 한다. 그것은 무개념적인 기회균등의 문제가 아니라 오히려 거꾸로 대중의 의식을 일깨우고 조작이나 차별을 제한하며 가정(假定)을 의심하고 편견을 피하고 공개적으로 논쟁을 하는 과정이다.
>
> (Wunderlich 1971: 317-18)

같은 맥락에서 사회언어학자들이 프롤레타리아의 해방을 위해 특별히 할 수 있는 구체적 사회 행동 지침을 제공하고 언어학자들에게는 사회적으로 가치 있는 활동을 할 수 있을 것이라는 일반적으로 표명된 희망에 더해, 울리히 암몬과 게르트 지몬(Ulrich Ammon & Gerd Simon 1975:

10-15)은 학생과 교사 등이 교육 과정에 참여함으로써 비판적 사회 인식(critical social awareness)을 발달시킬 수 있을 것이라고 보았다.

돌이켜보면 사회언어학이 할 수 있을 것이라 믿었던 여러 가능성에 대한 광범위한 주장들은 지나치게 낙관적인 것처럼 보인다. 그러나 이러한 합목적적 진술은 그럼에도 불구하고 과거와의 확실한 단절을 선언한(Dittmar 1983: 22) 서독의 맥락에서 사회에서의 언어 연구를 급진화하려는 시도를 나타내기 때문에 장기적으로 중요하다. 무엇보다도 갈등에 대한 새로운 강조는 표준어 화자와 비표준어 화자 사이에, 또는 원어민과 비원어민 사이에 또는 남자와 여자 사이에서 사회적 장벽(social barriers)을 구성하고 유지하는 언어적 실행에 직접적 관심을 표명하게 했다는 점에서 중요하다.

1970년대와 1980년대 서독 사회에서 언어 연구의 주요 관심사는 그러므로 주로 내적 관심사였다. 동기부여 측면에서 초점은 화용적 질문과(언어학은 현대 사회의 정치적 이슈 분석과 이해에 기여할 수 있는가?) 방법론적 용어, 사회적 상호작용(새로운 이론 및 경험적 토대에 대한 강조로, 어떤 방법이 구체적인 사회 환경(settings)에서 사용되는 '좋은 언어 데이터'를 수집하고 이를 생산적으로 분석하는 좋은 방법으로 간주될 수 있는가?)에 있었다.

동독 사회에서의 언어 연구는 서독과 약간의 유사점이 있었지만 독립적인 방식으로 수행되었다. 1960년대 후반에 두드러진 발전이 있었는데, 언어학 내부에서 직접적으로 이루어진 것이라기보다는 정치적 분위기의 변화에 의해 수행되었다(Barbour 2000b 참조). 한편으로 사회방언학에서 많은 주요 연구가 1960년대와 1970년대 초에 출판되었는데(예를 들어 Rosenkranz and Spangenberg 1963; Schönfeld 1974a), 그 연구들은 파시즘 시대 언어 사용의 사회적 측면에 대한 연구 전통 중 받아들일 수 있는 것들을 가져와 재논의했다. 다른 한편으로는 조화롭고 통합된 사회주의

사회의 발달에 기여할 수 있는 진보적 학문의 특별한 역할에 대한 강조가 증가했다.

1960년대 후반과 1970년대 초 동독에서 학문은 사회적, 정치적 역사의 다양한 순간과 관련되어 발달해 왔다. 그러나 이는 아마도 특정 시기가 연구에 자극이 되어 일정한 트렌드가 형성된 것으로 생각하는 게 더 현실적일 것이다. 확실히 일반적인 용어로 독일사회주의통일당의 공산당 중앙위원회(Politburo)가 행한 1968년경 주요 연구 기관의 구조 조정은 여러 연구 주제들과 관련되어 있었다. 픽스(2000b: 102)는 언어학의 임무가 '제국주의의 멈출 수 없는 종말과 사회주의의 멈출 수 없는 승리에 대한 확신'을 전하는 것이라는 베르너 노이만(Werner Neumann)[4]의 프로그램화된 진술(1973: 276)을 인용하면서, 이를 동독 내 '언어학의 이데올로기화'에서 결정적인 단계라고 보았다(이 진술의 영향력에 대한 매우 다른 견해는, 예를 들어 Hartung 1991b 참조). 이러한 지침이 실제로 언어 연구 수행을 결정했는지 여부는 논란의 여지가 있다. 이것이 사회언어학 연구에 미친 영향력을 판별하는 것은 확실히 어렵다. 언어학자들은 '언어의 사회적 효과에 대한 근본적인 질문'(Fix 2000b: 102 참조)에 대답하려 했는데, 대조적으로 공산당 중앙위원회는 연구 관리를 완화하면서 매우 유연한 틀(framework)을 제시했다. 이러한 일반적 도전에 대한 응답으로서 1970년대와 1980년대 사회언어학 연구에서는 이론적인 작업을 더 신뢰하고 경험적인 작업을 덜 인정했다. 이와 같은 작업의 주요한 흐름은 사회의 구성요소로서 언어의 역할을 설명하는 더 강력한 이론적 기초를 개발하는 것이었다. 그리고 사회언어학적 변이를 기술할 수 있는 더 견고한 경험적 기반을 건설하고, 사회주의 사회 개발의 관심 주제에 봉사할 수 있는 실제적

....

4 노이만은 베를린(동독)의 언어 이론가다.

지식의 전달 수단을 찾는 것이었다.

서독의 언어학자들은 다른 서방 국가에서 수행한 작업의 영향을 받았지만, 동독의 사회언어학자들은 소련과 다른 사회주의 국가, 특히 체코슬로바키아의 언어학자들로부터 많은 영감을 받아 이론을 조직화했다. 첫째, 예를 들어 사회언어학적 변이는 독일어로 문자 그대로 '구조 또는 다양성의 프레임(Gefüge der Existenzformen)'으로 지칭되는 소비에트 모형(the Soviet model)의 관점에서 설명되었다. 그것은 표준 변종(standard variety), 구어체 말하기 형식 및 방언뿐만 아니라 전문 영역과 기타 특수 그룹 형태와 같은 '사회 변종(social varieties)'을 포함한다. 이 구조는 변화하는 사회적, 정치적 구조와 의사소통적 요구에 지속적이고 유연하게 대응하는 역동적인 시스템으로 여겨졌다(Schönfeld 1985: 209-10). 둘째, 활동(Tätigkeit)의 개념은 언어 사용을 연구하기 위한 이론적 근거로 채택 및 개발되었다. 이와 관련해 첫 번째 과제는 복잡한 사회적 과정과 언어 사이의 연결을 매개하는 수단을 확인하는 것이었으며, 그리고 이것은 단지 '언어적 의사소통이 상위 활동 체계를 갖는 사회적 활동(social activity)으로 이해될 때에만' 가능했다(Schönfeld 1983: 214). 동독 사회언어학의 중심 개념 중 하나는 이러한 개념에 기초해 개발되었다. 사회언어학적 차이(Soziolinguistisches Differential)는 코드(code), 화자(speaker), 청자(interlocutor), 그리고 의사소통 상황(communicative situation)의 4가지 핵심 요소에 기반한 틀을 분석해 드러나는 것인데 그것은 지역적, 사회적, 기능적 다양성을 보여 주었다(Große and Neubert 1974a: 13-16; Schönfeld 1983: 215 참조).

이 접근법의 기본은 문자 그대로 '언어의 사회성(Gesellschaftlichkeit der Sprache)'(Hartung 1981b)의 이론적 개념이다. '언어적'과 '사회적'은 독립된 범주가 아니며, 일종의 기계적 형태로 함께 변화하는 것도 아니다. 그것은 변증법적 관계로 존재한다. 언어의 사회성은 언어의 속성으로서 사회적 주제에 대한 의사소통적 활동에서 파생되므로 의사소통이 발생하는 구체적, 역사적 조건을 강조한다(Fleischer 1987: 16-19, 27-9 참조). 의사소통에 대한 강조는 효과적인 사회적 상호작용을 증진하기 위한 화자의 '의사소통 지식'을 확인하고자 하는 동독 사회언어학의 궁극적인 목적에서 직접 도출되며, 이것의 명백한 결과 중 하나는 일터에서의 언어 사용에 대한 일련의 고통스러운 경험적 연구다(예를 들어 Donath 1974; Donath et al. 1981; Herrmann-Winter 1977, 1979; Schönfeld 1974a, b, 1977; Schönfeld and Donath 1978 참조).

1970년대의 우선적 연구 목표는 프로그램 이름인 언어문화(Sprachkultur)* 아래에서 추구되었다. 이러한 개념은 처음에 프라하 언어학파에서 1920년대와 1930년대에 개발되었는데, 동독에서는 '사회주의 성격(socialist personalities)'(Hartung 1981c: 293; Fleischer 1987: 21)을 개발하는 형태로 더 주목받는 문화 정책에서만 채택되었다. 동독 역사의 상반기에서 '언어 다듬기(language cultivation)'는 처음에 언어 사용에서 '파시스트 요소'를 근절하는 형태로 이루어졌고, 다음에는 모든 중요한 사회적 과정에 동등하게 참여할 수 있도록 보편적인 의사소통 수단으로서 표준 다양성을 장려하는 방식을 취했다. 이것은 표준 변종에 대한 공식적인 태도에서 180도 다른 면모를 나타낸 것인데, 표준 변종은 부르주아 사회에서 엘리트의 지배적 사회적 지위를 유지하는 강력한 무기로 여겨져 왔기 때문이다. 그러나 비표준적인 다양성(non-standard varieties)의 상태와 기능에 대한 다소 단순하고 엄격한 접근 방식도 필요했다. '사회언어학적 차이'와 같은 개념의 개발은 규범주의와 언어적 자유방임주의 사이의 중간을 취하는 보다 세련된 접근법을 고안할 수 있게 해 주었다. 그것은 그로

....

* 언어의 문화도(文化度, 실제 사용되는 언어가 그 언어의 문법에 상응하는 정도).

세와 노이베르트(Große and Neubert 1974a: 16)가 '건강한 언어문화'라고 언급한 것이기도 하다.

다른 방식으로 그리고 다른 이유로 사회에서의 언어 연구는 두 독일에서 거의 동시에 비표준 언어의 지역적 변이형(regional variation)에 대한 공식적이고 설명적인 문제에 집착하는 것에서 사회적 관계를 결정할 때 언어의 역할과 관련이 있는 기능적, 이론적 질문으로 연구 방향을 전환했다. 서독에서 이러한 학문적 변화는 서독 사회 내부와 학문 분야 사이의 내부 긴장과 갈등에 의해 촉진되었다. 동독에서는 적어도 집중적인 정치적 관심에 의해 동기부여가 되었다. 동독에서는 지적 노력을 사회주의 사회를 달성하기 위한 목표에 보다 직접적으로 활용하고자 했다. 그러므로 동서 문제는 학제적 의제가 아니었지만 동시에 그것은 1949년에서 1989년까지의 시기에 논쟁이 된 하나의 중요한 문제였다. 그렇다면 이 언어 문제는 시간이 지남에 따라 어떻게 발전했으며, 그 발달은 정치 환경의 변화와 언어 연구에 대한 접근법과 어떤 관련이 있었는가?(이러한 질문에 대한 훌륭한 리뷰는 Hellmann 1989a; Hess-Lüttich 1990 참조. 매우 자세한 설명은 Bauer 1993)

냉전이 가장 격렬했던 시기, 즉 1950년대와 1960년대 초반에 두 국가의 정치적 입장은 확고했다. 두 독일은 서로를(두 국가의 주권도) 인정하지 않았고, 공식적으로 독일 국민의 통합에 상충되는 개념을 선전하고 프리파시스트(prefascist) 시대의 문화적 유산을 주장했다. 그러나 언어의 상징적인 기능이 그전에도 논의되었으며, 1948년 10월 초 서독 언론은 언어 분열에 대한 전망을 내놓았다.

> Sprechen wir in vier Zonen aufgeteilten Deutschen noch ein und dieselbe Sprache? Die Bewohner der Westzonen werden, was sie

selbst angeht, diese Frage bejahen. Aber in der Sowjetzone sind heute Wörter und Redensarten im Gange, die wir in Westdeutschland nicht kennen und kaum verstehen. Um so mehr sind sie bezeichnend für den gegenwärtigen Lebensstil der Menschen im russisch besetzten Deutschland.

네 구역으로 나뉜 독일인들은 여전히 같은 언어를 사용하는가? 서쪽 지역 주민들은 이 질문에 긍정적으로 대답할 것이다. 그러나 소비에트 지역에서는 서독 사람들이 거의 이해하지 못하는 단어와 표현이 쓰이고 있다. 그것들은 러시아 점령하 독일 지역에 있는 사람들의 현재 생활양식을 더 잘 드러낸다.

(『라이니셰 포스트(Rheinische Post)』,
1948년 10월 27일 자; Hahn 1995: 340에서 인용)

초기 동부 출판물에서 그러한 심각한 예후들은 영구적인 정치적 분열을 조장하려는 시도로서 전형적으로 반박되었다. 예를 들어 1951년 라이프치히에 출판된 두덴(Duden) 철자법 사전 14판 서문을 살펴보라 (Glück 1995: 191에서 인용).

Die Feinde unseres Volkes aber, die seine Spaltung und damit seine Vernichtung erstreben, mögen wissen, daß keine Interessenpolitik der Imperialisten das feste Band zerreißen kann, das die Gemeinschaft unserer Sprache um die deutschen Menschen schlingt, die ihr Vaterland lieben.

그러나 조국을 사랑하는 독일 국민을 하나로 묶고 있는 우리 언어 공동체의 강력한 유대를 제국주의 정책이 결코 끊을 수 없다는 점을 우리 나라를 쪼개고 파괴하려는 적들은 명심해야 한다.

그러나 두 개로 분리된 언어, 즉 쪼개진 언어와 같은 생생한 비유가 유통되면 그것은 다른 관심사에도 쉽게 적용할 수 있다. 1950년대 초부터 양 국가의 학술 저술가들과 기타 논평자들은 (특히 서독에서) 언어와 국가의 통합에 대해 격렬한 장광설을 늘어놓았다. 서로 상대 국가의 공공 언어가 파시즘 담론(Stötzel 1995: 369-73)에 감염되어 국가의 통합을 위협하고 불안정하게 하고 있다고 주장했다. 이러한 수많은 초기 논쟁에서 수사학의 폭력은 "2.1 정치적 변화와 언어의 위기"에서 논한 19세기의 언어에 대한 불평 전통을 강력하게 상기시킨다. 아우구스트 쾰러(August Köhler)는 예를 들어 동독의 독일사회주의통일당이 언어 독재를 강요하고 모국어 '남용'을 강제함으로써 동독 시민의 언어 인권을 침해했다고 비난했다.

> Wir fordern für unsere deutsche Sprache Freigabe aus der politischen Zwangsjacke und für unsere deutschen Brüder und Schwestern das Recht, ihre Muttersprache so zu gebrauchen, wie es deren Wesen entspricht. Mehr verlangen wir nicht. Das aber müssen wir fordern, denn der freie, unverfälschte und mit der Wahrhaftigkeit vereinbarte Gebrauch der Muttersprache ist eines der ersten Naturrechte der menschlichen Seele.
>
> 우리는 우리의 독일어가 정치적 구속에서 풀려날 것을 요구한다. 독일 형제자매들은 본질적으로 모국어를 사용할 권리가 있다. 그것이 우리가 요구하는 전부다. 우리는 모국어를 자유롭고 순수하고 진실하게 사용하는 것이 인간 영혼의 주요한 기본권 중 하나기 때문에 이것을 요구한다.
>
> (Köhler 1954: 14)

그는 일반적인 군사 비유를 사용해 동독에 언어를 오염시키는 의도적 캠페인이 있으며 독일어가 위험 상황에 임박해 있다고 경고한다.

> Die deutsche Sprache in der Sowjetzone wird bewußt, planmäßig und zielsicher als politische Waffe angewandt und mißbraucht. Das ist eine Angelegenheit, die alle Menschen angeht, denen die Sprache ein hohes und edles Gut ist, das nicht verdorben, gefälscht und vergewaltigt werden darf. Das, was wir schon heute feststellen, beweisen und belegen können, ist zu ernst. Wahrscheinlich hat der deutschen Sprache noch nie eine größere Gefahrgedroht als gegenwärtig.
> 소비에트 지역에서 독일어는 의도적이고, 체계적이고, 합목적적으로 정치적 무기로 사용되고 남용되고 있다. 이것은 언어를 위대하고 고상하게 사용하는 모든 사람들과 관련된 문제다. 언어는 타락하거나 위조되거나 폭력적이 되어서는 안 된다. 우리가 이미 보았고 입증할 수 있는 것은 너무 심각하다. 독일어는 아마도 오늘날보다 더 큰 위험에 위협받은 적이 없었을 것이다.
>
> (Köhler 1954: 5)

동시에 동독의 저명한 언어 비평가인 빅토르 클렘페러(Viktor Klemperer)도 비슷한 경고를 했는데, 그는 다소 과하게 국가 통일의 위험을 그가 '언어적 불협화음'이라고 부르는 것과 명시적으로 연결시켰다.

> Da nun die Einheit der deutschen Nation aufs schwerste gefährdet ist und da alles darauf ankommt, dass ihr geistiger Zusammenhang,

ihr einander Verstehen unbedingt gewahrt bleibt, so bedeutet schon die leiseste sprachliche Dissonanz eine schwere Gefahr.
독일 국가의 통일은 현재 큰 위험에 처해 있다. 정신적 응집과 내적 이해를 유지하는 것이 절대적으로 중요하기 때문에 가장 작은 언어적 불협화음도 심각한 위험이다.

(Klemperer 1954: 16)

독일과 '독일어'의 통합을 위협하는 이러한 불안한 표현이 지금은 상대적으로 분산되어 있고 구체적이지 않지만, 얼마 전에도 서독의 저술가들은 독일사회주의통일당이 언어적 분열과 고립 정책을 명시적으로 추구하고 있다는 주장을 분명히 언급했다. 예를 들어 보자.

Die sogenannte DDR erhebt den Anspruch, ein selbständiger deutscher Staat zu sein. Sie sondert sich immer stärker von der Bundesrepublik ab. Als letztes Band bleibt schließlich nur noch die Sprache. Da stehen wir vor einem sehr ernsten Problem: Gibt es noch eine gemeinsame Sprache, in der sich die Menschen diesseits und jenseits der zur Staatsgrenze gewordenen Zonengrenze verständigen können? Genauer formuliert: Welche Sonderentwicklung ist in der auf den sowjetischen Kommunismus ausgerichteten SED-Sprache im Gange? Welche sprachlich-geistige Entfremdung und Spaltung vollzieht sich auf deutschem Boden durch das östliche Machtstreben?
소위 동독은 자주 독일 국가라고 주장한다. 동독은 서독으로부터 점점 더 강하게 분리되고 있다. 언어는 하나밖에 남지 않은 유일한 연결체다.

그러나 우리는 매우 심각한 문제에 직면해 있다. 두 지역의 경계에 있는 사람들 사이에 여전히 공통 언어가 있는가? 서로 의사소통할 수 있는가? 더 정확하게 말해 독일사회주의통일당은 소비에트 공산주의를 건설하기 위해 언어 개발 작업을 개별적으로 진행하고 있는가? 동독에서 권력을 강화하기 위해 언어적, 정신적 고립과 분리를 독일 땅에서 수행하고 있는가?

(Gaudig 1958-9: 1008)

그런데 가우디히(Gaudig)는 인지된 위협을 단언하는 것을 넘어 (서독의) 언어학자들에게는 이에 맞서 싸워야 할 정치적 책임이 있다고 보았다.

Das Problem hat eine politische und eine sprachwissenschaftliche Seite. Die Sprachwissenschaft hat ein eigenes Interesse an ihm, sie leistet mit ihrer Analyse aber zugleich einen sehr wichtigen Beitrag zum geistig-politischen Abwehrkampf.

그 문제는 정치적이고 언어적인 측면을 갖고 있다. 언어학자들은 그것에 특별한 관심을 갖고 있다. 언어를 분석하는 것은 또한 정신적이고 정치적인 방어를 하는 데 매우 중요한 기여를 할 수 있다.

(1958-9)

가우디히의 경고에 직접 응답한 것은 아니었지만 서독의 많은 연구가 동서 언어 문제를 다루었다. 콘라트 아데나워(Konrad Adenauer)* 시기(1963년까지)를 거쳐 이러한 연구의 비평문인 발터 디크만(Walther Dieck-

....

* 독일연방공화국(구서독)의 초대 총리(1949~1963년)이자 기독교민주연합의 의장(1950~1960년)이었다.

mann 1967)의 저술까지, 연구는 다음과 같은 전제를 두고 수행되었다. '독일어'로 매우 특수화되어 모호하게 남아 있는 것은 지속적으로 분기되고 있으며, 동독의 '모델'은 (전통적 규범으로부터) 빗나가고 있고 서독의 '모델'이 그 (전통적) 규범을 구성했다. 이 접근법에 대한 가장 영향력 있는 저서는 아마도 『아우엘러 프로토콜(Das Aueler Protokoll)』(콘퍼런스 후 1962년에 논문집이 출간됨)로 알려진 논문집일 것이다. 이 책의 편집자 후고 모저(Hugo Moser)에 따르면 그것은 언어적 관심에 의해 동기화되었다. 책의 서문에서 모저는 다음과 같이 선언했다.

> Wie die Sprache des Dritten Reichs, so sind auch die sprachlichen Veränderungen im Osten Deutschlands von der Ideologie her bestimmt. Wenn man nicht in extremer Weise die Sprachinhalte, *meaning*, von vornherein und grundsätzlich von der Sprache trennen und von der sprachwissenschaftlichen Betrachtung ausschließen will, muß man also auch von dieser Ideologie und damit dem politischen Charakter der sprachlichen Neuerungen reden.
> 제3국의 언어와 마찬가지로 독일 동부의 언어 변화도 이데올로기적으로 결정된다. 언어 분석에서 언어 내용과 의미를 언어와 엄격하게 분리하고 그것을 제외하는 극단적인 입장을 취하지 않는 한, 이데올로기에 대해 논해야 하며 그러므로 언어 혁신의 정치적 속성에 대해 이야기해야 한다.
> (Moser 1964: 12; Bauer 1993: 54에서 인용. 강조는 원문)

디크만(1967: 139)은 『아우엘러 프로토콜』(그리고 초기나 후기에 나온 많은 출판물들)의 논의, 즉 언어 분리가 두 국가의 정치적 분리를 강화하고 있다는 주장이 서독 정부의 공식적 입장과 상충한다고 지적했다. 연방 정부는 국가의 근본적 통일을 지속적으로 강조해 왔다. 그러나 1961년 베를린장벽의 건설과 그 이후 두 국가에서 이루어진 정치 및 경제 시스템의 개별적 공고화는 이러한 공식적, 정책적 입장을 점점 더 비현실적으로 보이게 했다. 동독의 사회주의 국가 건설에 이데올로기적으로 반대하고 언어와 국가의 불가분의 유대 원칙을 갖고 있는 서독인들에게 동독의 독일어 분석은 빗나가 있고 부패했으며, 그럴듯하고 편리해 보였지만 주장의 증거들은 매우 의심스러웠다. 대조적으로 동독인들은 안정적인 당대의 현실을 훨씬 더 객관적인 관점에서 바라보았다. 그들은 언어의 본질적이고 지속적인 통일성을 강조하면서도 양 국가의 언어적 혁신을 필수불가결한 것으로 인지했는데 특히 동독에서의 언어 혁신도 긍정적 사회변화의 적극적인 신호로 이해했다(Bauer 1993: 60-2; Hellmann 1989a: 305; Welke 1992: 4).

디크만(1967)은 언어 분리(Sprachspaltung)에 대한 상세한 비판을 담은 논문에서, 언어 분리를 지지하기 위해 사용된 방법론과 증거들을 체계적으로 해체했다. 그는 서독의 언어학자들과 다른 논평자들 사이에서 10가지 합의점을 확인한 다음, 그것들을 면밀히 조사하고 적어도 어느 정도 그가 원하는 것을 찾게 된다. 그의 가장 근본적인 비판은 정치적 어휘에서 핵심 단어들의 이데올로기적 결정성과 단어와 지시체 사이의 관계에 관한 것이다. 첫째, 자유(Freiheit), 민주주의(Demokratie) 또는 평등(Gleichheit)과 같은 단어가 독일사회주의통일당의 공개 담론에서 특정 의미를 획득했다는 그의 발견은 많은 서양 옵서버들이 독일 언어가 동독에서 왜곡되고 있다는 증거를 확보하게 만들었다. 디크만은 그런 단어들은 필연적으로 이데올로기적으로 정의될 뿐만 아니라(157), '근본적'인 의미를 갖고 있지 않아서 '왜곡'되기 쉽다고 주장한다. 따라서 그런 단어들이 주어진 사회나 언어 공동체 내에서 통일된 의미를 가진다고 가정하는 것은 환상이다. 자유는 두 개의 서로 다른 언어 공동체인 서독과 동독에서 해석적 충돌이 일어나기 쉽다.

둘째, 새로운 사회적 현실을 지시하기 위한 새로운 용어의 도입은 비평가들에 의해 불가피한 사회적 변화의 한 측면으로 간주되는 것이 아니라 언어를 파괴하려는 시도로 간주된다. 디크만은 (이 용어를 사용하지 않는 동안) 이러한 분석이 언어와 담화를 혼동하고 있다며 거부한다. 예를 들어 그는 당신이 농업의 집단화에 반대할 수 있다고 주장하긴 한다.

> die bloße Tatsache..., daß das herrschende Regime die deutsche Sprache benutzt, um die Organisationsformen dieser kollektivierten Landwirtschaft nun auch zu bezeichnen, hat nichts mit dem Polizeistaat zu tun.... In dem Akt der Benennung selbst steckt...kein Polizeistaat und kein Totalitarismus, und die deutsche Sprache wird auch nicht kränker dadurch, daß sie jetzt einen kommunistischen Feinplan, einen Kooperationsbetrieb, eine Neubauernstelle u.a. bezeichnen muß.
>
> 그 통치 체제가 … 이 집단화된 농업의 조직 구조를 지시하기 위해 독일어를 사용한다는 단순한 사실은 경찰국가와 아무 관련이 없다. … 명명 행위 자체가 … 경찰국가나 전체주의를 수반하는 것은 아니다. 독일어가 '상세한 공산주의 계획(Kommunistischer Feinplan)', '협동조합(Kooperationsbetrieb)', '재분배된 토지(Neubauernstelle)' 등과 같은 새로운 개념을 지시한다고 해서 더 나빠지는 것은 아니다.
>
> (152-3)

더욱이 이해하기 어려운 것은 언어 변화 그 자체 때문이 아니라 그것이 속한 사회적 현실에 대한 무지 때문에 생겨난다. 이는 또한 두 사회 간에서뿐만 아니라 하나의 사회에도 적용된다. 어떤 언어 공동체의 레퍼토리는 소수의 자격을 갖춘 화자만 접근할 수 있는 특수한 사용역(register)을 갖고 있다. 예를 들어 많은 서독 사람들은 아마도 연방 국방부(the Federal Ministry of Defence)의 각서를 동독에서 제작된 공식 문서로 이해하기 어려울 것이다. 그리고 라이프치히*의 의사는 아마도 작업 책임자(Arbeitsvorbereiter), 추가 기술 교육을 받은 경제학자(Ingenieur- Ökonom), 전략적 건축 계획(Bauperspektivplan) 등의 의미를 쾰른**에 있는 그의 동료보다 모를 것이다(160).

디크만의 초기 연구에 드러난 비판적 논의는 엄격함이 부족했기 때문에 그는 그 입장을 유지하지 못했다. 그러나 그의 논문은 서독에서 정치적 및 사회적으로 중대한 변화가 일어났을 때 쓰였기 때문에, 우리가 본 것처럼 언어 연구의 모든 의제에 근본적인 영향을 미쳤다. 1960년대 후반 정치적 합의가 붕괴되고 일부 서독인들에게서 의회정치를 강하게 거부하는 움직임이 증가하면서 독일이 두 개의 국가로 존재한다는 것이 이상한 게 아니라 일상적인 것이 되었다. 타운슨(1992: 180)이 논의했듯 두 국가의 외적 분리(Abgrenzung)에서 서독 사회의 특정 요소에 대한 내부 배제(Ausgrenzung)로 정치적 긴장의 초점이 바뀌었다(앞 참조, 그리고 Wengeler 1995 참조). 서독의 관점에서 보면 동서 관계의 발전 단계에서 이 단계는 일반적으로 화해를 향한 움직임으로 특징지어진다. 그것은 대연합(Grand Coalition, 1966~1969년)에서 시작되었고, 빌리 브란트가 이끄는 사회민주당에 의해 가속화되었다. 비록 이것이 두 독일 간에 더 많은 대화를 가져오고, 두 국가가 서로를 인정하는 정도까지 이르러 두 국가 사이의 긴장을

---

* 옛 동독 소재.

** 옛 서독 소재.

감소시켰음에도 서로의 주권을 인정하지는 못했다. 한편으로 서독 정부는 독일의 통일성을 계속 강조했지만, 사회주의통일당은 이데올로기적 개념에 찬성해 공통된 민족성을 국가성의 기준으로 정의하는 것에 반대했다. 그러므로 브란트는 1970년에 국가의 상태를 (원문 그대로) 다음과 같이 언급했다.

> 25 Jahre nach der bedingungslosen Kapitulation des Hitler-Reiches bildet der Begriff der Nation das Band um das gespaltene Deutschland. Im Begriff der Nation sind geschichtliche Wirklichkeit und politischer Wille vereint. Nation umfaßt und bedeutet mehr als gemeinsame Sprache und Kultur, als Staat und Gesellschaftsordnung. Die Nation gründet sich auf das fortdauernde Zusammengehörigkeitsgefühl der Menschen eines Volkes. Niemand kann leugnen, daß es in diesem Sinne eine deutsche Nation gibt und geben wird, so weit wir vorauszudenken vermögen. Im übrigen: auch oder, wenn man so will, selbst die DDR bekennt sich in ihrer Verfassung als Teil dieser deutschen Nation.
>
> 히틀러제국의 무조건적인 항복 이후 25년 만에 국가라는 개념은 분열된 독일을 하나로 묶었다. 국가라는 개념은 역사적 현실과 정치적 의지를 통합한다. 국가는 공통의 언어와 문화, 도시와 사회 시스템 이상의 것을 포함하고 의미한다. 국가는 구성원들의 지속적인 소속감에 기초한다. 이런 의미에서 우리가 생각할 수 있는 하나의 독일 국가가 있으며, 독일 국가가 존재할 것이라는 것을 부인할 수 없다. 더 나아가 동독도, 심지어 동독조차도 헌법에 따라 독일 국가의 일부라고 선언한다.
>
> (Bauer 1993: 73-74에서 인용)

발터 울브리히트(Walter Ulbricht) 독일사회주의통일당 사무총장은 같은 해에 다음과 같이 선언한다.

> Die DDR ist der sozialistische deutsche Nationalstaat, in ihr vollzieht sich der Prozeß der Herausbildung einer sozialistischen Nation. Dafür sind bereits unwiderrufliche Tatsachen entstanden. Die BRD ist ein imperialistischer Staat der NATO und verkörpert den verbliebenen Teil der alten bürgerlichen deutschen Nation unter den Bedingungen des staatsmonopolistischen Herrschaftssystems.
> 동독은 사회주의 독일 국가이며, 동독에서 사회주의 국가 건설 과정이 진행되고 있다. 이를 위해 돌이킬 수 없는 사실들이 이미 나타났다. 서독은 제국주의 나토(NATO) 국가이며 국가 독점 규칙 체계의 조건하에서 옛 부르주아 독일 국가의 잔재를 구현한다.
>
> (Bauer 1993: 73-4에서 인용)

브란트는 연설에서 '현재 독일은 전체가 단일국가가 아니며 각 국가를 유지하기 위한 정치적 목표만 고집하고 있다'며 현 상황을 인정했다. 동독에서 '독일 전체'를 무시하지는 않았지만 '독일 전체'보다 더 넓은 국제 사회주의 국가 공동체를 중시했다.

이러한 이데올로기적 움직임을 강화하기 위해 동독의 정치적 담화에서 (언어, 문화 및 관습과 같은 민족의 공통된 역사적 표지를 위한) 국민성(Nationalität)과 (정치 및 경제 시스템, 생산 조건 등을 위한) 국가(Nation)의 개념적 구별이 이루어졌다(Bauer 1993: 76; Hellmann 1989: 311). 1974년 사회주의통일당 중앙위원회 제13차 회의에서 울브리히트의 후계자인 호네커는 이 차이점을 분명히 밝혔다. '우리 사회주의 국가는 DDR(-

Deutsche Demokratische Republik)로 불린다. 왜냐하면 시민들의 국민성은 독일(Deutsch)이고, … 국적은 DDR, 국민성은 독일. 이런 식이다.'(『노이에스 도이칠란트(Neues Deutschland)』, 1974년 12월 13일 자; Schlosser 1990a/1999: 52에서 인용).

따라서 서독의 공식 입장은 분리된 두 국가 사이에 하나의 독일 국가가 있었지만, 동독의 공식 입장은 두 개의 이웃 국가(국가들)가 있는데 그 시민들이 공통된 국민성(예를 들어 민족성)을 공유하고 있다는 것이었다. 이러한 정책은 사회주의 국가를 건설하기 위해 독일 국가를 재건하려는 역사적인 사명에서 후퇴하는 것이었는데, 당시 동독 헌법 변경에 포함되었다(Schlosser 1990a/1999: 51 참조). 1949년의 논문 원본에서 한 문단을 읽어보자. "독일은 나눌 수 없는 민주공화국이다(Deutschland ist eine unteilbare demokratische Republik)." 1968년의 첫 번째 수정본에서는 다음과 같이 바뀐다. "독일민주공화국은 독일의 사회주의 국가다(Die Deutsche Demokratische Republik ist ein sozialistischer Staat deutscher Nation. 브란트의 앞의 연설 참조)." 그러나 1974년 독일 국가에 대한 언급은 사라진다. "동독은 노동자와 농민을 위한 사회주의 국가다(Die Deutsche Demokratische Republik ist ein sozialistischer Staat der Arbeiter und Bauern)."

따라서 이전 연구의 불충분성에 대한 디크만의 공격은 의심할 여지없이 서독의 동서 언어 문제 연구에서 분기점이 되었지만, (서독 내에서 그리고 두 국가 사이의) 정치적 조건의 변화 또한 학술 연구 및 공개 토론 맥락의 변화에 기여했다. 언어적 연구 주제로서 언어 분리는 인정되지 않았으며 정치적으로 언어 분리를 국가 분할의 표현이나 도구로 유지하는 것은 (두 국가(states)[5]의 확고한 존재에 대한 대중의 증가된 인식이 언어의 근본적

....

5 'deutsch'와 'Deutschland'가 서독에 대한 특별한 언급으로 대중 담론에서 자주 사용된

통일에 대한 대중의 확신과 충돌하지 않았기 때문에) 어렵거나 (독일사회주의통일당의 '분리주의자' 입장을 지지하는 것처럼 보일 수 있기 때문에) 바람직하지 않았다.[6]

국내 정치의 긴장과 두 성숙한 국가 간의 관계 정상화로 인해 더 시급한 언어 문제가 동서 언어 문제 들쑤시기라는 복잡한 방식으로 서독에서 전개되었으며, 1970년대와 1980년대의 많은 연구는 문자언어 말뭉치 자료를 중심으로 어휘 발달에 대한 냉정하고 정교한 기술적 분석에 초점을 두었다.

동독 언어학자들은 동독에서 새로운 사회언어 연구의 주제가 1960년대 후반부터 '위로부터' 결정되었다는 데 동의하지 않지만, 그 당시부터 사회주의 국가의 발전에 초점을 둔 새로운 정치적 이슈와 관련된 내적 이슈가 분명히 지배적이었다. 그러나 이 새로운 정치 방향은 '독일 사람들'의 표현에 관한 논쟁에서 벗어나 있었기 때문에 1950년대와 1960년대의 언어 문제와 관계가 멀고 사실상 잉여적이었다. 1970년의 울브리히트 선언(Ulbricht's declaration)은 과장된 수사로 가득 차 있었다.

> die einstige Gemeinsamkeit der Sprache ist in Auflösung begriffen. Zwischen der traditionellen deutschen Sprache Goethes, Schillers, Lessings, Marx' und Engels', die vom Humanismus erfüllt ist, und der vom Imperialismus verseuchten und von den kapitalistischen

....

정도에 대해서는 헬만(Hellmann 1989a: 315)과 폴렌츠(1988: 204)를 참조하라.

6 아마도 여기서 가장 중요한 인식은 동독과 서독 사이의 이해 문제는 언어 문제(특별히 동서 문제가 아님)가 아니라 오히려 각각의 사회적 현실에 대한 지식이 부족한 결과라는 디크만의 주장(1967: 161-2; 1969: 69)일 것이다. 이 주장은 특히 20년도 넘은 전환기 이후의 사회언어적 차이에 관한 논쟁에서 동독의 언어학자들에 의해 반복되고 증폭되었다(예를 들어 Lerchner 1992b: 314-15; 그리고 2부 참조).

Monopolverlagen manipulierten Sprache in manchen Kreisen der westdeutschen Bundesrepublik besteht eine große Differenz. Sogar gleiche Worte haben oftmals nicht mehr die gleiche Bedeutung.
한때 하나였던 공통의 언어가 붕괴되고 있습니다. 휴머니즘으로 가득 차 있던 괴테, 실러, 레싱, 마르크스 및 엥겔스 등의 전통적 독일어와 제국주의에 오염되고 자본주의 독점 출판사에 의해 조작된 서독의 일부 집단의 언어 사이에는 큰 차이가 있습니다. 같은 단어조차 더 이상 같은 의미를 갖지 않습니다.

(Ulbricht 1970; Bauer 1993: 73에서 인용)

그러나 이 발언은 1970년 무렵 독일사회주의통일당의 적대적인 대중 담론의 맥락에서 볼 필요가 있다. 그것은 '고립주의 언어 정책'(Polenz 1999: 428)보다 '좋은 이웃 관계'를 위한 협상이 진행되는 동안 두 국가가 보여 준 가장 날카로운 대조점을 보여 준다. 정치적 입장과 연구 방향 사이의 관계에서 더 중요한 것은 1973년 독일사회주의통일당 중앙위원회 제9차 회의에서 한 호네커의 언급이다. 그는 언어만으로는 국가를 분열시키거나 통합할 수 없다고 명확하게 주장했다.

Nicht Sprache und Kultur haben die Grenze zwischen der DDR und der BRD gezogen, sondern die unterschiedliche, ja gegensätzliche soziale Struktur der DDR und der BRD....Gemeinsamkeiten in der Sprache können diese Realität nicht hinwegzaubern.
동독과 서독 사이의 경계선은 언어와 문화에 의해서가 아니라 동독과 서독의 서로 반대되는 사회구조에 의해 그어졌다. 언어의 공통 자질이 이러한 실제를 덮을 수는 없다.

(『노이에스 도이칠란트』, 1973년 5월 29일 자,
Fleischer 1987: 14에서 인용; Dieckmann 1989a: 170-4 참조)

그럼에도 불구하고 언어와 사회 두 구성물 사이의 관계를 탐구하는 것이 언어 연구의 주요 목표 중 하나로 인식되어 왔다(앞 참조). 그것은 '언어와 국가'에 대한 문제가 프로그램에 포함될 때에만 기대될 수 있다. 그러나 이 문제에 대한 공식적 정책이 종종 논란이 되어 왔으며 조장된 것은 물론이고 명확해지기까지 했다고 말하는 것은 아니다(예를 들어 Hellmann 1989b; Dahl-Blumenberg 1987 참조). 동독 내에서 이 문제에 대한 토론과 (1980년까지는 거의 기록되지 않았던) 서독에서의 수용은 복잡했으며 모순과 오해로 가득 차 있었다. 동독 외부에서 (특히 서독에서뿐만 아니라 다른 동구권 국가의 주석가들로부터) 가장 주목을 받은 것은 고타르 레르히너(Gotthard Lerchner 1974, 1976)가 제안한 논문이었는데, 일반적으로 4가지-변이-주제(Vier-Varianten-These)로 언급되었다(자세한 비판적 분석은 Bauer 1993: 75-93; Dieckmann 1989; Stevenson 1993 참조). 그러나 이 아이디어는 동독의 언어학자들에게 널리 받아들여지지 않았는데(예를 들어 Hartung 1990: 452; Fleischer 1983 참조), 동독의 언어학자들은 대개 동독 사회의 내부 관심사에 집중해 여러 아이디어를 개발하는 데 더 집중했다. 동독 외부에서 레르히너의 논문이 달성한 점은 단지 잠재적인 정치적 영향의 관점에서만 설명될 수 있다.

이 가능성은 레르히너의 강력한 결론에서 유발된다. "우리는 지금 네 개(동독, 서독, 오스트리아, 스위스)의 독일 방언을 갖고 있다."(Lerchner 1976: 11) 그리고 이러한 변이형들은 "4개의 자주 국가가 관리하는 똑같이 유효한 4개의 국가어라는 특징을 갖는다"(Lerchner 1974: 265). (즉 서독에서처럼 동독에서) 언어 사용의 실제는 서로 반대되는 사회구조(1976: 11)

의 실제에 의해 양 국가에서 결정된다는 언급에서, 앞에서 인용한 호네커의 발언은 확실히 반향이 있었다. 그러나 전환기 이후의 이 시기를 회상할 때 레르히너 스스로가 인정한 것처럼 그의 논의에 대한 해석은 전적으로 국가, 표준어, 표준어의 변이형과 같이 상반되고 모호한 개념의 이해에 의존했다(Lerchner 1992b: 302-3; Bauer 1993: 82 참조). 이것이 야기한 혼란의 본질은 그 논쟁이 각 국가의 표준 독일어의 다양성에서의 공식적 차이에 관한 것인지 또는 독일어 사용상의 차이에 관한 것인지 아니면 독일어들의 관계에 관한 것인지, 추상적 개념인 '독일어'에 포함될 수 있는 모든 언어적 형태를 포괄하는 '통방언 체계(diasystem)' 내의 모든 변이형에 관한 것인지이다. 다시 말해 그 논문은 언어학에 속하는가 아니면 사회언어학에 속하는가? 레르히너(1992b: 300)는 후자를 의도적으로 명확하게 주장하면서, 그가 종종 전자[7]를 제안하는 것으로 이해되었음에도 불구하고 이것을 소급하여 명확하게 하려고 했다. 독일어는 별개의 독립 국가들(또는 주들)에서 흩어져 사용되고 있지만 모두 동등하게 유효한데, 독일어의 표준적 다양성의 존재를 주장하는 것처럼 보이는 이 논쟁의 폭발 가능성은 특히 보수적인 서독 언어학자들에게 국가 그 자체의 통합에 대한 도전은 물론이고, (서독이 '진정한 수호자'로 남아 있는) '독일의 독일어'에 대한 패권적 지배와 언어의 '통합적 유대'[8]에 대한 명시적 도전으로 남았다.

많은 동독 언어학자들은 이러한 상황에 암시된 기계적 결정론을 불편해했으며(예를 들어 Hartung 1990: 453 참조), 동독에서 사용자의 사회적 및 의사소통적 요구 측면에서 독일어의 발달을 연구하는 맥락과 그 전체

....

7 레르히너(2000)도 참조하라. 거기에서 그는 이 이슈를 다시 논의했다.

8 레르히너(1974: 265)는 그의 주장이 아무리 능숙하게 수행되었어도, '독일 문화 국가의 지속적인 존재'라는 의미에서 여전히 잠정적으로 '독일어의 통합적 유대'를 소환하는 조작적 시도로 볼 여지가 없다고 주장한다.

적 문제가 잘 안 맞는다고 주장했다. 그들에게 명시적 변별점은 동독과 서독의 대립이 아니라 언어 또는 언어 공동체와 의사소통 공동체 사이의 관계(Fleischer 1987: 19, 29ff)였으며, 그들은 후자에 중점을 두었다. 물론 이러한 개념은 동독의 사회언어학적 전통과 잘 맞았는데(Hudson 1996: 24-30 참조) 1970년대와 1980년대에 개발된 특별한 개념은 동독에서 독일어를 탐구할 때 중심이 되는 주요 사업이었다. 언어 공동체(Sprachgemeinschaft)에 대한 다음의 정의는 분명히 단일 언어주의를 표준으로 삼는 오랜 전통에서 파생된다. 그러므로 그것은 (저자가 인정한 대로) 적용이 제한된다. 그 구성원들은 '그들의 모어로만 말하는 것을 규칙으로 삼고 모어에서 민족적, 문화적, 역사적 소속감을 느낀다'(Hartung 1981a: 14). 그러나 현재 맥락에서 중요한 점은 공유된 언어에 대한 관습적 사용과 지식뿐만 아니라 언어와 결부되어 있는 역사적 전통에 대한 의식이다. 그러나 언어의 사회성(Gesellschaftlichkeit der Sprach) 맥락에서 의사소통 활동에 초점을 둔 채(앞 참조), 언어 그 자체를 강조하는 것은 의사소통 공동체를 언어 공동체보다 우선하게 만든다.

> Der entscheidende Faktor ist die gesellschaftliche Praxis: Sie ist an kommunikative Beziehungen gebunden, deren Inhalte und Strukturen, deren Motive, Zielstellungen und Verlaufsweisen durch das gesellschaftliche Zusammenwirken und seine Konflikte bestimmt sind.
> 결정적인 요소는 사회적 실행이다. 그것은 의사소통 관계, 내용 및 구조, 동기와 목표, 그것들이 수행되는 방식, 사회적 상호작용과 갈등에 의해 결정된다.
>
> (Fleischer 1987: 30)

의사소통 공동체(Kommunikationsgemeinschaften), 즉 규칙적이고 안정된 의사소통을 하는 사회적 그룹은 의사소통 실천 과정에서 스키마를 갖고 있으므로 중심적 위상을 차지한다. 개인들은 일반적으로 가족이나 교실만큼 작고 국가만큼 클 수도 있는 여러 공동체에 속한다. 나아가 특정 언어에 대한 지식보다는 일반적인 사회적 조건과 관련된 특수한 의사소통 실천에 참여하는 것에 대한 강조는 다음과 같은 가정에 이론적 기반을 제공한다. 동독과 다른 독일 '언어 공동체'의 구성원들 사이의 관계보다 동독과 다른 언어를 사용하는 이웃 사회주의 국가들과의 의사소통 관계가 더 밀접하다. 실제 사회적 관계를 분석하기 위한 이 이론적 관점의 중요성은 이 책의 2부에서 중요한 역할을 할 것이다.

1970년 이후 동독에서 동독과 서독 사이의 관계에 대한 지배적인 관점이 있다면 그것은 4가지-변이-주제가 아니라 다음과 같은 것이다.

> Die Frage nach der deutschen Sprache in der DDR ist...nicht prinzipiell einzuengen auf die drei, vier Jahrzehnte, die seit der offiziellen Gründung unserer Republik vergangen sind. Die Entwicklung der deutschen Sprache ist ein Element des Geschichtsprozesses, der schließlich zur Gründung des ersten sozialistischen deutschen Staates geführt hat....Es gibt kein besonderes 'DDR-Deutsch', wie von manchen—vor allem von Gegnern unserer gesellschaftlichen Entwicklung—behauptet wird....Allerdings existiert die deutsche Sprache in der DDR auch nicht unberührt von den spezifischen Verhältnissen und vor allem von den damit verbundenen Benennungs- und Kommunikationsbedürfnissen sowie den spezifischen Bedingungen sprachlich-kommunikativer Tätigkeit.

> 동독의 독일어 문제는 원칙적으로 우리 공화국의 공식 창립 이래 30~40년으로 한계 지을 수 없다. 독일 언어의 발전은 역사적 과정의 한 요소이며 궁극적으로 최초의 사회주의 독일 국가를 건립하게 했다. … 특히 우리 사회주의 사회의 발달에 반대하는 사람들이 주장하는 것처럼 특별한 '동독만의 독일어'는 없다. … 동독의 독일어도 특수한 상황에 영향을 받지 않을 수 없었으며, 무엇보다도 언어-의사소통 활동의 특별한 조건과 연계된 의사소통 요구 사항이나 명명에 영향을 받지 않을 수 없었다.
>
> (Fleischer 1987: 15, 29)

더욱이 적어도 1980년대까지 대부분의 서독 언어학자들은 두 독일 국가에서 독일어가 병행 발전하는 것에 대한 이러한 관점을 공유했다(예를 들어 Hellmann 1989 참조). 그러므로 적어도 1980년대 중반까지 '다중심 언어문화(plurizentrische Sprachkultur)'에 근거해 도달한 합의는 두 국가의 사회언어학자들의 수렴된 관점과 일치한다. 다중심 언어로서의 독일어에 대한 생각은 하인츠 클로스(Heinz Kloss 1978)가 논제로 삼았다. 그러나 서독 언어학자들 사이에서 그것의 수용은 마이클 클라인(Michael Clyne 1995)의 외적 영향에 더 기인했다. 다원성의 개념은 특히 페터 폰 폴렌츠(Peter von Polenz 1987, 1988, 1990)에 의해 개발되었는데, 어떤 변이형도 규범의 성격을 가질 수 없다는 더 중립적이고 더 추상적인 개념인 '다원성'을 채택함으로써 서독에서 예전에 했던 독일어 작업들(예를 들면 Moser 1985)이 강조했던 계층성을 제거했다. 언어의 근본적 통합(integrity)에 대한 강조(문화적 실체로서의 독일어)(Polenz 1987: 64)는 다른 문화 공동체(Kulturgemeinschaften)의 다른 역사적 조건에서 발생하는 독립적인 변이들을 수용하게 했는데 그것은 플라이셔, 하르퉁 그리고 동독의 다른 학자들의 관점과 일치한다. 따라서 하르퉁(1990: 462-3)은 그러한 개념을 고려하지 않고 필요에 따라 다음과 같이 말할 수 있었다.

> Man könnte also die in den vier Staaten verwendeten Arten des Deutschen durchaus als Varietäten oder Varianten bezeichnen....Nur sind diese Sprachformen sehr unterschiedlich entstanden, haben ein unterschiedliches Erscheinungsbild und werden unterschiedlich beurteilt. Eine begrifflich gleiche Behandlung könnte die Aufmerksamkeit davon weg- und auf eine Parallelität hinlenken, die gar nicht existiert....Das Plurizentrismus- Konzept beinhaltet, daß von mehreren (staatlichen, kulturellen) Zentren Einflüsse auf die in den jeweiligen Kommunikationsgemeinschaften verwendete deutsche Sprache ausgingen und ausgehen, die aber gleichzeitig Beiträge zur Entwicklung und Ausprägung der einheitlichen deutschen Sprache sein konnten und sein können und die jedenfalls nicht als Sonderungen oder Abweichungen von einer Norm zu begreifen sind, die durch eine der staatlichen Kommunikationsgemeinschaften gesetzt wurde.
>
> 그러므로 네 국가에서 사용되는 독일어 형태는 확실히 변이와 변이형으로 특징지어질 수 있다. … 그러나 이러한 언어 형태는 매우 다양한 방식으로 생성되었고 형태가 다르며 다르게 평가된다. 그것들을 같은 방식으로 개념적으로 처리하는 것은 이것들을 왜곡하는 것이 될 수 있으며 실제로는 존재하지도 않는 유사성을 제안하게 할 수 있다. 다원성의 개념은 각 의사소통 공동체에서 사용되는 독일어가 여러 (국가와 문화) 센터에 의해 영향을 받았으며 계속 영향을 받을 것이지만, 이러한 영향은 동시에 통일된 독일어의 발달과 형성에 공헌해 왔고 공헌할 수 있음을 보

여 준다. 그리고 어쨌든 독일어가 국가 기반 의사소통 공동체 중 하나에 의해 설정된 규범에서 벗어난 것으로 이해되어서는 안 된다.

이 절에서 나는 1945~1989년까지 독일의 맥락에서 언어에 대한 논쟁이 연속적이지만 지속적으로 변화하는 성격을 보여 주려고 노력했다. 특히 정치적, 학술적 발달 과정에서 두 독일 국가 내에서 그리고 두 독일 국가 사이에서 언어에 존재했던 다양한 선입견들이 갖는 위상을 나타내고 싶었다. 다음 절에서는 언어에 대한 논쟁을 넘어 동독의 독일어와 서독의 독일어 사이의 언어적, 사회언어학적 실체의 차이를 다룬 후 이 장을 마칠 것이다.

2.3 언어적 그리고 사회언어학적 차이

본질적으로 언어 외적인 현실과 사회변화에 따른 언어 변화 반영으로서의 언어에 대한 일반적 개념은 사회를 격변시키는 사건이 발생했을 때, 언어에 대한 갑작스럽고 획기적인 결과를 예상하고 싶은 유혹을 불러일으킨다. 극단적인 관점에서 이 견해는 언어의 역사를 불연속 시대로 세분화하고 1933년 '괴테와 실러 언어의 죽음'이나 독일 신화, 1945년 이후 '말이 없음(Sprachlosigkeit)'[9]과 같은 묵시적 선언을 하게 만든다. 그들의 수사적 화려함에서 벗어나면, 그러한 주장에는 실체가 거의 없고 단지 앞에서 논의한 종류의 논쟁에서만 전개됨을 쉽게 알 수 있다. 대부분 이것은

---

9 독일어 단어 'sprachlos'는 '말이 없는'과 '언어가 없는 것'을 모두 의미하는 모호한 단어다(Jackman 2000 참조).

언어 형태와 언어 사용 사이의 혼동, 그리고 언어의 총체성과 그중 한 요소 사이의 혼동에 기인하고 있기 때문이다.

급격한 언어 변화를 파시스트 시대의 직접적인 결과물로 탐구하는 것은 이데올로기의 정체성과 이데올로기가 언어에 반영됨을 가정하는 것이다. 더욱이 이는 국가 사회주의의 '전문어 사용역(technical register (Fachsprache))'과 덜 특수한 정치적, 철학적 어휘 사이의 구별을 간과한 것이다. 전자는 국가기구의 구조와 절차를 명명하기 위해 필요한 정교하면서도 제한적인 용어이며, 후자는 파시스트 텍스트의 원천이 될 수는 있지만 절대적으로 유지되는 것은 아닌 것으로서 말할 것도 없이 일상 어휘(Alltagssprache)다(Townson 1992: 4장 참조). 디크만(Dieckmann 1983: 90)이 건조하게 관찰한 것처럼 1945년의 정치적 휴지가 급격한 언어 변화를 초래하지 않았을 뿐만 아니라, 병들고 독이 있고 분해된 언어, 죽은 언어조차도 놀랍게도 생존할 수 있는 것으로 밝혀졌으며, 언어 부스러기들은 결과적으로 여전히 사용 가능했다.

따라서 정치사의 중요한 분기점을 거치는 동안 사회적 변화와 언어적 변화 사이의 의미 있는 연관성을 찾기 위해서는 덜 기계적이고 더 차별화된 개념으로부터 시작해야 한다. 예를 들어 겨울 구호 단체(Winterhilfswerk), 블록리더(Blockleiter), 젊은 처녀(Jungmädel)[10]와 같은 단어들이 1945년 이후의 텍스트에서 사라진 것이 '독일인'이 갑자기 반파시스트가 되었다는 증거는 아니며, 보다 인간적인 사회의 출현을 여는 그 자체로 새로운 단어가 등장했다는 것도 아니다(Dieckmann 1983: 96). 언어는 사

....

10 겨울 구호 단체는 1933년에 국가사회주의인민복지협회(Nationalsozialistische Volkswohlfahrt)가 빈곤층을 돕기 위해 설립한 원조 조직을 가리킨다. 블록리더는 나치당의 지역 단위의 지도자였다. 젊은 처녀는 히틀러유겐트(Hitler Youth)의 10~14세 소녀들을 말한다.

악함이든 인간성이든 간에 사용자의 속성으로 이해되어서는 안 된다. 여기서 필요한 것은 언어와 사회변화 사이의 관계를 이해하는 것이다. 언어변화는 징후일 뿐만 아니라 사회변화와 통합된 요소다. 더욱이 그러한 접근법에서 언어적 변화와 사회적 변화 사이의 직접적인 관계를 가정해서는 안 되며, 사회적 주체로서 언어 사용자가 조성하는 조건을 해석, 설명, 평가하는 방식으로 변화의 매개 효과를 강조해야 한다. 이러한 관점은 사회 위기 이후의 언어 변화는 체계적이기보다는 부분적일 것이며(일부는 바뀌지만 일부는 그렇지 않을 수 있음), 즉각적인 것이 아니라 점진적인 것(새로운 언어 사용 패턴이 생기기까지는 시간이 걸린다는 점)임을 함의한다. 그것은 다른 것들보다 의사소통과 언어 표현의 어떤 영역(정치, 경제, 스포츠 보도, 교실에서의 상호작용과 같은 사용 영역)에 더 많은 영향을 미치므로 어떤 사용자 그룹이 다른 사용자 그룹보다 더 많은 영향을 미친다.

1949년 이후 두 사회의 병행 발전은 필연적으로 언어 변화를 수반했지만, 변화의 일부 측면은 예측 가능한 데 비해(특히 정치 조직의 구조와 과정과 관련된 영역에서) 다른 것은 그렇지 않았다. 또한 시간이 지남에 따라 두 사회의 각 언어적 인벤토리(목록)와 레퍼토리는 변화의 징후를 보이기도 했지만 공통 기원(common origin)과 관련된 것에서는 변화가 적기도 해서, 결국 불연속성과 연속성의 징후를 모두 보여 주었다. 그러므로 우리는 차이점뿐만 아니라 유사점도 고려해야 한다.

한편으로 1949~1989년 사이에 두 독일 국가 내에서 사회조직 패턴의 광범위한 변화는 언어의 변화 정도와 일치하지 않았다. 40년이 지난 후에도 서독과 동독에서 사용되는 독일어의 표준 변이형은 구문, 형태, 철자법 및 음운론의 수준에서 거의 동일하게 유지되었으며 어휘의 95% 정도가 공통적으로 남아 있었다. 동시에 두 사회 사이의 의사소통 장벽(communicative barrier)이 예상보다 훨씬 더 침투성이 있어서 일부 언어적 트렌드는 분기되기보다 수렴되었다. 예를 들어 바우어(Bauer 1993: 137-9)는 공통의 트렌드를 지적했는데, 문자언어 및 공식적 음성 텍스트에서 명사어구적 스타일을 선호하는 경향(예를 들어 무엇인가를 하기 위해(etwas zur Durchführung bringen) 대 무엇인가를 하다(etwas durchführen)), 건축 약어, 가정법 사용에서의 변화, 영어의 영향(서독에서 더 강하나 동독의 경우 동독 사전에 있는 것보다 실제가 항상 더 널리 보급되어 있었다) 등이 있다.

반면에 차이는 다양한 원인에 기인해 발생했다. 예를 들어 한 국가 또는 다른 국가에 명백한 언어 혁신이 있었는가 하면(아마 동독보다 서독에서 더 많다. Polenz 1993: 142; Schlosser 1990a/1999: 196; "4.1 통일의 언어적 도전" 참조), 그 반대도 또한 있었다. 어떤 옛 언어 형태가 하나의 언어 공동체 안에서 선택되기도 하고 그렇지 않기도 했다. 예를 들어 서독의 '다른 추천인(Referendar; 연수생 교사와 같이 자격을 갖춘 공무원이 아닌 사람)'이나 동독의 국영 철도(Reichsbahn) 등이 그렇다(Hess-Lüttich 1990: 119; Schlosser 1990a/1999: 35-7, 201). 또한 개별적이면서 뚜렷한 사회, 정치, 경제 시스템의 도입과 정교화로 많은 혁신이 이루어졌지만, 서구의 자본주의 경제 용어와 19세기 동부의 노동자운동에서 크게 파생된 사회주의 이데올로기의 용어와 같이 전쟁 이전과 그보다 이전에 있었던 각 시스템과 그 기원이 관련되는 경우에는 '이전' 어휘를 계속 사용했다.

따라서 1949~1989년 사이 두 독일 국가의 맥락에서 언어적 차이의 범위와 중요성은 접근하기 어렵다. 사실상 출판된 어휘론 책이나 사전 등이 모두 동독 어휘의 특이성에 초점을 맞추거나 서독의 언어 사용을 표준으로 삼는 대조적인 접근법을 취했다는 사실이 이 문제를 더욱 악화시킨다. 예를 들어 플라이셔의 『동독의 독일어 어휘(Wortschatz der deutschen Sprache in der DDR)』(1987)는 비교 접근법을 명시적으로 피했다. 동독에는 여러 언어 사전(예를 들어 Kinne and Strube-Edelmann 1980; Ahrends

1986, 1989; Schröder and Fix 1997; Wolf 2000 등)이 있는데, 각 사전들은 서로 다른 선택 원칙을 따른다. 예를 들어 볼프(2000)는 '공식' 및 '대체' 용어를 모두 포함하지만 동독의 특이한 용어('적절한 편의를 제공하는'을 뜻하는 endversorgt과 같은) 또는 특정 참조가 필요한 용어(예를 들어 '우정(Freundschaft)'은 동독에서 독일사회주의통일당의 청소년 부서인 자유독일청년단(Freire Deutsche Jugend, FDJ) 회원들 간의 공식적인 인사의 의미를 추가로 갖고 있었다)에 주목했다. 이와 대조적으로 슈뢰더와 픽스(Schröder and Fix 1997)는 보통 동독 시민의 일반 어휘(동독의 전형적인 단어와 모든 독일어권 지역사회의 공통 단어들 포함)를 특성화하고, 영역(일터, 교육, 여행 등) 및 표현적 속성(예를 들어 사람, 대상, 행동, 기관과 같은)에 따라 어휘를 배열하려고 했다. 또한 동독의 현대 『독일어 사전(Wörterbuch der deutschen Gegenwartssprache)』(1961~1977)은 1,000개가 넘는 단어를 '서독 혁신(Neuprägung BRD)' 단어로 식별했는데, 이러한 관행을 따르는 서독 사전이나 특별한 어휘 사전은 없었다.[11]

1989년까지의 기간 동안 수행된 대부분의 비교 연구는 양적 및 분류학적 접근법(예를 들어 Hellmann 1984 참조)을 따랐으며, 이는 어휘의 섬세한 의미 차이를 제공하고 혁신과 변화 과정의 관점에서 어휘들이 어떻게 분류되는지를 제공한다는 이점이 있었다. 다양한 분류 모델이 제안되었지만, 일상 공용어에서 어휘적 및 의미적 차이는 크게 세 가지 유형, 즉 새로운 것을 지시하는 새로운 단어와 다른 의미를 갖게 된 오래된 단어 그리고 같거나 유사한 의미를 가진 다른 단어로 분류될 수 있다.[12] 구조적 사

....

11 울리히 암몬, 비르테 켈러마이어(Birte Kellermeier), 미하엘 슐로스마허(Michael Schloßmacher)가 준비하고 있는 새로운 사전은 독일(지역)뿐만 아니라 오스트리아와 독일어권 스위스의 고유한 단어와 용법을 처음으로 구별해 제시할 것이다(*Sprachreport*, 2/2001: 13-17 참조).

12 여기서 소개한 대부분의 예의 출처는 다음과 같다. 클라인(Clyne 1995: 67-73), 글뤼크

회와 정치적 변화 조건하에서 가장 예측 가능한 언어 발달은 새로운 개념, 과정 및 제도를 지정하기 위한 새로운 용어의 도입이다. 경우에 따라 새로운 용어는 각국에서 비슷한 지시 대상을 가질 수 있지만(예를 들어 동독과 서독에서 각각 '정부'와 관련해 사용한 각료 회의(Ministerrat), 연방 정부(Bundesregierung)와 같은 단어), 단어와 지시 대상 모두가 한 언어 공동체에서만 특수한 것들도 많았다. 다음에 비교적 무작위적인 목록을 제시한다.

동독 용어	서독 용어
Erweiterte Oberschule 중고등학교	Gesamtschule 종합학교
Elternaktiv 학부형위원회	Arbeitsmarkt 인력 시장
Kinderkombination 어린이집과 보육원을 종합한	Wirtschaftsgutachten 경제 보고서
Kombinat 결합하다	Konzern 기업, 회사
Arbeiterveteran 은퇴한 당 고위 간부	Azubi 연수생, 견습생
Reisekader 해외여행이 허용되는 (정치, 스포츠, 학술) 엘리트 구성원	Alternativbewegung 대안 운동
Solibasar (학교 등에서) 인도적 지원 또는 '해방 운동' 지원을 위한 모금 등	Instandbesetzung 빈 주택 불법 점거
Delikatladen 서양 수입품을 포함한 고가의 사치품을 판매하는 상점	Prolo 노동자계급, 서민

이 범주에는 소비자 제품 및 브랜드 이름뿐만 아니라, 다음과 같은 사회조직의 특수한 측면과 관련된 고정 표현도 포함된다.

....

(Glück 1995: 195-9), 바우어(1993: 139-142), 슐로서(Schlosser 1990a/1999: 13-16), 헤스뤼티히(Hess-Lüttich 1990: 118-21), 헬만(2000)을 참조하라.

동독 용어	서독 용어
Ökonomische Hauptaufgabe 주요 경제적 과업	sozialer Wohnungsbau 공공 주택
vorfristige Planerfüllung 계획 조기 달성	konzertierte Aktion 공동 행동
friedliebende Völkergemeinschaft 평화를 사랑하는 민족 공동체	Wohlstandsgesellschaft 풍요로운 사회

두 번째 광범위한 범주에는 언어 공동체에서 계속 사용되었지만 의미가 바뀐 옛 단어들이 포함된다.

동독에서 의미	공유된 용어	서독에서 의미
사회주의 기업에서 일하는 사람들의 소그룹	Brigade	군대의 부대
좋은 서비스에 대한 명예로운 칭호	Aktivist	시민 행동 단원
작업 방식 등의 개선을 제안하는 업무를 담당하는 직원	Neuerer	혁신가

세 번째 범주는 두 번째와 반대로 똑같거나 유사한 의미로 사용되는 다른 단어들이다.

동독 용어	지시 대상	서독 용어
Feierabendheim	양로원	Seniorenheim
Kaufhalle	수퍼마켓	Supermarket
Kollektiv	(작업) 팀	Team
Rekonstruktion	혁신	Renovierung
Feinfrostgemüse	냉동 채소	Tiefkühlgemüse
Territorium	지역	Gebiet, Region

그러나 이러한 정량적 접근 방식에는 여러 가지 심각한 한계가 있다. 첫째, 어휘 수 계산은 위에 제시된 것처럼 목록을 편집하는 것만큼 간단하지 않다. 예를 들어 타입이나 토큰(개별 단어의 수 또는 발생 횟수)을 계산해야 할까? 1,000개의 고유 항목을 식별할 수 있지만, 이 발견의 중요성은 사용 빈도뿐만 아니라 어휘 사용이 어느 정도나 특정 영역 및 화자 그룹에 제한적인가 등에 따라 달라질 것이다. 둘째, 어떤 단어들의 사회언어적 '부담'이 다른 단어들보다 실질적으로 크다는 사실을 고려하지 못한다. 예를 들어 앞의 세 번째 범주에 나열된 단어 쌍은 다소 동의어이며, 평가적 또는 정서적 내용과 관련해 중립적이다. 그러나 이 제목에 종종 포함되는 다음의 단어 쌍들은 동일한 의미를 공유할 수 있지만, 텍스트에서 고유한 의미로 사용되므로 종종 화자나 작가의 의도보다 더 많은 부가 정보를 제공한다.

동독 용어	지시 대상	서독 용어
Kaderakte	인사 기록 파일	Personalakte
Werktätige(r)	노동자	Arbeitnehmer
Staatsgrenze West	베를린장벽	Mauer
Menschenhandel	동독을 떠나는 사람을 돕기	Fluchthilfe
Republikflüchtige(r)	불법적으로 동독을 떠나는 사람	Flüchtling

예를 들어 'Kaderakte'에는 '인사 파일(Personalakte)'에 보관하는 것이 부적절하거나 심지어 불법일 수 있는 상당한 범위의 개인 정보가 포함될 수 있다. 일반적으로 '노동자(Arbeitnehmer)'는 '직원'의 중립적 용어로 간주되지만, 적어도 동독에서는 공식적으로 자본주의 조건하에서 노동자를 착취하는 표현으로 여겨졌다(Scherzberg 1972: 1967 참조). 또한 일하는

사람들, 노동자(Werktätige(r))라는 용어가 선호되었는데 보다 포괄적인 범위에서 쓰였다. "동독 사회는 서독보다 일과 성취의 측면에서 훨씬 더 많은 용어가 정의되었다. … 그러므로 동독에서 노동자의 개념은 사실상 전체 인구를 포함했다."(Schlosser 1990a/1999: 70)

셋째, 이것은 단어가 등장하는 텍스트와 의사소통 사건보다 고립된 단어에 더 무게를 두고 있다. 한편으로 특정 영역에 집중함으로써(예를 들어 '숙박 시설을 찾는 것')(Hellmann 1991 참조), 한 언어 공동체에서만 자주 사용되어 특정 영역에서의 사용 밀도가 상당히 높은 단어를 밝힐 수 있다. 그것은 특별히 문자언어 텍스트 처리 과정에서 동서독 사이의 상호이해에 잠재적으로 방해가 될 수도 있는 단어들이다. 반면에 주어진 인벤토리 내 어휘의 양적 차이가 반드시 의사소통의 성공 또는 실패의 가장 중요한 예측 요인은 아니다. 같은 언어를 사용하는 화자들은 의사소통을 '관리'하기 위한 다른 자원을 가지고 있기 때문이다("4.2 의사소통의 불일치" 참조). 또한 각 언어 공동체에서 다른 내포를 가진 단어를 자주 사용하는 것은 텍스트 수용자가 이러한 내포를 이해할 수 있는가라는 측면에서 중요하다. 예를 들어 두 사회의 지배적 이데올로기 사이의 근본적인 대조는 서독의 개인주의와 동독의 집단주의다. 이러한 모순적인 가치는 개인주의자(individualistisch), 자발적(spontan) 또는 주체적인(subjektiv) 등과 같은 단어에 부정적인 내포를 만들었다. 마찬가지로 서독에서 개인 책임에 대한 강조는 사회문제에 대해 다른 관점을 만들었다. 예를 들어 홉퍼(Hopfer 1996)는 실업 감소, 군사 갈등 해결, 환경 재난 예방이 서독의 맥락에서 일반적으로 도전(Herausforderung)으로 개념화될 것이라고 보았다. 그런데 이 단어는 동독의 맥락에서는 의무(Pflicht) 또는 과업(Aufgabe)으로 개념화된다.

어휘 발달에 대한 양적, 서술적 접근법은 사회변화의 구성 요소로서 언어 변화를 이해하는 데 기여하지만, 언어적 차이에 대한 가장 상세하고 세련된 분류법조차도 언어 사용 변화를 통해 사회변화의 경험과 사회적 차이의 구성에서 언어의 기능을 이해하려는 목적에는 충분하지 않다. 개별 단어는 그러한 과정에서 어떤 역할을 할 수 있지만(특히 "3장 독일민주공화국의 구축과 해체"에서 볼 수 있듯이), 단지 특별한 담화 맥락에 포함되는 경우에만 그러하다. 예를 들어 Kaufhalle(백화점)과 Supermarkt(슈퍼마켓)의 차이는 궁극적으로 Schlachter(정육점)과 Metzger(정육점)과 같은 남북의 차이와 비교해 볼 때, 지역적 대조 이상은 아니다. 그러나 적극적인(fortschrittlich) 또는 창조적인(schöpferisch)과 같은 잠재적 사회언어학적 영향을 가진 단어들은 잠재력이 실현되는 특별한 맥락에서 이 단어들이 어떻게 사용되는가에 따라 차이가 클 수 있다. 그런 단어들이 동독과 서독의 어휘 목록에서 본질적으로 서로 다른 것은 아니다.

우리가 여기서 관심을 갖고 있는 담론적 맥락에서, 즉 1945년 이후 독일의 통일과 분리와 관련된 논쟁에서 정치적 및 이데올로기적 반대자들의 무기고에 있는 가장 유력한 언어적 장치 중 하나는 명명 관행의 상징성이다. 동독의 거리, 학교, 기타 공공기관, 심지어 마을과 도시의 이름이 1990년 이후 완전히 바뀌었다. 동독 당국이 이념적 권력으로 지정한 이와 같은 이름들이 바람직하지 않은 과거의 흔적을 보이므로 근절해야 한다는 인식이 있었기 때문이다(Schreiber 1944; Sommerfeldt 1992a, b, 1994; Kühn 1993, 1996, 1999 참조). 그러므로 명명은 권력 행위이며 통제를 확인하고 행사하는 수단이다. 토니 크롤리(Tony Crowley 1996: 196)는 브라이언 프리엘(Brian Friel)의 희곡 번역을 참조하면서 영국의 육군 장교가 아일랜드 지형의 이름을 1830년대에 영어로 체계적으로 번역하는 책임을 졌다고 다음과 같이 공언했다. "그것은 문자 그대로의 과거나 역사적 사실이 아니라 우리를 형성하며 언어로 구현한 과거의 이미지다."

두 독일의 이름과 이 이름들이 공식적 문맥과 미디어에서 언급된 다양한 방식은 어떤 다른 어휘의 자질보다 어떻게 '과거의 이미지'가 '언어에서 구체화되는지', 그리고 어떻게 개별적 명명의 관행이 동독과 서독 사이의 관계 형성을 도울 수 있는지를 명확하게 보여 준다.[13] 독일의 서쪽 지역을 묶는 국가 이름에 대한 두 가지 주요 제안 중 'Länder, Bundesrepublik Deutschland'가 'Bund deutscher Länder'보다 선호되었는데, 그것은 독일(Deutschland)에 대한 명백한 언급이 독일의 통일을 위한 헌신적 선언으로 여겨졌기 때문이다. 1949년 10월 공식적으로 서독 정부가 들어선 지 5개월이 지났을 때, 동독은 헌법 제1조에서 독일 국민과 독일의 정당한 대표로서의 자격을 선포했다. "독일은 나눌 수 없는 민주공화국이다(Deutschland ist eine unteilbare, demokratische Republik)." '독일(Germany)'이라는 공식 명칭을 가진 국가는 없었으므로(이전까지도 없었다), 이 주장은 명백하게 서독이 독일 유산에 대한 권리를 되찾기 위한 시도였다. '독일'에 대한 전쟁은 그러므로 단어 '독일(Deutschland)'로 시작되었다. 본(Bonn) 의회의 독일공산당(Kommunistische partei Deutschlands, KPD) 당원에 대한 격렬한 반대로서 (다른 무엇보다도) 동독의 건립을 기대하는 연설 문구에서 이 점이 명확해졌다.

> Ich bin der Auffassung, daß der Parlamentarische Rat kein Recht hat, dieses Westdeutschland oder Restdeutschland schlechthin als Deutschland zu bezeichnen. Ich möchte mich an dieser Stelle nicht weiter über die rechtlichen und politischen Hintergründe auslas-

---

13 독일 명명의 복잡한 문제에 대한 자세한 논의와 기록으로 남은 관련 삽화는 버신(Berschin 1979), 글뤼크(1992), 헤르만스(Hermanns 1995, 1996), 헤스와 랑게(Heß and Ramge 1991), 라치(Latsch 1994), 뢰딩랑게(Röding-Lange 1997)를 참조하라.

sen, die den Parlamentarischen Rat in Funktion gebracht haben, sondern nur zum Ausdruck bringen, daß mit dieser Bildung des westdeutschen Staates zerschlagen wird, was jeder wirklich deutsch fühlende Mensch verlangen muß: daß Deutschland als eine unteilbare und demokratische Republik in seiner Gänze erhalten bleibt.

제 생각에 의회는 서독 또는 '남은 독일'을 단순히 독일(Germany)로 지정할 권리가 없습니다. 저는 의회 설립에 대한 법적, 정치적 배경에 대해 여기서 더 이상 말하고 싶지 않습니다. 서독 국가를 건립하는 것이 스스로를 독일인(German)이라고 진실로 생각하는 모든 사람들의 요구를 무시하는 것이 될 수 있다는 점을 밝히고 싶습니다. 독일은 완전히 분리할 수 없는 민주공화국으로 남아야 합니다.

(Falkenberg 1989: 20에서 인용)

동독에서 독일다움의 문제를 주변화했던 1960년대 후반("2.2 언어, 사회 그리고 정치" 참조)의 정책 변화까지 서독은 공개 문서에서 서독(Westdeutschland), 서독 연방공화국(westdeutsche Bundesrepublik) 또는 (나중에는) BRD로 다양하게 언급되었다. 그러나 서독 정부의 공식 입장은 서독에 유일하게 허용되는 이름은 헌법 이름인 'Bundesrepublik Deutschland'이거나 문맥이 (논쟁의 여지가 없이) '불필요'한 경우("2.2 언어, 사회 그리고 정치" 참조) 간단히 Deutschland였다. 1965년에 제시된 지침에 따라 약어 BRD나 짧은 형식의 Bundesrepublik을 사용해서는 안 되었다. 1949년 10월 동독의 건립에 대한 대응으로 독일 국민을 대표해 최초의 총리인 콘라트 아데나워가 서독의 공식 입장을 모호하게 공식화했다. "독일연방공화국은 독일 통일이 달성될 때까지 독일 국민의 유일한 합법적인 국가 조직입니다(Die Bundesrepublik Deutschland ist...bis zur Erreichung der deutschen Einheit insgesamt die alleinige legitimierte staatliche Organisation des deutschen Volkes)."(Hahn 1995: 297에서 인용)

서독의 '유일한 대표권(Alleinvertretungsrecht)' 선언은 할슈타인 독트린(Hallstein doctrine)[14]으로 알려진 외교 정책의 기초였다. 이는 서독이 유일한 대표로서의 권리를 갖는다는 주장이므로, 동독 정부에 의해 '독점적 표현 척도(Alleinvertretungsanmaßung)'로 거부되었다. 서독은 할슈타인 독트린에 따라 동독을 주권국가로 인정하지 않았을 뿐만 아니라, 동독을 인정한 다른 국가(소련 제외)와도 외교 관계를 멀리하고자 했다. 이 독트린의 대중적 언어 표현은 과장된 대체 이름들이었다. 동부 지역(Ostzone), 소련 지역(Sowjetzone), 소비에트 점령 지역(sowjetische Besatzungszone), 중부 독일(Mitteldeutschland), 동독(Ostdeutschland), 독일민주공화국(DDR), 소위 독일민주공화국 등. 이 용어들이 모두 공식적으로 제재되지는 않았지만, 특정 용어가 갖는 내포는 동부의 오데르강과 나이세강의 영토를 '회복'하려는 정부 정책과 충돌했다. 두 강은 1945년 이래로 폴란드와의 서쪽 경계로 여겨졌다.[15] 예를 들어 전(全) 독일 업무를 위한 서독 내무부 핸드북 1958년판 『A에서 Z까지의 소련 직업 존(SBZ von A bis Z)』에서는 일반적 용어인 '동부 지역(Ostzone)'을 인정하지 않았다.

Die viel gebrauchte Bezeichnung 'Ostzone' für die SBZ ist irreführend. Die SBZ hat als 'Mittelzone' zu gelten, da sie mitten

....

14 1950년대 외무부 장관이었던 발터 할슈타인(Walter Hallstein) 이후(Parkes 1997: 127-8)다.

15 "1990년 독일 통일 협상에서 주요 걸림돌이 된 이 국경 분쟁 상태는 대립적인 명명으로도 분명하게 드러났습니다. 동독과 폴란드 정치인에게 그것은 경계였지만 많은 서독 정치인과 신문에서 그것은 단지 (일시적인) 오데르-나이세 라인(Oder-Neiße-Grenze)일 뿐이었습니다."(Hahn 1995: 288-290; Stötzel 1991: 3-4 참조)

zwischen der Bundesrepublik und den zur Zeit von Polen und der SU verwalteten deutschen Ostgebieten liegt.
소비에트 점령 지역에 자주 사용되는 '동부 지역'이라는 용어에는 오해의 소지가 있다. 소비에트 점령 지역은 '중앙/중간 구역'으로 간주된다. 서독과 독일 동부 지역 사이에 있기 때문에 현재 폴란드와 소비에트연방이 관리하고 있다.

(Hahn 1995: 293에서 인용)

1965년까지 공식 지침서에 규정된 내용은 다음과 같다.

Das 1945 von der Sowjetunion besetzte Gebiet Deutschlands westlich der Oder-Neiße-Linie mit Ausnahme Berlins wird im politischen Sprachgebrauch als *Sowjetische Besatzungszone Deutschlands*, abgekürzt als *SBZ*, in Kurzform auch als *Sowjetzone* bezeichnet. Es ist nichts dagegen einzuwenden, daß auch die Bezeichnung *Mitteldeutschland* verwendet wird.
1945년 소비에트연방이 점령한 오데르-나이세 라인의 서쪽에 위치한 독일 지역은 베를린을 제외하고는 소비에트 점령 지역(독일에서는 SBZ) 또는 짧게 소비에트 지역(Sowjetzone)으로 정치적으로 언급된다. 중부 독일을 대안 형태로 사용하는 것에 대한 반대 의견은 없다.

(GMBl,* 1965: 227에서 발췌; Townson 1992: 191, 208에서 인용)

....

* Gemeinsames Ministerialblatt의 줄임말로, 독일 연방정부의 공식 출판기관을 일컫는다. 내무부가 관할하는 이 기관에서는 연방 내각 부처의 일반 행정규정이나 시행령, 기준 등은 물론 공지, 고시 및 공고 등을 1950년부터 관보로 발행해 왔다.

1960년대 중반에서 후반의 점진적인 긴장 완화에도 불구하고 보수적인 서독 정치인들은 동독을 인정하지 않았기 때문에 동독을 언급할 편안한 방법을 찾는 데 계속 어려움을 겪었다. 예를 들어 쿠르트 게오르크 키징거(Kurt Georg Kiesinger)는 1966년 취임식에서 GDR라는 이름을 사용하지 않고 국가 간 친선을 위한 대연합 정부 정책을 선언했다.

Wir wollen entkrampfen und nicht verhärten, Gräben überwinden und nicht vertiefen. Deshalb wollen wir die menschlichen, wirtschaftlichen und geistigen Beziehungen mit unseren Landsleuten im anderen Teil Deutschlands mit allen Kräften fördern.
우리는 긴장을 심화시키지 않고 극복하기 위해 여러 조건들을 완화하고 싶습니다. 그러므로 우리는 독일의 다른 지역에 있는 우리 동포들과 인간적, 경제적, 정신적 관계를 증진시키기 위해 우리가 할 수 있는 모든 것을 할 것입니다.

(1966년 12월 1일 취임 연설 1; Hahn 1995: 303에서 인용)

1년 후 또 다른 연설에서 그는 다시 국가 이름을 피했지만 국가는 인정했다.

daß sich da drüben etwas gebildet hat, ein Phänomen, mit dessen Vertretern ich in einen Briefwechsel eingetreten bin, ein Phänomen, mit dem wir bereit sind,... Kontakte aufzunehmen, Vereinbarungen zu treffen.
새로운 현상이 나타났습니다. 저는 조약을 맺기 위해 대표자들과 연락을 하고 우리는 기꺼이 접촉했습니다.

(1995: 304)

1972년 두 국가가 기본 조약에 서명함으로써 동독을 부분적으로 인정하기 시작했고, 약어 DDR를 사용하는 것이 일반적으로 받아들여졌다. 우익 신문사들은 비꼬듯이 따옴표('DDR')를 일관되게 인쇄함으로써 가상현실처럼 그것을 인정했는데, 아이러니하게도 1989년 8월 전환기가 시작되기 몇 주 전에 따옴표를 뗐다.

> Geschichte bewegt sich so langsam, daß wir es kaum bemerken. Zur Zeit bewegt sich Geschichte aber so rasant, daß manchem der Atem stockt....Zu den Wandlungen der Zeit gehört auch, daß die Supermächte, wenn auch langsam, aufeinander zugehen. Angesichts dieser Veränderungen hat sich die Redaktion in Übereinstimmung mit Aufsichtsrat und Vorstand der AXEL SPRINGER VERLAG AG entschlossen, DDR ohne Anführungszeichen zu schreiben....Wir ändern unsere Schreibweise. Wir ändern nicht unsere Überzeugung.
> 역사는 우리가 거의 알아차리지 못할 정도로 천천히 움직입니다. 하지만 현재 역사는 숨이 멎을 정도로 빠르게 흘러가고 있습니다. … 그러한 변화 중 하나는 초강대국들이 느리긴 하지만 점점 가까이 다가오고 있다는 것입니다. 이러한 변화에 비추어 악셀 스프링거 출판사의 감독 위원회 및 이사회의 합의 사항에 따라 편집 직원은 따옴표 없이 DDR를 작성하기로 결정했습니다. …. 우리는 작성 방식을 변경하고 있습니다. 우리는 우리의 신념을 바꾸지 않을 것입니다.

(『빌트차이퉁(Bild-Zeitung)』,
1989년 8월 2일 자; Glück 1992: 144에서 인용)

그러나 1970년대 초 서독에서 어느 정도 일반적으로 동독을 가리키기 위해 DDR를 사용할 때, 동독 기관에서 공식적으로 서독을 가리키기 위해 BRD를 사용하는 경향이 증가해 서독의 보수 세력과의 마찰이 다시 발생했다(Hellmann 1997c 참조). 1965년 지침이 발표되기 전에(앞 참조) 약어 BRD는 서독의 공식 출처에서도 상당히 일반적으로 사용되었으며, 공식적인 동독 담론과 구별할 때까지는 논란의 여지가 없는 것으로 보였다. BRD라는 이름은 서독에서 만들어졌고 1969년경까지 동독에서는 사용되지 않았지만, 서독의 우파는 그것을 독일 통합을 반대하는 사회주의통일당의 정책을 전복하는 도구로 인식했다. 처음에 두 개의 축약형 DDR와 BRD를 병행 사용하는 것은 실제로는 등가가 아닌 두 개의 실체를 동등하게 합법적인 두 국가로 인식하는 것으로 논의되었으며, 두 번째로 'Deutschland'의 비가시성*이 서독의 통일 국가적 성격을 손상시키고 훼손한다는 주장이 제기되었다. 상당한 공개 토론 끝에 서독의 국가 및 지역 수준에서 새로운 지침이 합의되었는데, 모든 공식 상황에서는 약어가 아닌 전체 이름을 사용해야 하고 교과서에서는 BRD 사용을 금지했다. 그럼에도 불구하고 약어 사용은 억제하기 어려운 것으로 판명되었고, 논쟁은 1970년대 내내 계속되었다. 예를 들어 니더작센주 정부는 약어 때문에 1978년에 추가적인 금지 명령을 내려야만 했다.

> die geschichtliche Identität der Deutschen nicht mehr erkennbar werden läßt mit der Folge, daß die Wörter 'Deutschland' und 'deutsch' zunehmend aus dem politischen Bewußtsein unserer Schüler und Jugendlichen sowie des In- und Auslands verdrängt

---

* 약어를 사용하면 '독일(Deutschland)'이라는 단어가 가시적으로 드러나지 않는다는 의미다.

werden. Diese abträgliche Abkürzung schadet dem deutschen Anliegen.

독일인의 역사적 정체성을 은폐하고 있으며, 그 결과 '독일'과 '독일인'이라는 단어가 우리 학생과 젊은이, 더 일반적으로 국내외에서 점점 더 의식 밖으로 밀려나고 있습니다. 이 유해한 약어는 독일의 이익을 손상시킵니다.

(Glück and Sauer 1997: 16-17에서 인용)

'과거의 이미지'는 두 국가의 이름뿐만 아니라 '독일 국민'의 잠재적인 통일과 통일 달성 과정을 언급하는 용어에도 구현되었다. 냉전이 한창일 때 각국의 공식 입장은 다른 국가가 독일 민족 분단의 책임을 지고 있다는 것이었기 때문에 양측의 목표는 (물론 각자의 입장에서) '재통합(Wiedervereinigung)'을 달성하는 것이었다. 그러나 이것이 1990년까지 서독의 입장으로 남아 있는 동안 이 개념은 문제가 되었고, 동독에서는 이를 수용할 수 없었다. 재통합은 이전의 상태로의 복귀를 의미하지만, 어떤 상태로 회복되어야 하는지 명확하지 않아 논란의 여지가 있는 명제였다. 독일은 1945~1949년 사이에는 거의 '통합'되었다고 볼 수 없었으므로, 대안은 1938년에 오스트리아를 합병했을 때 획득한 조건이 유일했다. 그러나 여기에는 1945년에 폴란드와 소련에 속해 있던 동쪽 지역에 사는 인구가 분명히 포함되어 있었다. '보복 정책(revanchism)'*의 함축적 의미는 접두사 re-(Wieder-)가 독일 문제의 담론에서는 쉽볼렛(shibboleth)**이 되었다는

....

* 특히 한 국가가 영토를 되찾기 위해 취하는 정책을 가리킨다.

** 『구약성경』 〈사사기 12장 5-6절〉에 나오는 말로서, 히브리어로 'stream'이란 뜻의 단어인 'shibboleth'의 'sh'를 제대로 발음할 수 있느냐의 여부에 따라 생사(生死)가 결정된 이야기에서 비롯되었다고 한다. 국적이나 계급 등을 드러내는 발음이나 말투를 확인하기 위해

점이다. '통합(Vereinigung)'은 동독에서 목표로 선호된 용어였으므로, 이를 위한 그 어떤 명명 시도도 1960년대 후반에는 포기했다. 이것은 또한 1989~1990년 전환기 동안 용어에 대해 극도로 민감했음을 보여 준다. 헬무트 콜 수상은 1989년 11월 처음부터 재합병 달성을 목표로 주장했지만, 그와 반대 의견을 가졌던 동독의 한스 모드로(Hans Modrow) 수상은 12월에 다음과 같이 선언했다.

> Unsere Verbündeten sagen ebenso wie meine Regierung, daß eine Vereinigung der beiden deutschen Staaten zu einem Staat nicht auf der Tagesordnung steht. Und von einer Wiedervereinigung sollte man richtigerweise überhaupt nicht reden, weil das Wort wieder [sic] ein Anachronismus ist und berechtigte Bedenken, ja Ängste vor großdeutschem Chauvinismus weckt.
>
> 우리의 동맹국과 우리 정부는 두 독일 국가를 단일국가로 통합하는 것은 의제가 아니라고 말한다. 그리고 '재-'라는 단어는 시대착오적인 표현으로 독일의 우월주의적 팽창주의에 대한 우려와 두려움을 불러일으키기 때문에, 엄밀히 말하면 재합병에 대한 이야기는 없어야 한다.
>
> (『노이에스 도이칠란트』, 1989년 12월 9/10일 자에서 발췌;
> Teichmann-Nadiraschwili 1993: 60에서 인용)

그러나 몇 주 안에 이 입장은 소련 지도자 미하일 고르바초프(Mikhail Gorbachev)의 압력으로 포기되어야 했고, 통일에 대한 동독의 저항이 무

....

'시험적으로 묻는 말'을 가리킬 때 주로 사용되는데, 이것이 확장되어 '비밀 암호'를 가리킬 때에도 쓰인다.

너지면서 재합병은 함께 성장하기(Zusammenwachsen) 그리고 새로운 관심 공동체(neue Gemeinsamkeit)와 같은 완화적인 용어에 의해 점차 서독의 수사학으로 대체되었다(1993: 68).

동시에 통일을 이루기 위한 공식적인 과정에서 명명의 차이는 계속해서 사람들에게 긴장을 일으켰다. 서독의 헌법상 입장은 1949년 기본법에 규정되어 있었다. 제23조에 따르면 법은 서독을 구성한 땅에 '당분간(zunächst)' 적용되는 것이었지만, 이것은 법의 유효성을 '다른 독일의 일부'에 확장 적용할 가능성을 열어 두었다. "기본법은 독일의 다른 지역에서도 효력을 발휘할 수 있다(In anderen Teilen Deutschlands ist es nach deren Beitritt in Kraft zu setzen)." 이것은 통일을 가져오는 깔끔하고 간단한 메커니즘을 제공했다. 그렇지만 통일을 새로운 국가의 출범이 아니라 기존 국가의 확대로 이해했기 때문에, 동독 주민들이 서독에 귀화 의지를 표명했을 때 연방공화국은 지원자의 지위를 동독 인구로 귀속시켰다. 따라서 이 절차에 대한 반대가 합병(Einverleibung), 점유(Vereinnahmung), 심지어 병합(Anschluß)처럼 가입(Beitritt)에 대한 대안적 용어들로 표현되었다. 이는 1938년 오스트리아의 강제 합병과 유사했다(이러한 용어들 사이의 관계에 대한 언어적 분석은 Herberg 1997 참조). 더욱이 통일이라는 사실이 이러한 두려움을 완화하거나 통일감을 얻는 데 충분하지 않았다. 1990년 이후까지 지속된 독일-독일 관계에 관한 경쟁 담론은 서독의 '이전'과 '새로운' 부분을 언급하는 서로 다른 방식으로 뚜렷해졌다(Hahn 1995: 333-8; Glück and Sauer 1997: 10-11 참조).

이 절에서 내가 설정하려고 했던 언어적 차이와 사회언어학적 차이, 즉 단순한 어휘적 대조와 담론적 대립 사이의 구분은 두 독일 국가와 각각의 '의사소통 공동체' 사이의 발전하는 관계에서 언어 문제의 중요성을 이해하는 데 기본이 된다("2.2 언어, 사회 그리고 정치" 참조). 이 장을 통해 나는 '독일 사람'과 '독일 국가'의 문제적 개념과 관련해 두 국가의 상충되는 이해관계와 이러한 정치적 문제와 언어 사용 사이의 불가분의 관계에 초점을 맞추었다. 다음 장에서 나는 어떻게 동독이 건설되었고 어떻게 무너졌는지에 대한 질문에 답하고, 표면상 '통일된' 언어 공동체의 형성 조건을 찾기 위해 언어와 정치, '언어를 사용하는 것'과 '정치를 하는 것' 사이의 특별한 종류의 관계가 갖는 함의를 탐구하고 싶다.

3

독일민주공화국의 구축과 해체

3.1 공식적 담화의 '비잔티움 건축'

권력이라는 것은 1953년 6월 독일민주공화국(동독)의 노동자 봉기, 또는 1967년 베트남전쟁 지원에 항거한 독일연방공화국(서독) 민중 시위를 무력으로 진압한 것*처럼 무력을 통해 행사되기도 한다. 하지만 심지어 대부분의 전체주의 정권에서도 강제와 억압보다는 주민들의 순응을 공학적으로 지배함으로써 통제를 확보하고 유지하는 것이 장기적으로 더 효과적이라는 점을 인정한다. 물론 국가가 벨벳 장갑 속의 강철 주먹처럼 폭력적 수단을 쓸 가능성을 남겨둘 수 있다는 인식은 이 목표를 달성하는 데 중요한 요소다. 예를 들어 1989년 6월 베이징 톈안먼 광장에서 일어난 '혁명 반동의 반란'을 참혹하게 진압한 중국공산당에 대한 독일사회주의

....

* 서독은 베트남전쟁에서 남베트남 연합군을 지원한 바 있다.

통일당의 지지 선언이 함축하고 있는 의도 역시 그러하다는 것을, 동독인이라면 누구나 알아챘을 것이다(Pätzold 1992: 105-6). 그러나 그 무렵까지 소련으로부터 독일사회주의통일당으로 이어져 온 보장된 군사적 지원이 철회되었고, 조금씩조금씩 불만과 환멸을 쌓아 온 동독 국민은 이전 40년 동안 정권에 의해 성공적으로 소외되고 억제되어 왔던 비판의 목소리를 명확하게 내기 시작했다. 그때까지는 랄프 예센(Ralph Jessen 1997)의 언급처럼 당이 수행하는 '의사소통 관행'으로 권력과 통제를 아주 성공적으로 유지해 왔다.

그들은 억압에 저항하는 시민들에 대응하여 사회적 연결 과정 곳곳에 형성될 수 있는 헤게모니(담화의 주도성)를 장악하고, 이를 통해 권력을 성공적으로 행사해 왔다. 먼저, 당 정책을 기술하고 표현하기 위해 고도로 성문화한 사용역을 개발하였는데, 이는 관습적인 정치적 언사(Fachsprache; 전문 용어, 특수 용어)와는 상당히 다른 형태의 언어였다. 다음으로, 이 수사적 형식을 정치 사상과 정치 목표를 명확히 드러내는 도구이자 수단으로 삼아 정부의 협소한 사용역 외 교육과 미디어, 직장 등 다른 영역을 통해 사상, 목표와 함께 전파시켰다("3.3 '전환기' 담화가 이루는 대위법" 참조). 세 번째로는 이 수사적 형식을 사회 전반의 공식적, 혹은 준공식적인 텍스트에서 사용할 것을 사실상 의무화했다. "'데 유레(de jure, 성문 규정)'는 아니더라도 '데 팍토(de facto, 현실 규범)'로서 독일민주공화국 공식 언어의 의사소통 규범은 다소 엄격하게 준수되거나 모방되었다."(Schmidt 2000: 2023) 마지막으로, 이러한 단계에 대한 보완책으로서 정치적 문제와 관련될 수 있는 모든 가능한 대안적 문체나 표현들은 억압되었고, 혹은 교회와 같은 특정 영역 안으로 국한시켰다. 오로지 실재(實在)했던 예외들은 문화 행사나 출판물, 예를 들어 카니발(Marr 1998), 카바레(McNally 2000)와 같은 정치 풍자극, 잡지 『오일렌슈피겔(Eulenspiegel)』의 일부가 있고, 사회현상이나 소비자 불만을 주제로 다룬 〈프리즈마(Prisma)〉와 같은 텔레비전 프로그램 정도가 있었다("3.3 '전환기' 담화가 이루는 대위법" 참조). 그리고 이러한 것들은 사회 전복적 불순 세력이 되어 큰 영향을 미칠 수 있는 대규모 '감염'에 대응해 미리 그 관중(audience)들을 '접종'시키는 수단이자 도구로서 소량으로 용인되었다. 이러한 조치들을 통해 어떤 종류의 공식적인 의사소통 활동에 참여한다 하더라도 반드시 공식적 담화의 제약에 의해 규제될 수 있도록 확고히 해 두었다(앞서 1장에서 다룬 크레스의 '담론'의 정의를 다시 살펴보라). 반정부 비밀 출판물인 『그렌츠팔(Grenzfall)』*과 같은 사미즈다트(samizdat)**가 존재했다는 것은(Thoebald 2000 참조) 이 사회가 공공의 영역에서 대안적인 담화를 배제하고 있다는 것을 증명한다. 그러므로 동독에서 '공론장'은 공공의 관심사를 위한 열린 토론의 공간이 아니라, 당이 고안하고 설계한 담화 프레임 안에서 무대가 관리되듯이 구축된 것이었다.

이 공식적 담화의 언어는 새로운 어휘나 문법으로 이루어진 것이 아니어서 새로운 것이라고 말할 수는 없다. 이것은 특색 있는 언어 요소가 아니라 이미 존재하는 표준어의 자원 중 텍스트를 특정한 방식을 통해 구성하는 것으로, 이러한 과정의 결과물을 '랑그 드 부아(langue de bois)'***

....

* 독일어로 Greznfall은 '경계선에 놓인 모호한 것', '애매한 경우', '이것도 저것도 아닌 경우' 등을 뜻한다.

** 사미즈다트는 '자가 출판'으로, 검열받은 출판물과 지하에서 비공식적으로 발간한 출판물을 개개인이 복제하거나 때로는 손으로 필사해 독자들에게 전달한, 동구권 전반에 걸쳐 일어났던 반체제 활동의 한 형태다.

*** 프랑스의 관용 표현이다. 직역하면 '나무의 말(혀)'이지만 '진실을 감추기 위해 (주로 정치가나 관료들이 하는 말을 비꼬는 뜻으로) 의도적으로 하는 말'이라는 의미를 갖고 있다. 대개 '뻔한 입발림' 정도로 번역된다. 러시아혁명 전 민중들이 차르 정부를 비꼬는 뜻으로 쓴 유사한 러시아어 관용에서 기원했다는 일설도 있다.

라고 한다. 이 용어는 프랑스의 담화 분석 이론가들과 1970년대 초반부터 프랑스 언론에서 광범위하게 사용하기 시작했는데, 동독의 독일사회주의통일당에서 사용한 표현들뿐만 아니라 공산주의 정당들이 일반적으로 구사하였던 '진부한 담화(Banalisierung ihrer Diskurse)'와 관련한 현상을 두루 가리킨다(Teichmann 1991: 253). 소위 '목석(木石, woodenness)' 같은 이 언어는 형식이 경직되고 투박하며 어조는 건조하고 감정 없이 현학적이고 근엄하고 유머가 없다는 특징이 있다.[1] 독일사회주의통일당 제7차 중앙위원회대회의에서 호네커 서기장이 한 다음의 연설은 이러한 일반적 특성을 압축적으로 보여 준다.

Die Entfaltung der sozialistischen Demokratie ist eng verbunden mit der planmäßigen Ausgestaltung unseres sozialistischen Rechtsstaates. Das kommt auch in den seit dem VIII. Parteitag neu erlassenen, veränderten oder ergänzten 82 bedeutenden Gesetzen und Verordnungen zum Ausdruck. Sie wurden in breiter Öffentlichkeit vorbereitet und werden in gemeinsamer Verantwortung verwirklicht. Auf der Grundlage des beschlossenen Gesetzgebungsplanes setzen wir diesen bewährten Weg konsequent fort.

Unsere Partei ist stets dafür eingetreten und hat es in der Prax-

....

1 게르트너(Gärtner 1992: 221)는 이러한 언어가 가진 의도치 않은 뜻밖의 '희극적 결과'를 지적한 바 있다. 예를 들어 텍스트와 실제 물리적 장소가 동치(同値)되어 '모두가 5월 1일 밖으로(Alle heraus zum 1. Mai, 공동묘지 담벼락에 붙은 표어)'라든지, '독일민주공화국 10주년—국립 서커스단 10주년(10 Jahre DDR-10 Jahre Staatseigener Zirkus, 동독 국립 서커스단 창단 10주년을 맞아 의도적으로 양자를 관련시켜 만들어 낸 문구)' 등의 텍스트를 제시했다.

is durchgesetzt, daß die verfassungsmäßigen Grundrechte und Grundfreiheiten der Bürger im Einklang mit den Pflichten geschützt und ausgebaut werden. Die Vervollkommnung der sozialistischen Demokratie ist undenkbar ohne Festigung der Rechtsordnung, wie umgekehrt die durchdachte Erweiterung der Rechte und Pflichten die demokratische Mitwirkung der Bürger fördert.
사회주의적 민주주의의 발전은 사회주의 국가 건설을 향한 우리의 잘 짜인 조직의 힘을 밑천으로 힘 있게 뻗어 올라갈 수 있습니다. 이는 또한 제8차 공산당대회 이후 제정, 수정, 개정을 거치며 82개의 법률과 강령으로서 명명백백히 떨치어 서 있습니다. 이 법률과 강령은 인민 소조(小組) 활동을 통해 널리 학습해 왔으며, 인민이 함께 떠안을 책임으로서 아로새겨져 왔습니다. 인민이 합의하는 입법 계획의 바탕 위에서 우리는 이렇게 단단히 다져진 길을 시종일관 계속해 나아가고 있습니다.

우리 당은 언제나 이 원리에 비추어 우리의 입장을 분명히 해 왔으며, 인민의 근본적이며 헌법적인 권리와 자유를 인민의 의무를 수호하고 확장하며 이를 항상 현실로 달성해 내었습니다. 사회주의적 민주주의의 완전한 완성은 법률에 의한 통치를 보장하는 것 없이는 생각할 수 없으며, 이는 곧, 역으로 인민의 권리와 의무가 마땅하게 치밀한 확장으로 떨치어 나갈 수 있도록 인민들의 민주적인 참여가 요구됩니다.

(Gansel and Gansel 1993: 147에서 인용).

호네커가 제1서기장으로 집무를 시작한 초창기에는 본인도 동독에서 이루어지는 많은 대중 연설이 교화적(敎化的)이고 난해한 문체가 많다고 신랄하게 비판했다. "장황하고 거들먹거리고 학교 선생처럼 가르치려

들고 유사과학처럼 격식이 없고, 여러 사안들에 대해 과장되고 판에 박은 언급을 하며, 제대로 이해하기 어려운 언어로 되어 있다. … 이런 것들은 모두 따분하고 정감이 없으며 건조하다."(1971년 독일사회주의통일당 제8차 공산당대회에서의 연설 중, Geier 1997: 347에서 인용). 하지만 이러한 불만 섞인 언급이 있었음에도 이후 동독의 정치적 글쓰기에는 거의, 또는 전혀 영향을 미치지 못했음이 분명하다.[2] 여하튼 이렇게 사회주의 구현을 위한 곧고 좁은 길에 흔들리지 않는 헌신을 표현하고 있는 목적을 담은 생명력 없고 무미건조한 텍스트는, 발화자의 의도나 청자의 반론은 완전히 배제한 채 매우 반복적으로 나타났으며 극도의 중복성을 통해 강조되었다.

이들 텍스트에서 보이는 자기만족적 모습은 특히 초기 동독 역사에서 볼 수 있는 호전적이고 신랄한 어조를 지닌 다른 텍스트들과 대조되어 도드라지는데, 이 시기의 텍스트들을 보면 예를 들어 'heroischer Sieg(영웅적 승리)', 'Bollwerk des Sozialismus(사회주의의 보루)', 'unser heiliges Recht auf Frieden(자유를 향한 우리의 고귀한 권리)', 'unerschütterlicher Glaube an die historische Mission der Arbeiterklasse(노동계급의 역사적 사명에 대한 흔들림 없는 믿음)'과 같이 매우 공격적인 에너지, 지나칠 정도로 과도한 언어적 제스처, 그리고 거의 종교에 가까운 열렬함으로 가득 차 있었다(이들 예시는 Schlosser 1990a/1990: 37ff 참조). 하나의 사례로 소비에트 관할 지역과 나머지 도시 지역을 경계로 베를린을 봉쇄하고 난 후 닷새가 지난 1961년 8월 18일, 동독 국영 텔레비전에서 방송한 발터 울브리히트의 긴 연설 중에서 뽑은 한 부분을 살펴보자.

....

2 상당히 오래전의 논의를 언급하자면, 크로넨버그(Kronenberg, 1993: 51-2)는 독일사회주의통일당의 정치지도자들은 1953년 6월의 노동자들의 궐기를 따라 대중에게 하는 연설은 명확하고 이해하기 쉬우며, 비교조적(非教條的)인 문체여야 한다는 점에 민감했다고 하는데, 이러한 새로운 어조는 그다지 오래 쓰이지 않았다.

Die Arbeiter und mit ihnen alle ehrlichen Werktätigen der Deutschen Demokratischen Republik atmen erleichtert auf. Das Treiben der Westberliner und Bonner Menschenhändler und Revanchepolitiker hatten alle satt. Mit wachsendem Zorn hatten sie zugesehen, wie sie von dem militaristischen Gesindel für dumm gehalten und bestohlen wurden. Unsere Geduld wurde von den Bonner Militaristen für Schwäche angesehen. Ein politischer Irrtum, wie sich inzwischen erwiesen hat.

노동자들 그리고 그들과 함께하는 독일민주공화국의 모든 정직한 노동 인민들은 안도의 한숨을 내쉴 수 있게 되었습니다. 전(全) 인민들은 비열한 책동만을 일삼는 저열한 인간 족속들, 영토를 찾겠다는 따위의 보복주의에 눈먼 서베를린과 본의 정치가들에게 역겨움을 느낍니다. 우리의 분노와 적개심이 커져 가는 이 상황을 무시하고 전쟁광들은 인민들을 바보 취급하고 도둑질을 했습니다. 본의 전쟁광들은 우리의 인내심을 약점으로 여겼습니다. 그 정치적 실수의 대가가 이제 만천하에 드러났습니다.

(Schafarschik 1973: 100-15에서 발췌)

물론 냉전 시기의 이 수사법들이 동독의 텍스트에 독특하고 정연하게 드러난 것은 아니다. 하지만 이 텍스트를 보면 'Menschenhändler(저열한 인간 족속)', 'militaristische[s] Gesindel(전쟁광)'과 같은 표현들은 일상어(vernacular) 어휘(satt haben(역겨운), jdn. für dumm halten((누군가를) 바보 천치로 여기다))에 실려 거친 이미지를 주고 투박하지만 날을 세운 어조를 형성하면서 나름대로의 차별성을 갖는다.

이들 공식적 담화가 보이는 과장된 면모는 투쟁의 은유를 통해 결정화(結晶化)되며, 이는 독일의 정치 담화에서 19세기 노동자운동에서부터 파시스트 시기에 이르기까지 오랜 전통을 지닌다. 동독 정부가 탄생한 첫해에 서독의 '비합법성'의 면모를 드러내고자 '계급투쟁'과 '파시즘에 대한 투쟁'의 맥락을 끌어와 이 과장된 담화가 합당했고 재현할 만한 것으로 만든다(Good 1995: 266, 270-1 참조). 이런 식의 은유는 독일사회주의통일당의 계획하에 이데올로기적 투영을 통해 두드러지게 부각되었다. 더군다나 동독 정부의 국내 정책이나 우방국과의 국제 외교 관계의 주된 목표인 '사회주의의 건설(Aufbau des Sozialismus)'이라는 맥락에서, 투쟁의 은유는 혁명 이후 선진 산업 시대를 열어 나가며 이루어지는 일상생활의 경험에 맞게 재구축되고 재조정될 필요가 있었다. 이제 투쟁의 현장은 가두(街頭)나 바리케이드가 아니라 공장과 들판으로 옮겨졌다. 즉 'der kampfende Werktätige(투쟁하는 노동자)'는 이상적인 인민의 전형으로서 'mein Arbeitsplatz, mein Kampfplatz für den Frieden(내 일터는 평화를 지키는 내 전쟁터)'라는 기치 아래(이 주제와 관련된 다양한 원문은 Reiher 1995a: 180-220 참조) 자신의 일에 헌신하는 것을 통해 사회주의 과업 실현과 평화를 위한 전투에 전념했다. 그러나 다른 공식 담화에서 드러난 것처럼 여기서도 대의를 위해 헌신하라는 왕성한 격동으로 채워진 초창기 텍스트의 에너지와 활력은 체제 붕괴가 일어나기 훨씬 오래전에 이미 다 소진되었고, 투쟁의 담화들은 차츰 형식적으로 굳어져 갔으며 신뢰감을 잃었다(Störel 1997: 98; "3.2 일상생활 담화에서 나타나는 의례성"과 "4.2 의사소통의 불일치" 참조).

공식 담화는 반복되는 언어 특성이 특징인데, 앞에 인용한 호네커의 연설 첫 구절(다음 예 참조)과 텍스트 구조에 빈번히 나타난다. 정형적이고 반복적인 표현 방식은 다양한 목적을 달성하는 데 기여하겠지만, 다른 그 무엇보다 강조하고자 하는 것은 (또는 강조를 넘어 의도하고자 하는 것은)

발성의 통제, 배열의 질서, 합리성과 일관성의 유지, 확신의 표현과 같은 것들이다. 예를 들어 공식적인 문서를 다루는 맥락 중 공직자의 경우 완전한 직함을 의무적으로 명기하고, 이 공식 직함을 (생략하거나 줄이지 않고) 지속적으로 식별하여 사회의 엄격한 계층구조를 끊임없이 재확인시킨다(Good 1995: 264). 일례로 '부시 대통령', '연방 총리 슈뢰더'와 '독일 사회주의통일당 중앙위원회 총서기 겸 독일민주공화국 국무회의 의장 에리히 호네커 동지'를 들 수 있다. 그러나 당이나 정부와 인민의 의사소통은 본질적으로 비대칭적인(불균형한?) '하향식' 과정이었지만 인민의 목소리로서 당의 핵심적인 비유(은유?)는 지속되어야 했고, 이는 포괄적인 'wir(우리)'와 'unser(우리의)'('unsere Partei(우리 당)', 'unser sozialistischer Rechtsstaat(우리의 사회주의 법치국가)', 'unsere Menschen(우리 인민)')를 사용하여 집단 정체성을 자주 암시함으로써 그리고 의사 결정을 하고 이행('in breiter Öffentlichkeit vorbereitet(인민 소조 활동을 통해 널리)', 'in gemeinsamer Verantwortung verwirklicht(인민이 함께 떠안을 책임으로서)')을 하면서 소위 협동적 특성을 강조함으로써 달성되었다.[3]

'랑그 드 부아'에서 두드러지는 특징 가운데 상당 부분은 현대 독일어 사용 집단 중 관료들의 문체에 공통적으로 나타난다. 예를 들어 동사보다는 명사형에 대한 선호를 보인다든지(Entfaltung(발전, 펼쳐짐), Ausgestaltung(조직화, 짜임), Vervollkommnung(완성, 이룸), Festigung(통합, 합침), Erweiterung(확장, 넓힘)), 비인칭의 수동태 구문으로 표현하려는 강한 경향성('그들은 준비되어 왔고 실현되어졌다', '이것은 표현되어진다'), 당에 대한 재귀적 표현

....

3 공공 사업에 집단적으로 참여하자는 생각은 실천을 통해 더욱 촉진되었다. 독일어권 사용자 사이에서 보통 더 공식적이고 거리감을 두는 'Sie' 형식을 쓰는 곳에 비공식적이고 친밀한 사이에서 쓰는 'Du' 형식을 쓰는 양상이 특히 당원들 사이에서 나타났다.

('우리 당은 언제나 그 스스로… 헌신했다') 같은 것들은 상당히 눈에 띄는 특징 중 하나라 할 수 있으며, 문체와는 관계 없는 일종의 절차이자 형식이라는 점에 유의할 필요가 있다(Schäffner and Porsch 1998: 165 참조). 독일사회주의통일당의 공식적 담화 표현 중에서 가장 눈에 띄는 측면, 즉 헬만(Hellmann 1989b)이 소위 '영구적 낙관주의(permanenter Optimismus)'라고 칭한 그 부분 역시 서방 세계 정부에서 쓰는 수사적 레퍼토리의 표준적인 특질과 같았고 또 여전히 같다. 동독의 공식적 담화가 보이는 결정적인 차이점은 내재되어 있는 문제를 결코 밖으로 드러내지 않았다는 점, 그리고 이렇게 표현한 공식적 낙관론은 반론에 의해 공개적으로 도전받을 수 없다는 점에 있다. 공공 영역의 텍스트는 이론적으로는 적어도 동독의 관중들뿐만 아니라 '적대적인' 서독 사람들도 접근할 수 있었기 때문에 동독의 삶이 최고라는 그림을 가능한 한 그려 내는 것이 중요했다. 이는 한편으로 긍정적이고 자신감이 넘치는 어휘(vollständig(완벽하게), allumfassend(포괄적인, 보편적인), unverbrüchlich(확고불변한), stets(끊임없이, 변함없이), konsequent(시종일관해), heute und in Zukunft(앞으로도)) 사용에 대한 강조, 또 상대적인 유예 언표(言表)와 관련된 어휘(vielleicht(아마도), wahrscheinlich(대개), teilweise(부분적으로)) 사용의 배제를 수반했다. 강건한 자신감을 드러내고자 하는 뜻은 이후 유의어(에 가까운) 어휘 또는 상호보완적인 이중 표현(Grundrechte und Grundfreiheiten(권리와 자유), Rechte und Pflichten(권리와 의무), Achtung und Anerkennung(존경과 존중), geschützt und ausgebaut(방어적이며 확장적인), sind und bleiben(존재하며 지속하는))(Fix 1994b 참조)을 빈번하게 사용함으로써 더욱 강화되었다. 반면에 만족스럽지 못한 조건들은 관습적으로 '좋지만 아직 충분하지 않다'는 식의 긍정적인 시각으로 표현했다. 예컨대 '주민을 위한 보다 더 나은 물품 공급(die noch bessere Versorgung der Bevölkerung)', '사회주의의 장점을 한층 더 발전시키기 위해(die Vorzüge des Sozialismus noch besser zur Entfaltung bringen)'와 같이 '축원용(congratulatory)'으로 선호하는 표현과 수사를 읽어 내는 데 있어 국내 독자라면 이 안에 있는 비판적이고도 때로 위협적이기도 한 의미를 자동적으로 해독하고 분별할 수 있을 것이다(Fix 1992a; Bergmann 1992: 219). 예를 들어 'noch(훨씬/보다 더) + 비교급 형용사 또는 부사' 구문으로 구성된 완곡 기능과 또 이와 유사한 패턴들이 '우호적인(혹은 조작적인) 여론 형성(spin-doctor)' 과정에서 중요한 역할을 한다는 점(Fix 1992a: 16-19)에 주목해 살펴보면, 교육부 장관이었던 마르고트 호네커(Margot Honecker)의 연설 한 건에서 무려 66건의 사례를 확인할 수 있다는 사실은 예사롭지 않다.

물론 모든 정당과 모든 정부는 그들의 핵심 목표와 가치를 담아 '강령(mission statement)'을 마련하며, 지속적으로 참조 대상이자 지침으로 삼는다. 이를 통해 그들은 유권자들에게 전달하는 메시지를 강화하고 일관되고 원칙적이며 조율이 된 사고에 기반하고 있다는 인상을 구축하고자 한다. 대부분의 경우 이러한 의도적 선언들은 정치적 현실과 경제 상황이 달라짐에 따라 변화하며, 우선순위를 재조정하거나 공공 담화의 방향을 전환하게 된다. 그러나 동독은 다른 '발전하는 사회주의 사회'와 마찬가지로 마르크스-레닌주의 이론을 고수함으로써 정치적 방향의 변화 가능성을 인정할 수 없었으므로 (실제 정책상의 변화와는 무관하게) 변하지 않는 정치적 담화가 필요했다. 그로 인해 동독 역사의 전 기간에 걸쳐서 공식적인 텍스트는 고정된 연어구(連語句, collocation; allseitige Stärkung(포괄적 강화), von weltgeschichtlicher Bedeutung(세계 역사상 최고의 중요성), Errungenschaften der wissenschaftlich-technischen Revolution(과학기술 혁명의 성과), die Hauptaufgabe in ihrer Einheit Von Wirtschafts- und Sozialpolitik(경제와 사회 정책의 단결 통합에서의 주요 임무))를 반복한다. 그리고 특별히 이러한 연어구들은 동독 역사의 후반부에 이르러 정식 용어의 지위를 획득했으며(Schlosser 1990a/1999: 111-13), 정확히 동일한 형태로 지속적으로 반복되고 있음을 볼 수 있다. 이러한 실행은 예를 들어 'planmäßig(계획에 따른)', 'verfassungsmäßig(헌법에 따른)'와 같은 단어 사용이라든지 'diesen bewährten Weg konsequent fortsetzen(이 입증된 노선을 지속적으로 계속하기 위해)'과 같이 표현되었으며(앞에서 인용한 호네커의 연설을 다시 참조), 심지어 그 내용이 더 이상 명백하게 사실이 아닐 때에도 자신감과 더불어 통제가 가능하다는 의지를 투사시켰다.[4]

그러나 이는 동독의 인민들과 (잠재적인) 서독의 관중 모두에게 완전한 단계의 사회주의 사회(사회주의적 민주주의의 완전한 실현) 달성을 향한 변함없는 진전에 대한 긍정적인 이미지를 제시해야 할 필요가 있었고, 이것이 담화의 관리에 문제를 일으켰다. 특히 1960년대와 1970년대 초, 호네커는 새로운 경제 전략을 도입하면서 사회문제에서 경제문제로 강조점을 전환했는데(Geier 1998: 351), 이러한 정책의 변화에 맞추어 이론적으로 안정적인 정치 담화로 새롭게 통합해 내는 데 어려움을 겪었다. 예를 들어 효율성 개선과 생산성 향상은 '신경제 체제'에서는 필요하지만, 다양한 종류의 인센티브를 통해 노동력에 동기부여를 해야만 달성할 수 있다는 인식은 '경쟁'과 '이익'과 같은 개념을 경제 정책의 담화로 가져오게 되었다. 그러나 이러한 용어들은 자본주의와 전적으로 연관되어 있었기 때문에 사용과 이해의 방식을 재구성하지 않고는 받아들일 수 없었다.

여기서 말한 두 가지 핵심 개념어의 경우 (이전에는) 상호보완적인 이

---

4 물론 서방 세계의 정부들은 정책의 지속성과 정책의 일관성에 대한 일반 대중의 이미지를 제고하는 데 상당히 설득력 있고 수사적인 노력을 투자한다. 대처(M. Thatcher) 내각 시기 중(1979~1983년)에 영국 정부가 내세운 독단적 슬로건인 "대안은 없다.(There is No Alternative)"는 이러한 예 중에서 고전적인 것이라 할 수 있다. 다시 말하지만 동독이나 서방 세계나 주요 정책에 실제 대안이 없었던 게 아니라는 점은 같다 할지라도 서방 세계만이 이를 명확하게 공공의 영역에 공개적으로 표현한다는 점이 결정적인 차이다.

중 표현의 존재를 활용해 의미론적 개입이 가능했다. 단어로서 'Konkurrenz'와 'Wettbewerb', 'Profit'과 'Gewinn'의 단어쌍을 만들고 서로 다른 의미를 할당함으로써, 자본주의와 사회주의에서의 '경쟁'과 '이익'의 개념이 서로 구분될 수 있게끔 했다. 각각의 이중 표현(단어쌍)에서 앞의 용어는 자본주의 사회에서 노동계급의 착취를 언급하기 위해 마련된 반면, 두 번째 용어는 사회주의 사회의 맥락에서 전적으로 긍정적인 의미로 간주되었다. 그렇게 함으로써 'Konkurrenz'의 목적은 시장경제에서 한 회사의 시장 점유율을 떨어뜨림으로써 다른 회사의 시장 점유율을 높이고 그로 인해 근로자의 생활 조건, 나아가 심지어 그들의 생계를 위협하는 것으로서 설정한 반면("Du sollst begehren deines Nächsten Marktanteil(너는 네 이웃이 시장에서 가진 몫을 탐해야 한다)."(경제주간지 『비어트샤프츠보헤(Wirtschaftswoche)』의 광고 텍스트에 쓰인 자본주의 계명에 대한 설명 문구, Störel 1997: 109 참조)), 'Wettbewerb'은 사회주의적 관점에서 모두의 이익을 위한 상업적 관심사이자 노동자 집단들(Brigaden) 사이의 경쟁을 장려하기 위한 개념으로 도입되었다("Aus jeder Mark, jeder Stunde Arbeitszeit, jedem Gramm Material einen größeren Nutzeffekt!(1마르크마다, 1시간의 노동마다, 1그램의 재료마다 더 높은 능률을!)."(1975년의 선동 포스터에서 발췌, Reiher 1995a: 186-7에서 인용)). 따라서 노동의 목적은 개인의 이윤(Profit)이 아닌 보편적인 공익(Gewinn)의 추구에 있었다.

> Der Gewinn im Sozialismus unterscheidet sich grundlegend vom kapitalistischen Profit…. Im Kapitalismus ist das Streben nach Profit und damit nach höchstem privaten Gewinn [sic] erstes Bedürfnis des Kapitalisten und Ziel aller Produktion. Im Sozialismus dient der Gewinn der ständigen Erweiterung der sozialistischen Reproduktion und ist wichtigste Quelle für die systematische Verbesserung der Ar-

beits- und Lebensbedingungen der Bevölkerung.

사회주의에서의 이익은 자본주의적 이익과는 근본적으로 다르다 … 자본주의에서는 이윤을 추구하고 따라서 개인의 이익을 최대한 얻기 위해 노력하는 것이 자본가의 첫 번째 요구 사항이며 모든 생산의 목적이다. 사회주의에서 이익은 사회주의 재생산의 끊임없는 확대에 기여하며, 그것은 인민의 노동과 생활 여건을 체계적으로 개선하는 가장 중요한 원천이다.

(『클라이네스 폴리티셰스 뵈르터부흐(Kleines Politisches Wörterbuch)』, 1967: 250-1에서 발췌; Scherzberg 1972: 198에서 인용)

1980년대 후반 경제적 및 정치적 문제가 가중됨에 따라 어느 정도의 개인주의를 받아들여 이 집단주의 정신을 진정시켜야 할 필요성이 있다는 징후가 나타났고, 마침내는 '적극적이고 위험을 감수할 의향이 있지만 계획을 지키는 사람, 정치적으로 독립적으로 생각하고 자신감 있는 결정을 내리는 동시에 자신의 자리가 어디인지 알고 있는 사람'(Kirchhöfer 1988: 81; Bergmann 1992: 109에서 인용)으로서 개인주의적 관념을 지닌 시민의 필요성을 인정받는 데 이른다. 그러나 이후 "3.3 '전환기' 담화가 이루는 대위법"에서 살펴보겠지만, 이러한 상황이 공식적 담화의 근본적인 변화로 반영되지는 않았으며 궁극적으로 의사소통 환경의 변화에 효과적으로 대응하기에는 (공식적 담화가) 지나치게 융통성이 없는 것임이 증명되었다.[5]

동독 사회의 발전에서 질서 유지와 감시 통제를 달성하려는 목적을 극단적으로 드러낸 것으로서 Ministerium für Staatssicherheit(국가보위

....

5 동독의 경제 정책 발전에 관련된 언어를 다룬 상세한 연구로서 Kronenberg(1993)을 참조하라.

부; 구어로 '슈타지(Stasi)'라고 흔히 칭함)를 정부 조직으로 운영한 사실을 들 수 있다. 이 대규모 조직은 마침내 부처 내 정규직 9만 명과 10만이 넘는 'Inoffizielle Mitarbeiter/IM(비공식 협력원)'을 고용하기에 이르렀고, 모든 수준의 계층을 망라해 개인과 그룹에 대한 정보 보고서를 작성했다. 이와 같은 활동을 통해 관찰 대상자에 대한 파일 형식 또는 내부 통신의 형태로 방대한 양의 문서를 생성했는데, 이 모든 것은 물론 '엄격한 기밀'이었다. 그럼에도 불구하고 보고서, 지침, 정책 문서를 공식화하는 데 사용되는 언어에 상당한 주의를 기울였고(이에 대한 자세한 분석은 Bergmann 1996, 1999; Lüdtke 1997 참조), 1969/1970년에는 747개의 항목이 포함된 매우 특수하고 특별한 용어 사전인 『정치 공작 활동 사전(Wörterbuch der politisch-operativen Arbeit)』이 포츠담의 법학대학(Juristische Hochschule)에서 보위부 내의 권위 있는 참조 자료를 활용해 만들어졌다. 1985년에 발간된 제2판이자 최종판은 915개의 항목으로 확장되었으며, 동독의 국가 안보 관행 이면에 자리 잡고 있는 사상과 사고에 대한 가장 상세하고 포괄적인 설명을 제공한다.[6] 제2판의 서문에서 사전의 목적을 다음과 같이 설명하고 있다.

> Das 'Wörterbuch der politisch-operativen Arbeit' soll helfen,
> — sich über die Grundorientierungen des Ministers zur Realisierung des dem MfS durch den X. Parteitag der SED übertragenen Kampfauftrages schnell zu informieren;
> — sich an den neuen Kriterien und höheren Maßstäben der

....

6 이 제2판은 슈타지의 문서를 처리하기 위해서 1992년에 설립된 정부 부서에 의해 일반적으로 이용 가능할 수 있게 되었다(Suckut 1996 참조).

politisch-operativen Arbeit der achtziger Jahre zu orientieren;

— tschekistische Erfahrungen und Arbeitsweisen in verallgemeinerter und konzentrierter Weise für die ständige Qualifizierung der politisch-operativen Arbeit zugänglich zu machen;

— die weitere Durchsetzung der einheitlichen operativen Fachsprache als einer wichtigen Voraussetzung für die präzise Verwirklichung der Befehle und Weisungen, der analytischen Arbeit sowie der Abstimmung und Koordinierung in den Diensteinheiten des Ministeriums zu unterstützen.

『정치 공작 활동 사전』은 다음을 목적으로 한다.

— 독일사회주의통일당 제10차 당대회에서 슈타지에 부여한 임무를 실현하기 위해 장관의 기본 의도를 신속하게 알 수 있도록 돕는다.

— 1980년대의 새로운 기준과 더 높은 수준의 정치 공작 활동을 지향하도록 돕는다.

— 정치 공작 활동에 대한 지속적인 훈련을 위해 '체키스텐(Tschekisten)'[7]의 경험과 공작 활동 방법을 보다 일반화되고 집중적인 방식을 통해 이용할 수 있도록 한다.

— 부처 내 지휘 및 지령, 분석 업무, 합의 및 조정을 위한 세밀한 이행의 중요한 전제 조건으로서 통일된 공작 용어의 추가적인 설정을 지원한다.

베른바르트 바울레(Bernward Baule 1995: 865)는 이러한 목적이 세

....

7 슈타지 요원은 1917년 러시아의 반혁명 세력을 축출하기 위해 설립된 특별위원회 츠레뷔차이나야 코미시야(Tschreswytschajnaja Kommissija)의 약어 체카(Tscheka, 반혁명 방해공작 대처를 위한 국가특별위원회)에서 차용해 스스로를 체키스텐으로 칭하기도 했다(Henne 1995: 214 참조).

가지 목표를 달성하기 위해 고안된 것이라는 해석을 내렸다. 이 사전이 사상적 훈련의 도구로 작용하도록, 핵심 개념의 이해와 사용을 명시하고 규정화함으로써 내부 언어 사용을 조화시키도록, 정부 부처의 관행을 대변하고 이를 해설하도록 하는 목표를 갖고 있다는 것이다. 바울레는 이 목표 중 가장 우선적이라 할 수 있는 것이 (슈타지) 조직 구성원들의 정치적 의식 제고라 보고, 사전에 담긴 지시의 층위를 사상(Subversion(국가 전복), tschekistisches Feindbild(체키스트로서 가져야 할 적개심) 같은 개념), 도덕(Haß(증오), Treue(충성), Verräter(반역)), 그리고 수행(Operativer Vorgang(작전 수행 절차나 파일, 서류 기록), Differenzierung(판별/감별)) 세 단계로 나누었다. 조직원들 사이에서 이 내용이 배포되고 유통되는 것은 제한적이었으므로 비록 이 내용이 실제로 시사하는 것처럼 체계적으로 사용되었을 가능성은 낮지만, 이 특수한 용어집을 채우고 있는 글(writing)은 더 일반적이고 더 널리 이용 가능하도록 만든 사전(라이프치히 『두덴』과 같은*)과는 달리 내부 독자층을 대상으로 매일매일 생산해야 할 텍스트를 반복적으로 점검해 주고자 하는 매뉴얼로서 의도된 것이기 때문에 우리의 맥락에서 대단히 중요하다고 하겠다(Fix 1995 참조). 문체적으로 보면 이 텍스트는 복잡한 문장, 피동형 구성, 명사화, 반복쌍, 동사구, 누적 속격 구문 등 관료적 글쓰기나 (위에서 언급한) 당의 공식 담화에서 보이는 문법적 특징의 많은 부분을 빈번히 공유하고 있음을 알 수 있다.

....

* 콘라트 두덴(Konrad Duden, 1829~1911년)은 독일의 문헌학자로, 독일어 교사이자 인문계 중등학교 김나지움의 교장으로 재직하던 시절인 1880년 라이프치히에서 최초의 『두덴』 사전을 발간했다. 1880년 당시에만 해도 독일어 표준 정서법이 존재하지 않던 시절이었고, 두덴은 기존의 여러 사전들을 분석해 표기와 정서법 측면에서 어려움을 줄 수 있는 부분을 상세하게 검토해 일종의 보편적 교본이 될 만한 사전을 발간했다. 이 사전은 오랫동안 독일인들의 맞춤법 기준이 되었으며 지금도 계속 수정증보판이 발간되고 있다.(https://www.duden.de)

Operative Vorgänge sind anzulegen, wenn der Verdacht der Begehung von Verbrechen gemäß erstem oder zweitem Kapitel des StGB—Besonderer Teil—oder einer Straftat der allgemeinen Kriminalität, die einen hohen Grad an Gesellschaftsgefährlichkeit hat und in enger Beziehung zu den Staatsverbrechen steht bzw. für deren Bearbeitung entsprechend seinen dienstlichen Bestimmungen und Weisungen das MfS zuständig ist, durch eine oder mehrere bekannte oder unbekannte Personen vorliegt.

공작 파일은 형법 제1장 또는 제2장(특별 조항)에 따라 1명 이상의 미상인(未詳人)이 국가에 반해 범죄를 저질렀다는 의혹이 있거나 사회에 높은 단계의 위험을 수반할 수 있는 범죄와 밀접한 관련이 있는 일반적인 범법 사항이 있을 때 작동된다. 정부 부처는 이를 규정과 지시에 따라 처리할 책임이 있다.

(「공작 절차의 전개와 처리에 관한 방침 No. 1/76(Richtlinie Nr. 1/76 zur Entwicklung und Bearbeitung Operativer Vorgänge)」; Bergmann 1999: 88에서 인용).

이러한 텍스트의 건조한 문체와 소화하기 힘든 구조는 경제 정책에서부터 고등교육에 이르는 주제를 다루는 공적 텍스트와 표면적 차원에서 구별할 수 없게 하므로, 이러한 점에서 이 사전의 중요성은 어휘 속에 담긴 슈타지 담화의 특수성에 대한 진정한 근원을 드러낸다는 점에 있다.[8]

....

8 내 생각에는 만약 우리가 독일연방공화국(1990년 전후)의 기밀 업무에서 사용된 언어가 어떤 것인지를 안다면 슈타지의 담화가 그다지 이국적으로 보이지 않을 수 있다고 한 한스 위르겐 헤링어(Hans Jürgen Heringer 1994: 171-2)의 주장이 타당하다고 여겨진다. 그리고 사전에 있는 많은 개념들이 국제적으로 통용되던 '링구아 시큐리티스(lingua securitatis, 보안의 언어)'로부터 유래한 것일 수도 있다(Suckut 1996: 18). Bergmann(1999: 106-7) 역시 슈

좀 더 정확히 말하자면 사전 어휘 항목에 담긴 의미론적 세부 내역이라고 할 수 있으며, 그 사전에 투입된 텍스트에는 그들의 특별한 성격이 드러나 있다. 예를 들어 'Haß(증오)'와 같은 평범한 개념은 여기서는 '적을 향한 열렬하고 화해할 수 없는 투쟁을 위한 결정적인 근본이자, 체키스텐이 지녀야 할 감정의 필수적인 요소'로 구축되어 있다(Suckut 1996: 168). 그리고 단순동사인 '다루다, 처리하다, 조종하다(bearbeiten)'는 보통 무정물(일반적으로 다양한 종류의 파일이나 지원서 양식과 같은 문서)을 목적어로 결합해 사용하는 어휘이나, 슈타지의 텍스트에서는 사람과 사물을 모두 목적어로 취해 사용된다. '공작 절차의 전개와 처리(Operative Bearbeitung)'라는 항목은 '적대적-부정적 행동의 징후가 있는 경우, 개인에 대한 정치적 공작 또는 특정 사안을 명확히 하기 위한 모든 활동과 조치에 대한 지정'으로 정의되며, 따라서 다음과 같은 문장의 생성을 허용하게 된다.

> X unterhält persönliche und briefliche Verbindungen zu einer Person nach Leipzig, die bereits in einem OV [Operativen Vorgang] der BV [Bezirksverwaltung] Leipzig … bearbeitet wird.
> X는 라이프치히에 있는 인물과 대면 또는 서신으로 접촉을 유지하고 있으며, 해당 인물은 이미 라이프치히 관할의 공작 파일을 통해 처리되고 있다.
>
> (Bergmann 1999: 17)

....

타지의 언어가 대체로 독특한 편은 아니라는 점은 인정하지만, 그가 과거를 다루는 과정의 일부인 '기억의 문화(eine Kultur der Erinnerung)'에 기여한 것으로 그의 연구를 정당화한다(이하 "5.1 집단 기억의 내러티브" 참조). 이는 동독 사회를 만드는 역사적 과정에서 언어의 중요성에 대해 무엇을 드러낼 수 있는가에 토대를 두고 있으며, 그것이 내가 지금의 논의에서 언어를 포함하는 것을 정당화할 수 있는 근거이기도 하다.

이러한 식의 문장을 생성하는 텍스트의 진부함은 인간 개인을 파일의 지위로 떨어뜨리는 효과가 있는 단어나 표현을 냉정하고 사실적으로 기술하는 데서 비롯된다. 이와 같은 텍스트 관행은 권력의 행사가 관료적 절차주의, 혹은 예센(Jessen 1997: 71)이 '기술주의를 표방한 유사과학적 접근법 또는 조치(technokratische Scheinwissenschaftlichkeit)'라고 부르는 것 뒤에 감추어진 더 거대한 논리적 절차의 일부라고 할 수 있다.[9]

슈타지의 활동이 영향을 미칠 만한 범위는 매우 광범위했지만, 그 작용의 명확한 영향력은 본질적으로 내부 조직과 조직원들에게 국한되었다. 더 공공성이 있는 맥락에서는 당 이념과 정책의 고정된 표현을 택해 끊임없이 재현하는 것뿐만 아니라 텍스트의 구조나 연설 담화, 의사소통 절차에 대한 세심한 관리를 관습화함으로써 표면적으로는 적어도 지속성과 통제력을 이루어낼 수 있었다. 이는 기관 내에서의 반복적인 의사소통에서 아주 분명하게 포착되지만 (그리고 이는 결코 슈타지와 같은 폐쇄적으로 닫힌 단위만 그런 것이 아니다. Jessen 1997: 64; "3.2 일상생활 담화에서 나타나는 의례성" 참조) 대중적으로 소비되는 텍스트들(예를 들어 정치적 연설이나 미디어의 텍스트 등)에서 가장 뚜렷하게 보인다.

공식적 담화의 목적은 당 정책과 이데올로기의 공식화, 선포, 찬동이었기 때문에 그것을 구성하는 텍스트는 형식과 내용이 크게 변하지 않을 뿐만 아니라 대체로 선형적인 구조를 띤다. 베델(Wedel 1990; Geier 1998: 360에서 인용)은 다음과 같이 언급한다. "직선은 독점권을 가진 발화의 기

....

9 별나긴 하지만 특수한 예시로 냄새 탐지(Geruchsdifferenzierung) 개념을 들 수 있다. 이 개념에 따르면 개개인의 독특한 냄새를 이용해 수사 작전을 펼칠 수 있다. 그들의 냄새는 그들이 만지고 접촉해 온 가구 따위의 물건으로부터 채취구(採取具)로 '채집'될 수 있고, 이것들을 유리로 된 시약병에 '저장'할 수 있으며, 다른 증거물들과 대조해 맞춰 보기 위해 특별히 훈련된 개(Differenzierungshunde)를 활용할 수 있다.

하학적 형상이다. … 그 선을 연장함으로써 약속된 땅에 이르게 된다. 진보(진전)는 누적적으로 이루어진다.” 이는 개별 텍스트의 축조(築造)에서 뿐만이 아니라 당대회와 같은 곳에서 이루어지는 모든 연설 (또는 더 정확하게는 논리적인 흐름을 갖는) 일련의 행사를 조율하는 방식에도 적용된다. 표면적으로 총회는 위원들과 지도부가 미래의 정책을 논의할 수 있는 기회라고는 하나, 이는 사실 매우 의례적(儀禮的)인 행사였으며 그 목적은 당의 사회 및 경제 발전 프로그램의 연속성을 강조하고, 그렇게 함으로써 담화의 연속성을 재확인하는 것이었다(Geier 1998: 338). 그러한 까닭에 여기에 붙여진 다양한 기고문(연설문)의 내용과 텍스트 패턴, 양자 모두는 대단히 예측 가능한 것이었다.

셰프너와 포르쉬(Schäffner & Porsch 1998:150-1)가 보여 준 바와 같이, 당 지도부와 일반 평당원(기층민) 사이의 이러한 의사소통적 만남은 계층의 전 단계에서 복제되어 합의의 규칙에 근거하고 미리 정해진 결과를 지향했다(자유독일청년단(Freie Deutsche Jugend, FDJ)과 같은 단체의 연례 선거회의에서도 사전에 마련된 절차가 있었다)(Fricke 1990: 144 참조). 먼저 첫번째 절차로 당 지도부는 그들이 이전 총회에서 내린 결정은 정당한 것으로 볼 수 있지만 ‘예고치 않은 문제’가 발생했기 때문에 현 총회의 소집과 개최가 필요하다고 주장했다. 두 번째로 일반 평당원의 대표자들은 명칭과 별로 부합하지 않는 단계인 ‘논쟁’을 거치며 이전 결정의 이행에 대해 보고하고 그들이 직면했던 문제를 제기할 기회를 얻었다. 마지막으로 사전에 공식화된 ‘지침’이 발표되어 향후 조치들에 대한 지침을 제공했다.[10]

이와 대조적으로 미디어 텍스트의 관습화는 정보가 통제되고 전달되

---

10 동독의 의회인 볼크스캄머(Volkskammer; 최고인민의회)에서 진정한 ‘논쟁’이 부족했다는 사실에 대해서 더 구체적으로 살펴보려면 Burkhardt(1992)를 참조하라.

는 방식에서 그들의 구조와 덜 관련되었다고 할 수 있다. 레닌의 미디어 관리 원칙에 따라 동독의 미디어는 당의 (충실한) 집단 선전가, 조직가, 선동가로서(Good 1995: 265; Fix 1993: 33-6 참조) 두 가지 주요 과제를 가지고 있었다. 첫 번째는 '선전 활동(Überzeugungsarbeit)*', 즉 당이 수립한 정책의 '올바름'을 대중에게 확신시키고 납득시키는 것이고, 두 번째는 이를 홍보해 대중이 정책을 적극적으로 구현할 수 있도록 장려하는 것이다. 그러므로 '노동자계급과 사회주의 국가를 위한 당의 경제 정책을 노동자들에게 친숙하게 하고 이들을 실행 과정에 참여시키도록 하는 것'은 '사회주의 언론인들'의 책무였다(『사회주의 언론학 워크북(Wörterbuch der sozialistischen Journalistik)』; Barz 1992: 145에서 인용). 이러한 목적을 달성하기 위한 궁극적인 통제는 헌법의 공식적인 해석에 따라 '부적절한' 주제(공해나 식량 부족 등), 의견, 언어를 배제해야 함을 보장해, 엄격한 검열을 통해 분명하게 확보될 수 있었다. 언론, 라디오, 텔레비전의 자유는 제27조에 의해 보장되어 있었지만, 이 조항에 대한 공식적인 주해는 이 자유가 어떻게 이해되어야 하는지를 분명히 보여 준다.

> Die Freiheit der Presse, des Rundfunks und des Fernsehens zu sichern heißt [deshalb] vor allem, keinerlei Mißbrauch der Massenmedien für die Verbreitung bürgerlicher Ideologien zu dulden und ihre Tätigkeit bei der Verbreitung der marxistisch-leninistischen Ideologie als Foren des schöpferischen Meinungsaustausches der Werktätigen bei der Organisierung des gemeinsamen Handelns der

---

* 'Über(-을 넘어서는, -에 종사하는)-zeugungs(생산, 생식)-arbeit(일)'의 합성어로, 독일어 사전에서는 일반적으로 '(특히 정치 분야에서) 다른 사람을 설득하기 위한 노력'으로, 또 동독 시기에는 '마르크스 레닌주의를 위한 선전 활동'을 뜻했다.

Bürger für die gemeinsamen sozialistischen Ziele voll zu entfalten.

그러므로 언론, 라디오, 텔레비전의 자유를 보장한다는 것은 무엇보다도 부르주아 이데올로기의 전파와 관련한 대중매체의 어떠한 오용도 용납하지 않는 것, 또한 마르크스-레닌주의 이데올로기를 보급하는 데 있어서 공통의 사회주의 목표를 위한 시민의 연대 행동을 조직하는 과정에 종사자들 사이의 창의적인 의견 교환을 위한 포럼으로서 대중매체의 활동을 완전하게 발전시키는 것을 의미한다.

(Riemann et al. 1969에서 발췌; Schlosser 1990a/1999: 104에서 인용)

이러한 미디어 정책이 미디어 텍스트의 언어에 미치는 가장 분명한 영향은 또다시 의례적인 틀과 고정된 표현들로 이루어진 길고 지루한 설명*의 연속이 되었다는 점이며, 이것이 대중의 의식을 반복 훈련시키고 공식적 담화들을 '자연화' 상태로 달성시키기 위한 거의 선동적이고 교훈적인 효과를 만들어 냈다는 점이다(Fairclough 1989: 91-2).[11] 그러한 반면 미디어 텍스트의 구축은 정보의 흐름에 대한 통제, 또 대중에게 전달될 정보의 종류에 대한 통제의 필요성에 의해서도 조건화되었다. 한편으로는 주요 정보를 드러내지 않기 위해 종종 허위로 만들어진 세부적인 사항(특히 어떤 특정 공장에서 제조한 전기 기구의 정확한 생산량 같은 통계 데이터를 말한다)(Geier 1998: 352 참조)을 다루는 세밀한 보도로 주의를 돌리기도 했

---

* 리타니(litany)는 교회 용어로 '호칭 기도'라는 뜻이며, 탄원 기도로서 사제나 부제, 성가대 등이 선창하고 신자들이 응답하는 형태의 기도다. 파생된 의미로 '(대체로 반복되는) 길고 지루한 목록 나열이나 설명'을 뜻한다.

11 덧붙여 Fix(1993)가 보여 주듯이, 이러한 반복과 강화의 교육학적 원리는 통시적인 것은 물론이고 공시적으로도 적용되었다. 예를 들어 신문을 살펴보면 발행된 시간에 따라 통시적으로, 또 같은 판에서라도 다른 텍스트 유형에 걸쳐 사건 보도로부터 사설을 지나 독자 투고란에 이르기까지 끊임없이 공공정책을 명시해 둔다.

고, 또 다른 한편으로 국가와 시민 수용자 간에 뚜렷하게 가시적으로 이루어지는 '즉각적인(unmediated)' 커뮤니케이션은 더 민감한 문제들을 다루는 상당히 '매개적(mediated)'이고 간접적인 커뮤니케이션과 대조를 이룬다. 대다수의 동독인들은 서독의 미디어에 접근할 수 있었기 때문에 국내 경제 성과와 같은 사안과 관련한 것 외에는 원하는 만큼 덜 노출시키거나 은폐할 수 있는, 그렇게 정보의 흐름을 통제할 수 있는 국가의 능력은 제한적이었다. 그래서 다른 경로를 통해서 대중이 주목할 수 있는 문제적 사안에 대해서 이야기가 퍼져 나가는 것을 억제하려는 시도는 효과가 없었으며, 아무래도 다른 봉쇄 기법이 선호되었을 것이다.

예를 들어 1986년 4월 우크라이나 체르노빌 원자로에서 발생한 대재앙적인 사고는 서방 언론들이 다각도로 다루었고 특히 프랑스, 서독, 영국 등 일부 서유럽 국가들도 (재정적으로나 정치적으로) 원자력에 막대한 투자를 해 왔기 때문에, 사고의 중요성을 경시하고 구소련의 노후화된 기술과 낮은 안전 기준을 집중적으로 초점화하려는 방향이 이들 나라의 이익에 분명하게 부합되었다(Heringer 1990: 120f. 참조). 그렇지만 동독의 뉴스 편집자들은 이 재난을 충격적인 소식으로 인식하지 않을 수 없었을 것이고, 그것은 당연히 그해 서방 세계의 정치 분야에서뿐만이 아니라 언론에서도 가장 주요한 이슈가 되었다. 그리고 마침내 이 사건이 동독에서 공개적인 보도를 통해 알려야 할 때가 되었을 때는 『노이에스 도이칠란트』 5면에 실린, 짧으면서도 언뜻 보기에 냉정한 한 단락(소련 통신사 타스(TASS)로부터 직접 인용)으로 국한했다.

Havarie in ukrainischem Kernkraftwerk

Moskau(TASS). Im Kernkraftwerk Tschernobyl in der Ukraine hat sich eine Havarie ereignet. Einer der Kernreaktoren wurde bes-

chädigt. Es werden Maßnahmen zur Beseitigung der Folgen ergriff-
en. Den Betroffenen wird Hilfe erwiesen. Es wurde eine Regierung-
skommission eingesetzt.

우크라이나 원전 사고

모스크바(TASS 통신): 우크라이나 체르노빌 원자력 발전소에서 사고가 발생했다. 원자로 중 하나가 손상되었다. 이에 따른 영향에 대처하기 위한 조치가 취해지고 있다. 피해를 입은 사람들을 대상으로 구호가 이루어지고 있다. 정부의 대책 위원회가 설치되었다.

(Schlosser 1990a/1999: 118에서 복사)

그 무렵 대부분의 동독의 시청자들은 서독 텔레비전으로 상당히 긴 뉴스 속보를 시청할 만한 기회와 시간이 있었을 터였으므로, 동독의 국영 뉴스 매체는 기사를 부인하는 대신 최소화하고 소외시키는 전술을 택했다.

동독 미디어 시장의 맥락에서 언론인과 수용자는 모두 엄격하게 규제되는 의사소통 공간의 제약 내에 놓여 있었다. 이는 '말할 수 있는 것'에 엄격한 제한을 가했지만, 이 조건이 반드시 '읽을 수 있는 것'에 대해서도 그렇게 제한적인 영향을 끼치는 것은 아니었다. 예를 들어 숙달된 시청자(수용자)들은 체르노빌 사건을 다루는 뉴스 보도를 보며, 보도문의 나머지 빈 여백을 해석하는 방법을 (서방 텔레비전의 추가적인 자원을 가지고) 알고 있었다. 그래서 미디어 텍스트의 구성은 표현의 특정 규율에 부합하도록 하는 요건으로 제약을 받았지만, 작가와 독자는 모두 '텍스트 간 지식'과 텍스트의 관행에 대한 지식의 결합이 높은 수준의 간접적 의사소통을 허용하는 의사소통 환경에 살고 있었다. 예를 들어 언론인(또는 뉴스 통신사)과 수용자(독자 또는 시청자)들은 동독인 몇 명이 발트해를 횡단해 성공적으로 '탈출'한 내용을 다룬 보도를 이틀 전에 서독 텔레비전으로 접했을 것이기에, 다음과 같이 작성된 보도문(Pätzold 1992: 99-101 참조) 안에 상호텍스트적인 지식을 공유하고 있었을 것이다.

DDR-Grenzschiff nahm Personen an Bord

Berlin (ADN). In der Nacht zum Montag wurden durch ein Grenzschiff der DDR auf der Ostsee mehrere Personen aufgebracht und an Bord genommen. Sie hatten sich mit ihrem Boot unberechtigt in den Territorialgwässern der DDR bewegt. Nach einer ersten medizinischen Versorgung an Bord wurden sie an Land gebracht. Nur durch das umsichtige Verhalten der Schiffsbesatzung konnten die Betroffenen aus der gefährlichen Situation geborgen werden, in die sie sich vorsätzlich gebracht hatten. Andere Personen kostete es in ähnlichen Fällen das Leben. Der Vorfall wird durch die zuständigen Organe untersucht.

동독 국경 경비정에 승선시킨 자들

베를린(ADN 통신): 지난 일요일 밤, 많은 동독 인민들이 발트해 영해에서 순찰 임무 중이던 공화국의 경비정에 태워졌다. 이들은 공화국의 영해에서 허가받지 않은 배를 타고 이동하고 있었다. 경비정에 승선한 이들은 선상에서 건강 검진을 받은 후 해안으로 옮겨졌다. 이들이 스스로 자처한 위험한 상황 속에서 분별력 있는 선원들이 취한 신중한 행동이 없었다면, 이들 관련자를 구조할 수 없었을 것이다. 유사한 상황에 있었던 다른 인민들은 그간 목숨을 잃었다. 현재 이 사건은 관계 당국의 조사를 받고 있다.

(『노이에스 도이칠란트』, 1988년 10월 19일 자)

텍스트적 관행에 대한 지식과 더불어서 이 기사문은 수용자(독자)에게 이 사건에 관한 결정적이면서도 모호한 요점들 몇 가지를 추론할 수 있도록 해 주었다. 예를 들어 만약 체포된 사람들이 외국인이었다면 그들은 그 자체로 식별이 되었을 것이다. 그러나 만약 그들이 동독인들이었다면 당국의 허가 없이 이 지역에서 여행(이동)하고 있었다는 것이고, 이 말은 곧 이웃 나라의 영해에 들어가려고 시도하고 있었다는 것을 의미할 뿐인데, 만약 그 이웃 나라가 연방공화국(서독)(또는 덴마크)라면 이것은 위험한 상황을 초래하게 할 뿐이라는 추론에 이른다. 이를 토대로 페촐트(Pätzold 1992: 101)는 '의도를 담은 읽기'라는 개념을 도출한 바 있다. "복수의 동독 시민들이 일요일 밤 발트해를 경유해 서독(혹은 덴마크)으로 가려 했다. 그 과정에서 그들은 붙잡히고 체포되었다."와 같은 사실 차원은 기사문을 통해 종국에는 텍스트 안에 '경고'와 '위협'이라는 읽기의 언표내적(illocutionary) 힘을 드러내기에 이른다. "우리는 국경 해역을 면밀히 감시하고 있다. 그럼에도 불구하고 탈출을 시도하는 사람은 익사하거나 체포하거나 총살해 버릴 수 있다."

이 절에서는 동독에서 국가와 당의 공식적 담화를 특징짓는 뚜렷한 몇 가지 언어적 및 텍스트적 특성들을 개략적으로 서술했다. 여기서 논의한 자료들은 다양한 공식적인 소스, 그리고 대부분은 공개된 소스를 출처로 한 파생 자료를 기본으로 한 것이다. 여기서 고찰해 본 공식적 담화의 모든 발현으로부터 공통적으로 보이는 가장 눈에 띄는 특징 중 하나는 언어 형태와 텍스트 패턴에서 드러나는 고도의 의례성, 즉 틀에 박힌 표현들을 끊임없이 사용하고, 집단과 전체의 역사적 임무에 대해 강조하며, 공식적 신조와 당 강령의 합리성을 주장해 이것이 필연적으로 진리라는 진술을 반복하는 특성이다. 다음 절에서는 동독 사회에서 이루어진 담화의 구축에서 의례성의 본질과 중요성을 좀 더 면밀하게 탐구하고, 공식적 담화의 형식이나 구조가 일상생활 속 다소 덜 형식적이고 덜 공식적인 영역에 어느 범위만큼 스며들어 있는지 검토해 보고자 한다. 동시에 동독인들이 공적 언어와 사적 언어 사용 사이를 분명하게 갈라서 언어적 레퍼토리에서 유사-양층어 사용(quasi-diglossic) 방식을 발전시켜 왔다는 서방 연구자들 사이에 광범위하게 퍼져 있는 학술적 가정을 비판적으로 재음미하는 자리를 의미를 두어 마련해 보려고 한다.

3.2 일상생활 담화에서 나타나는 의례성

의례적인 행위는 예를 들어 국가원수의 취임이라든지 새로 구성된 국회의 첫 개회 때처럼 권력과 의무를 부여하고, 개인이나 공동체의 삶에 상징적인 의미를 부여하는 의식(儀式)이 거행되는 것과 관련되어 삶의 한 국면이 전환되거나 또는 순환되는 지점을 다른 이들에게 표지(標識)해 주는 것이다. 세례, 추수감사 축제, 카니발이라든지 또는 스카우트나 프리메이슨의 입회식처럼 폐쇄된 집단이나 조직에 새 멤버를 인정하는 행사 같은 것들이 이에 해당한다. 의례의 행사는 보통 언어적 및 비언어적 행위 양자를 모두 포함한 일련의 규정된 의식으로 구성되는데, 결혼 서약을 복창한 다음 배우자의 손가락에 반지를 끼운다든지 조국에 충성을 맹세한다든지 국기에 경례를 하는 것을 떠올리면 된다. 더군다나 의례 행사는 실질적으로나 전적으로 예측 가능하기 때문에 내용은 형식에 지배되고(Jessen 1997: 66), 여기서는 모든 참여자들이 표준적인 절차를 지켜 순응하는가가 중요한 문제다. 의례 중에는 말하는 것과 행동하는 것의 대부분이 거의 항상 똑같기 때문에 '텍스트(언어적 및 비언어적 행위와 절차)'는 정보적 기능보다는 표현적 또는 시연적(示演的) 기능을 이행하는 데 더 큰 방점을 둔다. 재판정에서 증인이 선서를 할 때, 우리는 그들이 '사실을 말할 것이고, 오로지 진실만을 말할 것이며, 진실 외에는 말하지 않을 것임'을 알고 있지만 이 선서를 복창하고 또 정해진 방식으로 해야 하는 것이 공개된 법정 안에서 보이고 들림으로써 성립이 되는 것이다.

인간의 발화 사건 중 일부는 그 속성상 의례적인 것들이 있다. 그 의례성은 기능면에서나 결혼식과 장례식과 같은 엄숙한 의식, 시상식과 같은 경축 행사, 영성체나 고해와 종교적인 행위 등 사회적 전례(典禮)의 절차 과정에서 핵심적이다. 이렇게 재연(再演)되는 각 장면의 유형은 인사말, 개폐회식의 식사(式辭), 고정된 표현, 반복되는 발화와 반응의 패턴처럼 근본적인 차원의 텍스트 형식이라기보다는 일종의 관습적 · 관례적이라 할 수 있는 틀로 이루어져 있는 언어적 속성은 물론이고 의상, 음악, 장식, 안무, 개별 행동의 순서, 개별 참가자에게 주어진 책임과 의무 등의 다양한 비언어적인 속성들을 통해서도 그 정체를 식별할 수 있다.

위에서 말한 발화 장면 이외의 다른 발화 장면들은 (설령 어떤 반복적인 루틴과 관련되어 있을 수 있다 하더라도)[12] 본질적으로는 의례적인 것이 아니지만 상황에 따라 의례화의 소지가 있다고도 할 수 있을 것이다. 예를 들어 학교 수업이나 직원회의는 일반적으로 예측 가능한 성격을 갖겠지만, 이러한 특성이 없다고 해서 반드시 '수업'이나 '회의'로서의 정당성(타당성)을 의심받는 대상으로 삼지는 않을 것이다(비록 덜 효율적일지는 모르겠지만). 역으로 수업이나 회의의 언어와 텍스트 구조가 고도로 틀에 박힌

....

12 이 두 개념 사이의 구분에 대해서는 Marquardt(1998: 3-4)를 참조하라. 또한 독일의 맥락에서 의례와 의례성이란 무엇인가에 대한 이론적이고 역사적인 세부 내용은 이외의 여러 관련 학술 자료를 찾아보기 바란다.

관습성을 띠게 된다면 이때에도 여전히 1차적인(본질적인) 기능을 상당히 적절하게 수행할 수도 있겠지만, 동시에 2차적인(부차적인) 그리고 어쩌면 관련이 없을 수도 있는 기능을 획득할 수도 있을 것이다. 그러므로 우리가 여기서 던져 볼 질문은 다음과 같다. "동독 사회의 담화 형성에서 새로운 의례와 의례화된 발화 장면, 이 양자의 도구화에서 언어는 어떤 역할을 담당했는가?"

의례를 행하는 것은 인간 사회라면 대개 존재하는 보편적인 속성이다. 의례의 존재보다는 의례의 부재 상황이 오히려 설명이 필요하다 하겠다. 그러므로 어떤 사회나 공동체에 의례와 관련해 관심을 가질 만한 사항은 특정한 의례가 취하는 형식, 해당 사회 내에서의 역할 내지는 관계를 창조하고 재현하는 기능, 그리고 사회적 또는 의사소통적 상호작용이 의례화될 수 있는 범위다. 1989년 이전 정치적 의사소통의 수준을 살펴보면(연설, 공개 발언, 의회 토론 참여, 성명 발표) 서독의 텍스트들에도 물론 의례적 속성들이 스며들어 있음을 볼 수 있다. 예를 들면 정부의 정책 '성취' 또는 '실패'에 대한 지속적인 반복이나 비판, 핵심 가치에 대한 차용이나 재반복, 합리적인 주장 대신에 슬로건이나 구호를 사용하는 것 등이 그것이다. 이 모든 담화적 의례들은 서독의 정치 문화 발전에 기여했다. 그렇지만 서독의 정치 구조가 다원적인 성격을 지니고 있어 정치 문화에서 담화 간 경쟁(독일기독민주연합-바이에른기독사회연합의 연정(CDU/CSU)*이 '사회적 시장 경제'에 초점을 맞춘 데 반해 독일사회민주당(SPD)**은 '사회적 정의'를

---

* 독일의 정당 연합으로 독일기독민주연합(기민련, Christlich Demokratische Union Deutschland)과 바이에른기독사회연합(기사련, Christlich-Soziale Union Bayern)의 양당 연합체를 가리킨다. 비공식적으로는 흔히 '우니온(Unionsparteien)'으로 불린다. 자유보수주의와 친유럽주의를 표방하며 중도우파의 정치 성향을 띤다.

** 독일사회민주당(사민당, Sozialdemokratische Partei Deutschlands, SPD). 창당 이후 몇 차례 노선의 변경 또는 논쟁이 있었지만 전반적으로는 중도좌파의 정치 성향을 띤다.

내세운 것처럼)을 공공연하게 받아들였고, 결과적으로 역사를 거치며 다른 순간을 맞으면 방향성을 재조정하게 된다는 것을 의미했다. 따라서 서독 정치에서의 의례성은 연방공화국 안에서 반대자들과 경쟁하는 가운데 정당의 이익을 증진시키고자 하는 목적을 달성했다고 할 수 있으나, 반면에 정치적으로 단일한 문화인 동독에서 의례성은 (공식적으로) 논란의 여지가 없는 당과 국가의 목표를 보전하기 위해서 발전했고, 이 발전은 적대적인 외부 서방 이웃의 위협뿐만 아니라 내부 안에 잠재되어 있는 목표 이탈자를 향해 선명하게 맞서 대항하는 방식으로 이루어졌다. 동독은 서독에서와는 달리 당의 이익과 국가의 이익은 동의어이었으므로, 정치적 의사소통의 특별한 의례적 효과는 (앞서 "3.1 공식적 담화의 '비잔티움 건축'"에서 살펴보았다) 국가가 존재한 40년 동안 누적적으로 발전할 수 있었다.

이러한 광범위한 목표를 달성하기 위해 동독에서 형성된 공식적 담화의 의례성은 세 가지 주요한 기능을 수행할 필요가 있었다(Jessen 1997: 66-7; Fix 1992b, 1993, 1994b 참조). 첫 번째 기능은 질서를 만들고 유지하는 것이었다. 고정되고 불변적인 형태의 의례적 의사소통 관행 그 자체가 (가벼운 인사로부터 공식적인 집합 모임 중에 구조적인 격식으로서 완전한 직함을 사용하는 것, 나아가 표준 표현들의 목록에 이르기까지) 질서와 권위를 상징했다. 둘째로 대안적 담화가 개입했을 때나 심지어 비판적 분석이 제기되었을 때, 이로 인해 야기될 수 있는 '난기류(불화)'를 방지하려면 핵심적인 이념의 가치를 끊임없이 반복해 줌으로써 이러한 가치들을 확고하게 하고 정당화시켜 청자(인민)들에게 안정화의 효과를 가져다주는 기능이 있었다. 그리고 세 번째로 대중을 공통의 규약(code)이나 언어의 형태로 사회화시키는 것은 일종의 '결합' 효과를 가져와, 공유된 언어 관행에 그들을 참여시킴으로써 사회 통합을 촉진하는 기능을 갖는다. 이러한 기능들이 실제로 이행되었는지의 여부는 별개의 문제지만, 이러한 효과를 얻기 위한 노력의 일관성이 '공식적으로 보여 주려는 세계의 이미지와 실제 세계의 이미지가 일치한다'는 허구를 사람들이 믿게끔 강화하려는 의도를 갖고 있었다면, 이는 결과적으로는 역효과를 가져왔다(이어지는 "3.3 '전환기' 담화가 이루는 대위법" 참조). 앞으로 더 고찰하겠지만, 의례와 사회적 현실 사이의 상징적 연결고리가 끊어지게 되면 의례성은 사람들을 결속시킬 만한 힘을 잃어 버리게 된다. 즉, 의례가 부유(浮遊)해 겉돌고, 그들의 언급에서 멀어지며, 같은 패턴에 지속적으로 노출되고 관습적으로(Jessen 1997: 68-9) 사용하면서 오히려 사생활 속의 패러디나 조롱거리의 재료와 같은 처지에 놓이게 된다.

여하튼 당 전략가들은 공식적 담화의 의례적 관행이 초창기에 가졌을 법한 어떤 긍정적이고 상징적인 공명(共鳴)을 경직시키고 상실하게 함으로써 스스로 파멸의 씨앗을 뿌리고 있었다는 사실을 깨닫지 못했기에, 직접적인 정치적 소통의 제한된 영역을 넘어 특히 통치자와 피통치자 사이의 이러한 직접적인 접촉 형태는 무관심하거나 적극적으로 관여하지 않는 대중에 의해 단절될 수도 있고, 또 다른 수단을 통해 강화되고 통합되지 않는 한 효과적이지 않을 수 있기 때문에 공식적 담화의 범위를 확장시켜야 할 필요성을 인식하고 있었다는 명백한 증거들이 보인다. 따라서 전략은 단순히 당과 국가의 목적을 선언하고 옹호하는 것이 아니라, 이러한 목적을 실현하는 데 전 인민의 적극적인 참여를 확보하는 것을 목표로 수립해야 했다. 동독의 사회주의 사회 건설은 공식적 담화가 갖는 헤게모니 효과에 의존했고, 이는 곧 다시 매일매일의 생활에 제도적 측면의 담화를 포화 상태로 만들어 의례가 지닌 설득력을 활용하는 데 기대고 있었음을 의미한다.

이러한 전략의 이행을 탐구하기 위해서는 일상과 동떨어진 정부 행정의 영역을 넘어 서민 생활의 일상적 경험으로부터 덜 분리되었거나 (그리고 덜 분리할 수 있는) 행위와 상호작용의 형태를 살펴볼 필요가 있다. 직장에서건 학교에서건 간에 당 조직, 소조, 집단 활동에 이르기까지 사람들이 가정의 삶 밖에서 살아가는 맥락에서 고도로 '조직화'된 특성은 높은 수준의 밀도와 다중성으로 특징지어지는 강력한 사회적 네트워크를 만들었다.[13] 강력한 인적 네트워크의 힘 있는 내적 역동성은 대개 '규준 강화적 메커니즘'으로서 작용하는데(Milroy 1987: 136, 179), 이 메커니즘은 공통의 정체성을 도출하는 관행에 부합하도록 상호작용하는 압력을 통해 네트워크 참가자 사이의 언어적(또는 기타 여러 가지) 행위를 안정화하는 수단으로서 기능한다. 이러한 규정된 규범에 부합하는 추가적인 외부 압력에 대한 명백한 인식이 있는 경우, 이 메커니즘의 응집 효과는 더욱 강해질 가능성이 높다.[14] 더욱이 사회적 연계망이 외부적으로 상당히 높은 수준으로 규제되는 경우, 즉 개인이 적극적으로 계약하기보다는 회원 자격이 분배, 할당되는 경우 외부 당국의 비참여 회원에 의한 내부 네트워크 접근을 허용하게 된다.

이러한 점이 동독에서 의례에 대한 의존도가 높고, 여타 다른 발전된 사회와 비교했을 때 동독이 지나칠 정도로 의례성에 대한 집착에 의미를 부여하는지를 설명하는 데 도움이 될 수 있다(Fix 1998: xiii). 고정되고 변

....

13 사회연계망 이론에서 밀도(density)는 네트워크의 내적 통합(얼마나 많은 수의 구성원들을 알고 있으며 다른 구성원들과 어떻게 상호작용하는가?)을 보여 주는 척도이며, 다중성(multiplexity)은 구성원간 유대력의 강도(얼마나 많은 종류의 사회적 관계, 예를 들어 직장 동료만 있는가? 혹은 이웃, 친척, 지역 축구단 팀원도 있는가?)를 살펴보는 척도다. 이와 관련해서 Milroy(1987) 및 이하 "4.3 언어 변이와 사회이동" 참조.

14 동시에 이러한 효과는 자동적이지 않다는 점을 비중 있게 강조할 필요가 있다. 동독과 같은 사회의 더 제한적인 맥락 내에서도 소셜 네트워크의 운영은 너무 기계적인 방식으로 해석되어서는 안 된다. 이 현상은 실제 행동을 결정하는 것이 아니라 조건이 된다는 점을 짚어 두고자 한다.

하지 않는 형태의 의례 관행은 그 자체로 사회적 행동의 수행에 대한 통제력을 행사하는 수단이지만(위의 내용 참조), 여기에 더해 의례(및 의례화된 행위)의 빈번한 재연은 근로 집단이나 가족과 같은 사회 단위의 결속을 끊임없이 강화하는 수단이며, 이를 통해 전체로서의 사회 일치성을 가져오게끔 한다. 더 나아가 이는 공적 차원과 사적 차원이라는 사회적 이분법의 체계를 흔들리게 한다. 개개인의 삶보다는 사회적 역할에 우선순위가 부여되는 사회에서 개인 생활의 측면들은 더 공식적인 영역으로 함몰되어 들어가기 때문이다. 예를 들어 1971년 정치국 위원인 쿠르트 하거(Kurt Hager)가 독일사회주의통일당 제7차 당대회에서 선언한 이래로 동독에서 교육의 목적은 전형이자 모범으로서 'allseitig entwickelte sozialistische Schülerpersönlichkeit(다재다능한 사회주의 학도(學徒))'의 양성을 실현하는 것이었고, 또한 콜린 굿(Colin Good 1995: 264)도 지적한 것처럼 모든 형태의 작업 활동을 생산 과정과 노동의 개념 안에 포함시켜서 예를 들어 '노동자'와 '농민'뿐만이 아니라 지식인과 예술가(공식적으로는 문화예술인(Kulturschaffende)도 노동자(Werktätige(r))의 개념에 포함되었다. "2.2 언어적 그리고 사회언어학적 차이" 참조)를 비롯한 모든 사람, 그리고 (사실상) 모든 사물이 공공의 맥락에서 정의되는 경우 '비정치적 사적 공간(Hoffmann 1998: 53)'은 소외될 수 있고, 개인의 정체성(person)과 개별성(individual)은 복잡한 유대망의 거미줄 속으로 말려들게 된다.[15]

....

15 그러나 이를 동독에서 '비정치적인 사적 공간'이 없었다는 의미로 받아들여서는 안 된다. 역으로 모든 사례와 증거들은 개인의 공적 삶에 대한 제약이 규제가 덜한 다른 사회에서보다 훨씬 더 큰 의미를 지닌 사적 공간을 부여했다는 것을 시사한다. 여기서 요점은 오히려 개인이 공식적 담화 안에 배태(胚胎)되어 있는 방식이다. 그리고 이는 서구 사회의 특징이라 할 수 있는 사회적 네트워크 밖의 개인들이 처한 고립과 배제(대처 전 영국 총리가 "사회라는 것은 없다"고 선언한 것이 이를 가리키는 참으로 궁극적인 표현이라 할 수 있는데) 등과 같은 것과는 대척되는 양상이다.

동독의 공식적인 자아상 가운데 노동이라는 개념에 할당되어 있는 위상의 중심 영역은 동독에서 가장 중요한 정치적 의식일(儀式日) 중 하나인 노동절을 경축해 기념하는 장면을 통해 뒷받침되고 확인된다(Fix 1998: xvi).

5월 1일, 치밀하게 편성해 조직하고 또 고도로 합을 맞추어 동작을 맞춘 군중 시위는 국가의 '역사적 임무(평화 수호와 제국주의 타도의 투쟁, 동독의 사회주의 강화, 사회주의 국가 공동체와의 연대)'를 매우 공개적으로 표명한다는 것으로 의미가 컸지만, '투쟁과 경축의 날(Kampf- und Feiertag; 현재의 노동절, 1989년에도 거행되었음)'으로서 5월의 의례를 거행하는 것은 단순한 고무나 격려 차원이 아니라 직접적인 참여가 더 요구되었으며, 이로 인해 더 심층적인 기능을 갖는다. 의례가 기억의 보고(寶庫)이고, 정치적인 의례가 그 나라가 지나온 과거의 어느 결정적인 순간에 대한 기억을 보존하는 것이라면, 그 의례의 거행은 이러한 기억들을 활성화시키는 역할을 해야 한다. 그런데 국익에 봉사하는 국가의 기억이 되려면 단순히 과거에 대한 경건한 성찰을 불러일으키는 것 이외의 목적을 두고 재연될 필요가 있다. 이러한 의례성을 통해 이 행사는 실연(實演)의 순간을 초월하므로(Hoffmann 2000: 239), 적어도 이론적으로는 과거뿐만 아니라 미래를 바라보게 된다. 그렇게 함으로써 참여자들은 자신과 관련된 가치와 신념에 대한 다짐을 새롭게 할 수 있도록 동기를 부여해야 한다(예센의 '안정화'와 '통합'의 기능에 대해서는 앞서 서술한 내용 참조).

이러한 목적의 중요성은 5월 1일과 관련된 텍스트 안에서 과거, 현재, 미래를 끊임없이 언급하고 경축의 장이자 동시에 멈추지 않는 투쟁의 장으로서 이날을 개념화하는 과정에 의해서 강조된다. 그러나 호프만(Hoffmann 2000)이 1946년부터 1989년까지의 노동절 관련 텍스트들을 분석한 연구 결과에서도 알 수 있듯이, 이것이 문제의 소지가 없는 것은 아니었다. 한편으로는 노동자운동의 역사와 전통에 대한 언급은 노동자의 권리를 위한 투쟁에 연속성을 제공했고, 독일사회주의통일당의 주도적 역할을 정당화했다(2000: 241). 반면에 노동과 자본, 노동조합과 고용주 사이의 '전통적인' 이해상충은 그 정의상 동독 내에서는 관련이 없었기 때문에 투쟁의 은유는 다른 목적에 재할당한 경우에만 해당 맥락에서 유지될 수 있었다("3.1 공식적 담화의 '비잔티움 건축'" 참조). 이러한 점은 이르게는 1946년 『노이에스 도이칠란트』의 기사문에도 명확하게 드러나 있다(2000: 249). 이 기사문은 역사적인 연계성을 다지면서 다음과 같이 시작한다. "5월 1일은 다른 어떤 날보다도 더 독일 노동자들에게 중요한 날이자, 노동자들의 투쟁을 경하(慶賀)하는 유구한 날이다." 그런데 이 문장에 주어진 양상성(무엇보다도 먼저/다른 어떤 것보다 더(zuerst und vor allem))은 이후의 기사문이 경축에 맞추어진 초점이 확장되어 평화, 자유, 독일 민족의 단결(Friede, Freiheit, das ganze deutsche Volk)을 포괄할 전조(前兆)를 드러낸다. 2년이 지난 후에도 이러한 핵심 개념은 독일사회주의통일당이 발표하는 노동절 메시지(2000: 252)의 핵심으로 남아 있다. 그러나 여기에 민주주의와 사회주의가 목록에 추가되고 일련의 구체적인 목표, 즉 토지 개혁, 교육 개혁, '전범'들과 '자본가'들 소유의 자산 몰수, 노동자의 참여권 등이 선포되었으며, 투쟁의 목적은 독일 노동자를 위한 정치적 단결, 대의원들의 단합을 달성하기 위한 것으로 파악된다.

동독의 건국 이후 동일한 주제들이 다시 나타나지만 점증적으로 국제적 측면을 강조하고, 또(특히 1950년대에) 연방공화국(서독)을 향한 적대적으로 대조하는 측면을 반복하게 되었다. 그러나 결정적인 개념을 되살리고 투쟁의 담화를 재집중하는 과정에서 독일사회주의통일당은 장기적으로 보았을 때 무엇이 더 역효과를 낳을 것인가를 전략으로 삼는 듯한 우를 범했다. 초창기 생기와 활력을 띤 텍스트들은 노동운동의 자랑스러운 전통과 근래의 대혼란에 대한 기억 모두에 호소력을 띠고 있었으나, 종국에는 다음처럼 김빠진 구호를 진부하게 늘어놓는 식이 되어 버렸다. "5월 1일에 투쟁을 위한 시위에 참여하라! 우리는 인민의 복지를 위해, 평화를 수호하기 위해, 제11차 당대회 결의의 이행을 위해 시위할 것이다!"(『노이에스 도이칠란트』, 1987년 4월 22일 자; Hoffmann 2000: 260에서 인용)

그러므로 노동절 의례를 반복 전개하는 것은 사회주의 국가 건설 사업에 적극적인 참여를 고무하기 위한 인민의 충성, 헌신, 단결을 확보하기 위한 수단으로 받아들여진다. 이 기획을 국가가 성공적으로 이루어냈든 그렇지 않든 간에, 대중 시위를 연출해 내는 것은 단순히 사회적 집단 차원을 넘어 비정형적이고 거리감 있는 '인민' 집단성 안에서 개인의 승화(昇華)를 강조하는 의식의 한 형태인 것이다! 따라서 의례성은 매일매일의 일상생활 안으로 들어와야 하고, 그러기 위해 더 지역적인 토대 위에서 개개인의 삶에 와닿도록 해야 한다.

동독 사회에서 세속적인 차원에서는 개인이 탈지역적이고 개념상으로 존재하는 종교(교회)의 권위를 미묘하게 의식하고 수용하는 것은 용인되었지만, 이 역시 분명한 제약을 받았다. 물론 가치와 신념의 보급을 위한 사회화 및 조직화 기관으로서 교회에 대한 비(반)종교적인 상대 기관은 당과 그 하부 조직, 예를 들어 자유독일노동조합연맹(FDGB)*이라든지, 소년단(Pioniere),** 자유독일청년단***과 같은 유소년 및 청년운동 등

....

* 자유독일노동조합연맹(Freier Deutsche Gewerkschaftsbund, 1946~1990년)은 명목상 동독의 모든 노동자를 대표하는 노동조합이었다. 동독의 유일 집권당인 독일사회주의통일당의 외곽 조직에 해당하지만, 동독 인민전선의 구성 단체이며 인민의회에 대표 의석을 확보하는 정치조직으로서의 기능을 가지고 있었다.

** 구소련을 비롯한 공산권 국가에는 소년단 조직이 있었다. 구소련에서는 이를 '피오네르(П

이 있었다. 교회에서와 마찬가지로 이들 단체의 회원으로서 그 자격을 갖추기 위해서 여러 종류의 의식(儀式)에 참여했는데, 그중에서는 'Zehn Gebote der sozialistischen Moral(사회주의 도덕의 십계명, 1950년대 후반에 처음 등장해 1970년대 중반에 폐지됨. 아래의 인용 참조)'과 같은 종교적 모델에서 유래된 것들도 있다(Die Gebote der Jungpioniere(젊은 소년단원을 위한 십계명)과 Die Gesetze der Thälmannpioniere(텔만 소년단의 율법)을 포함한 다른 사례들을 보려면 Fix 1992b: 94-9 참조).

1. Du sollst Dich stets für die internationale Solidarität der Arbeiterklasse und aller Werktätigen sowie für die unverbrüchliche Verbundenheit aller sozialistischen Länder einsetzen.
2. Du sollst Dein Vaterland lieben und stets bereit sein, Deine ganze Kraft und Fähigkeit für die Verteidigung der Arbeiter-und-Bauern-Macht einzusetzen.
3. Du sollst helfen, die Ausbeutung des Menschen durch den Menschen zu beseitigen.
4. Du sollst gute Taten für den Sozialismus vollbringen, denn der Sozialismus führt zu einem besseren Leben für alle Werktätigen.

....

ионер)'라 했으며, 이는 '개척자(pioneer)'를 뜻한다. 동독의 피오네르로서 8세부터 13세의 어린 학생들로 구성된 '에른스트 텔만 소년단'이 있었는데, 바이마르공화국 시절 당시 나치에 반대하다 투옥되어 처형당한 독일공산당(KPD)의 전(前) 지도자 에른스트 텔만의 이름을 따서 만들어진 조직이다. 북한의 '조선소년단'이나 중국의 '중국소년선봉대'도 같은 맥락의 단체다.

*** 자유독일청년단은 동독의 독일사회주의통일당 산하 청년 조직으로 14세부터 25세의 남녀를 대상으로 구성되었다. 정치적 교화, 마르크스-레닌주의의 선양, 공산주의적 행동의 촉진 등을 정치사상적 목표로 삼았다. 마찬가지로 동독 인민의회에 대표 의석을 가진 정치조직 기능을 지니고 있었다.

5. Du sollst beim Aufbau des Sozialismus im Geiste der gegenseitigen Zusammenarbeit handeln, das Kollektiv achten und seine Kritik beherzigen.
6. Du sollst das Volkseigentum schützen und mehren.
7. Du sollst stets nach Verbesserungen Deiner Leistungen streben, sparsam sein und die sozialistische Arbeitsdisziplin festigen.
8. Du sollst Deine Kinder im Geiste des Friedens und des Sozialismus zu allseitig gebildeten, charakterfesten und körperlich gestählten Menschen erziehen.
9. Du sollst sauber und anständig leben und Deine Familie achten.
10. Du sollst Solidarität mit den um ihre nationale Befreiung kämpfenden und den ihre nationale Unabhängigkeit verteidigenden Völkern üben.

1. 당신은 끊임없이 노동자계급과 모든 노동자의 국제적 연대와 모든 사회주의 국가의 확고한 연대에 스스로를 헌신해야 한다.
2. 당신은 조국을 사랑하고 노동자와 농민의 힘을 수호하기 위해 항상 모든 힘과 능력을 헌신할 준비가 되어 있어야 한다.
3. 당신은 사람이 다른 사람을 착취하는 일이 사라질 수 있도록 협력해야 한다.
4. 당신은 사회주의가 모든 노동자에게 더 나은 삶을 가져오므로, 사회주의를 위한 선행을 해야 한다.
5. 당신은 상호협력의 정신으로 사회주의 건설을 위해 노력하고, 집단을 존중하며, 그 비판에 주의를 기울여야 한다.
6. 당신은 인민의 재산을 보호하고 확대시켜야 한다.
7. 당신은 언제나 당신의 성과를 향상시키고, 경제적으로 활동하며, 사

회주의적인 업무 기강을 강화하기 위해 노력해야 한다.

8. 당신은 평화와 사회주의의 정신으로 자녀를 양육해 전인적 능력을 갖추고, 인격이 확고하며, 육체적으로 강건한 사람이 되도록 해야 한다.
9. 당신은 깨끗하고 존경받을 만한 삶을 영위하며 당신의 가족을 존중해야 한다.
10. 당신은 민족 해방과 민족 독립을 위해 싸우는 민중들과 연대를 실천해야 한다.

그렇지만 참여율 면에서나(Kauke 1998: 117에 따르면 1960년까지 연도별로 90퍼센트 수준) 개개인과 또 그 가족들의 삶에 수반되는 의미라는 측면에서 가장 중요한 세속적인 의례는 유겐트바이에(Jugendweihe; 청소년 축성식)로, 14세가 됨에 따라 성인으로서의 권리와 의무를 알리며 서약과 축하의 의식을 수행하는 세속적인 등가물으로서 그 위상을 갖게 되었다.

노동절과 같이 유겐트바이에는 18세기까지 거슬러 올라갈 만큼의 오랜 전통이 있으며(Kauke 1998 참조), 또 이 역시 동독의 사회주의 사회에서 위상과 역할을 정당화하기 위해 다시 의미를 부여하는 과정을 거쳤다. 그러나 노동절과 달리 유겐트바이에는 내부(국내)와 외부(국제/해외)를 수용자로 해 모두의 시선에 열려 있는 대중적, 공식적인 축하 행사로서가 아니라 참가 당사자와 그들의 가족, 교사, 유관공무원에게만 국한된 준(準) 공식 행사이자 개별적인(local) 행사였다.[16] 비록 이 전통적인 의례가 당을 위한 봉사를 위해 그 정체성을 징발당하기는 했으나, 여하튼 이 행사

....

16 청소년들에게는 파텐브리가덴(Patenbrigaden; 후원과 멘토링을 하는 현장 노동자 및 농민 그룹('대부(代父)·대모(代母)의 소조'라는 뜻—옮긴이)이 직업 세계를 연결해 주는 역할을 맡기도 했다(Kauke 1998: 133 참조).

는 명백하게 정치적 목적 외에 근본적으로는 개인적이면서 사회적인 기능을 유지했다(Kauke 1997: 369-72).[17] 성인으로서 전환되었음을 기념하고 사회주의 시민으로서 책임을 강조하는 이 두 가지 기능은 모두 이 행사를 둘러싼 텍스트에서 다루어졌지만, 전체 발화 행위 중 가장 중심이 되는 것은 고도로 의례화된 맹세(Gelöbnis)였으며 이는 전적으로 정치적·이념적 수준에만 집중되어 있음을 볼 수 있다(Kauke 1997: 370-1; 1998: 144-59; 2000: 282-4 참조).

이 행사에 쓰인 다른 텍스트, 예를 들어 축사와 이에 대한 젊은 성년들의 감사 답사(Festrede와 Dankesrede der Jugendlichen. Reiher 1995a: 54-60 참조)와는 달리 맹세에 구사된 텍스트는 국가 수준에서 규정되었으며 개인적 또는 개별적 환경에 적용할 만한 여지를 두지 않았다. 이 텍스트는 당과 국가, 그리고 그 안에 속한 젊은이들 사이에 리타니(호칭 기도문)과 같은 형식의 대본(臺本)이었다.

> LIEBE JUNGE FREUNDE!
>
> Seid ihr bereit, als junge Bürger unserer Deutschen Demokratischen Republik mit uns gemeinsam, getreu der Verfassung, für die große und edle Sache des Sozialismus zu arbeiten und zu kämpfen und das revolutionäre Erbe des Volkes in Ehren zu halten, so antwortet:
>
> JA, DAS GELOBEN WIR!

....

17 유겐트바이에가 실제로 폭넓은 사회적 의미(appeal)를 부여했으며 광범위한 수요를 충족시켰다는 사실은 통일 이후에도 지속적인 인기를 유지했다는 점으로도 강력하게 지지된다. 예를 들어 Kauke(2000: 272)는 1998년에 동부 지역의 젊은이들 10만 명이 유겐트바이에에 참여했지만, 이를 인증받은 사람은 3만 1,000명에 지나지 않았다는 수치를 제시한 바 있다. 그렇기에 이 의례는 오로지 국가 통제의 메커니즘으로 간주되어서는 안 될 것이다.

Seid ihr bereit, als treue Söhne und Töchter unseres Arbeiter-und-Bauern-Staates nach hoher Bildung und Kultur zu streben, Meister eures Fachs zu werden, unentwegt zu lernen und all euer Wissen und Können für die Verwirklichung unserer humanistischen Ideale einzusetzen, so antwortet:

JA, DAS GELOBEN WIR!

Seid ihr bereit, als würdige Mitglieder der sozialistischen Gemeinschaft stets in kameradschaftlicher Zusammenarbeit, gegenseitiger Achtung und Hilfe zu handeln und euern Weg zum persönlichen Glück immer mit dem Kampf für das Glück des Volkes zu vereinen, so antwortet:

JA, DAS GELOBEN WIR!

Seid ihr bereit, als wahre Patrioten die feste Freundschaft mit der Sowjetunion weiter zu vertiefen, den Bruderbund mit den sozialistischen Ländern zu stärken, im Geiste des proletarischen Internationalismus gegen jeden imperialistischen Angriff zu verteidigen, so antwortet:

JA, DAS GELOBEN WIR!

Wir haben euer Gelöbnis vernommen. Ihr habt euch ein hohes und edles Ziel gesetzt. Feierlich nehmen wir euch auf in die große Gemeinschaft des werktätigen Volkes, das unter der Führung der Arbeiterklasse und ihrer revolutionären Partei, einig im Willen und Handeln, die entwickelte sozialistische Gesellschaft in der Deutschen Demokratischen Republik errichtet. Wir übertragen euch hohe Verantwortung. Jederzeit werden wir euch mit Rat und Tat helfen, die sozialistische Zukunft schöpferisch zu gestalten.

친애하는 젊은 동지들이여!

독일민주공화국의 젊은 시민으로서 헌법에 충실하고, 사회주의라는 위대하고 고귀한 대의명분을 위해, 그리고 인민의 혁명적 유산을 기리기 위해 우리와 함께 일하고 투쟁할 용의가 기꺼이 있다면, 대답하십시오.

그렇게 하겠습니다. 이에 우리는 엄숙하게 서약합니다!

우리 노동자와 농민의 나라의 충실한 아들딸로서 높은 수준의 교육과 문화를 위해 노력하고, 당신 주체의 주인이 되며, 지칠 줄 모르고 학습에 임하며, 모든 지식과 능력을 우리 휴머니스트적 이상 구현을 위해 헌신하고자 할 의향이 기꺼이 있다면, 대답하십시오.

그렇게 하겠습니다. 이에 우리는 엄숙하게 서약합니다!

사회주의 공동체의 가치 있는 구성원으로서 상호존중과 상호부조(扶助)의 기치로 동지적 협력 안에서 끊임없이 행동하고, 언제나 인민의 행복을 위한 투쟁과 개인의 행복으로 가는 길을 함께 하나로 일치시키고자 할 의향이 기꺼이 있다면, 대답하십시오.

그렇게 하겠습니다. 이에 우리는 엄숙하게 서약합니다!

진정한 애국자로서 소비에트연방과의 굳건한 우호 관계를 깊이 이어 나가고, 모든 사회주의 국가들과의 우애 관계를 강화하며, 프롤레타리아적 국제주의의 정신으로 제국주의자들의 모든 공격으로부터 우리를 지켜 내고자 할 의향이 기꺼이 있다면, 대답하십시오.

그렇게 하겠습니다. 이에 우리는 엄숙하게 서약합니다!

이제 우리는 당신의 서약을 들었습니다. 당신은 스스로 높고 고귀한 목표를 세웠습니다. 노동계급과 그들이 이룬 혁명적인 당의 영도 아래, 독일민주공화국에서 발전된 사회주의 사회를 건설하고 있는 노동자들의 위대한 공동체로 당신을 정식으로 받아들입니다. 우리는 당신에게 크나 큰 책임을 부여합니다. 우리는 언제나 말과 행동으로 당신을 도와 사회주의 미래를 창조적으로 이루어 나갈 것입니다.

앞에 인용한 것은 1968년에 나온 최종 버전이며, 앞서 1955년과 1963년에 나온 두 차례의 구 버전이 각각 존재한다. 기본적인 패턴은 그대로 유지되었지만, 내용과 문체에서 강조하는 지점에 상당한 변화가 있었고 이 변화가 생겨난 추이를 보면 대체로 독일사회주의통일당의 정치적 담화의 동향을 면밀히 연동시켜 반영한 것임을 알 수 있다. 예를 들어 1955년에 나온 버전의 본문 둘째 '절'은 다음과 같았다. "당신은 모든 힘을 다해 통일을 이루고, 평화를 사랑하며, 민주적이고, 독립된 독일을 건설할 의향이 있습니까?" 그리고 이 문구는 1963년 버전에는 다음과 같이 대체되었다. "사회주의라는 위대하고 고귀한 대의명분을 위해 우리와 함께 모든 힘을 다할 의향이 있다면, 대답하십시오 … ." 앞에서 본 것처럼("2.2 언어, 사회 그리고 정치" 참조) 독일사회주의통일당의 입장에서 독일의 통일을 달성한다는 전망이 1960년대 초반부터 사그라들어감에 따라, 1963년 버전의 맹세문에서는 좀더 양자의 존재를 전제하는 뉘앙스로 '독일인'을 언급하고 있으며(für ein glückliches Leben des gesamten deutschen Volkes(전체 독일인의 행복한 삶을 위해)), 또 이를 'treue Söhne und Töchter unseres Arbeiter- und Bauernstaates(노동자와 농민의 나라의 충실한 아들딸)'이라는 표현과 (은연중에 구분을 해) 병렬적으로 배치한다. 1968년 버전에서는 같은 해 개정된 헌법(다시 "2.2 언어, 사회 그리고 정치" 참조)보다 더 급진적인 움직임을 보이고 있으며, 1974년 헌법을 예상하면서 국가 자체를 가리키는 명칭을 제외하고 '독일다움'에 관련한 모든 언급을 삭제한다.

문체는 그에 상응해 더욱 단호한 어투가 된다. 이전 버전에서 (명백하게) 개방형 의문문으로 되어 있는 문장(당신은 …할 의향이 있습니까?)은 암시적인 명령문(당신이 (만약) 기꺼이 …할 의향이 있다면 …하십시오)[18]으로 대치된다. 그리고 어조는 여기서도 그렇지만 더욱 전투적으로 변해, 투쟁에 더 큰 방점을 찍는다(für die große und edle Sache des Sozialismus zu arbeiten und zu kampfen(사회주의라는 위대하고 고귀한 대의를 위해 일하고 투쟁하는), Kampf für das Glück des Volkes(인민의 행복을 위한 투쟁)). 그렇지만 전체 텍스트로서 맹세문의 언어는 명백하게 당과 국가의 공식적 담화 안에 자리 잡게 한다. 이 텍스트는 유겐트바이에를 치르는 모든 집단마다 낭송되었고, 개개인이 유겐트바이에를 기념하고 인증하는 자리마다 재생되었다. 이를 통해 맹세문은 우리가 공식적이고 공식적인 텍스트로서 정의할 만한 일종의 언어적 및 텍스트적 특성을 갖춘 것으로 형성된다("3.1 공식적 담화의 '비잔티움 건축'" 참조).

- 긍정적이고 감정적이지만 모호한 추상적 용어: 'Ideale(이상(理想))', 'Glück(행복)', 'Frieden(평화)', 'treu(충성)', 'würdig(품위)'.
- 절대적 수식어/강조어: 'jederzeit(항상)', 'stets(끊임없이)', 'unentwegt(쉼 없이)'.
- 동사보다 선호되는 명사 형식: 'die Verwirklichung unserer humanistischen Ideale(우리의 휴머니스트적 이상 구현)', 'in gegenseitiger Achtung und Hilfe(상호존중 및 부조)'.
- 대구쌍 표현(doublet): 'zu arbeiten und zu kämpfen(일하고 투쟁하다)', 'Wissen und Konnen(지식과 능력)'.

....

18 전체 문장의 맥락에 의해 모호성을 제거하였음에도 두 문장에서는 동일한 통사적 형식인 'Seid ihr bereit'가 사용되었기 때문에 이러한 변화는 독일어에서는 더욱 미묘하다고 할 수 있다.

• 고정 표현: 'die entwickelte sozialistische Gesellschaft(발전된 사회주의 사회)', 'die feste Freundschaft mit der Sowjetunion(소비에트연방과의 굳건한 우호 관계)', 'die sozialistische Zukunft schöpferisch gestalten(사회주의 미래를 창조적으로 이루다)'.

유겐트바이에는 5월 1일 노동절과 같이 국가적이고 공식적인 행사보다는 '일상적인 삶'에 더 밀접하게 다가서는 정체성을 갖고 있었지만, 그럼에도 명시적인 의례성을 정확하게 보여 준다는 점에서 면면히 흘러가는 일상생활과는 어느 정도 거리를 둔 고립적이자 특별한 행사로 남게 되었다. 빌마 카우케(Wilma Kauke)가 인터뷰한 과거 유겐트바이에의 사례들 대다수를 보면(Kauke 2000: 286-91 참조), 전체적으로 영구적인 인상을 형성하게 한 것은 개별적인 요소도 특별한 맹세도 아닌 기념식 행사였다. 그렇다고 해서 이 의례와 공식적인 담화 패턴의 만남이 별다른 영향을 주지 않았다는 것을 보여 준다는 식으로 꼭 해석할 필요는 없다. 어떤 면에서는 그것들이 너무나도 익숙한 측면이 있어서 의식적으로 등재(登載)되지 않았을 수도 있다. 노동절이나 유겐트바이에와 같은 의례들은 단지 빙산의 일각이며, 역설적으로 이러한 편재성(遍在性)으로 인해 남아 있는 것에는 대체로 보이지 않으며, 그것들은 세속의 의례가 되어 일상의 삶에 놓인 텍스트마다 예외 없이 공식적 담화가 스며드는 것이다.

노동이 동독 사회주의 윤리의 초석이라면, 노동 교육은 사회주의 기관으로서 학교가 담당하는 주요 목적이었다. 이는 통합 사회주의 교육제도에 관한 법률(Gesetz über das einheitliche sozialistische Bildungssystem, 1965)에서 확립되어 있으며, 이 법률에는 "삶과 밀접한 관련을 맺으며 노동 교육에 초점을 두는 사회주의 교육이 보장되어야 한다."(Schlosser 1990a/1999: 90에서 인용)라고 명시하고 있다. 여기서 두 개의 용어, 'Bildung'과 'Erziehung'이 종종 같은 의미로 교체되거나 중복 표현으로 사용되는데('전인적이며 조화롭게 개발된 사회주의적 인성의 교양(Bildung)과 교육(Erziehung)', 1990a/1999), 대개 일반적인 '인문학적' 교양을 가리키는 것(Bildung)과 사회주의 사회의 건설을 위한 역할을 담당하기 위한 교육(Erziehung)을 구별하는 데에서도 사용되곤 했다. 학부모들은 자녀가 처음 입학할 때 받는 안내 서신('Unser Kind kommt zur Schule(우리 아이가 학교에 들어갑니다)')에서 이러한 교육 목표를 상기하게 된다.

> Vom ersten Schultag an werden die Kinder mit den vielfältigsten Fragen des Lebens vertraut gemacht. In unserer Schule erhalten die Kinder eine hohe Bildung und eine gute sozialistische Erziehung. Dazu gehört auch die Vorbereitung auf die Arbeit, die Erziehung zur Liebe der Arbeit und zu den arbeitenden Menschen. Bis Ihr Kind zum ersten Mal zum Unterricht in die sozialistische Produktion gehen wird, vergehen noch einige Jahre. Aber die Erziehung zur Arbeit erfolgt bereits in der ersten Klasse. Es werden den Schülern zum Beispiel Grundfertigkeiten und Grundkenntnisse im Werkunterricht und im Schulgartenunterricht vermittelt. Sie verrichten auch schon kleine gesellschaftlich nützliche Tätigkeiten.
> 학교에 입학한 첫날부터, 아이들은 삶의 모든 다양한 측면에 익숙해지도록 합니다. 우리 학교에서 아이들은 수준 높은 교육을 받고 훌륭한 사회주의 육성 과정을 거칩니다. 여기에는 직업(일)을 준비하고 노동과 노동하는 사람들에 대한 사랑을 심어 주는 것도 포함됩니다. 자녀가 처음으로 사회주의 직장 안에서 훈련을 받기까지는 수년 후가 될 것입니다. 그렇지만 직업과 노동에 대한 교육은 첫해에 곧바로 시작됩니다. 예를 들

어 아이들은 공예나 학교 정원 가꾸기 수업을 통해 기본적인 기술과 지식을 배웁니다. 아이들은 작지만 사회적으로 유용한 활동을 진작부터 수행합니다.

(Reiher 1995a: 35에서 발췌)

그러므로 학교는 레른-게마인샤프트(Lerngemeinschaft; 학습공동체)와 레벤스-게마인샤프트(Lebensgemeinschaft; 생활공동체)의 양자를 겸하는 곳이며 학생, 교사, 학부모가 지속적으로 참여하는 광범위한 사회 프로젝트이기도 했다(Schmidt 1991). 이곳에서는 배움과 가르침의 과정뿐만 아니라, 소년단과 자유독일청년단으로부터 앨터른악티브(Elternaktive; 학부모회)에 이르기까지 그리고 파텐브리가덴(학생 개개인에게 멘토 역할을 하도록 지정된 노동자 그룹) 등의 다양한 형태의 집단 활동에 소속되도록 했다(이에 대한 개관은 Schlosser 1990a/1999: 102-3 참조; 가족과 학교 간의 관계에 대한 논의는 Helwig 1991 참조). 상대적으로 적은 수의 전문학교를 제외하고는 단 하나의 학교 유형(POS, Polytechnische Oberschule(산업기술 실업고등학교))만이 있었는데 이는 통일된 조직 구조로 이루어져 있었으며, 이렇게 구축된 체계 전반에 전 국가 차원에서 차례로 당으로부터 오는 커뮤니케이션의 전달과 배포를 용이하게 했다. 따라서 계층구조, 개인과 집단의 역할과 관계, 소통의 패턴 등에서 학교는 국가의 축소판이었다.

하나의 기관으로서 학교는 그 자체에서 생성하고, 처리하고, 소비하는 텍스트를 통해 스스로를 구성한다. 학교 텍스트에서 가장 분명한 범주는 교실에서 사용하는 문어와 구어로 구성된 교재(교수-학습 자료)라고 할 수 있을 텐데, 중앙집중식 교육 시스템에서 이것은 중앙정부 당국으로부터 학생들을 대상으로 사상, 가치관, 신념을 전달할 수 있는 가장 직접적인 경로임이 분명하다. 동독의 학교에서 교육 과정은 핵심 사상을 '인민윤리

(Staatsbürgerkunde)'라는 교과를 통해 투명한 형태로 나타났을 뿐만 아니라, 수학 연습 문제와 같은 예상치 못한 텍스트를 통해서도 스며들어와 있다.

(i) Vor der Sowjetmacht gab es in dieser Stadt 6 Schulen. Jetzt gibt es in dieser Stadt 32 Schulen. Wieviel Schulen wurden durch die Sowjetmacht gebaut?

(ii) Trotz der gewaltigen Ausmaße war die Bauzeit des Palastes der Republik sehr kurz:

Beginn der Ausschachtungsarbeiten	13.8.1973
Grundsteinlegung durch Erich Honecker	2.11.1973
Richtfest	18.11.1974
Fertigstellung	23.4.1976

(a) Wieviel Monate lagen jeweils zwischen den Terminen?

(b) Wieviel Monate betrug die Bauzeit insgesamt?

(i) 소비에트의 영도력이 미치기 전에는 마을에 6개의 학교가 있었습니다. 지금은 32개의 학교가 있습니다. 소비에트의 영도력에 의해 세워진 학교는 몇 개입니까?

(2학년 교과서; Reiher 1995a: 38에서 인용)

(ii) 거대한 규모에도 불구하고, 우리 공화국의 인민 궁전은 아주 빠른 기간 안에 건설되었습니다.

첫 터 파기 공사: 1973. 8. 13.

에리히 호네커의 머릿돌 설치: 1973. 11. 2.

건물 구조 완성 행사: 1974. 11. 18.

완공: 1976. 4. 23.

(a) 각 단계마다 몇 개월이 걸렸습니까?

(b) 전체 공사 과정은 총 몇 개월이 걸렸습니까?

(4학년 교과서; Fix 1992b: 54에서 인용)

또한 학생의 진도 성취 보고서, 공지문, 교사와 학부모 간의 가정통신문, 프로젝트 제안서, 수업 계획서, 실러버스(syllabus), 작업 계획서 등 다양한 많은 종류의 텍스트가 교육의 담화 구성에 기여한다. 이러한 텍스트는 출처(내부 및 외부), 위상 상태(공식 및 비공식), 대상 독자(일반 및 특정)와 형식에 따라 다양하다. 여기서 분석을 위해 선택한 예시들은 이러한 다양성을 설명하기도 하고, 동시에 이 공식적 담화 패턴의 다양한 형태들이 어떻게 한 수준에서 다른 수준으로 스며들어 전체 담화 영역에 삼투하는지를 보여 준다.[19]

Text 1 Konzeption zum 35. Jahrestag der DDR

In der Vorbereitung des 35. Jahrestages der DDR geht es vor allem darum, das Wissen der Schüler über die 35jährige Entwicklung ihres Heimatlandes zu erweitern und zu vertiefen, sowie Stolz auf die Errungenschaften der Werktätigen zu wecken. Sie sollen erkennen, daß die erreichten Erfolge das Ergebnis großer Anstrengungen und Leistungen der von der SED geführten Werktätigen sind und daß auch in Zukunft der Kurs der Hauptaufgabe in ihrer Einheit von Wirtschafts- und Sozialpolitik konsequent fortgesetzt wird.

gez. XXX (Parteisekretär) YYY (Direktor)

19 별다른 명시를 하지 않는다면 여기서 제시하는 텍스트들은 브란덴부르크주의 콧부스에 위치한 한 학교의 기록물 보관소에서 가져온 것이다. 이들 텍스트에 대한 논의로서 앞선 버전을 찾고자 한다면 Stevenon(1995)을 참조하라.

텍스트 1 독일민주공화국 제35주년 행사 준비

독일민주공화국 건국 35주년을 위한 준비는 조국의 35년간 발전에 대한 학생들의 지식을 확장하고 심화시키는 데, 또 노동자의 성취에 대한 자부심을 조성하는 데 주력해야 합니다. 학생들은 과거의 성공이 독일사회주의통일당의 주도하에 노동자들이 일군 큰 노력과 성취의 결과이며, 경제와 사회정책의 통합에서 주요 목표를 향한 과정은 앞으로도 확고하게 유지될 것이라는 점을 이해해야 합니다.

서명 ○○○ (당 서기) □□□ (수석 교사)

이 텍스트는 교사들을 위한 일련의 가이드라인(지침)에서 발췌한 것으로서 독일민주공화국 건국 35주년을 맞아 학교에서 어떻게 기념해야 하는지를 알려 준다. 가이드라인은 당 중앙에서 결정해 본 문서에 있는 지역 당서기에게 전달되고, 여기에 연명(聯名)해 학교의 수석 교사가 서명했다. 계층구조의 가장 높은 수준에서 시작해, 이 문서는 분명히 공식적인 지위를 가지고 있으며 모든 조직원들 사이에서 광범위하게 전파, 순환되게끔 하려는 의도를 지니고 있다. 그렇기 때문에 이 텍스트는 짧은 발췌문이지만 문체나 내용 곳곳에서 공식적 담화의 특징이라 할 수 있는 수사학적 중복쌍('학생들의 지식을 확장하고 심화시키는 데'), 표준화된 표현 말뭉치로부터 가져온 관용적 문구('노동자들의 성취', '경제와 사회정책의 통합에서 주요 목표'), 당의 주도적 역할('독일사회주의통일당의 주도하에 노동자들이 일군 성과'), 영속성에 대한 강조('그 과정은 … 앞으로도 확고하게') 등등을 여실히 갖고 있다. 따라서 이 텍스트의 본문은 독일사회주의통일당의 주요 기관지인 『노이에르 도이칠란트』에서 정부 당국의 논평(연설)이나 주요 기사문에서 변경 없이 드러낼 수 있었다. 이것은 학교 기록물 보관소에 있는 텍스트가 보여 줄 수 있는 스펙트럼 중 가장 공식적이고 형식적이며 공식적인 일단(一端)을 점유한다. 나머지 텍스트들은 저작자, 기능, 대상 독자를 위한 전략 등 다양한 측면에서 이와는 다르지만 언어적으로나 텍스트적으로 담고 있는 특징들로 보자면 이들은 동질한 담화 프로세스 안에 자리 잡고 있다고 하겠다.

Text 2 Arbeitsplan des Fachzirkels Deutsch—Schuljahr 1983/84

I *Zielstellung* Mit der Einführung neuer Lehrpläne im Fach Deutsche Sprache und Literatur erhöhen sich die Anforderungen, die an jede Unterrichtsstunde gestellt werden. Es gilt, die Qualität des Literaturunterrichts zu verbessern und — wie Margot Honecker auf der zentralen Direktorenkonferenz formulierte—'die dem literarischen Kunstwerk innewohnenden Möglichkeiten für die Persönlichkeitsentwicklung' zu nutzen. Der Literaturunterricht soll stärker als bisher einen wirkungsvollen Beitrag zur kommunistischen Erziehung leisten. Daher sind im Rahmen der Arbeit des Fachzirkels Deutsch alle Möglichkeiten auszuschöpfen, die einen erziehungswirksamen und bildungseffektiven Unterricht fördern…. Dabei stehen sich alle Kollegen mit Rat und Tat zur Seite.

텍스트 2 독일어과 부서별 1983~1984년 근무 계획

1. 목표: 독일어와 문학에 대한 새로운 강의 계획이 도입됨에 따라 각각의 수업에 대한 수요가 증가할 것이다. 마고 호네커가 수석 교사들과의 중앙회의에서 언급한바, '문학 작품에 내재되어 있는 개인적 발전을 위한 기회를 활용'하기 위해서는 문학 교육의 질을 향상시킬 필요가 있을 것이다. 문학 수업은 학생들의 공산주의 교육에 과거보다 더 효과적인 기여를 하는 것이다. 따라서 독일어 교과의 모든 학업 맥락에서 교육적

으로 효과적인 교육을 촉진하기 위한 가능한 모든 방법들로 만들어져야 하며, 모든 동료들은 이를 성취하는 데 상호전폭적인 조력과 지지를 보내야 할 것이다.

이 텍스트는 독일어 과목의 교과 담당교사가 작성한 문서에서 발췌한 것으로, 다음 해의 업무와 관련된 목적과 목표를 개괄한 것이다. 따라서 이 문서의 즉각적인 대상(청중)은 이 교과를 지도하는 소규모 교사 그룹이지만, 이러한 소규모 그룹에서 작성하고 회람한 문서조차도 빠짐없이 학교 안팎의 더 높은 계층에 제공되고 자동으로 사용 가능하게 되어 있었다. 이러한 텍스트의 이중적 지위는 문서 작성자에게 일정한 제약을 가하며, 우리가 여기서 발췌한 사례는 제도적 규범의 형식적인 맥락뿐만 아니라 공식적 담화의 틀 안에서 현실적인 교육적 사업이 어떻게 이루어지고 있는지를 선명하게 보여 준다.

교과 담당교사가 동료들에게 보낸 이 메시지의 요점은 이들이 새로 도입된 내용을 가지고 수업 계획서를 어떻게 구성할지를 고려해야 한다는 것이고, 이 계획의 대강(大綱)에 대해 (위의 인용에서 소개되지는 않았지만) 이 제안을 통해 형식적이지만 대단히 구체적인 용어를 제시한다. 그러나 이 문서의 도입부(시작 단락)에서는 상당히 다른(실질 내용에 부합하지 않는) 용어들로 표현된다. 이는 계획의 실제 목적을 다루는 곳에서도 대부분 중복되며, 이 도입부와 실제 제안 사이에 명백한 연관성은 없지만 적절한 이념적인 틀 안에서 계획이 자리매김 되어 있다는 필연적인 거름망 같은 것을 구축해 놓는다. 새로운 강의 요목의 도입은 (필연적으로) 모든 학교 교실의 학습 욕구를 증가시킨다는 암묵적인 전제를 놓고 텍스트를 시작하는 것이다. 이 진술에 대한 정당성은 제시되지 않으며, 또 예상할 만한 대안도 없다. 비인칭(非人稱) 문형('이는 … 데 필수적이다')과 의무적 양태 구문('이는 … 데 더 효과적으로 기여한다', '이는 …에 가능한 방안을 수립하는 데 전적으로 유용하다')은 추가적인 논의를 가로막고, 내부 계획 문서라는 측면에서는 별로 의미가 없는 '의례적 상호텍스트성(ritual intertextulaity)(Geier 1998: 338)'이라 할 만한 언급으로 마고 호네커 교육부 장관의 연설 내용을 인용함으로써 추가적인 개선이 필요하다는 주장의 가능성을 봉쇄한다. '문학 수업의 질 향상'이 의미하는 바는 이 텍스트가 '과거보다 학생들의 공산주의 교육에 더 효과적인 기여를 해야 한다'고 주장할 때 분명해지며, 다음 문장을 도입하는 논리적 연결어 'daher(따라서)'는 교육적으로 효과적인 교수가 바로 이러한 의미에서 이해되어야 함을 시사한다. 이어서 마지막으로 이 텍스트는 의례적인 구문으로서 '상호전폭적인 조력과 지지를 보내야 한다'(예를 들어 앞서 살펴본 유겐트바이에 의식의 마지막 구절인 '엄숙히 서약한다'와 같은 문장과 비교해 보라)를 배치해 한편으로는 연대와 상호협력을, 다른 한편으로는 공동 책임과 헌신을 동시에 강조하면서 끝을 맺는다.

Text 3 Rechenschaftsbericht der Klasse 10b

Im vergangenen Schuljahr erfüllten wir unseren Arbeitsplan nur teilweise. Wir veranstalteten zwar einen Kuchenbasar, dessen Erlös wir für die Solidarität spendeten, und eine Weihnachtsfeier, welche wohl bei allen Begeisterung fand, aber es kamen z.B. ein gemeinsamer Kinobesuch sowie eine Radtour zu kurz, auch mit einer Einladung eines Arbeiterveterans klappte es nicht ganz…. Man darf natürlich auch die politischen Gespräche, welche unser Agitator B. S. leitete, nicht vergessen. Den Lehrgang für Zivilverteidigung schlossen wir mit guten Ergebnissen ab. Einige Schüler erhielten wegen ihrer Einsatzbereitschaft eine Auszeichnung…. In der 10. Klasse muß noch mehr darauf geachtet werden, daß es nicht dazu kommt, daß ständig dieselben FDJ-ler an freiwilligen Einsätzen teilnehmen. Der Arbeitsplan der 10. Klasse müßte also noch konkreter die Arbeit der einzelnen Schüler kennzeichnen.

텍스트 3 10b 학급 연례 보고서

지난 학년도에 우리는 업무 계획을 부분적으로만 완수했다. 우리는 케이크 판매, 연대 성금에 기부한 수익금, 그리고 많은 이들의 뜨거운 성원을 받은 크리스마스 파티 등을 조직했지만, 예를 들면 영화관 단체 방문, 자전거 여행은 실제로 이루어지지 못했고, 공훈노동자 초청은 좀 잘 풀리지 않았다. (…) 우리의 정훈(政訓) 강사 B. S.가 진행한 정치 토론은 물론 잊지 말아야 한다. 우리는 민방위 과정을 성공적으로 마쳤다. 학생 여러 명이 훈련 준비에 대해 표창장을 받았다. (…) 10차시 수업에서는 자원봉사 활동에 참여하는 자유독일청년단 단원들이 항상 동일한 집단이 아니라는 점에 주목하고 여기에 더더욱 주의를 기울여야 한다. 따라서 제10차시의 활동 계획은 개별 학생들의 작업을 더욱 구체적으로 명시해 주어야 한다.

각 학급이 진행한 연간 활동에 대해 연례 보고서를 작성하는 일은 학생들이 직접 한 것이지만, 분명히 학급 담임교사의 지도와 감독하에 이루어졌다(Straßner 1985를 함께 참조). 따라서 이러한 텍스트는 공적 영역에 있으며, 교사가 작성하는 텍스트들과 비슷한 제약을 받기는 하나 문체의 일관성 측면에서는 관용도가 더 높다. 예를 들어 [텍스트 3]의 일반적인 형식성은 '우리는 업무 계획을 부분적으로만 완수했다'와 '공훈노동자 초청은 좀 잘 풀리지 않았다'라는 두 문장의 대조에서 드러나는 바와 같이 군데군데 다소 구어적인 문체들로 인해 흔들린다. 동독 이외의 독일어 화자라면 잘 이해하지 못할 만한 동독만의 특정 용어가 사용되었는데, 이는 공식 담화의 특징이라기보다는 동독 사회 내에서 표준적으로 통용된 개념들이다.[20]

Text 4 Zeugnis

Auch in diesem Schuljahr wies Sabine gute Leistungen auf. Als 1. Sekretär der GOL [Grundorganisationsleitung] leistet Sabine an unserer Schule eine vorbildliche gesellschaftliche Arbeit. Auch im Klassenkollektiv nimmt Sabine eine führende Rolle ein. In Auseinandersetzungen und Diskussionen mit Klassenkameraden und Schülern unserer Schule bezieht sie einen festen Klassenstandpunkt. Im Ensemble unserer Schule arbeitet sie aktiv mit.

Text 5 Brief an Eltern

Liebe Frau Neuhoff, lieber Herr Neuhoff!

Sehr herzlich möchte ich Ihnen nach dreijähriger Tätigkeit als Klassenleiter dafür danken, daß Sie durch Ihre Erziehung im Elternhaus dazu beitrugen, Ihren Sohn Gerd zu einem vorbildlichen Pionierfunktionär und Schüler heranwachsen zu lassen. Als Freundschaftsratsvorsitzender trägt er entscheidend zur Entwicklung des Klassen- und Schulkollektivs bei. Seine hervorragenden Fähigkeiten unterstützen den Lernprozeß in der Klasse und sein politisches Wissen half bei der Standpunktbildung der anderen Schüler. Diesen

....

20 예를 들어 연대 성금(Solidarität)은 다른 나라의 사회주의의 '투쟁'을 지원하기 위한 성금을, 공훈노동자(Arbeiterveteran)는 사회주의 사회 건설과 발전에 대한 공로와 기여로 표창을 받은 은퇴한 노동자를, 정훈 강사(Agitator)는 사회주의적 정치와 정책을 알리고 훈화하는 강사를 의미한다.

Dank darf ich im Namen unserer Schulleitung aussprechen. Wir wünschen Ihnen und Ihrer Familie Gesundheit und Erfolg im persönlichen Leben und in der Arbeit und hoffen auf weitere gute Zusammenarbeit!

Mit sozialistischem Gruß!

gez. Richter (Direktor) Wilfried Zaratowski (Klassenleiter)

텍스트 4 보고서

자비네의 학업 성취는 올해도 다시 상위권 평균을 보였다. 본교 조직위원회의 제1서기로서 그녀는 모범적인 사회사업을 수행하고 있다. 자비네는 또한 학급 집단에서 주도적인 역할을 한다. 학급 동료, 본교 학생들과 이루어지는 토론과 회의에서 확고한 지위를 점하고 있다. 그녀는 본교의 일반적인 교내 생활에 적극적으로 참여한다.

텍스트 5 학부모에게 발송한 서신

친애하는 (Mrs./Mr.) 노이호프 씨께. 지난 3년간 담임교사로서 게르트를 가정에서 양육해 주신 바대로 모범적인 소년단 간부이자 학생으로 발전할 수 있도록 도와주신 것에 진심으로 감사드립니다. 소년단 위원회의 위원장으로서 그는 학급과 학교 집단의 발전에 결정적인 기여를 하고 있습니다. 그의 뛰어난 능력은 수업 중 학습 과정을 뒷받침하고 그의 정치적 지식을 통해 다른 학생들이 자신의 관점을 형성하는 데 도움을 주었습니다. 저는 우리 학교 지도부를 대신해 이러한 점에 감사를 표합니다. 우리는 귀하와 귀하의 가족이 건강하고 개인적인 삶과 직장에서 성공하기를 바라며 지속적인 협력을 기대합니다!

사회주의적 인사를 전하며,

서명: 리히터 (수석교사) 빌프레트 자라토프스키 (담임교사)

(Reiher 1995a: 73에서 발췌)

표준 학교 보고서에는 성적 면에서 대체로 학업 성취도에 대한 사실적인 정보를 담고 있지만 담임교사나 수석교사가 제공한 논평에서 알 수 있듯이, 이들이 전적으로 관심을 두고 있는 것은 사회적 집단으로서 학교에 대한 학생의 헌신과 정치적으로 올바른지를 잣대로 하는 '사회생활'과 관련한 기여도였다. [텍스트 4]의 발췌문은 '자비네의 학업 성취는 올해도 다시 상위권 평균을 보였다'라는 보고로 시작해 자비네의 학업 수준에 대한 언급이 나오지만, 이 문장과 다음 문장 사이에 구문적인 연결 장치(예를 들어 '이뿐만 아니라/더구나' 등)가 결여되어 있다는 점은 학교 내 자유독일청년단에서 그녀가 주도적인 역할을 하고 있다는 점을 강조하고자 한다는 것을 시사한다. 마찬가지로 담임교사의 서신([텍스트 5])은 학생으로서의 성공보다 소년단 단원으로서 게르트의 역량을 칭찬하는 데 우선순위를 두고 있으며, 맥락상으로는 게르트의 '뛰어난 능력'이 뒷받침해 준다고 한 '학습 과정'은 학업에 관련된 것이라기보다는 오히려 정치적이라는 것을 암시하는 듯하다. 이 두 개의 텍스트에서 강조하는 내용은 개별 학생의 개인적 발전보다는 해당 기관의 집단적 정체성을 강화하고 재현하는 데 있다.

Text 6 Mit Pioniertreffen-Schwung ins neue Schuljahr

… Natürlich ist für alle Schüler eine fleißige und gewissenhafte Lernhaltung das ganze Jahr über das Wichtigste. Im Unterricht und in der Pionier- und FDJ-Arbeit wollen wir uns mit den neuesten Erkenntnissen von Wissenschaft und Technik vertraut machen, denn wir sind die Erbauer und Gestalter der Zukunft.

AG 'Junge Reporter', 24. POS

Text 7 Lehrvertrag

Das Lehrziel ist die Erziehung und Bildung eines Facharbeiters, der sich bewußt für den Sieg des Sozialismus einsetzt, den die Fähigkeit zu hoher Qualitätsarbeit sowie die Entwicklung solcher Eigenschaften wie Liebe zur Arbeit, Fleiß, Gewissenhaftigkeit, Exaktheit, Pünktlichkeit und Disziplin, Ordnungssinn, beharrliches Eintreten für das Neue, Unduldsamkeit gegenüber Mängeln in der eigenen Arbeit und in der Arbeit anderer auszeichnet.

Text 8 Verpflichtungserklärung

Mein Studium ist eine Auszeichnung durch unseren Arbeiter-und-Bauern-Staat. Dieser Auszeichnung werde ich mich stets würdig erweisen. Im Bewußtsein meiner hohen Verantwortung gegenüber unserer sozialistischen Gesellschaft verpflichte ich mich, während meines Studiums meine ganze Kraft einzusetzen für die allseitige Stärkung unseres Arbeiter-und-Bauern-Staates, der Deutschen Demokratischen Republik, bewußt und kämpferisch an der Gestaltung unseres sozialistischen Lebens mitzuwirken, um ausgezeichnete Studienleistungen zu ringen und zur Stärkung der Verteidigungsbereitschaft unserer Republik durch aktive Teilnahme an der militärischen oder an der Ausbildung in Zivilverteidigung beizutragen. Ich verpflichte mich, nach erfolgreicher Beendigung meines Studiums meine Arbeit dort aufzunehmen, wo es unser sozialistischer Staat für notwendig und zweckmäßig erachtet.

텍스트 6 소년단의 새 학년 출정(出征)

물론 모든 학생에게 가장 중요한 것은 공부에 대한 근면하고 양심적인 태도다. 우리 소년단과 자유독일청년단 단원들은 학업과 활동 속에서 최신의 과학기술 발전상을 익혀 나갈 것이다. 왜냐하면 우리는 우리 미래의 건설자이기 때문이다.

'청년 기자단' 활동 소조(그룹), 24번. 과학기술학교

텍스트 7 훈련 계약서

이 훈련의 목적은 사회주의의 승리를 그 스스로[21] 의식적으로 다짐하고 일에 대한 사랑, 근면, 양심, 정밀함, 시간 엄수, 규율, 정돈, 새로운 사상에 대한 끊임없는 헌신, 자신의 일과 다른 사람들의 결점을 용인하지 않는 능력을 계발해 우월하고 돋보이는 양질의 일을 할 수 있는 숙련된 노동자를 교육하고 훈련시키는 데 있다.

텍스트 8 서약 선언

내가 누리는 대학이라는 공간적 지위는 우리 노동자와 농민의 국가로부터 수여받은 특별한 것이다. 나는 나 스스로 이 지위를 구별해 준 것이 그렇게 결정할 만한 가치가 있다는 것을 항상 보여 줄 것이다. 우리 사회주의 사회에 대한 큰 책임을 의식하고, 우리 노동농민국가인 독일민주공화국의 전면적인 강화에 모든 힘을 쏟고, 사회주의 삶의 방식을 형성하는 데 의식적이고 결단력 있게 나의 역할을 다하며, 이를 훌륭하게 성취하기 위해 투쟁할 것을 다짐한다. 군사 훈련과 민방위 훈련에 적극적으로 참여함으로써 우리의 국가 방위 능력을 배가하는 데 일조하는 결과를 가져오도록 하겠다. 나의 학업을 성공적으로 완수하기 위해 나는 사회주의 국가가 필요하고 적절하다고 생각하는 곳이라면 어디에서든지 일할 것을 약속한다.

(Reiher 1995a: 89에서 발췌)

....

21 나는 여기서 (문법적으로) '일반 남성'의 성(性)을 사용했는데, 연방공화국(서독)이 대체로 이러한 맥락에 성 중립의 표현을 쓴 것과 달리 최소 1980년대까지 민주공화국(동독)에서는 이러한 표현이 관습적이었기 때문이다. 이에 대해서는 Diehl(1992), Fleischer(1987: 331-8)를 참조할 것.

[텍스트 6]은 학교의 '청년 기자단' 그룹이 쓴 기사에서 발췌한 것으로, 학년 초를 기념하기 위해 지역 신문인 『라우지처 룬트샤우(Lausitzer Rundschau)』에 1988년 9월 28일에 실렸다. 이 텍스트의 어조는 경건하고 진지하며 열의에 차 있다. 이 글은 국가의 공공교육 윤리에 전적으로 찬동하며, 핵심 개념을 향해 장중하게 끌어간다('최신 과학기술의 발전상', '우리 미래의 건설자'). 표면상으로는 '원작자'가 있는 글이지만 이 글의 내용과 표현 모두 공공문서로 작성된 [텍스트 7], [텍스트 8]과 현저하게 유사하다. [텍스트 7]은 교육생(산업체에서 의무교육(훈련)을 받는 학생)의 표준 고용 계약서에서 발췌한 것으로 교육의 목표를 기술하고 있다. 특정 업무 영역에서의 기술과 기능(이 문서의 경우 벽돌공으로서의 기초 훈련) 습득과 개인의 발전은 '사회주의의 승리'를 확보하려는 국가적 사업 안에서 동일한 값으로 강조되어, '높은 질을 담보하는 노동'은 사회주의 사업의 성공을 위한 총체적인 헌신이라는 차원에서 보완되어야 한다. 또한 [텍스트 8]은 대학생들이 특권적 지위를 인정하고, 조국과 사회주의 생활방식을 건설하고 수호하기 위한 투쟁에 대학생으로서 자신들의 역량을 바치겠다는 의지를 천명(선언)하는 일종의 서약서의 한 형태다.

나는 동독에서 일상생활에 파고든 정치화가 어떠한 수준이었는지 몇 가지 인상을 이끌어 내기 위해 교육 영역에서 가려낸 텍스트를 어느 정도 분석해 보았다. 이 텍스트들이 상당량의 코퍼스(corpus; 말뭉치) 자료로부터 무작위로 선택되긴 했지만, 동독의 학교(또는 대학)에서 가르치고 배운 여러 동독 출신 사람들과 많은 토의를 해 온 바로는 이 자료들이 학생, 학부모, 교사 중 누군가가 어느 시기나 다른 시기에 모두가 필연적으로 접했을 만한 텍스트의 종류가 맞는가에 대해서는, 대표성을 가질 수는 없다는 확신이 든다. 이러한 텍스트에 대한 지속적인 노출의 영향은 관련자들만이 판단할 수 있다. 다만 여기서 현재 다루는 논의의 목적은 내가 공식적 담화가 갖는 '담화적 침투'라 할 만한 것들의 전략을 탐구하는 것이다. 그러나 이러한 일상의 한 영역 안에서 공식적 담화가 널리 만연해 있었다는 설명이 설득력이 있다고 해도, 동독의 공식적 및 반(半)공식적 맥락에서 일상적인 언어 경험 중 얼마나 많은 것을 이런 식으로 특징지을 수 있는가 하는 데에는 의문이 남을 수 있다. 서구권의 많은 논평에서는(예를 들어 Schlosser 1990b; Jackman 2000: 7-8) 동독 내 동독인들이 언어 사용에서 가족과 친구들 사이의 사적인 세계와 직업(일)과 학습 등의 공식적인 세계 사이를 '오고가야만 하는' 심각한 제약을 받는 의사소통 환경에 처해 있었다고 확신하는 듯하다. 그렇지만 많은 동독인들은 이러한 이미지를 그들이 살았던 환경으로서 인식하지는 않는다(Reiher 1995c: 235; Hartung 1990: 459-60; Fleischer 1992: 17-18 참조).

예를 들어 하르트무트 슈미트(Hartmut Schmidt 2000: 2023)는 직장에서부터 우표 수집 동호회에 이르기까지 수많은 맥락이 존재한다는 것을 인정한다. 일반 시민들은 다양한 수준, 다양한 정도로 도장을 찍듯 찍어낸 공식적 담화 투의 텍스트를 접하고 작성했을 것으로 여겨진다. 일상생활의 어떤 측면도 이러한 영향에서 벗어나지는 않은 것으로 보이는데, 심지어 교통 규칙과 같은 일상적인 텍스트조차도 이러한 이념적 틀 안에서 구성되었다.

> Bei der weiteren Gestaltung der entwickelten sozialistischen Gesellschaft und den damit zu schaffenden grundlegenden Voraussetzungen für den Übergang zum Kommunismus in der Deutschen Demokratischen Republik ist das Wohl, die Sicherheit und Geborgenheit der Bürger vornehmstes Anliegen. Das erfordert auch eine hohe Ordnung, Sicherheit und Flüssigkeit im Straßenverkehr. Unter

den Bedingungen der ständig zunehmenden Verkehrsdichte gilt es, jederzeit das Leben und die Gesundheit der Bürger sowie das sozialistische und persönliche Eigentum zu schützen und die Erfüllung der wachsenden volkswirtschaftlichen Aufgaben im Straßenverkehr zu sichern.

선진 사회주의 사회의 지속적인 건설과 이것이 독일민주공화국에서 추구하는 공산주의적 전환을 이룩하기 위한 기본적인 전제 조건이라는 점에서 시민들의 복지, 안전, 안보는 최우선의 관심사다. 따라서 도로 교통은 질서정연하고 안전할 필요가 있으며 원활한 흐름을 보여야 한다. 교통 밀도가 지속적으로 높아지는 조건에서는 사회주의적 및 개인적 자산은 물론이거니와 시민의 생명과 건강을 지키고, 도로 교통과 관련해 증가하는 경제적 과업의 성과가 반드시 보장되어야 한다.

(도로교통법(Straßenverkehrs-Ordnung), 1977; Schmidt 2000: 2027에서 인용)

현수막, 포스터, 입간판(광고판)에 내걸린 숱한 구호와 슬로건은 시민들에게 국가적 사업에서 자신의 역할을 하도록 권장하는 평생교육의 과정 중 일부였으며(“3.3 ‘전환기’ 담화가 이루는 대위법” 참조), 출생, 결혼, 은퇴, 사망과 같은 삶의 중요한 단계를 나타내는 텍스트에서 사용된 공식적 언어의 특징을 살펴보면, 공식적 담화가 말 그대로 요람에서 무덤까지 보통 사람들의 삶에 수반되어 있었다는 점을 증명한다(이와 관련한 다양한 예시들은 Reiher 1995a 재참조; 또한 Kühn 2000 참조).

그러나 동독인들이 따뜻하고 포근한 집이라는 안전한 환경에서 떠날 때마다 언어학적인 우리 안에 갇혀 있었을 것이라는 견해를 증거로 삼아 논의를 전개하고자 한다면, 동독 인민들이 전반적으로 만성적인 불안감을 가지고 국가의 감시/통제에 순응했을 것이라는 가정을 전제하게 된다. 더군다나 이 견해는 상당한 반증을 간과할 소지가 있다. '일반적인' 동독 사람에 대한 개인적인 관찰과 논의라 함은 동독에서의 구어 의사소통이 다른 독일어권 지역사회와 마찬가지로 다양한 스타일과 장르에 걸쳐 있음을 나타내는 것이지만, 분석에 이용 가능한 실제성(authentic)을 띤 데이터는 상대적으로 적다. 그렇기에 우리가 계속해서 이 논의를 문어 텍스트로 제한한다고 해도 텍스트 관행은 제도적 설정 내에서도 결코 균일하지 않았다는 점이 드러날 수도 있다. 나는 여기서 단 두 가지 사례만을 고찰해 볼 것이다.

동독에서 벌어지는 일상생활의 경험 또 '보통', 혹은 '정상'에 대한 인식을 보여 주는 가장 매력적이면서 진정성이 있는 자료 중 하나는 일반인들이 개인의 문제나 정부 기관의 업무에 대한 부정, 부당한 사항을 제보하기 위해 주 당국에 제기했던 방대한 양의 고발장(아인가벤(Eingaben))이다. 가부장적 국가가 보이는 양상 중 하나는 세상의 잘못된 모든 문제들에 대해 국가가 책임을 져야 한다는 것이고, 만약 사람들이 '자신과 타인의 일에서 드러난 결함을 용인할 수 없도록' 요구받고 있다면([텍스트 6] 참조) 그 결과로 소위 '아인가벤쿨투어(Eingabenkultur)'의 양성화가 적극적으로 고무되는 문화가 형성된다(고발 문화, Merkel and Mühlberg 1998: 11 참조). 고발/제보 행위는 양측에 모두 이득을 준다. 대중은 책임과 권위가 있는 관계 당국에 직접 개인적 및 사회적 관심사가 될 만한 문제제기를 할 수 있는 기회를 가질 수 있고, 국가는 '사회 분위기'를 저해하는 요소들에 대해 광범위한 통찰력을 획득한다. 이 고발장 작성을 통해 불만을 표출하는 기회를 부여함으로써 인민들이 갖는 좌절감의 압박을 일부 누그러트리는 수단으로 용인된 것 이상은 비록 아니라 할지라도, 공개 석상에서 '공론장'에 대한 토의와 토론을 할 수 없는 결여성에 대한 보상의 한 형태가 된 것임은 분명하다(1998: 13). 더군다나 이 제보와 고발의 글들은 겁에 질려 있는 순종적인 대중의 언어가 아니다. 이것들은 대체로 솔직하고 직설적이며, 때로는 비판에도 상당히 제약을 받지 않으며 다양한 수준의 형식성을 갖추고 작성되었다. 예를 들어 인기 있던 기획 탐사 TV 프로그램 〈프리즈마〉에 소비재의 공급 부족을 주제로 한 제보 서신에서 발췌한 다음의 두 가지 사례를 살펴보자.

Text 9 Obst und Gemüse

… Unsere Kleingärtner haben im Herbst viel Obst angeliefert. Was davon aber in den Kaufhallen angeboten wurde, war vielfach nicht des Kaufens wert. Wo sind die Boscop, Hasenköppe, Grafenssteiner? Wo sind die Birnen Gute Louise, und die William Christ? Warum gibt es kein Backobst? Backobst spielte vor dem Kriege für die Ernährung eine große Rolle…. Jetzt komme ich zu den Kartoffeln, was da mitunter angeliefert wird ist der reine Hohn. Im Fernsehen sieht man, wie die Frauen sortieren. Wenn man den Beutel aufmacht sind mindestens 3 faule dazwischen. Von der Größe gar nicht zu sprechen…. Ich will es heute dabei bewenden lassen. Als gelernter Lebensmittel engros Kaufmann vor dem Kriege hätte ich noch vieles zu schreiben.

Mit freundlichem Gruß!

Richard Bammel, Berlin, den 17. Februar 1983

텍스트 9 과일과 채소

국가가 할당한 과수 농민들은 금년 가을 많은 과일을 공급했습니다. 그럼에도 슈퍼마켓에서 판매하고 있는 것들을 보면 대체로 살 만한 게 없습니다. '보스코프', '하젠쾨페', '그라펜슈타이너'*는 어디에 있습니까? '구테 루이저'와 '빌리암 크리스트' 배는 어디에 있습니까? 말린 과일은 왜 없는 겁니까? 전쟁 전에 말린 과일은 매우 중요한 영양 공급원이었습니다. (…) 그리고 이제, 감자로 한번 넘어가 봅시다. 간혹 판매하고 있는 감자들을 보면 아주 엉망입니다. TV를 보면 여성들이 선별 작업을 하는 것을 볼 수 있습니다. 그렇게 포장해 둔 봉투를 열어 보면 크기는 말할 것도 없고 개중에 적어도 세 개는 썩은 것입니다. (…) 일단은 이쯤에서 그만하겠습니다. 전쟁 전 식품 도매상 판매자 자격을 보유했던 사람으로서 (사실) 제가 쓰고 싶은 것은 이보다 훨씬 많습니다.

건승을 기원하며,

1983년 2월 17일, 베를린 시민, 리하르트 밤멜.

이 고발 서신의 저자는 일반적인 편지글의 장르성과 형식을 거의 대부분 지키고 있으며, 공식적 담화의 특징을 채택하려는 시도조차 하지 않는다(마침 부분의 형식에서도). 본문은 의도적으로 구성한 서신에 비해 불평이 담긴 즉흥적인 구어 텍스트(수사적으로 배치된 일련의 의문문, 주로 병렬적으로 구성한 문장구조, 일부 무작위적으로 놓인 순서 등)를 녹취해 놓은 텍스트와 더 유사하게 읽힌다. 현 시장 상황에 대한 그의 비판은 이보다 더 직설적일 수 없으며, 또 '전쟁 전' 상황과 아랑곳없다는 식의 비교를 하는 데에도 거리낌이 없다.

Text 10 Zigarren

Werte Genossen!

....

* Boscop, Hasenköppe, Grafenssteiner는 모두 독일의 사과 품종이다.

Seit Jahren verfolge ich mit Interesse Ihre Sendung 'Prisma'. Zeigt sie doch kritisch auf, daß in den verschiedensten Bereichen der Volkswirtschaft noch Mißstände bestehen, die es abzuschaffen gilt. Aus gegebenem Anlaß sehe ich mich gezwungen, auch auf einen Mißstand hinzuweisen.

Ich bin Zigarrenraucher (Weiße Elster elegant). Eine Zigarrensorte, die in Qualität und Preis mit keiner anderen vergleichbar ist. Seit Monaten ist die Zigarrenversorgung im Bezirk Halle, genauer Kreis Merseburg, sehr schlecht; speziell vorgenannter Marke. Da diese Marke in den letzten Wochen in keinem Geschäft der näheren Umgebung mehr zu bekommen war, habe ich mir Auskünfte eingeholt.

Der Großhandel gab die Auskunft, daß diese Zigarren schon lange nicht mehr geliefert wurden und verwies mich an den Hersteller. Vom VEB Zigarrenfabrik Dingelstädt erhielt ich die Auskunft, daß diese Zigarren nicht mehr hergestellt werden, da der Bedarf zu gering ist.

Mit dieser Auskunft kann ich (und viele andere) mich nicht einverstanden erklären.

In jedem Geschäft, das diese Zigarre führte, mußte man immer wieder feststellen, daß die Nachfrage größer war, als das Aufkommen. Diese Angelegenheit steht doch im Widerspruch zu der von Dingelstädt gemachten Aussage und außerdem zu den Beschlüssen der letzten Parteitage in bezug auf immer bessere Befriedigung der Bedürfnisse der Bevölkerung.

Im Namen aller Zigarrenraucher bitte ich Sie hiermit um Überprüfung und sehe einer baldigen Antwort mit Interesse entgegen.

Mit sozialistischem Gruß

Helfried Schreiter, Merseburg, den 8. Januar 1985

텍스트 10 궐련

친애하는 동지들!

저는 몇 년 동안 당신의 프로그램 〈프리즈마〉를 관심 있게 시청해 왔습니다. 이 프로그램은 우리가 사라지게 해야 할 경제 각 방면의 미흡한 지점이 있다는 사실을 비판적으로 드러내 왔습니다. 최근 제가 경험한 상황을 한번 비추어 보자면, 저 역시 (우리 경제의) 어떤 미흡한 점 하나에 주의를 기울이게 되었고 이를 알려야겠다는 의무감이 듭니다.

저는 궐련을 피우는 사람입니다(Weiße Elster elegant). 이것은 품질과 가격 면에서 다른 어떤 것과도 비교할 수 없는 제품입니다. 몇 달 사이 할레 지역, 더 정확히는 메르세부르크 지역에서의 궐련 공급 상황이 원활하지 않았고, 특히 앞서 언급한 제품의 경우는 매우 나빴습니다. 이 제품은 최근 몇 주 동안 이 지역의 어떤 상점에서도 구할 수 없었기 때문에, 저는 직접 문의해 보기로 했습니다.

도매업자는 이 궐련 제품을 꽤 오랫동안 공급받지 못했다고 했으며, 제조업체에 문의해 볼 것을 요청했습니다. 딩겔슈테트에 있는 'VEB궐련제조창' 당사에서는 이 제품에 대한 수요가 너무 적기 때문에 더 이상 생산하지 않는다고 답변했습니다.

저(를 포함한 다른 많은 이들)는 이 정보와 해명을 받아들일 수 없습니다. 이 궐련을 비축해 둔 모든 상점에서 수요량이 공급량보다 더 많은 경우는 그간 여러 차례 있던 일이었습니다. 이러한 상황은 딩겔슈테트 당사의 해명과 당연히 모순되며, 무엇보다 인민의 수요를 충족시키는 데 더욱 더 큰 개선점을 가져오자는 지난 당대회의 결정이 있었습니다.

모든 권련 흡연자들의 이름으로 저는 제작진들이 이 문제를 탐사해 보시기를 요청하며, 그래서 이 프로그램을 통해 그 소식을 듣기를 고대합니다.

사회주의적 인사를 전하며,

1985년 1월 8일, 메르세부르크 시민, 헬프리트 슈레이터.

[텍스트 9]와는 대조적으로 이 서신은 대부분 의식적으로 형식을 갖춘 스타일로 구성되어 있고, 신중하게 구조화한 논증을 전개하고 있으며, 공식 서신에서 보이는 표준적인 도입부와 종결부의 형식을 채택하고 있다(친애하는 동지들!, 사회주의적 인사를 전하며). 그럼에도 불구하고 이 서신의 글쓴이는 공식 서한의 모형을 어느 정도 비슷하게 따라가면서 제조업체에 대해 직접적이고 비타협적인 비판을 가하고 있으며, 부적절한 공급 상황이 '인민의 수요를 충족시키는 데 더욱 더 큰 개선점을 가져오자'는 가장 최근의 당대회에서 내린 결정에 대한 명백한 위반이라는, 감히 답변하기 어려운 논거를 들고 와 자신의 불만 사항을 강조한다. 그러므로 이 두 서신은 모두 서로 다른 방식으로 국가 기관에 대해 주저 없이 비판적인 입장을 취하며, 공식적 담화의 패턴에 저항하거나 혹은 자신의 목적에 맞게 조정하는 양상을 보인다(예를 들어 [텍스트 10]의 글쓴이 헬프리트 슈레이터는 표준적인 도입부와 종결부 그리고 당대회의 결정에 대해 알고 있음을 보여 주면서 '충성스러운 시민'으로서 자신의 자격을 증명하며, 그의 비판이 불평불만분자의 단순한 '징징거림'으로 치부될 수 없게끔 하는 효과를 거두고 있다).[22]

예를 들어 교육 분야에서와는 달리 규정된 표현 방식에 순응하려는

....

22 또한 슈레이터 씨의 이 서신을 인용한 원 자료에서도 이 편지글의 형식(문체)을 통상적인 관료형/상업형으로 표현하고 있음을 밝혀 둔다. 즉, 편지의 시작이나 끝 부분을 빼면 서독의 비즈니스 레터와 차이가 없다는 점에 주목할 필요가 있다.

구성원의 능력과 의지에 대한 상호평가가 문제가 되지 않았던 국가 기관 내부의 대응에서도 상당한 양식적 다양성이 드러난다. 일례로 동독의 반체제 저항 시인이자 가수(작곡가)인 볼프 비어만(Wolf Biermann)을 다루는 방법에 대한 당 중앙위원회와 정치국 관계자들과 구성원들 간의 논의는, 대략 1960년대 중반까지(Eberle 1998: 226-9 참조) 의례성이 만연하고 범람하는 모습은 그다지 찾기 어렵고 대체로 냉정하고 이성적이며 직접적이고 사무적인 방식으로 진행된다.[23] 아래의 짧은 메모에서와 같이 쿠르트 하거는 에리히 호네커(당시 정치국에서 국가 보안과 법률적 사안을 담당하고 있었음)에게 비어만이 베를린에서 추방되어야 한다는 후배 동료의 제안을 전달하는데, 도입부와 종결부는 공식적 담화로 보이지만, 메시지의 본문은 비교적 비공식적이라는 것을 알 수 있다.

Text 11

Werter Genosse Honecker!

Von der Abt. Kultur erhalte ich beiliegenden Vorschlag betr. Biermann. Was ist Deine Meinung? Meines Wissens wäre dies auch ein ungewöhnlicher, bisher nicht praktizierter Schritt, der zu einer neuen Kampagne im Westen und zu Diskussionen unter der Intelligenz bei uns führen würde. Wäre es nicht besser, die Abteilung Arbeit einzuschalten und ihm eine Arbeitsstelle zu vermitteln?

Mit sozialistischem Gruß

K. Hager

....

23 『라이프치거 폭스차이퉁』에 실린 비어만 사건에 대한 한 시민의 대단히 순응주의적인 독자 기고 서신과 여기서 다룬 내용을 비교해 보라(Fix 1993; 이하 "4.2 의사소통의 불일치" 참조).

텍스트11

친애하는 호네커 동지!

나는 비어만에 대한 처분과 관련해서 문화부로부터 비공개 제안을 받았소. 당신은 어떻게 생각하시오? 내가 알기로 이것은 사실 전례 없는 특이한 절차가 될 것이고, 이는 서쪽에 새로운 사회 캠페인이라든지 이곳의 지식인들 사이에 논의를 일으킬 소지가 있소. 노동부로 이첩시키고 그에게 일자리를 하나 주는 게 낫지 않을지?

사회주의적 인사를 전하며,

K. 하거.

동독의 담화 공동체 안에서 구어와 문어의 실제 변이형들에 대한 가장 그럴 듯하고 균형감 있는 언급은 아마 슈미트의 다음과 같은 지적이 아닐까 싶다.

Die Beherrschung mehrerer Sprachregister stellte kaum eine Besonderheit dar, sie dürfte zu den Sprachfertigkeiten der Teilhaber aller Sprachgemeinschaften zählen. In gewisser Weise charakteristisch für das DDR-System war aber wohl die Intensität und Unausweichlichkeit, mit der Kommunikationsformen der Zwischenzone (Ausübung offizieller Sprachformen durch Sprecher der Alltagssprache in Gegenwart und unter Beteiligung der Vertreter der Macht) in der DDR praktiziert wurden.

여러 사용역(레지스터)을 살펴본 결과, 거기서 드러나는 언어 능력은 딱히 특이하다 할 만한 것이 거의 없었다. 이는 모든 발화 공동체의 구성원들의 언어 능력에 해당한다. 동독의 사회 체계의 특성상 매개 영역에 결부된 의사소통이 어떠한 정도의 강도와 필연성을 갖느냐에 따라 (다시 말해 국가 당국을 대표하는 대상이 그 안에 들어와 있거나 그 대상에게 발언하는 상황에서 공식적인 언어 형식을 쓰는 것처럼) 형태/형식을 대략 정하게 된다고 여겨진다.

(Schmidt 2000: 2022-3)

이렇게 강도와 격차가 더 분명한 언어 관행은 서독인들에 비해 동독인들의 사회언어학적 변이와 차이에 대한 민감성을 강화시켰다. 이 절의 앞부분에서 살펴본 바와 같이 공적 영역과 준(準)공적 영역에서의 언어 사용 맥락은 해당 영역 내에서 생산된 텍스트가 갖는(갖게 될) 정치적 지위에 대한 의식, 그리고 이에 따른 부적합성으로 야기될 수 있는 잠재적인 결과와 제재라는 측면에서 사람들에게 스며들어갔다. 그러나 [텍스트 9]에서 [텍스트 11]이 보여 준 바와 같이, 이것은 동독인들이 공적 코드와 사적 코드의 사용이 제한된 언어적 레퍼토리를 상황에 따라 기계적이고 자동화된 코드 스위칭을 하도록 사회화되었다는 것을 의미하지는 않는다. 이러한 견해는 오해의 소지가 있을 뿐만 아니라, 동독 사회의 언어 코드 스위칭에서 보이는 특정한 속성을 간과해 다른 담화 공동체와 견주어 양이나 빈도 면에서 과장된 해석을 내릴 수도 있다는 문제점을 안고 있다.

예를 들어 우리는 동독의 공식적 담화가 보이는 기본적인 특징 중 하나가 합의 지향성이라는 점을 살펴보았다("3.1 공식적 담화의 '비잔티움 건축'"; Schäffner and Porsch 1998 참조). 그렇기에 공적 및 준공적 혹은 사적 맥락 사이의 코드 전환은 언어적 차원만 가려 엄격하게 분석해야 할 것이 아니라, 합의적 담화에서 최소한 잠재적으로 저항적이고 갈등적인 담화로의 변화 차원으로 들어가 분석해야 한다. 더군다나 대인관계 행동의 수준에서 본다면 많은 사람들은 동독의 특정 상황에서 코드 스위칭은 서구의 언어 공동체보다 개성이 덜하다고 주장할 것이다. 예를 들어 동독의 상황 설정에서는 '회의 밖'과 '회의 안'의 담화에서 별 변화 없이 전형성을 유지할 것으로 여겨지며, 이에 반해 서독인들은 이 조건에서 전형적으로 격식 없고 구어적인 담화에서 스스로 의식을 하면서 추상적, 기술적, 학술적인 담화 스타일로 전환할 것이다. 이 말은 곧 문맥에서의 변화가 서독인들에게는 은유적인 방식으로만 (또는 주로) 나타난다는 의미이며, 이렇게 코드 스위칭이 존재하지 않는다는 점이 동독인들의 담화 설정상에서는 대단히 놀라운 점이라는 것이다.[24]

이번 절에서 내 목적은 동독의 공식적 담화와 관련해 그곳의 일반인들이 의례와 의례화된 언어 사용에 얼마나 노출되어 있었는지를 탐색해 보는 데 있었다. 의식의(의식화된) 텍스트가 생활 속에 만연하면서 이러한 형태의 언어 사용을 다양한 수준과 범위로 재현하고 독해할 수 있게 되면서 이 담화 공동체의 전문가로서 형성되어 왔다는 점은 그다지 의심의 여지가 없는 것 같다. 그러나 당과 국가의 언어에서의 이러한 능력은 양날의 칼이기도 했다. 전략상의 목표는 국가 사회주의의 담화적인 패턴에 능숙하게끔 해 이를 바탕으로 사회주의적 메시지를 전달할 수 있는 충직한 시민을 교육하고 '형성'하는 것이었지만, 이러한 패턴에 극단적으로 익숙해진 결과 사람들이 중요한 목적을 위해 적절한 의식(儀式)의 관행(특히 비

....

24 다시 덧붙이지만, 이 주장은 경험적 조사라기보다는 동독과 서독 양쪽과의 오랜 시간에 걸쳐 이루어진 개인적 관찰과 광범위한 토의(면담)을 기반으로 하는 것이다. 이러한 선명한 대조에 대해서는 물론 다양한 설명이 따를 수 있을 것이다. 하지만 서쪽(혹은 서구)에서는 더 공식적인 공간에서 상태 유지 지향성에 더 큰 방점을 두는 담화 방식은 일종의 두 가지 기능을 지니고 있는 것으로 보인다. 드러난 기능은 말하자면 중요한 논의점을 두고 토론하는 것이겠지만, 이와 동시에 숨겨진 기능은 그룹 내 경쟁 또는 개인에 대한 '프로파일링'이 될 것이다. 나는 이후 "5.1 집단 기억의 내러티브"에서 이 문제로 다시 돌아와서 동독에서의 언어와 언어 사용 경험에 대한 내부자의 성찰의 관점을 고찰해 보려 한다.

판적 '로중(표어)'* 또는 정치적 구호의 생산 등)을 가능하게 함으로써 궁극적으로 메시지를 전복시킬 수 있는 자원을 제공했다. 탈의례화(deritualization)는 전환기 시기 정치적 반대의 목소리를 내기 위한 필수적인 수단이 되었다. 실제로 전환기 시기 이전 삶과 유리(遊離)된 '랑그 드 부아'에 과도하게 노출되어 온 것에 따른 소외감은 역설적으로 공식적 텍스트를 비틀어 유머러스하고 전복적인 효과를 노린 '말 놀이(Pätzold 1992: 945)'가 되고, 대안적 언어유희의 형식(Teichmann 1991: 256)을 취해 개인 차원의 구현을 유발하는 결과를 낳았다. 최소 부분적으로라도 언어적, 담화적 수단을 동원해 '사회주의 국가'로서 동독의 형성을 확보하려는 정교한 시도는 (역으로) 독일사회주의통일당이 40년간 개발한 모델에 도전하고, 종국에는 이를 거부할 수 있게 하는 기반을 제공하게 되었다. 이 주제에 대해서는 다음의 마지막 절에서 이어서 살펴보도록 하겠다.

3.3 '전환기' 담화가 이루는 대위법

1989년 독일의 가을은 여러 방식으로 특징지을 수 있지만 'Aufbruch(떠남, 새출발)', 'Umbruch(격변기)', 심지어 '(sanfte) Revolution(부드러운 혁명)' 등으로 표현하기도 했는데, 통일 후 독일에서 최종적으로 계속 사용된 어휘는 돌이켜보면 놀랍게도 '전환기'(방향 전환(기), 터닝 포인트 등의 의미가 있음)다. 이는 두 가지 이유에서 놀랄 만할 일이다. 첫째, 매우

---

* 독일어 로중(Losung)은 '암호'를 뜻하며, '제비뽑다'라는 의미의 동사 로젠(losen)에서 파생된 명사다. 이 '암호'라는 의미가 비유적으로 쓰여 메시지를 압축적으로 담은 표어나 구호를 뜻하기도 한다.

놀랍고 극적인 이 기간을 가리키는 다양한 대안 중에서 '전환기'는 가장 덜 감정적이고 차분한 말이다. 둘째, 역설적이게도 이 기간에 통용된 개념 중에서 가장 논란의 소지가 많은 개념이다. 게다가 이 말은 이 기간에만 적용된 것도 아니다. 예를 들어 동독에서는 1953년 6월의 노동자 봉기(소위 '노이어 쿠르스(Neuer Kurs)': 새로운 방향)를 유발한 새로운 경제 정책 도입을 독일사회주의통일당이 긍정적인 전환기로 묘사한 바 있으며(Schlosser 1990a/1999: 185), 독일연방공화국에서는 1982년 헬무트 슈미트의 독일사회민주당/자유민주당* 연합 정부가 헬무트 콜의 독일기독민주연합/바이에른기독사회연합과 자유민주당의 연립 정부로 대체되었을 때 이 용어가 서독 정책의 '보수적 전환'을 가리키는 말로 사용되었다.[25]

그러나 현대 독일의 정치용어에서 전환기라는 용어를 아무 설명 없이 사용할 경우, 라이프치히에서 시위대의 최초 행진이 일어난 1989년 9월부터 동독 최초로 진정한 민주적인 의회선거가 이루어진 1990년 3월까지의 기간을 대략적으로 가리키며, 더 좁게는 베를린장벽(과 동독-서독 간 국경)이 개방된 1989년 11월 9일까지의 기간을 가리킨다. 일반적으로 이 단어는 1945년 이후 독일 역사의 시간표를 언급할 때 표준 기준점이 되었고, 이제는 전환기 자체가 가지는 중요성보다는 가까운 과거와 관련된 개인적 및 사회적 입장을 정할 때 수단으로서의 중요성이 더 커졌다. 일상적 담화에서는 가까운 과거가 전환기 이전 시기와 이후 시기로 구분되기 때문이다. 하지만 여기서는 '이전'과 '이후' 사이의 바로 그 중요한 기간에 초점을 맞추고자 한다.

....

* 자유민주당(자민당, Freie Demokratische Partei(FDP)). 개인의 책임과 자유를 강조하고 경제적으로도 자유주의적 노선을 취한다.

25 서독 정치 문화의 이러한 엄청난 변화는 언어학적인, 더 정확하게 표현하자면 담화적 현상으로도 확인된 바 있다(Uske 1986 참조).

이 기간의 시작점을 설정하는 것은 다소 자의적인 과정이지만 1989년 7과 8월 동독 시민들이 바르샤바, 프라하, 부다페스트에 있는 서독대사관에 대규모로 피신했다가 헝가리-오스트리아 국경 개방을 이용해서 서독으로 탈출한 사건이 '불만의 가을(autumn of discontent)'을 촉발한 것으로 보통 간주한다. 그 후에는 일련의 사건들이 급속히 진행되어 동독에 대한 불만 때문에 서독에서 '더 나은 삶'을 찾으려는 수백 명의 시민뿐만 아니라, 처음에는 동독을 떠나지 않겠다고 결심하고("우리는 여기 머문다!") 동독의 생활 조건과 정치 과정 개선을 요구한 수십만의 시위자들도 동참하게 되었다. 9월에는 공개적으로 결성된 최초의 개혁 그룹인 '새로운 포럼(Neues Forum)'이 출범했으며, 곧 다른 개혁 그룹들도 출범했다('민주적 각성(Demokratischer Aufbruch)', '즉각적인 민주주의(Demokratie jetzt)' 등). 9월 말에는 이후 정례화된 월요시위가 경찰의 폭력적인 개입에도 불구하고 라이프치히에서 처음 열렸다. 10월 7일 동독 개국 40주년 공식 개선 기념행사 이틀 뒤 라이프치히에서 열린 대규모 시위는 "우리가 인민이다!(Wir sind das Volk)"라고 외치며 독일사회주의통일당에 솔직하게 도전했지만, 평화롭게 진행되었다. 10월 18일에는 이 드라마와 같은 상황이 정부 위기로 비화해 에리히 호네커가 정부 수장 겸 당 지도자 자리에서 물러나고, 에곤 크렌츠(Egon Krenz)가 그 뒤를 이었다.

이 무렵에는 시위가 격화되어 새로운 공산당 지도부는 담화 및 개혁과 관련된 제안으로는 시위자들을 진정시킬 수 없었다. 그 결과 11월 4일에는 저명 지식인들과 독일사회주의통일당 주요 인사들이 연설하는 대규모 시위가 동베를린의 알렉산더광장(Alexanderplatz)과 주변에서 열렸다. 그다음에는 사건이 급속도로 진행되어 내각(Ministerrat)과 독일사회주의통일당 정치국(Politburo)이 대규모로 사임하고, 동서독 국경과 베를린장벽이 개방되었다(11월 9일). 여전히 독일사회주의통일당이 지배하는 새로운 정부가 설립되었지만 12월 1일에는 헌법에 보장된 공산당의 지도력이 철폐되었으며, 그로부터 며칠 후 공산당의 핵심기구인 중앙위원회와 정치국이 해체되고 에곤 크렌츠가 국가평의회 의장(Staatsratsvorsitzender)직에서 물러났다.

한편 라이프치히 등에서는 시위가 계속되었다. 여행의 자유와 정치개혁에 관한 최초의 온건한 요구는 (최소한 어느 정도는) 충족되었지만, 통일에 대한 요구("우리는 단일 민족이다!")가 내부 변화에 대한 요구를 대신했다. 존 샌퍼드(John Sandford 2000: 31)가 기술한 바와 같이, "대중(demos)"이 "인민(Volk)"의 권리라고 주장하는 것에서 "민족(ethnos)"이 "인민(Volk)"의 권리라고 주장하는 것으로 주된 분위기가 바뀌었다. 그해 말에는 새로운 수상 한스 모드로(독일사회주의통일당)가 헬무트 콜과 새로운 양국관계 확립에 관한 협상을 벌였다. 하지만 1990년 3월 의회 선거 전에 모든 정당(신생 정당 및 재결성된 정당)이 독일 통일을 지지한다고 선언하자, 전환기는 사실상 종료되었다.

전환기 기간 중 주요 사건들에 관한 이 간략한 소개를 통해서 몇 달 동안 동독 사회에 엄청난 변화가 일어났다는 것을 충분히 알 수 있다. 이제 답해야 하는 질문은 어떻게 해서 이 짧은 기간 동안 동독의 지배적인 담화가 사회주의 및 동독 주권에 대한 굳건한 헌신으로부터 독일 통일로 바뀌었는가이다. 동독의 건국 40주년인 1989년 10월 7일 "앞으로도 우리는 독일민주공화국의 깃발 아래서 영속성과 혁신에 관한 정책을 통해 사회주의 국가들과 함께 우리 공화국을 계속 변화시킬 것이다."라고 이야기한 에리히 호네커의 주장과 1990년 2월 1일 "독일이 다시 모든 독일 시민의 통일된 조국이 될 것이다."라고 이야기한 한스 모드로의 단언 사이에, 의사소통 환경에서 무슨 일이 일어났는가?

전환기의 정치 과정에서 언어가 중요한 역할을 했다는 것은 널리 받아들여지는 견해다. 예를 들어 잭맨(Jackman 2000: 9)은 "어떤 점에서 전환기는 무엇보다도 하나의 언어적 사건이다."라고 주장하면서, 심지어 그것을 '언어 혁명(Sprachrevolte)'으로 규정하기까지 한다. 동독 언어학자인 라인하르트 호퍼(Reinhard Hopfer 1992a: 112)는 이 기간에 언어가 두 가지 역할을 했다고 이야기한다. "공적 언명과 관련된 변형된 조건의 제거 자체가 하나의 혁명 목표였으며, 전체 혁명 과정을 나타냈다." 이는 언어를 '혁명 자체의 징후이자 기여 요인(als Symptom und wirkender Faktor der Revolution selbst)'으로 보는 서독 언어학자 게오르크 슈퇴첼(Georg Stötzel 1991: 9)과 일치하는 견해다. 참여자들과 외부 관찰자들이 공유하는 전환기에 대한 기억에서 모종의 언어적 행동이 늘 두드러진 지위를 가진다는 사실이 이런 판단들을 뒷받침한다. 시위자들의 배너와 구호, 라이프치히와 베를린에서 열린 시위에서 울려 퍼진 연설, 위기가 최고조에 달했을 때 독일사회주의통일당 지도부가 한 자기만족적 확언, 급조된 기자회견에서 정치국 대변인 귄터 샤보프스키(Günter Schabowski)가 베를린장벽이 개방되었다고 어리둥절한 상태로 더듬더듬 이야기한 혼란스러운 발표 등 심지어 이 발표가 없었더라도 베를린장벽을 물밀듯 통과하는 군중에게 국경수비대가 아무 말도 하지 않는다는 것이 그 자체로 상황을 잘 말해 주고 있었다.

하지만 동독의 '존재가 사라졌다고 말하거나' 또는 동독이 '말을 통해서 자신의 존재를 없앴다'라는 주장(이것이 동독 내부에서 진행된 능동적 과정임을 강조하기 위한 것)은 정당화가 필요하다. 지금 시점에서는 그렇게 보일 수도 있지만, 당시에는 그 결과가 자동적인 것도 예상 가능한 것도 아니었기 때문이다. 하나의 담화가 다른 담화로 단순히 대체된 것으로 전환기를 축소시킬 수는 없다. 한편 단일한 '동독 언어'가 존재한 것이 아니라 '동독의 언어'라고 부를 수 있는 언어들이 복잡하게 공존하고 있었던 것과 마찬가지로("2.2 언어, 사회 그리고 정치" 참조), 단일한 '전환기의 언어(Sprache der Wende)'가 존재한 것이 아니라 복수의 전환기적 담화들이 존재했다. 한편 강력한 국가기구가 검열, 의례화, 공적 및 준공적 맥락에서의 지배적 사용이라는 상호보완적 과정을 통해 하나의 공식 담화를 점진적으로 강제할 수도 있지만("3.2 일상생활 담화에서 나타나는 의례성" 참조), 대안적 담화들의 성공적인 저항을 보장할 메커니즘은 없다. 그렇다면 전환기와 경쟁하는 담화들은 무엇이었으며, 그들 간의 관계는 어떻게 되고, 확고해 보였던 독일사회주의통일당 담화를 대안적 담화들이 궁극적으로 대체한 방식은 무엇일까?

전환기를 구성한 복잡한 담화들은 크게 네 가지로 분류할 수 있다(다만 첫 번째 그룹의 담화들을 다른 그룹과 구분되는 동질적인 그룹으로 간주하는 것은 실수일 수도 있다). [1] 독일사회주의통일당 및 그 매체의 담화 [2] 개혁그룹 및 저항 당사자들의 담화 [3] 영향력 있는 의견형성자들(특히 예술가, 지식인)의 담화 [4] 거리에서 울려 퍼지던 일반인들의 담화. 논의를 위해 각 그룹을 차례로 살펴보겠지만, 진공에서 작동하는 그룹은 하나도 없으며 각 그룹이 다른 그룹들과 영향을 주고받는다는 것을 기억하는 것이 중요하다. 내 논의는 동독 사회에서 공론장이 재출현한(새로운 유형 또는 품질) 것에 초점을 맞춘다.

일반 대중의 동요, 특히 민주적인 것으로 간주되는 과정의 수행과 관련된 대중의 동요(예를 들어 1989년 5월 지방선거 결과 조작에 관한 대중시위가 이미 일어났다)가 커지고 있다는 신호에도 불구하고, 독일사회주의통일당은 붕괴 직전까지도 자신의 입지를 확신했던 것으로 보인다. 노동절 및 기타 공공축일에 사용할 공식 슬로건을 매년 발표하는 행사도 계속 진행했으며, 이 슬로건들은 내용과 표현 모두 특징적인 패턴에 부합했다. 사회주의 국가들의 국제적인 우정을 언급하고, 공산당 정책 이행에 참여할 것을 독려했으며, 집단에 호소하고(때로는 특정되지 않은 집단에 호소), 전형적인 어휘와 구문을 사용했다. 그 예는 다음과 같다.

> Solidarische Kampfesgrüß den kommunistischen und Arbeiterparteien in aller Welt!
> Mit dem Blick auf den XII. Parteitag der SED lösen wir die Aufgaben der Gegenwart!
> So wie wir heute arbeiten, so werden wir morgen leben!
> Weiter voran auf dem bewährten Kurs der Einheit von Wirtschafts- und Sozialpolitik!
> 전 세계 공산당 및 노동당에 연대와 투쟁의 정신으로 인사한다!
> 우리는 독일사회주의통일당 제12차 당대회를 목표로 현재 과제들을 해결할 것이다!
> 내일을 보려면 오늘 일해야 한다!
> 경제 및 사회 정책의 통일이라는 검증된 길로 계속 나아갈 것이다![26]

하지만 프라하 등에 있는 서독대사관을 통해서 또는 헝가리-오스트리아 국경을 통해서 동독을 떠나려는 동독인의 수가 늘어남에 따라 문제가 생겼다. 대부분의 동독인이 볼 수 있는 서독 TV를 통해 그 현상이 널리 보도되었기 때문에 이를 완전히 무시할 수 없었다. 하지만 이를 위기로 인정할 수도 없었다. 정부가 상황을 통제하지 못하고 있다는 뜻이기 때문이다. 공산당의 전략은 표준적인 담화의 틀을 굳건히 견지하면서, 계속 공세를 펴는 것이었다. 첫 번째 전술은 갈등의 원천을 동독 내부 문제에서 동

....

26 문구의 전체 목록은 Fix(1994b: 144-145)를 참조하라.

독과 서독 간의 외적 대립으로 돌리는 것이었다.

> Wie aus Budapest verlautete, wurde den sich in der UVR aufhaltenden DDR-Bürgern illegal und unter Verletzung völkerrechtlicher Verträge und Vereinbarungen in einer Nacht- und Nebelaktion über die Grenze zu Österreich die Ausreise in die BRD ermöglicht. Dabei handelt es sich um eine direkte Einmischung in die inneren Angelegenheiten der Deutschen Demokratischen Republik. Unter dem Vorwand humanitärer Erwägungen wird organisierter Menschenhandel betrieben. Mit Bedauern muß festgestellt werden, daß sich Vertreter der Ungarischen Volksrepublik dazu verleiten ließen, unter Verletzung von Abkommen und Vereinbarungen diese von der BRD von langer Hand vorbereitete Aktion zu unterstützen.
> 부다페스트로부터의 보고에 따르면, 헝가리인민공화국에 머물던 동독 시민들은 헝가리-오스트리아 국경을 통해 동독을 떠나 서독으로 이동할 수 있었다. 이 첩보작전은 불법이며 국제협정 위반이다. 이는 독일민주공화국 내정의 직접적인 간섭에 해당한다. 인도주의적 고려를 가장해서 조직적인 인신매매가 자행되고 있다. 오도된 헝가리인민공화국 대표들이 조약과 협약을 위반한 채 독일연방공화국이 꼼꼼하게 지휘한 이런 행동을 지원하게 되었음을 개탄한다.
> (『노이에스 도이칠란트』, 1989년 9월 11일 자 Bresgen 1993: 53에서 인용)

공영언론사인 ADN이 쓴 이 짧은 기사에서는 관련된 사람들을 독일연방정부가 계획하고 '오도된' 헝가리 정부 대표들이 지원하는 '불법작전'의 수동적인 참여자로 묘사한다. 수동적이고 비개인적인 문법을 통해 행동과 사건에 초점을 맞춘다. '동독을 떠날 수 있었다', '직접적인 간섭에 해당한다', '조직적인 인신매매가 자행되고 있다'. 범인은 첫 세 문장에서는 암묵적이다가 마지막에 나온다. '독일연방공화국이 꼼꼼하게 지휘한 이런 행동'. 이런 식의 사건 구성을 강화하기 위해 냉전이 최고조에 달했던 시기의 텍스트를 강력히 연상시키는 개념과 이미지들이 사용된다. '첩보작전', '내정간섭', '조직적인 인신매매', '조약과 협약을 위반한 채', '꼼꼼하게 지휘한'.

그러나 이러한 접근법은 기껏해야 단기적으로만 효과를 발휘할 수 있으므로, '떠나는 사람들(leaver)'의 수가 계속 증가하자 두 번째 전술을 사용했다. 10월 초에는 동독을 떠나는 사람들을 단순하게 독일연방공화국 음모의 희생자로 묘사할 수 없게 되었으며, 도덕적 및 정치적 배신자로 묘사했다. "그들은 자신의 행동을 통해 도덕적 가치를 모두 짓밟았으며, 사회에서 스스로를 배제했다. 따라서 그들에게 눈물을 낭비해서는 안 된다."(『노이에스 도이칠란트』, 1989년 10월 2일 자; Hopfer 1991: 118에서 인용)

떠나는 사람들의 행동을 배신과 동독 사회로부터의 자기 배제로 묘사한 것은 독일사회주의통일당 담화의 주춧돌 중 하나('당과 인민 간의 흔들리지 않는 신뢰 관계')를 지키려는 중요한 시도였다(하지만 이미 너무 늦은 시도였다). 떠나려는 이들의 실제 동기를 살펴보려면 굳건해야 하는 이 유대가 무너졌음을 인정해야 한다. 또한 공산당 지도부는 남아 있는 사람들과의 신뢰 관계를 (외견상으로라도) '복원해야' 하는 필요성도 분명히 인식했다. 인민의 목소리라는 자기 이미지의 맥락에서 10월 초에 출범한 공산당의 새로운 '대화 정책'은 공산당이 인민과 재연결되어야 하는 필요성과 공개적인 의견 교환에 참여해야 하는 필요성을 인정한다는 신호여야 했다. 하지만 한 가지 유형의 대화만 제공된다는 것이 곧 분명해졌다. 독일사회주의통일당 지도부는 다양한 개혁 그룹의 핵심 요구 중 하나였던 것을 반대를 무력화하고 주도권을 회복하기 위한 큰 전략의 일부로 활용했다.

콜린 굿(Good 1991: 52)은 10월 12일 TV 인터뷰에서 쿠르트 하거가 한 뻔뻔한 주장("어쨌든, 우리[정치국]가 대화를 발명한 주체다.")을 인용하면서, 이 개념이 공산당의 지배라는 불변의 담화 속에 포함되어 있었다고 이야기한다. "담화를 통해 공산당은 사회 속 지도적 역할을 실현한다."(『노이에스 도이칠란트』, 1989년 10월 21일 자, 귄터 샤보프스키의 담화; Fraas and Steyer 1992: 181에서 인용) 공식 매체와 공산당 지도부의 성명에서는 '담화(Dialog)'를 동사인 '이끌다, 지휘하다(führen)'와 함께 쓰는 경우가 많아서, 이것은 서로의 대화가 비대칭적 과정이라는 인식을 강화한다(더 많은 예는 Hellmann 1993: 204-5; Läzer 1993: 100; Schäffner and Porsch 1998: 153-4 참조). '우리 대화에서 도출되어야 할 것'(『융게 발트(Junge Welt)』, 1989년 10월 21일 자; Läzer 1993: 93에서 인용)과 같은 신문 헤드라인들은 인민과의 대화를 통제하고 제한하려는 의도를 잘 보여 준다. "대화는 좋지만, 거리에서의 대화는 안 된다."라는 처방은 거리가 진지한 대화의 장소로 부적절할 뿐만 아니라, 거리가 이제는 인민의 영역이기 때문에 공산당이 다시는 권위를 행사할 수 없는 장소가 되었음을 뜻한다. 한 시위에서는 "거리는 인민의 무대다!"라는 현수막이 등장했다(Reiher 1992: 50 참조).

이런 점에서 공산당이 담화를 '발명했다(invent)'고 이야기해도 무방할 것이며, 이 담화 장르는 공개 논쟁이라기보다는 정통적인 주장을 재생산하는 연습으로, 학교에서 수행하는 '토의(Aussprache)' 또는 '토론(Diskussion)'의 논리적인 연장이라고 할 수 있다(Schlosser 1990a/1999: 94). 이는 예를 들어 10월 18일 크렌츠가 독일사회주의통일당 총서기로 취임하면서 한 연설에서 분명하게 나타난다(Teichmann 1991: 259 참조).

Für den Dialog, den wir mit aller Entschiedenheit erstreben, sind also zwei Voraussetzungen hervorzuheben. Erstens: Alles, worüber wir uns einig sind und worüber wir uns streiten, muß eindeutig in seinem Ziel sein: den Sozialismus in der DDR weiter auszubauen, die sozialistischen Ideale hochzuhalten und keine unserer gemeinsamen Errungenschaften preiszugeben. Wer das in Zweifel zieht, stellt das Lebenswerk von Generationen in Frage.

따라서 우리가 결연히 실현하려는 담화에서 두 가지 전제 조건을 강조해야 한다. 첫째, 동독에서 사회주의를 계속해서 공고화하고 사회주의적 이상을 견지하며 우리가 함께 이룬 것을 배신하지 않는다는 목표를 염두에 둔 채, 우리가 동의하는 것과 동의하지 않는 것들을 모두 분명히 해야 한다. 이런 목표에 의문을 제기하는 사람은 여러 세대가 이룬 필생의 작업물을 망치는 것이다.

독일사회주의통일당의 담화 정치(Dialogpolitik)는 프라스와 슈타이어(Fraas and Steyer 1992: 178)가 10~11월의 '변화 없는 전환(Übergang ohne Wandel)'이라고 부른 단계에서 중요한 부분이었다. 거기서 공산당은 공산당이 시위자들과 목표를 공유할 뿐만 아니라 (과거와 마찬가지로) 그 달성도 주도하고 있다는 인상을 줌으로써, 시위자들을 측면에서 공격할 목적으로 설계된 의미론적 및 담화적 조작 전략에 의지했다. 시위자들의 요구를 실제로 포용하고 이행하면 공산당의 권위가 붕괴 또는 훼손되므로 이 전략은 두 수준에서 작동해야 했다. 대화, 개혁 등의 주요 개념을 지배적인 담화에 통합해 '유연성'과 '대응성'을 보여 주어야 했지만, 그 과정에서 근본적인 원칙과 가치가 훼손되어서는 안 되며, 공산당의 분석과 정책의 옳음과 일관성이 의문시되어서도 안 된다.

따라서 심지어 10월 18일 에리히 호네커가 공산당 중앙위원회 9차

총회에서 결단력 있는 지도력과 변화를 도입하자는 의도를 선보이려 했음에도 불구하고,[27] 공식 성명은 공산당이 과거와 결별하지 않는다는 것과 지속적인 변화와 개혁이라는 공산당의 전통을 유지하는 것에 초점을 맞췄다. "동독에서 사회주의를 건설하는 것은 처음부터 모든 영역에서 심대한 변화와 개혁을 추진하는 과정이었다."(『노이에스 도이칠란트』, 1989년 10월 18일 사설; Good 1991: 48에서 인용; Teichmann 1991: 260에 실린 10월 18일 크렌츠의 연설 인용구 참조) 담화(Dialog), 전환기(Wende), 개혁(Reform)이라는 주요 개념(또는 재생(Erneuerung)이라는 [공산당이] 선호하는 관념)이 공식 담화로 흡수된 것은 (전체 과정에서 결정적인 전환점이 된 베를린 대중시위가 열리기 전날인) 11월 3일 크렌츠가 TV에서 한 연설에 가장 간명하게 담겨 있다.

> Mit vollem Recht können wir davon reden, daß mit der 9. Tagung des Zentralkomitees der SED eine neue Etappe in der Entwicklung unseres sozialistischen Vaterlandes begonnen hat. Die politische Wende, die wir eingeleitet haben, erfaßt inzwischen alle Bereiche unserer Gesellschaft. Vor allem sind davon Millionen Menschen berührt und bewegt. Es geht ihnen—es geht uns allen—um die Erneuerung des gesellschaftlichen Lebens mit dem Ziel, den Sozialismus für jeden Bürger unseres Landes lebenswerter zu gestalten. Der Neubeginn, der Aufbruch des Volkes ist von vielen Gesprächen, Diskussionen, Auseinandersetzungen, Demonstrationen und anderen

....

27 새로 취임한 서기장 에곤 크렌츠는 (취임) 즉시 다음과 같이 선언했다. "오늘 대회에서 우리는 변화 방향을 도입할 것이며, 무엇보다도 정치적 및 이데올로기적 공세로 복귀할 것이다."(Teichmann, 1991: 259 참조)

Willensäußerungen begleitet. Für alle diese Formen steht der Begriff des Dialogs.

독일사회주의통일당 중앙위원회 9차 총회에서 우리 조국의 사회주의적 발전의 새 시대가 시작되었다고 이야기해도 아무 문제가 없다. 지금 우리가 도입한 정치적 방향의 변화는 우리 사회 모든 영역을 포괄한다. 무엇보다도 이러한 변화는 수백만 인민에게 영향을 미쳤다. 그들이 원하는 것이자 우리 모두가 원하는 것은 사회주의가 우리 나라 모든 시민에게 더 가치 있는 생활이 되도록 사회생활을 되살리는 것이다. 우리 인민의 새 출발과 함께 대화, 논의, 토론, 시연 등의 많은 의사 표현이 이루어진다. 대화의 개념은 이 모든 형태를 다룬다.

(Schäffner 1992: 139에서 발췌)

여기서 크렌츠가 동독 발전의 '새 시대'로 제시한 것('당이 도입하고' '공적 논쟁이 수반되는' 정치적 변화)은 미하일 고르바초프(Mikhail Gorbachev)가 소련에서 추진한 글라스노스트(glasnost; 개방) 정책과 페레스트로이카(perestroika; 개혁) 정책과 매우 흡사하다. 하지만 독일사회주의통일당은 이 개념들에 저항했다. 1987년 4월 독일사회주의통일당 정치국 위원인 쿠르트 하거가 서독 잡지 『슈테른(Stern)』과의 인터뷰에서 한 말이 대표적이다. 동독에 페레스트로이카를 도입할 것인지 아닌지를 거듭 묻자, 하거는 이렇게 답했다. "그런데 이웃이 도배를 새로 했다는 이유만으로 나도 도배를 새로 해야만 할까요?"(『슈테른』, 1987년 4월 9일 자) '형제국(Bruderland)' 소련의 정치 발전에서 중심이 되었던 정책에 대한 이런 가벼운 무시는 이후 전환기 중의 저항 담화를 통해서도 되풀이된다(아래 참조). 하지만 공식 담화들은 '연속성과 재생에 관한 정책(Politik der Kontinuität und Erneuerung)'의 측면에서 일관되게 짜였으며, 이를 통해 공산당은 기존 경로를 결연히 고수하면서 변화를 구상하고 증진하는 것처럼 보이려는 실현 불가능한 일을 달성하려 했다. 그러나 공산당에 반대하는 사람들은 '변화를 늘 포함해 온 연속성'이라는 주장을 공산당이 변화를 달가워하지 않는다는 신호로 해석했으며, 심지어는 진정한 변화에 관해 생각할 수 있는 능력이 공산당에 없다고도 해석했다.

오랫동안 공식 담화를 엄격하게 유지하고 통합한 결과, 그 몰락의 싹이 의도치 않게 생겼다. 엄격한 담화 틀을 고수하지 않았더라면 인민의 무결성(integrity)과 연대를 확보하는 데 궁극적으로 덜 성공적이었을 것이지만(최소한 의도한 방식으로 확보하지는 못했을 것이다), 급진적으로 재편된 1989년 말의 의사소통 환경에서는 과거의 담화가 동독 일상생활의 사회적 및 정치적 현실과 뚜렷이 유리된 시대착오적인 것처럼 보였다. 변화의 진짜 신호는 단명한 크렌츠 체제의 담화 전략이 인민 의견의 방향을 뒤집는 데 실패하고 나서야 등장했으며, 한스 모드로가 이끄는 새 정부도 여전히 독일사회주의통일당이 지배하고 있음에도 불구하고 공산당이 정치적 힘을 상실하고 있을 뿐만 아니라, 공식적 담화에 대한 통제력도 이미 잃어버렸다는 것이 분명해졌다. 예를 들어 모드로는 위기 상황임을 인정했지만, 처음에는 기존 구조 내의 개혁('사회주의 사회의 개혁 과정', '우리 나라 사회주의의 개혁')이라는 측면에서 계속 이야기했다(Schäffner and Porsch 1998: 160 참조). 이는 대부분 개혁 그룹이 요구해 온 것과 정확히 일치하지만, 그것으로는 거리의 인민들을 더는 만족시킬 수 없었다. 12월 초에는 인민들이 '독일 통일'을 요구하고 있었기 때문이다. 새로운 정당들이 결성되고 검열이 철폐된 결과로 정치와 매체의 개방적인 다원화가 이루어지자, 독일사회주의통일당은 공적 영역에서의 독점력을 상실했다. 1990년 초가 되자 서로 경쟁하는 여러 담화(동독 내부 담화 및 독일연방공화국에서 오는 담화)의 도전과 소련의 정치적 압력으로 인해 사회주의 사회의 개혁이라는 목표를 버리라는 압박을 거부할 수 없게 되었다.

하지만 1990년 3월에 열린 마지막 최고인민회의선거에서 "다시는 결코, 사회주의로는 절대로 반대!"라는 강경한 슬로건을 내걸고 전체 과반을 얻은 보수 그룹인 독일을 위한 연대(Allianz für Deutschland) 역시 단기간에 큰 변화를 겪었다. 이들이 스스로를 '반대' 세력으로 생각하는 것조차, 동부 기민련과 같은 정당들과 개혁 운동 내 다양한 시민 행동 그룹이 보기에는 매우 의문스러웠다(Sandford 2000 참조). 과거와 결정적으로 결별한 1990년대 초까지는(심지어 이 그룹 내 모든 집단이 그렇게 하지도 않았다) 독일사회주의통일당에 대한 (명시적인) 반대(사회주의 사명과 동독 정체성에 반대한다는 함의를 가짐)가 아니라, 내부 개혁에 대한 요구가 이 '대안적' 목소리의 공통분모였다. 이는 그들이 자신들 상태의 무결성과 독립성이 위협받거나 서독 정치의 담화 모델에 굴복하지 않은 채 공식 담화의 교조적인 처방에서 벗어나 새로운 담화를 개발하기 위한 담화 투쟁을 스스로 수행해야 했다는 뜻이다. 이 다양한 그룹은 여러 방식으로 이를 수행했지만, 전체 과정은 전환기 중에 일어난 정치 활동에 대한 탈의례화의 한 일환이었다. 하지만 만프레트 헬만(Manfred Hellmann 1997a: 136-7)이 지적한 바와 같이, 이 자체가 정치의 의례화된 표현 형태가 다른 표현 형태로 바뀌는 전환기였다. 통일 전후 독일연방공화국의 정치는 자체적인 난해한 말투(abstruse diction)를 특징으로 했으며(현재도 그렇다), 이는 독일사회주의통일당의 '랑그 드 부아'보다 더 독자 친화적이지 않다.[28]

....

28 이 맥락에서 헬만은 서독의 정치 스타일을 기괴하게 패러디한 에른하르트 에플러(Ernhard Eppler)의 말을 인용한다. "상황이 발전되면 문제의 해결이 촉진되지만 도전 또한 생길 것이라는 가정에 따라 나는 작업한다. 우리가 사람들의 주머니에 타격을 가해서는 안 되며, 경제 회복 정당으로서 우리 자신의 뚜렷한 이미지를 창조하기 위한 표적형 조치를 실행하는 것이 우리 정책이 수용되는 데 필수불가결한 선결 조건이기 때문이다."(Eppler 1992: 179-80)

1989년 9~12월에는 궁극적으로 1990년 3~10월 동안 짧게 존재한 정부의 주된 행위자가 될 정당인 동부 독일기독민주연합이, 전환기 이전 동독 정치에 존재하는 것으로 상정된 공감대를 공유하면서 동독 유권자 내 특정 계층(기독교인)을 대변하는 정당 연합(Blockparteien)[29]의 일부에서 사회주의를 거부하고 새로운 정치 경관의 '중도(middle ground)'를 지향하는 더 광범위한 기반의 정당으로 변신했다. 라인하르트 호퍼(1994)는 독일기독민주연합이 독일사회주의통일당 및 기타 정당과의 '파트너십'이라는 관행적인 담화의 유대를 느슨하게 함으로써 자신의 위치를 점진적으로 옮긴 방식을 보여 준다. 예를 들어 9월 초 당시 독일기독민주연합 의장이던 게랄트 괴팅(Gerald Götting)은 '우리 나라 마르크스주의자와 기독교인의 협력'이 동독의 사회와 정치 발전의 근본 요소라고 단언하고, 한 달 뒤에는 '민주 블록' 내의 조화를 추구하는 것이 독일기독민주연합의 원칙이라고 강조했으며("우리를 갈라놓는 것보다 우리를 통일시키는 것을 우선시한다."), 독일기독민주연합의 자기 이미지도 재천명했다. "이런 식으로 동맹의 동등한 파트너인 독일기독민주연합은 평화, 민주주의, 사회주의 정당으로서 자신의 역량을 재결집하고 있다."(Hopfer 1994: 134-5) 하지만 베를린장벽이 개방된 후인 11월 중순에는 인민회의 구성원인 크리스틴 비엥크(Christine Wieynk)가 의회 논쟁에서 다음과 같이 선언할 수 있을 정도로 의사소통 환경이 바뀌었다.

Keine Partei sollte sich über andere Mandatsträger die Moglichkeit

....

29 독일사회주의통일당은 동독 내 유일한 정당은 아니지만, '민주주의 정당 연합(Democratic Block)'을 지배했다. 이 말은 공식 제재를 받은 모든 대중조직(예를 들어 노동조합 조직인 FDGB)과 의회선거에 출마할 수 있는 기타 정당(예를 들어 동부 독일기독민주연합)을 통칭한다(Wolf 2000: 41-2; Schlosser 1990a/1999: 40-1 참조).

einer Überrepräsentation schaffen. Die bestehende Verfassung ist vor allem … im Sinne der Gleichberechtigung und Eigenständigkeit der Parteien zu überarbeiten … Wir erwarten eine angemessene Beteiligung an der Regierungsverantwortung … Eine administrativ ausgeübte Führungsrolle hat unser Vertrauen in das Bündnis tief verletzt. Wir haben in der Vergangenheit zu viel auf Gemeinsamkeit gesetzt und zu wenig eigenständig gehandelt, wo wir öffentlich hätten widersprechen sollen.

어느 정당도 대표자의 수가 다른 정당에 비해 과도하게 많아질 수 있는 가능성을 만들어 내서는 안 된다. 무엇보다도 정당들의 동등함과 자율성 측면에서 현행 헌법을 개정해야 한다. 우리는 정부 책무에서 적절한 비중을 차지할 것을 기대한다. (한 정당이 수행하는) 행정에서의 지도적 역할 때문에 연대에 대한 우리의 신뢰가 심각하게 손상되었다. 과거 우리는 공감대를 너무 강조한 나머지 의견 불일치를 공개적으로 이야기해야 할 때도 충분히 독립적으로 행동하지 않았다.

(Hopfer 1994: 137에서 재인용).

심지어 여기서도 독일사회주의통일당을 비판하는 것만큼이나 스스로를 비판하는 어조이며, 이후 몇 주 동안의 추가 텍스트들은 독일기독민주연합이 앞으로 나아가려면 자신의 과거 잘못을 직시하고 인정해야 한다는 것을 분명히 했다. 예를 들어 새로운 공산당 지도자(나중에 총리가 됨)인 로타어 데메지에르(Lothar de Maizière)는 12월 중순에 특별 당대회를 열 것이라고 선언했다.

Er, der demokratische Zentralismus, war der genetische Defekt

> der DDR und des in ihr betriebenen Pseudosozialismus…. Unser Grundübel war die Einbindung der CDU in ein politisches System ohne Bewegungsfreiheit, ohne eigenständige Wirkung …. Die CDU trägt durch den politischen Sündenfall der geduldeten Gleichschaltung Mitschuld am moralischen Verfall der ganzen Gesellschaft.
> 민주집중제(democratic centralism)와 거기서 칭송했던 유사 사회주의가 동독의 유전적 결함이었다. 우리의 근본 문제는 독일기독민주연합이 재량권을 발휘할 자유 없이 정치체계에 너무 긴밀히 결속되었다는 것이다(…). 독일기독민주연합은 강요된 순종(Gleichschaltung)을 용인함으로써 정치적으로 타락했으며, 따라서 사회 전체의 도덕적 추락에 대해서도 어느 정도 책임을 져야 한다.
>
> (1994: 138-9)

이 지점에서 '유사 사회주의'를 언급한 것은 독일기독민주연합이 결국에는 사회주의 프로젝트에 대한 헌신을 유지하지 못하게 되었음을 나타낸다. 다른 정당 및 개혁 그룹들과 마찬가지로 독일기독민주연합도 이 문제가 많은 근본 개념과 씨름했으며(예를 들어 Sandford 2000; Stötzel 1991: 12-13; Schlosser 1993: 224, 227 참조), 먼저 사회주의 '개혁(renewal)'을 주장하기 위해 '진짜' 사회주의와 동독이 실현한 '왜곡된' 사회주의를 대비시키려 했다.

> Wir sind der Überzeugung: nicht der Sozialismus ist am Ende, wohl aber seine administrative, diktatorische Verzerrung. Wenn Sozialismus zukunftsträchtig ist, dann nur als grundlegend erneuerter, demokratischer Sozialismus. Denn echter Sozialismus bedeutet

nicht weniger, sondern mehr Demokratie.

우리는 사회주의가 끝난 것이 아니라 사회주의의 행정·독재적 왜곡이 끝난 것이라고 확신한다. 사회주의에 미래가 있으려면, 근본적으로 개혁된 민주적 사회주의여야만 한다. 진짜 사회주의는 민주주의의 축소가 아니라 확대를 뜻한다.

(1989년 11월 18일 독일기독민주연합 논평;
Hopfer 1994: 140-1에서 재인용)

하지만 사회주의의 구제가 불가능해 보인 12월 중순의 담화에서는 마침내 사회주의를 버렸다. "이 단어는 텅 빈 껍데기와 같이 무의미해져 더는 사용할 수 없게 되었다고 확신한다."(1994, 로타어 데메지에르 연설에서 인용)

여전히 자신이 '사회주의 정당'임을 선언한 지 3개월 후 독일기독민주연합은 '사회주의는 계속되어야 한다'고 주장하며 '중심(centre)'에 있는 다른 정당들과 연합했다. 문체를 급진적으로 바꿨음에도 불구하고 독일기독민주연합의 논평은 '낡은' 담화[30]에 대한 독자들의 맥락 지식에 명시적 및 암묵적으로 계속 의지했다. 그 예는 다음과 같다.

Für einen freiheitlichen demokratischen Rechtsstaat, durch Teilung der Macht zwischen Regierung, Parlament und Rechtssprechung

....

30 역설적으로, 과거 체계를 비판하는 텍스트에도 과거 텍스트 패턴의 흔적이 남아 있었다. 예를 들어 신기하게도 독일을 위한 동맹의 선거운동 텍스트 첫 문장에는 많은 독일사회주의통일당의 텍스트를 상기시키는 표현과 진짜 민주주의에 대한 요구가 공존한다. "우리는 우리 시민들이 스스로 의사결정을 내릴 수 있는 권리를 마침내 보장하기 위해 이 전투에 힘을 모아야 한다."(Teichmann 1991: 260 참조)

und deren Kontrolle!

- Freie Wahlen mit gleichen Chancen für alle Parteien
- Beseitigung der SED-Medienvorherrschaft
- Keine Parteiorganisationen in Betrieben und Institutionen
- Bildung, die vom Elternrecht und von der Individualität des Kindes ausgeht
- Gewaltfreies Lösen von Konflikten zwischen Personen, Gruppen und Staaten

Für soziale Marktwirtschaft—gegen sozialistische Experimente!

- Leistung soll sich endlich entfalten können und auszahlen
- Leistung ist die Voraussetzung für echte Sozialpolitik
- Wohlstand in einer gesunden Umwelt
- Soziale Gerechtigkeit statt kommunistischer Gleichmacherei
- Solide Altersversorgung statt magerer Rentengroschen
- Solidargemeinschaft von Alten, sozial Schwachen, Behinderten in der großen Familie aller Bürger
- Überwindung des Pflegenotstandes und Aufbau eines leistungsfähigen Gesundheitswesens
- Erhalt und Wiederaufbau unserer zerfallenen Städte und Dörfer

Für die deutsche Einheit in Freiheit und Selbstbestimmung!

법규에 기반을 둔 자유 민주 국가를 위해 정부, 의회, 사법부 사이에 권력을 나누고 계속해서 면밀히 감시함!

- 모든 정당에 동등한 기회를 주는 자유선거
- 독일사회주의통일당의 매체 지배 철폐
- 기업과 기관 내 당 조직 철폐

- 부모의 친권과 아동의 개인성에 기반을 둔 교육
- 폭력 없이 개인, 집단, 국가 간 갈등 해결

사회적 시장경제를 위해 사회주의적 실험에는 반대!

- 노력과 성취가 발전하고 보상받을 수 있도록 허용해야 한다
- 노력과 성취는 참된 사회 정책의 선행조건이다
- 번영은 건강한 환경이다
- 공산주의적 하향평준화 대신 사회정의
- 적은 연금 대신 노인에게 적절한 서비스 제공
- 모든 시민으로 구성된 대가족 내에서 노인, 사회적 약자, 장애인을 지원하는 공동체
- 간호 인력 부족의 극복 및 효율적인 의료 서비스 구축
- 쇠락하는 도시와 마을의 유지 및 재건

자유와 자결에 기반을 둔 독일 통일을 위해!

(독일기독민주연합의 선거운동 문서 중에서;
Teichmann 1991: 261에서 재인용)

독일사회주의통일당은 이 선거운동 문서에 단 한 번 언급되었지만, 프로그램의 몇몇 사항들이 유권자들에게 가지는 중요성을 제대로 이해하려면 그것을 과거 체제의 담화에 대항하는 대항 담화의 일부이자 사회 조건에 만연한 한계에 책임이 있는 사람들에 대한 공격으로 읽어야 한다. 이는 '사회주의적 하향평준화 대신 사회정의'처럼 둘을 대비시키는 요구 패턴에서 명시적으로 드러나며, '노력과 성취가 발전하고 보상받을 수 있도록 허용해야 한다'의 함의는 명백하다. 하지만 다른 언급들은 비교적 불투명하다. 교육의 목표는 '제대로 개발된 사회주의 학생의 인성'("3.2 일상생활 담화에서 나타나는 의례성" 참조)이라는 독일사회주의통일당의 정책에

반대하기 위해 '부모의 권리와 아동의 개인성에 기반을 둔 교육'으로 정해야 했으며, '건강한 환경'에 대한 언급은 이것이 과거 공공 담화에서 금기시되었던 내용임을 고려하면 비교적 큰 함의를 가진다. 또한 과거에 대한 반발이나 서독 규범의 무조건적 채택을 뛰어넘는 새로운 담화를 개발하려는 시도의 징후도 있다. '법규에 기반을 둔 자유 민주 국가'와 '사회적 시장경제'를 지지한 것과 '사회주의적 실험에는 반대!'라는 텍스트를 중간에 넣은 것은 서구 모델에 대한 헌신을 명확히 표현한 것이지만, 이 모델의 핵심 개념인 개인성과 번영은 동독 내 사회주의화된 사람들이 크게 공명해 온 개념인 환경에 관한 관심 및 사회 취약계층과의 '연대'와 비슷한 비중으로 다루어진다.

독일기독민주연합과 마찬가지로 몇몇 개혁 그룹(예를 들어 민주적 각성 및 즉각적인 민주주의) 역시 처음에는 실추된 사회주의 개념을 되살리고 기존 체계를 부활시킬 방법을 찾으려 했다. 하지만 기존의 담화 틀을 최소한 어느 정도는 고수했기 때문에 그들의 혁신 능력이 제한되었으며, 그 결과 '민주적 구조조정(demokratische Umgestaltung; 페레스트로이카와 같은 의미의 말로 공식적으로 선호된 용어)'에 대한 꽤 모호한 요청이 나타났으며, '경제 정책과 사회 정책을 새로운 기반에서 통일', '계획과 시장의 상호작용' 같은 명백하게 모순적인 표현도 등장했다(Schlosser 1993: 224-5, 227 참조). 반면 전환기 초기에 가장 영향력 있는 그룹이었던 '새로운 포럼'은 처음부터 독립적인 담화 전략을 채택해 확립된 정치적 및 이데올로기적 표현 양식을 의도적으로 우회했다. 동독 내 공적 언어에 전형적으로 나타나는 담화 패턴을 피했지만, 서독 정치 담화 모델도 채택하지 않았다. 그들이 9월 10일 선거운동을 출범시키면서 내놓은 텍스트의 첫 문장에서는 국가(즉, 공산당)와 사회 간 소통에 근본적인 문제가 있다고 진단한다. "우리나라에서 국가와 사회 간 소통은 분명히 붕괴했다."(Schüddekopf 1990:

29 참조) 이 텍스트와 이후의 텍스트에서 그들은 폴메르트(Volmert 1992: 68)가 '비정치적 일상생활의 언어'라고 부르는 것을 함양함으로써 이런 손상을 복구하려 한다. 그들의 텍스트에는 공식 담화의 언어학적 특징이나 텍스트적 특징이 전혀 없지만, 대안적인 개념 틀을 개발하는 대신 사회 및 정치 문제를 간명하게 분석하고 구체적인 제안과 행동 요구를 제시하는 데 초점을 맞춘다. 그 예는 다음과 같다.

> Wir wollen Spielraum für wirtschaftliche Initiative, aber keine Entartung in eine Ellenbogengesellschaft. Auf der einen Seite wünschen wir uns eine Erweiterung des Warenangebots und bessere Versorgung, andererseits sehen wir deren soziale und ökolo-gische Kosten und plädieren für die Abkehr von ungehemmitem Wachstum. 우리는 경제적 주도권을 발휘할 수 있는 여지를 원하지만, 약육강식 사회로의 퇴행은 원하지 않는다. 이용 가능한 상품이 다양해지고 공급 상황이 개선되기를 원하지만, 그것에 수반되는 사회적 및 생태적 비용도 인식하며 무제한적인 성장에도 반대한다.
>
> (Schüddekopf 1990: 29; Hellmann 1997a: 135-8; Teichmann 1991: 256-8 참조)

'새로운 포럼'의 출범 텍스트인 '각성(Aufbruch) 89'의 중심 요구는 '국가 과제, 경제, 문화에 관한 민주적 대화'다. 브레스겐(Bresgen 1995: 279)이 '얼마 되지 않는 동독 혁명의 고전적 텍스트 중 하나'라고 부른 이 텍스트는 두 달 만에 20만 명의 서명을 받았다. 이 텍스트는 이것이 포용적 과정이어야 한다고 주장한다. "우리는 이 질문들에 관해 숙고하고 공개적 및 집단적으로 국가 전체에서 논의해야 한다." 하지만 이후 이 대화의 개념이 독일사회주의통일당의 담화에 흡수되자 새로운 포럼은 회의적인 반응을 보였다. 그들의 다음 텍스트에 나타난 '진정한 대화'에 대한 정의는 그것과 경쟁하는 '용납할 수 없는' 개념을 상정했기 때문이다.

Wenn das Politbüro der SED jetzt einen echten Dialog mil dcr Bevölkerung, mit den unterschiedlichsten Kräften und Strömungen innerhalb der Gesellschaft sucht, besteht die Gefahr, daß auch dieser Ansatz wieder durch die vorhandenen Strukturen erstickt wird.
Deshalb muß ein echter Dialog institutionalisiert werden!
… Echter Dialog bedeutet:
1. Zulassung des Neuen Forum und aller anderen Basisgruppen, Parteien und Bürgerinitiativen, die sich für die Demokratisierung der Gesellschaft einsetzen,
2. Zugang zu den Massenmedien,
3. Pressefreiheit und Abschaffung der Zensur,
4. Versammlungs- und Demonstrationsfreiheit.
Dieser echte gesellschaftliche Dialog hat auf allen Ebenen gewaltfrei zu erfolgen, bei Anerkennung der Eigenstaatlichkeit der DDR, bei strikter Abweisung aller rechtsradikaler und faschistischer Haltungen, auf dem Boden der Verfassung.
독일사회주의통일당 정치국이 인민과의 진정한 대화를 추구하더라도 사회 내에는 다양한 힘과 흐름이 존재하므로, 이런 시도가 현재의 구조에 의해 다시 한 번 좌절될 위험이 있다. 따라서 진정한 대화를 제도화해야 한다! 진정한 대화는 다음을 뜻한다.
1. 새로운 포럼 및 사회 민주화에 헌신하는 기타 풀뿌리조직, 정당, 시민

행동 그룹의 승인

2. 대중매체로의 접근성

3. 언론 자유 및 검열 철폐

4. 집회의 자유 및 시위의 자유

이런 진정한 대화는 동독의 주권을 인정하면서 모든 극우 및 파시스트적 태도는 단호히 거부한 채 헌법에 따라 모든 수준에서 강요 없이 이루어져야 한다.

(1989년 10월 12일 '새로운 포럼'의 담화문에서 발췌,
Teichmann 1991: 256-7에서 인용)

독일사회주의통일당이 통제하는 과정을 거부하고, 동독 사회의 민주화에 헌신하는 모든 사회 그룹에게 공론장의 복원에 참여할 것을 호소하자 정당, 개혁 그룹, 기타 이익집단(예를 들어 파시즘에 반대하는 평화 조직, 노동조합)뿐만 아니라 예술가와 지식인을 대변하는 다양한 그룹으로부터 대중적 반응이 촉발되었다. '각성 89'의 영향으로 작가, 배우, 카바레 공연자, 음악가들이 '민주적 대화'에 보낸 지지를 헬만(Hellmann 1997a: 136)이 '감정과 인간 도덕성의 어휘'라고 부르는 말로 발표했다. 예를 들어 9월 18일에는 한 무리의 록 음악가들이 '국가의 현 상태에 대한 우려'를 표명하는 성명을 배포해 다음과 같이 선언했다.

Wir wollen in diesem Lande leben, und es macht uns krank, tatenlos mitansehen zu müssen, wie Versuche einer Demokratisierung, Versuche der gesellschaftlichen Analyse kriminalisiert bzw. ignoriert werden. Wir fordern jetzt und hier sofort den öffentlichen Dialog mit allen Kräften.

우리는 이 나라에 살고 싶으므로 민주화 시도와 사회 분석 시도가 범죄화되거나 무시되는 것을 가만히 서서 지켜봐야만 한다는 것이 혐오스럽다. 우리는 지금 여기서 모든 세력과 공개적으로 대화할 것을 요구한다.

(Schüddekopf 1990: 39-40에서 발췌)

10월 말에는 '민주적 각성'의 젊은 활동가들이 다음과 같이 반항의 말을 쏟아낸 후 8대 변화 요구 목록을 발표했다.

Null Bock auf FDJ!? Wir wollen keine Generation von Mitläufern mehr sein! Wir haben die Schnauze voll von Bevormundung und Gängelung und wollen nicht mehr Kampfreserve und Handlanger einer Partei sein, deren Politik viele unserer Freunde fortgetrieben hat. Auf wie viele sollen wir noch verzichten müssen?
자유독일청년단에 분노한다!? 우리는 더 이상 동행자 세대로 남아 있지 않을 것이다. 우리는 애처럼 대접받는 것과 누군가가 우리 대신 결정을 내리는 것에 신물이 났다. 많은 우리 친구들을 쫓아낸 정책을 펼친 정당의 예비군 겸 잡역부 역할을 우리는 더 이상 하지 않을 것이다. 얼마나 더 많은 친구에게 작별인사를 고해야 하는가?

(1990: 175).

이런 텍스트들이 이전에는 불가능했던 방식으로 통용되자, 그것들은 공론장의 건설을 요구하고 그것에 기여하는 역할도 하게 되었다. 이 텍스트들은 호퍼(Hopfer 1992a)가 내부담화성(intradiscursivity) 및 상호담화성(interdiscursivity)이라고 부르는 연속 과정을 통해 서로 응답하고 다른 텍스트들(정부 성명, 대중 모임 연설, 시위 슬로건)과도 상호작용했다.[31] 국가와 대중 간의 대화는 결국 실현 불가능한 것으로 판명되었지만, 여러 대중 구성원('일반 시민', 저명인사, 직능 집단 및 기타 이익집단 대표) 간의 대화는 다양한 문어와 구어 텍스트 유형의 생산과 수용을 통해 복잡한 방식으로 진화했다(Polenz 1993:134). 이 모두가 탈의례화 과정의 일부였으며, 이를 통해 새로운 의사소통 환경이 발전했다. 심지어 검열이 철폐되고 집회의 자유가 허용되기 전에도 대중은 새로운 유형의 정치 공동체를 경험 및 활용하기 시작했다. 이런 경험은 특히 거리에서 두드러졌다(Volmert 1992: 62).

스스로 이야기할 수 있는 권리를 주장하는 과정에서,[32] ('우리가 인민이다'라는 슬로건의 언표내적 효력(illocutionary force)) 대중은 오랫동안 더 개인적인 맥락에서 수행되어 온 전복적(subversive) 언어 행위를 공공 영역 속으로 옮기고 있었다.

> Gemeinsprache und Wahrheit blieben ein Reservat der mündlichen Rede, des 'Buschfunks', der Familie am Wochenende, in der Arbeiterschaft, auch des kollegialen Gesprächs am Arbeitsplatz. Das war die Rednerschule der Revolution.
>
> 일상적인 언어와 진실은 여전히 구어 담화, '입소문(bush telegraph)', 주말에 모인 가족 간의 대화, 직장동료 간 대화에 한정되어 있었다. 이곳에

....

31 내부담화성은 한 담화(여기서는 저항 담화) 내 텍스트들이 서로를 기반으로 해당 담화 내의 다른 텍스트를 탄생시키는 방식을 뜻하고, 상호담화성은 서로 다른 담화에 속하는 텍스트들이 서로 관계하는 방식을 가리킨다.

32 작가 크리스토프 하인은 11월 4일 베를린의 알렉산더광장에 모인 군중에게 한 연설에서 "[정치적으로] 이제 어른이 된 동료 시민들이여!"라고 이야기했다.

서 대중은 혁명을 위한 발언 기술을 익혔다.

(Niethammer 1990: 262; Pätzold 1992: 94-5 참조)

따라서 1989년 가을 대중 시위의 특징이었던 언어적 창조성의 폭발은 대중이 사적 전통을 지속한 결과였다. 하지만 과거에는 농담, 말장난 같은 '언어유희(language games)'(Schiewe 1997)의 상대방이 개인이나 소수의 친구였고, 기껏해야 카바레 청중이었다. 하지만 시위에서 대중이 외치는 소위 시위 슬로건(Demo-Sprüche)은 복수의 상대를 대상으로 하거나 독일사회주의통일당 지도부뿐만 아니라, 동료 시위자, 더 광범위한 동독 인민, 외국 청중(특히 독일연방공화국 청중)과 같은 복수의 상대가 들을 수 있었다. '다원주의—한 정당의 봉건적인 규칙 타도!'(Lang 1990: 56) 같은 명시적으로 비판적인 슬로건들을 해석하려면, 그것이 (사실상) 당이 하나밖에 없는 국가인 동독을 가리킨다는 맥락적 지식이 필요하지만, 더 해석하기 어려운 다른 텍스트들이 가진 힘은 동독인만 접근할 수 있을 가능성이 큰 텍스트 간 지식(intertexual knowledge)에 의지한다.

예를 들어 일견 이해하기 어려운 대자보 주제의 여러 변화("우리에게는 독재자가 아닌 건축가가 필요하다!"), "닥쳐라, 하거(Hager). 당신 연금은 얼마인가?"(Lang 1990: 67-8)는 쿠르트 하거가 『슈테른』지와의 인터뷰에서 페레스트로이카에 반대했다는 사실(앞부분 참조)을 아는 청중에게만 이해된다. 문화와 맥락을 독자가 얼마나 잘 아는지에 따라 텍스트의 풍부도가 달라지는 여러 수준에서 작동하는 것들도 있었다. 예를 들어 "에곤, 우리는 계획이 있어"라는 슬로건은 에곤 크렌츠를 향한 유명하지만 구체적이지는 않은 익살스러운 제안에 불과하다. 하지만 동독에서 사회화된 거의 모든 사람은 매우 인기 있는 TV 시리즈인 〈Die Olsettbande〉(덴마크에서 수입됨)를 떠올릴 것이다.[33] 이 시리즈는 두목인 에곤 올젠이 휘하의 조폭들을 비참하게 착취하는 내용으로, 그는 출옥할 때마다 부하들에게 이런 발표를 한다. "내게 계획이 있어."(Reiher 1992: 54-6 참조) 따라서 중간 수준에서는 실패에서 배우기를 거부하는 옹졸한 실패자 범죄자를 연결시킴으로써 크렌츠를 은연중에 조롱한다. 하지만 더 깊게 읽어서 이 슬로건을 여러 (갈래의) 전환기적 담화들과 연결되는 참조의 그물망 속에 두면, 또 다른 수준의 의미가 드러난다. 첫째, 이 TV 시리즈를 참조함으로써 발언에 의례적 성격이 부여되며, 이것과 주체인 '우리'와 '계획'에 대한 언급이 결합되어 공식 표어(앞부분 참조)의 문체와 내용을 상기시킨다. 둘째, '원래' 발언은 뒤집혀 있으므로 이제는 '두목'이 아닌 '부하들'이 주도권을 쥐게 된다. 마지막으로, 이런 변화는 이 슬로건과 민주화운동의 '기본 슬로건(master slogan)'인 "우리가 인민이고, 우리에게는 계획이 있다."를 내부담화적으로 연결한다.

따라서 이 시위 슬로건은 규제되지 않은 다원적 매체 시장에서 의견을 표현하고 교환할 기회가 없는 상황에서 새로운 형태의 대중 소통을 개발하기 위한 잠재적 수단이었다. 간결함, 호전성, 위트가 이런 슬로건들이 힘을 발휘한 원인이었지만, 그것들이 현수막과 게시판에 걸린 공식 표어와 관련이 있다는 점 역시 중요했다. 전통적인 표어들은 공식 담화의 주제와 패턴을 정제한 것으로, 동독 내 공식적인 삶의 의례성을 가장 뚜렷하게 표현한다. 독일사회주의통일당의 설득 프로그램(Überzeugungsarbeit)이 이 중요한 도구를 활용했을 때의 성공 여부는 단순히 그것을 대안적인 메시지들로 대체해서 전복하는 것에 달린 것이 아니다. 기존 표어를 직설적으로 패러디한 시위 슬로건도 일부 있었다. "내일을 보려면 오늘 [일하

....

33 개인적인 경험을 바탕으로 이를 확인해 준 클라우디아 펠머(Claudia Fellmer)에게 감사의 말을 전한다.

지 않고] 시위해야 한다." 하지만 절대다수는 표어의 수사적 기능과 텍스트 형태를 모두 바꾸는 더 독창적인 접근법을 채택했다. 전통적인 표어는 주로 긍정적이고 진지하고 낙관적이며, 대의에 계속 헌신하라는 권고(주로 책무의 형태)로 구성된다(앞의 예 참조). 반면 시위 슬로건은 비판적이고 흔히 유머러스하며, 신랄하고 공산당과 정부 지도자들에게 공손하지 않으며, 현 체제의 사회적 및 정치적 결점에 대한 간명한 분석에서부터 변화에 대한 솔직하고 구체적인 요구까지 다양한 내용을 담고 있었다. 또한 과거의 표어라는 제한적인 공식 템플릿에서 벗어날 때도 반대를 표현할 때만큼이나 독창적인 자료를 만들 때의 자유가 주는 기쁨이 생겼다. 예를 들어 픽스(Fix 1990)는 다양한 장르가 사용되고 각색된 방식을 보여 준다. 동화, 속담, 격언, 광고 슬로건, 동요, 시, 편지, 문학과 성경의 인용구(Fix 1994; Lang 1990; Schiewe 1997: 137-9; Reiher 1992 참조).

11월 4일 베를린에서 열린 대중 집회의 축사에서 작가 크리스티나 볼프는 이런 날카로운 말들이 창조 및 '발표(published)'되는 방식에 내재한, 개인의 창조성과 집단적인 저항 목소리 사이의 긴장을 이야기했다. 그녀는 가장 생생한 슬로건 몇 개를 인용함으로써 그것들이 우연한 관찰을 통해서 누릴 수 있는 것보다 훨씬 넓게 통용될 수 있도록 도우며, 그것들을 자신이 '문학적 국부(literarisches Volksvermögen)'라고 부르는 것의 사례로도 분류한다(전체 연설문은 Schüddekopf 1990: 213-15; Wolf 1990 참조). 언어가 그녀 연설의 중심이다. 이 연설의 몇 줄에서 그녀는 '전환기'와 '대화'라는 문제 많은 두 개념을 상호담화적으로 연결하고 거리의 시위, 조직화된 개혁 등의 담화들과도 내부담화적으로 연결한다. 따라서 이 연설은 '자유화된 언어'에 대한 복잡한 논평이면서, 그 자체로 자유화된 언어 행사의 사례다(자세한 분석은 Hopfer 1992a 참조). 한편 그녀는 열린 소통이라는 여전히 잠정적인(당시 단계에서) 관행을 자주 언급하고("최근 몇 주만큼 우리 나라 사람들이 많이 이야기한 적은 없다."), 공식적인 언어 사용을 비판적으로 반추하며("저는 전환기라는 말에 불만이 있습니다."), 압제의 언어를 무장해제한 방식을 긍정적으로 평가한다("우리는 우리를 억압하고 상처 입힌 과거의 슬로건들을 조작해서 '답장으로(by return)' 그것들을 되돌려보낸다."['전환기'에 관한 말장난]). 다른 한편으로는 자유화된 언어라는 주제는 다른 주제들 및 이전에는 명료하게 표현할 수 없었던 문제들과의 교량 역할도 한다. "우리는 '무엇을 해야 하는가?'라고 스스로 묻고, 그 대답이 메아리로 돌아오는 것을 듣는다. 무언가를 하라! 이제 시작되고 있다. 요구가 권리가 되고 따라서 의무도 되고 있으니, 위원회, 헌법재판소, 행정개혁을 조사하라." 하지만 어느 경우든, 언어는 행동과 연결된다. "모든 혁명운동은 언어도 자유화시킨다." 하지만 이 자유화된 언어는 사회 및 정치 변화의 선동자이자 수단이다.

이번 절에서는 전환기의 역사적 과정에서 언어의 역할을 이해하려면 서로 경쟁하는 여러 담화들의 상호의존성을 분석하는 것이 필요함을 보여 주었다. 공산당과 국가의 공식 담화는 인민을 통합하고 통일하는 힘의 역할을 하도록 의도되었으므로, 그 때문에 독일사회주의통일당 지도부는 급변하는 정치 상황에 적절히 반응할 수 없었다. 또한 그것들은 대안적인 대항 담화의 초점이 되고, 대항 담화의 원재료 역할도 했다. 따라서 하나의 담화가 언어적 사건으로서 전환기를 지배한 것이 아니라, 몇 가지 담화들 간의 상호작용이 전환기를 지배했다.

정치적으로 나뉜 국가로 독일이 겪은 사회언어학적 역사의 이 마지막 단계에서도 사회언어학적 차이가 정치적 분단성을 지지하고 부양했던 이전 시기와 마찬가지로, 토포스(topos)로서의 언어와 사회적 관행으로서의 언어가 계속해서 두드러진 역할을 했다. 1부에서는 언어가 1945년 이후의 독일 국가 분단에 기여한 후 개념화에 기여하고, 마지막으로 사회적 및 정치적 프로젝트인 동독 붕괴에 기여한 복잡한 방식에 대해 살펴보았다. 2부에서는 1990년 이후 정치적으로 통일된 독일에서 첫 10년 동안 동독과 서독이라는 두 개의 언어 공동체를 계속해서 갈라놓은 사회언어학적 단층선을 살펴보고자 한다.

2부

1990~2000년 '동'과 '서'의 재배치

4

언어의 사용 및 평가에서 상충되는 유형들

4.1 통일의 언어적 도전

우리가 "2.3 언어적 그리고 사회언어적 차이"에서 이미 살펴본 것처럼, 두 개의 사회 및 정치제도의 발달은 두 개의 의사소통 공동체를 낳았다. 이들 각 공동체는 정치제도 및 소비재에 이르기까지 다양한 생활 영역에 대한 특정 어휘의 하위 집합(sub-sets)을 발달시켰다. 이전에 분리되어 있던 두 공동체가 1989~1990년에 충돌하게 되자 곧바로 여러 현상이 발생했다. 먼저, 일부 '옛' (특징상 동독의) 단어는 불필요하거나 쓸모없어졌다. 둘째, 여러 영어식 어구를 비롯해 일부 '옛' (서독의) 단어들이 적어도 수동적으로라도 동독인들의 어휘 목록에 흡수되어야 했다. 셋째, 두 국가로 분단되기 전부터 존재했지만 동독에서 고어(古語)가 되어 버린 일부 단어는 동독인들 사이에서 다시 살아났다(Kühn 1995a). 이는 새로운 환경에서 기성세대가 유리한 지위를 획득하게 된 특이한 예다. 넷째, 일부 상호보완적인 단어 쌍은 '탈동의어화되었다(desynonymized)'. 다섯째, 금기시되었던 일부 단어와 주제가 공적인 담화에 다시 나타났다. 여섯째, 몇몇 새로운 단어가 만들어졌다. 마지막으로, 일상적 상호작용의 측면에서 호칭과 지칭에서 어휘상 유표적인 패턴이 변화되었다. 이와 같은 현상들 가운데 일부는 다소 자동으로 발생했지만, 또 다른 일부는 문제가 발생해 변화를 주거나 절충안을 택해야 했다. 그러나 이러한 현상들에서 공통적인 것은 동독인들에게만 적응하도록 일방적 압력이 가해졌다는 사실이다. 비록 언어적 차이에 대한 의식은 독일인들(동독과 서독 둘 다)의 'Befindlichkeiten(예민함)'이라고 불리는 것에 상당히 영향을 미쳤지만 말이다(Eroms 1997).

동독에서만 특수하게 사용되거나 혹은 보편적으로 사용되는 단어들을 폐기하는 것은 어느 정도는 간단하고 예측 가능한 절차였다. 예를 들어 적어도 동독에서는 익숙하지만 더 이상 존재하지 않는 일상생활의 특징과 관련된 단어인 Solibasar((학교 등에서) 인도적 지원 또는 '해방 운동' 지원을 위한 모금 등)이나("2.3 언어적 그리고 사회언어적 차이" 참조), Elternaktiv(학부모 위원회) 등은 회고적 상황이나 아이러니한 상황을 제외하고는 살아남을 가능성이 적었다. 국가의 제도 및 구조를 지칭하는 용어들인 Erweiterte Oberschule(EOS, 중고등학교), Volkseigener Betrieb(VEB, 인민소유기업), Ministerrat(내각 평의회) 등은 서독 상황에 적절한 용어들로 대체되었다. 더욱이 상당량의 어휘 '전복(turnover)'은 과소평가되어서는 안 된다. 예를 들어 슈뢰더(1992)의 교육 분야 목록은 특정 영역에서 '재학습'이라는 과제가 얼마나 중요한지를 보여 준다. 그러나 일부 동독의 '기의(signifieds)'가 거의 하룻밤 사이에 사라졌음에도 불구하고 일부 '기표(signifiers)'는 여러 이유(습관, 저항)로 다양한 기간 동안 살아남았으며, 일부는 1990년대 초에 사라지는 것처럼 보였다가 다시 등장하기까지 했다.

심지어 더욱 놀랍게도 몇몇(극히 일부)은 일반적인 경향을 깨고 서독으로 넘어가 독일의 공통 어휘에 포함되기까지 했다. 이러한 모든 연구 결과를 여기서 상세하게 살펴보는 것은 불가능하고, 내 연구 범위를 넘어서는 일이다.[1] 그 대신 내가 하고자 하는 것은 어휘론과 사전학이 사회언어학적 차이와 사회변화를 다루는 보다 광범위한 연구에 어떤 기여를 할 수 있는지를 보기 위해서 이 복잡한 생태학적 변화 과정의 가장 중요한 측면을 식별하고 간략하게 설명하는 것이다.

1990년대 일련의 출판물에서 통일 전후의 동독-서독 어휘 비교를 가장 가까이서 관찰한 만프레트 헬만은 어휘와 의미 변화의 우여곡절을 매우 상세하고 세심하게 기록했다(예를 들어 Hellmann 1990, 1994a, 1997a, b, d, 1998 참조). 아마도 전환기 직후(post-Wende) 공적인 언어 사용에 관해 가장 눈에 띄는 점은 부재(不在)의 존재다. 이를 테면 공식적 담화의 고정된 표현들이 곧바로 사라졌다. 예들 들어 die Einheit von Wirtschafts- und Sozialpolitik(경제 및 사회 정책의 통일), Sozialismus in den Farben der DDR(동독식 사회주의), unsere Menschen(우리 인민)("2.3 언어적 그리고 사회언어적 차이"와 "3.1 공식적 담화의 '비잔티움 건축'" 참조) 등은 일상 속에서 더는 언급하지 않게 되었다. 동독의 인프라를 구성했던 많은 기관들이 급속히 해체되었고, 그 이름들이 등장하는 경우에는 더 이상 현재 시제와 같이 나타나지 않았다(Produktionsgenossenschaft des Handwerks(PGH, 수공업 생산협동조합), Handelsorganisation(HO, 국영판매점), Junge Pioniere(소년단), Nationale Volksarmee(NVA, 인민군)). 분단에서 파생되고 그 자체로 분단을 표현하는 용어들인 Ausreiseantrag(출국 비자 신청), Reisekader(해외

....

1 전환기의 대규모 말뭉치를 기반으로 한 어휘 발달에 대한 자세한 분석은 헤르베르크 외(Herberg et al. 1997)를 참조하라.

여행이 허용되는 엘리트 구성원)("2.3 언어적 그리고 사회언어학적 차이" 참조), 그리고 동독의 정치범들을 서독이 돈을 주고 인도받는 것에 대한 완곡 표현인 humanitäre Maßnahmen(인도주의적 조치)와 같은 법적 용어 및 이에 해당하는 서독의 어구인 besondere Bemühungen(특별한 노력)은 즉시 사용되지 않았다. 또한 일상생활의 수많은 측면과 관련된 행정 용어(abkindern(미상환 대출에 대해 자녀의 수만큼 상쇄시킴); nichterfaßter Wohnraum(사적으로 임대 가능한 숙박시설, 즉 공적 주택 당국이 할당하지 않은 숙소))(Wolf 2000 참조)는 더 이상 일상생활의 현실에 뿌리를 내리지 못했다. 그리고 가장 눈에 띄는 것은 수천 개의 친숙한 가정용품 명칭(예를 들어 Sana(마가린), Perlodont(치약), Tip-Fix(벌레 스프레이))은 해당 상품이 서독 상품으로 대체되면서 슈퍼마켓 진열대에서 사라진 것이다. 그리고 그 상품들을 비축하고 있던 소매점들도 대부분 같은 운명을 겪었다(Konsum(협동조합 매점), Exquisitladen(외제 사치품을 판매하는 상점), Getränkestützpunkt(음료수 가게))(자세한 논의는 Hellmann 1994a, 1997b; Fraas 1990 참조).

그러나 모든 것이 하룻밤 사이에 사라지지는 않았고 동독의 특징적인 일부 단어들은 격변기 이후에도 살아남았다(그리고 사실 그 단어들 중 일부는 훨씬 더 긴 계보를 갖고 있었다. 예를 들어 플라이셔(Fleischer 1992)가 지적한 것처럼, 문화예술인들을 부르는 동독의 집합적 용어인 Kulturschaffende는 괴벨스(Goebbels)가 많이 사용했다). 전환기 이후 초기에 동독에서 발행된 신문과 잡지의 설문 조사를 살펴보면 어휘들의 명운이 단번에 변화되기보다는 땜질하듯이 드문드문 변화했음을 알 수 있다. 예를 들어 한스베르너 에롬스(Hans-Werner Eroms 1997)는 동독에서 발행된 신문(『라이프치거 폴크스차이퉁(Leipziger Volkszeitung)』, 『노이에스 도이칠란트』, 『보헨포스트(Wochenpost)』)에서 다음과 같이 동독의 잔재가 자주 나타나는 것을 발견했다. Rekonstruktion(Erneuerung 또는 Sanierung에 해당, 혁신), vorfristig(vorzeitig에 해당, 예정보다 일찍), 그리고 이데올로기적으로 오염되지 않는 한 상징적인 자질을 가진 용어에 대해 지속적으로 애착을 보이는 징후가 있었다. Trabi(Trabant의 축약형, 인기 있는 자동차)가 고전적인 예지만 다른 단어들도 친근감과 안정감을 부여하는 것으로 보였다. 또한 예를 들면 Kaufhalle(슈퍼마켓)과 Club Cola 및 F6 담배와 같은 인기 있는 소비품의 이름('옛' 동독 제품의 재유행과 리모델링에 대한 소비자 파워의 중요성에 대해서는 "5.3 정체성의 형성과 경합" 참조) 등이다. 매우 뚜렷한 동독 특정 용어들도 특정한 맥락에서는 살아남을 수 있었다. 예를 들어 Kollektiv는 자체적으로 사용하기에는 너무 강한 느낌을 줄 수 있지만 Autorenkollektiv(저자 집단), Ärztekollektiv(의사 집단), 또는 Klassenkollektiv(계층 집단)과 같은 복합어 형태로는 많은 화자에게 수용 가능해 보였다(Reiher 1995c: 239; Reiher 1996).

헬만(1990)은 전환기 직후의 상황을 살펴보고 나서 변화의 초기 충격에서 살아남은 많은 단어를 나열했지만, 몇 년 지나지 않아 이 목록을 약 열두 개로 줄여야 했다(Hellmann 1997b: 75-7). 이들 중 일부는 동독 지역 내에 남아 있고(geschuldet sein, 즉 etwas ist einer Sache zu verdanken, -로 인하여; in Größenordnungen, 즉 in großem Umfang, 광범위하게, 많은 수; jemanden orientieren auf etwas, 즉 jemandem eine Richtlinie geben für etwas, 누구에게 지침을 제공함, 지시함),[2] 이제는 '지역 고유의' 보편 어휘를 형성하고 있다. 그러나 다른 것들은 서독의 토양에 성공적으로 이식되어 이제는 확실히 공통 어휘 목록의 일부인 것처럼 보인다. abnicken(계획이나 제

....

2 이는 여러 관용구에도 적용된다. 예를 들어 놀라다(sehr erstaunt sein)를 뜻하는 ein Auge ausfahren 또는 머리를 짜내다(angestrengt nachdenken)를 뜻하는 sich einen Kopf machen이 있다(Fleischer 1992 참조).

안을 승인하다, '허락하다')과 andenken(기억하다), 그리고 Lehrling(훈련생, 견습생, 서독에서는 현대 용어인 Auszubildende/r(Azubi로 축약)가 쓰였지만 Lehrling을 완전히 대체한 상태는 아니었다)은 동독의 자극에 찬동해 다시 사용되는 것 같다(Müller 1994: 126). 그러한 생존 단어들이 수는 적을 수 있지만 그것들의 공통적인 생존 요인은 현대의 경제적 또는 정치적 맥락에 대한 적응성인 것 같다. 동독의 공식 상황의 분위기나 향취를 풍기는 단어는 어디에서도 생존할 기회가 없었으며, 심지어 동독 특수어로 표시되는 더 '중립적인' 단어들(rekonstruieren(사업이나 건물 등을 현대화하는 것); Zielsetzung 대신 Zielstellung(목표 설정))("4.3 언어 변이와 사회이동" 참조)도 서독에서 받아들여질 가능성이 거의 없었지만, 경제적으로 자립 가능한 개념과 관련된 단어는 더 탄력적일 수 있었고 새로운 언어 시장에서 자신을 주장할 수 있었다. 예를 들어 동독의 국영 폐기물재활용 기업 SERO(VEB Kombinat Sekundärrohstoffe)는 유한 회사인 SERO GmbH로 재탄생했다.

그러나 의심할 여지없이 압도적인 변화는 서독 어휘가 불가항력으로 급격히 증가한 것이었다. 이는 동독 인구를 서독에 사회적, 정치적, 경제적으로 통합하는 과정에 수반되었으며 통합을 강화했고, 이로써 동독인들은 여러 다른 영역에서 수백 또는 아마도 수천의 낯선 용어와 개념에 직면하게 되었다(대표적 선별 사례에 대해서는 Hellmann 1997b: 68-70 참조). 언어 역사가들은 이러한 현상의 중요성을 평가절하할 수 있지만, 서독 언어학자인 호르스트 디터 슐로서(Horst Dieter Schlosser)는 이것이 동독 동포들에게 부과한 심리적 부담을 인정해야 한다고 올바르게 주장한 바 있다.

> Die Konfrontation der neuen Bundesbürger mit einer Fülle an neuen Sachverhalten und Bezeichnungen, die ihnen fremd sein mußten, zwingt zu Anpassungsleistungen, die mehr Kraft erfordern,

als sich ein Altbundesbürger überhaupt vorstellen kann.

자신들에게 친숙하지 않은 수많은 새로운 대상과 명칭에 직면해 동독인은 서독인이 상상할 수 있는 것보다 더 많은 노력을 기울여 적응해야만 했다.

(Schlosser 1993: 150)

그리고 볼프강 슈베르트(Wolfgang Schubert)가 동독 풍자 잡지인 『오일렌슈피겔』에 고쳐 쓴 「환희의 송가(Ode to Joy)」는 새로운 단어와 새로운 현실 사이의 연관성을 간결하게 포착하고 있다. 완전한 번역은 불가능하다.

Neuer Audi, Spanien-Reise, 새 아우디, 스페인 여행
Telefunken, Rewe-Markt, 텔레풍켄,* 레베 마트
Mon chéri und Henckell trocken, 몽 셰리와** 헨켈 드라이***
Eurocheque und Müller-Quark. 유로체크와**** 뮐러크바르크*****
Abgewickelt, Warteschleife, 부도, 통화연결음
Kurzarbeit und Arbeitsamt. 단축 근무와 노동청******
Krippenschließung, Mieterhöhung 보육원 폐업,******* 임대료 인상

....

* 베를린 통신사.

** 이탈리아 초콜릿.

*** 샴페인.

**** 유럽에서 통용되는 신용카드.

***** 미숙성 치즈의 한 종류로 요거트와 비슷하다.

****** 5~6행은 통일 직후 동독 기업들의 몰락과 동독 출신 노동자들의 실직에 관련한 내용이다. 구동독의 기업들과 생산협동조합들이 서독의 선진화된 경제 상황에서 경쟁력이 떨어지고 기업 이윤이 매우 떨어졌기 때문에 부도가 많이 났다. 그래서 고용인과 피고용인 모두 전화를 많이 사용하는 상황에 놓였기 때문에, 'Warteschleife(통화연결음)'이라는 단어가 등장한다.

******* 구동독에서는 여성의 경제활동을 장려하기 위해 보육 시설이 많았다. 그러나 통일이 되

und vielleicht bald obdachlos. 그리고 곧 노숙하겠지.

Wahlversprechen und Reales: 선거 공약과 현실은:

Auch die Niete ist ein Los! 역시 추첨은 꽝!

(『오일렌슈피겔』 21, 1994: 4; Müller 1994: 130, 주석 29에서 인용)

서독인들이 이러한 어휘적(어떤 경우에는 의미론적) 개신(innovation) 경험에 대한 노출에서 완전히 배제된 것은 아니다. 클라우디아 프라스(Claudia Fraas 1990: 596-8)와 헬만(1997b: 66-7)은 대부분 전환기 동안에 만들어진 비교적 수명이 짧은 단어와 표현들(Dableiber, chinesische Lösung, Mauerspecht, Blockflöte와 같은)[3] 수백 개로 이루어진 목록을 만들었는데, 이는 동독인들에게만큼 서독인들에게도 친숙하지 않았다. 통일로 인해 일어나게 된 일들을 처리하기 위해 도입된 정치 및 경제 조치와 제도들(Aufschwung Ost, Treuhandanstalt, Gauck-Behörde)[4]도 동독과 서독에 똑같이 새로웠다. 그러나 물론 여기서 단어들 자체의 낯섦(novelty)은 단어들에 영향을 받는 사람들의 삶에 미치는 영향력만큼 중요한 것은 아니다. 예를 들어 Treuhandanstalt의 주요 과제는 국영 기업을 민영화함

....

면서 이러한 기관들이 대부분 문을 닫았다.

3 Dableiber는 동독에 '남아 있기로 선택한' 사람들이었다. chinesische Lösung(중국식 해법)은 중국에서 있었던 정치적 반대에 대한 잔인한 억압을 암시한다. Mauerspecht(문자 그대로 '벽을 허무는 사람', Specht는 딱따구리를 의미함)는 벽의 일부를 깎아 내는 사람들을 지칭하기 위해 만들어졌다. 그리고 문자적으로 '피리(Blockflöte)'는 독일사회주의통일당과 '동일한 곡조를 노래하는' 민주적 그룹의 당원에 대한 경멸적인 표현이었다.

4 Aufschwung Ost(동독 활성화)는 동독 경제를 활성화하기 위해 도입된 조치를 말한다. Treuhandanstalt((특히 독일 통일 직후 구동독 기업의 매각을 관장한) 신탁 관리 공사—옮긴이)는 정부 기관으로서 동독 기업의 민영화를 담당했다. 그리고 Gauck-Behörde(문서관리청장인 요하힘 가우크(Joachim Gauck)를 본떠 명명한)는 1991년 슈타지 기록 보관소를 처리하기 위해 설립된 조직의 대중적인 이름이었다.

으로써 동독인의 경제를 '합리화'하는 것이었고, 서독의 시장 원칙에 따라 경제를 구조 조정한 결과는 '잉여' 노동력의 대량 '배출'이었다. 영어는 독일어만큼 그러한 과정에 대한 풍부한 완곡 어구를 가지고 있다. 그러나 Treuhandanstalt의 활동과 연관되는 핵심 단어 중 하나는 영어에 정확히 일치하는 것도 없고, 그 자체가 새로운 단어도 아니다. abwickeln은 1990/1991년 이전 대부분의 독일인에게 '다루다, (과제를) 처리하다'라는 의미를 지녔던 충분히 흔한 단어다. 그러나 두 번째 전문적 의미(기업을 폐쇄하다, 그리고 더 나아가서 개별 노동자를 해고하다)가 빠르게 악명을 얻었다. 분명 서독 납세자들도 이 절차에 무관심할 수 없었겠지만, 각계각층의 동독 노동자들은 존립 자체에 직접적으로 영향을 받았다. 이러한 쓰라린 경험은 Treuhandanstalt의 최초 최고경영자인 데틀레프 로베더(Detlev Rohwedder)가 1991년에 살해된 직후, 베를린 동독의 프리드리히슈트라세(Friedrichstraße)역 신문 가판대에서 헬만(1994: 128)이 주목한 냉소적인 공고문에 '처리된 Treuhand의 보스(Treuhandchef abgewickelt)'로 간결하게 요약되어 있다.(전환기의 핵심 단어인 Treuhand에 대한 자세한 논의는 Herberg et al. 1997: 11장 참조; abwickeln에 대한 자세한 분석은 Siehr 1993, 1994; Teubert 1993 참조).

'새로운 단어'라는 것은 이 맥락에서 다른 의미로도 상대적인 용어다. 긴 역사가 있는 단어도 오랫동안 사용되지 않았다면 새로운 것으로 인식될 수 있다. 예를 들어 Gesamtschule(종합학교)와 Gastarbeiter(이주 노동자)는 분명히 1949년 분단 이후에 만들어진 서독의 신조어인 반면에 Aktiengesellschaft(합자회사), Immobilienberater(재산 또는 부동산 고문) 및 Realschule(실업(중)학교)는 모두 1949년 분단 이전에 일반 독일 어휘의 일부였으며, 동독에서는 '고어'가 되어서 통일 후 소생될 때까지 거의 죽은 거나 마찬가지인 상태였다(Kühn 1995a). 다른 유사 신조어들

(pseudo-neologisms)은 1945년 이후 국가 배상 기간인 초기 격변기의 맥락에서 통용되던 단어들이었다. 그 후 1989년 장벽 해체에 따른 부산물같이 Mitläufer(단순가담자), (Un)belastete(죄가 있는(없는) 과거를 가진 사람), Lastenausgleich(재정적 보상) 및 Persilscheine(결백증명서)에 대해 이야기했다(Hellmann 1997b: 67). 적어도 공적 담화에서는 '새로운 단어'가 생태 문제, 즉 Waldsterben(숲의 고사), Giftmüll(유독성 폐기물), Treibhausgase(온실 가스)와 같이 동독 매체에서 금기시한 주제와 관련이 있는 많은 단어와 표현이었다. 그리고 외국어, 영어식 어구로 인식된 단어는 서독에서 흔히 추정한 것보다 동독에서 실제로 더 널리 사용되기는 했지만, 갑작스럽게 신문 헤드라인부터 상점 이름 및 일상 담화에 이르기까지 모든 대중적 맥락에서의 사용은 규제를 받지 않게 되었고, 다수의 노년층 동독인들이 충격을 받을 만큼 빠르고 맹렬하게 전 영역을 휩쓸었다(Blei 1993; Müller 1994: 128).

전환기 이후에 동독인들이 경험한 낯선 어휘의 대부분은 이미 서독에서 평범한 어휘로 존재해 왔다. 한편으로 서독의 사회적, 정치적, 경제적 환경에 특화된 개념과 현상을 나타내는 단어와 표현들이 있었고 이들은 그 명칭과 더불어 동화의 대상이었다. 예를 들어 Auslandsamt(유학생 업무를 위한 사무소), Unternehmensberatung(기업 상담), Arbeitslosengeld(실업 보험금) 등이다. 이는 완전히 다른 체제에서 사회화된 사람에게는 상당히 힘든 일이었겠지만, 그럼에도 '새로운 개념-새로운 단어'의 대응관계로서 학습하기에는 제법 명료했다. 다른 한편으로 동서독의 서로 '다른' 체제에서 대응하는 것으로 보이는 여러 개념과 단어가 있었고, 이에 어휘들이 서로 접촉하는 국면에서 일반적인 언어 변화 과정을 거치면서 나타날 여러 결과를 예상할 수 있었다. '완전' 동의어의 경우 형태들 중 하나가 다른 형태로 대체되거나 또는 추가적인 '의미 구성 요소'를 획득함으로써 단어들을 서로 구분할 수 있도록 하고, 그럼으로써 그것들이 공통의 시스템 내에 존재할 수 있는 근거를 마련하도록 한다. 또는 하나(또는 둘 다)를 어떤 다른 면에서 좁은 의미로 정의하는데, 이는 주로 지리적 특성('지역적')을 띠게 하는 것이다.

1990년 이후 이러한 과정 중 적어도 일부는 독일어로 된 많은 어휘 항목에서 발생한 것으로 보인다. 거의 예외 없이,[5] 서독의 용어는 동독의 동의어들을 몰아내 버렸다. 예를 들어 Getrankestutzpunkt(음료 판매점)는 Getrankeshop 또는 -markt로 대체되고, Kaufhalle(슈퍼마켓)은 대부분 Supermarkt로, Abschnittsbevollmachtigte(r)(ABV, 지역사회 경찰관)는 Streifenpolizist로 대체되었다(Hellmann 1994a: 125). 변화의 흐름을 견뎌낸 동독의 용어는 일반적으로 지역에 따른 변이로서의 지위를 지닌다. 즉, 정치적 국가로서의 동독과 더 이상 관련되어야 하는 것은 아니고 다만 지리적 지역으로서의 '동부 독일'과 연결된다. 예를 들어 Dreiraumwohnung(Dreizimmerwohnung, 방이 세 개인 집), Plastetute(Plastiktute, 비닐 봉지) 등이 있다(Reiher 1995c). 그러나 명백히 동의어 관계에 있는 많은 단어들은 실제로는 서로를 구별해 주는 함축적 의미를 내포하고 있었다. 이는 적어도 일부 화자에게나 혹은 어떤 사회적 맥락에서 그러하다. 예를 들면 Werktätige(r)는 아마도 동의어 관계에 있는 Arbeitnehmer(종업원)보다는 광범위한 노동자에 해당된다. 그뿐만 아니라 두 단어 모두 1989년 이전 둘 중 어느 국가에서든 그곳에서 자란 화자들에게 특정한 정치적·이념적 부담을 주고 있다. 또한 Kaderakte에는 인사 기록 카드(Personalakte)에 보관할 수 없는 개인 정보가 포함되어 있었다(Hellmann

....

5 드문 사례 중 하나는 Physiotherapeut/in이다. 이 단어는 Zahnarzt(치과의사)에 해당하는 Stomatologe와 달리 더 오래된 서독 용어인 Krankengymnast/in보다 선호되었다.

1997b: 65; "2.3 언어적 그리고 사회언어적 차이"도 참조).[6] 화자들이 그러한 함축적 의미에 대한 지식을 서로 공유하고 있을 경우 라이허(Reiher 1995c)가 '탈동의어화'(예를 들어 Personalabteilung 대신 Kaderabteilung(인사부))에 대한 경험적 분석에서 보여 준 것처럼 동독의 잔재를 지닌 변이형 단어들은 대부분 폐기되었다.

또한 언어적 '합리화'가 다의성과 관련해서도 이루어졌다는 점도 주목할 가치가 있다. 왜냐하면 각 의사소통 공동체 내에서 여러 의미를 가진 개별 단어들은 의미적 축소를 통해 중의성이 해소되었기 때문이다. 헬만(1997b: 71)은 다른 사례들 중에서 어떻게 Bilanz가 '기업이 생산 목표를 달성했는지 여부를 보여 주기 위한 회계 실행'이라는 동독에서의 의미를 잃게 되었는지 보여 준다. 이제는 자산과 부채, 즉 기업의 수익성을 나타낸다는 서독에서의 개념만이 유일하게 가능한 의미가 되었다. 여기서 분명 상당한 오해의 가능성이 존재하며 그러한 오해로 인해 빚어지는 결과는 비전문 용어로 인한 것보다 더 상당할 것이다. 따라서 콜린 굿이 일종의 '공공사전(öffentliche Lexikographie)'(Good 1993: 254)이라고 명명한 것이 과도기 동안 나타나 동독인과 서독인들 모두에게 이러한 의사소통의 지뢰 지대를 통과하도록 길잡이가 되었다는 사실은 어찌 보면 자연스러운 일이다. 왜냐하면 서독의 경제적 및 법적 모델이 규범으로 확립된 후에도 사고방식이 변화하는 데는 더 오랜 시간이 걸렸기 때문이다.

이 공공사전은 다양한 형태를 취했다. 다음과 같이 지역 신문의 칼럼으로도 나왔다.

---

6 프라스(1990: 595)는 '유사하지만 똑같지 않은' 것으로 분류될 수 있는 다른 단어 쌍 목록을 작성했다. 즉, Kindergarten과 Kindertagesstatte(Kita, 주간 보육 시설), Offentlichkeitsarbeit와 Public Relations(홍보), Feierabendheim과 Seniorenheim(퇴직자 수용 시설). 퀸(Kühn 1995d)도 참조하라.

Teamwork ist Gruppenarbeit—früher vor allem in den USA praktiziert—wird bei uns immer wichtiger. Es wird zwar durchaus auf die Bedürfnisse des einzelnen Rücksicht genommen, aber die Fähigkeit, sich in einer Gruppe einzugliedern, hat Vorrang.

'팀워크'는 집단 작업을 뜻한다. 이전에는 특히 미국에서 실행되었고, 이제는 점차 이곳에서도 중요해지고 있다. 각 개인의 필요도 상당히 고려되지만, 집단에 어울리는 능력이 우선시된다.

(1991년 6월 16일 동독에서 출판, 배포된 『주퍼(Super)』지; Good 1993: 254에서 인용)

도이체 방크(Deutsche Bank)는 동독과 서독의 새로운 사업 파트너들 간의 의사소통을 지원하기 위해 동독과 서독으로부터 선정된 200개의 비즈니스 용어집을 서둘러서 발간했고(Kahle et al. 1990), 언어 상담 서비스(Sprachberatungsstellen)가 출현해 빠르게 증가하는 '올바른 사용법'을 문의하는 수요를 충족시켰다(Kühn 1994; Kühn and Almstädt 1997a, b). 물론 '정확하게' 언어를 사용하려는 욕구는 동독인에게만 국한된 것은 아니었다. 다수의 서독인들 또한 철자법, 구두점, 문체 등에 대해 문의하기도 했다. 그러나 새로운 언어 생태계의 다른 여러 측면에서와 마찬가지로 동독인들은 이중 부담, 즉 모든 사람에게 영향을 미치는 공통의 언어 문제를 해결해야 하는 과제와 더불어 독일어 내에 존재하는 언어적 차이 전체를 이해해야 하는 상황에 직면했다. 이는 많은 사람들이 난처한 상황에 처하거나 심지어 굴욕을 당할 가능성을 유발시키는 원인으로 보았다. 이러한 상황에서 선의의 조언은 도움이 되겠지만, 어떤 사람들은 이를 '전문가의 도움'과 사회적 차별이 선심성 담화 형태로 나타난 것으로 분명히 경험했다.

'Die Sprache, die wir von unseren Eltern übernommen haben, ist wohl nicht mehr gut genug?'

'Man traut uns wohl nicht zu, daß wir selbständig umlernen können. Das ist wieder so eine Art Bevormundung.'

'Nachdem mein Berufsabschluß nicht anerkannt wurde, soll mir nun auch meine sprachliche Qualifikation aberkannt werden?'

'그래서 우리가 부모님에게서 배운 언어는 더 이상 충분하지 않다는 것인가?'

'그들은 우리가 스스로 다르게 생각하는 법을 배울 수 없다고 생각한다. 그들은 우리가 무엇을 다시 생각해야 하는지 가르친다.'

'처음에 그들은 내가 받은 교육 자격을 인정하지 않았고, 이제는 내 언어 능력을 받아들이지 않으려고 하는 것인가?'

(Kühn and Almstädt 1997b: 198)

불만을 가진 이는 할레(Halle) 대학교의 전화 상담 서비스에 전화를 거는 사람 중 소수에 지나지 않을 수도 있지만, 분명히 심도 깊은 불만을 표현하고 있다. 이들은 독일어 원어민으로서의 능력에 도전을 받는다고 느끼고, 스스로를 새로운 사회에서 그들의 열등한 신분을 강화하기 위해 설계된 언어 순화 실행(verbal hygiene practices)("2.1 정치적 변화와 언어의 위기" 참조)의 희생자로 여기기 때문이다. 그러므로 새로운 언어에 노출되었을 때 보이는 초기 반응이 일반적으로 상처 입은 반항이었다는 것은 놀랍지 않다. 그것이 비록 전략적 저항보다는 자존심을 유지하기 위해 분개하는 형태였지만 말이다. 이는 어느 동베를린 여성이 1991년 2월 25일 『베를리너 차이퉁(Berliner Zeitung)』에 쓴 편지에서도 잘 드러난다.

Mein Enkel, stolz darauf dem Krippenalter entwachsen zu sein, weigert sich störrisch, in die Kita zu gehen. Bei dem Wort Kindergarten strahlende Augen, bei Kita Protest und Widerwillen. Ich will alles dafür tun, daß dem kleinen die schöne altdeutsche Bezeichnung Kindergarten nicht abhanden kommt.

자신이 어린이집을 졸업한 사실을 자랑스럽게 생각하는 내 손자는 Kita(주간 보육 시설)에 가기를 대놓고 거부합니다. Kindergarten이라고 말하면 아이는 활짝 웃지만 Kita라고 말하면 항의합니다. 나는 이 작은 친구가 훌륭한, 독일의 오래된 단어 Kindergarten을 잃어버리지 않도록 할 수 있는 모든 것을 하려고 합니다.

(Schönfeld and Schlobinski 1997: 130)

이러한 진술에서 보이는 비애감을 조롱하고, 동베를린 패스트푸드 판매점에서 종종 인용되는 선언 "당신은 여기서 여전히 '로스트 치킨'에 대한 전형적인 동독어를 사용할 수 있습니다."와 같은 사소하고 하찮은 비꼬는 형태의 저항으로 치부해 버리기는 쉽다. 그러나 쇤펠트(Schönfeld 1993)가 내부자의 관점에서 주장하는 것처럼, 냉철한 언어학자에게는 피상적이고 쉽게 바꿔 쓸 수 있는 개인 언어 목록의 구성 요소로 보이지만, 영향을 받는 당사자들에게는 오로지 그것이 빼앗길 때에만 정말로 진가가 나타나는 자기이해의 필수 요소일 수 있다. 당시 많은 동독 사람들은 널리 통용되는 것의 일부였고 문자 그대로 일상생활의 초석이었던 물건들을 가리키는 단어들을 '상실'(혹은 몰수)하는 것에 대해서 상실감을 느꼈다고 증언했다. 언어(상실)와 사회적 불평등 사이의 연관성은 일부 사람들에게는 뚜렷했다.

Es ist also verdächtig oder sogar 'out', hier im Osten weiter von der 'Kaufhalle', von 'viertel acht' oder vom 'Kollektiv' zu reden. Ich möchte statt der im MZ-Beitrag angeführten Belanglosigkeiten dieses in meinen Augen Sprachterrors einmal ein paar wesentliche neue Vokabeln nennen, die hier hereingebrandet sind: Massenarbeitslosigkeit, Ministergeldskandale, abwickeln, feuern, Obdachlose, Aussteiger, Reps, Rauschgiftszene, Kinderfeindlichkeit, gegauckt werden.

그래서 '거래소(Kaufhalle)' 또는 '노동 공동체(Kollektiv)'에 대해 이야기하거나 '7시 15분(viertel acht)'[7]이라고 말하는 것은 여기 동독에서 수상쩍은 행동이며 심지어 '허용되지 않는다'. MZ 기사에 실린 언어적 위협이라고 간주하는 사소한 예 대신에 나는 여기서 밀려들듯이 나타나는 몇 가지 중요한 새 단어들을 언급하고 싶다. 즉, 대량 실업, 총리의 금융 스캔들, 청산, 해고, 노숙자, 중퇴자, 국회의원(Reps, 극우 공화당 의원), 마약 현장, 어린이에 대한 적대감, '가우크(Gaucket) 완료'[8] 등이다.

(『미텔도이체 차이퉁(Mitteldeutsche Zeitung)』,
1994년 2월 26일 자, 독자 편지; Kühn 1995b: 331에서 인용)

이것은 또한 같은 출처의 다른 독자의 편지에서와 마찬가지로, 시장 경제와 함께 동독 언어 공동체를 휩쓴 영어식 어구의 대유행을 향해 자주

....

7 사실 슈테펜 바르부어(Stephen Barbour)가 개인적 교신에서 내게 상기시켜 주었듯이, 이 표현은 실제로 동독에 국한되지는 않았지만 일부 사람들은 그렇게 인식한 것이 분명하다.

8 슈타지 기록 보관소인 요아힘 가우크를 담당하기 위해 1991년에 설립된 정부 기관의 첫 번째 책임자 이름에서 파생된 구어체 표현(주 4 참조). 예를 들어 고용주는 직원의 파일을 검사해 슈타지에서 근무했음을 나타내는 징후가 있는지 확인할 수 있다.

표출되었던 반대 의견의 위력을 설명한다.

> Wenn ich die Fernsehzeitung aufschlage und das Programm lese, breche ich mir manchmal bald die Zunge: fast nur noch englische Worte. Muß denn das sein? Gibt es in unserer deutschen Sprache dafür keine passende Übersetzung? Für ältere Leute und für solche, die nie Englischunterricht hatten, ist das Lesen des Fernsehprogramms eine Zumutung.
> TV 잡지를 읽을 때 단어들을 읽을 수 없을 때가 있습니다. 왜냐하면 사실상 영어밖에 없기 때문입니다. 이것이 정말 필요한가요? 우리 독일어로는 충분히 번역을 할 수 없습니까? 노인이나 영어를 배운 적이 없는 사람들의 경우 TV 편성표를 읽는 것이 거의 불가능합니다.
>
> (『미텔도이체 차이퉁』, 1994년 5월 28일 자, 독자 편지; Kühn 1995d: 412에서 인용)

굿(1993: 252)이 지적하는 것처럼, 이 불만은 서독인들에게는 매우 친숙하게 들렸을 것이다. 그는 계속해서 그 당시 동독인들이 경험한 많은 언어적 변화는 일종의 '최근의 독일어(서독 언어) 변화를 빠른 속도로 다시 경험하는 것'이라고 주장했지만, 이것이 간과한 것은 언어 변화와 사회적 차별 사이 불가분의 연결 고리에 대한 동독인들의 인식이다(통일 후 동독에서 영어식 어구의 수용에 대해서는 Fink et al. 1997; Hampel 1998도 참조).

이러한 맥락에서 많은 동독인의 문제는 그들이 사회적, 언어적 딜레마에 직면했다는 사실이다. 한편으로는 시장경제의 요구와 밀접한 관계가 있으며 '유연하고 역동적이어야 한다'[9]는 요구로 표현되는 불안과 불확실성이 있었고, 다른 한편으로 동독 사람들은 옛 사회주의 담화의 텍스트에 기반을 둔 많은 쉽볼렛을 피하기를 원했다. 이것은 특히 fortschrittlich(진보적인), friedliebend(평화를 사랑하는), schöpferisch(창조적인)와 같은 형용사에 적용된다. 헬만(1994a: 133)은 1991년 초 드레스덴에 있는 한 회사 경영진이 회람한 내부 메모를 인용하면서, 공적 맥락에서는 더 중립적인 용어 사용에도 민감했음을 보여 준다. 이 메모는 모든 직원에게 Kader(전문가), Brigade(작업반), Kollektiv(노동 공동체), Ökonomie(경제), Werktätige(r)(노동자), Territorium(영역) 등 '과거에서 온' 다른 개념들을 피하도록 지시하고 있는데, 그 이유는 아래와 같았다.

> Diese Begriffe sind für ein westliches Ohr stark vorbelastet und führen zu negativen Assoziationen. Wir machen uns im Umgang mit den westlichen Firmen das Leben unnötig schwer.
> 서독 사람의 귀에는 이러한 개념이 강하게 오염되어 있어서 부정적인 연상을 불러일으킵니다. 이런 말들을 사용한다면 서독 기업과의 거래에서 불필요하게 우리 스스로 인생을 힘들게 만들 뿐입니다.

서독인들도 민감성을 가져야 한다는 사실을 완전히 잊어버린 것은 아니었다. 특히 노동조합과 같이 이익을 보호하는 경우에 더 그러했다. 동독에서의 조합원 확대를 추구하는 서독 노동조합은 Solidarität der Arbeitnehmer(노동자 연대), Friedenspflicht(임금 협상 중 쟁의 금지 의무), Geschlossenheit(단결), Funktionär(간부, 임원), Aufklärung(정치적 지침),

....

9 서독인은 가지고 있지만 동독인에게는 부족한 자질이라는 의미로 사용("5.2 자신과 타인에 대한 재현"; "5.3 정체성의 형성과 경합" 참조).

Bewußtsein(자각), Einheit(단결), Fortschritt(진보), Masse/Massenorganisation(대중/대중 조직)과 같이 서독인들이 일반적으로 사용하던 용어들을 되도록 사용하지 말아야 한다는 조언을 들었다(Good 1993: 256; Hellmann 1997b: 74). 분명 서독에서 노동조합이 사용하던 수사적 표현들, 즉 은유적 표현들 전체가 문제가 되었고 특히 투쟁이라는 중심 개념이 그러했다. 슈퇴렐(Störel 1997: 94)이 지적하듯이, 19세기 노동자운동에서 자라났던 Arbeiter als Kämpfer(투사로서의 노동자)라는 개념은 1949년 이후 두 갈래로 나뉜 길을 따랐다. 말하자면 서독에서의 투쟁은 Kampf um den Arbeitsplatz(직장을 얻기 위한 투쟁)이었고, 동독에서의 투쟁은 Kampf am Arbeitsplatz(직장에서의 투쟁)이었다. 만약에 동독인들이 통일 후에 직장에서의 투쟁을 하지 않게 되어 행복해졌다면, 그들은 대량 실업에 직면하게 되었으므로 직장을 얻기 위한 투쟁에 직면해야 했다. 그러므로 오늘날 동독의 노동조합에서는 "당신은 투쟁에 나서지 말고 '적극적으로 참여하십시오', '요구하십시오' 또는 '토의 결과를 따르십시오'"라고 한다(1997: 101; "3.1 공식적 담화의 '비잔티움 건축'"과 "3.2 일상생활 담화에서 나타나는 의례성" 참조).

1990년대 초 격변기의 사회적 혼란은 동독 공동체의 개별 구성원들을 불가피하게 불안정하게 만들었다. 정상 상태에 대한 그들에게 친숙한 표지들이 매우 갑자기 제거되었기 때문이다. 그러나 새로운 정상성(normality)의 기준을 설정하는 부분에서의 어려움은 그 기준이 완전히 이질적인 환경이 아니라 여러 측면에서 이전과 매우 유사한 환경에 이식되었다는 것이다. 명백하게 오염된 단어에 대해서는 민감하게 반응하겠지만 다른 표지들, 즉 동독에서의 언어 사용 특성을 나타내지만 의식적인 인식 수준으로 나타나지 않았던 것들은 일상 언어 활용 상황에서 현저하게 대조되는 연어(collocations)의 형태로 지속적으로 등장한다. 예를 들어 『라이프치거 폴크스차이퉁』의 한 기사(1993년 4월 15일 자)는 새로운 성인 교육 센터의 설립을 분명히 반어법 없이 'Eine Errungenschaft der Wende(전환기의 업적)'이라고 서술한다. 에롬스(1994: 34)는 이에 대해 '사회주의의 핵심 단어를 사회주의 제거의 쉽볼렛과 연결시키는, 극도로 역설적인 표현'이라고 언급한다.[10] 심지어 일반적으로 낙인찍힌 용어들 중 일부는 놀라울 정도로 오랫동안 존속하기도 했다. 퀸(Kühn 1994: 140)은 1993년 8월 23일 자 『미텔도이체 차이퉁』의 구직 광고를 인용한다. "Wir suchen für die Betreuung eines Forschungsprojektes ab September 1993 einen geeigneten *Kader* mit Wohnsitz in Leuna, der auf Stundenbasis die analytische Überwachung des Projektes vor Ort übernimmt(우리는 연구 프로젝트의 분석 감독을 수행할 로이나(Leuna) 지역에 거주하는 적합한 전문가[특징적 동독 용어 Kader]를 시급 기준으로 찾고 있습니다)." 이러한 용법은 서독 사람들의 눈에 띄지 않을 수 없겠지만, 서독의 맥락에서 완벽하게 자연스러워 보이는 다른 표현들은 동독의 관찰자에게 당황스럽게 보일 수 있다. '가혹한 경쟁의 바람(der rauhe Wind des Wettbewerbs)'은 자본주의 경제에서는 일상적이고 사실상 상투적인 문구지만, '사회주의 경쟁(sozialistischer Wettbewerb)'이 동독 산업에서는 집단 기업의 본질이었기 때문에 적어도 전환기 이후 초기 동독에서 사회화된 사람에게는 역설처럼 읽혔을 수 있다("3.1 공식적 담화의 '비잔티움 건축'" 참조). 마찬가지로 상점에서 'im Angebot(세일 중)'라는 표시는 매우 상반된 반응을 불러일으켰을 것이다. 서독인에게는 이 제품이 '특별히 제공된다, 즉 가격이

....

10 '공동선을 위한 노력을 통한 성취'라는 의미를 가진 Errungenschaft는 공식적인 동독 맥락에서 좀 더 서독식 용어인 '타인을 희생시키는 개인의 성공'을 의미하는 Leistung보다 선호되었다("3.1 공식적 담화의 '비잔티움 건축'"도 참조).

인하된다'는 것을 함의하는 반면, 동독인에게는 그것이 이 제품이 (평소와 달리) '구매 가능하고', '재고가 있다'는 의미로 이해되었을 것이기 때문이다(Schöder 1997b: 153, 159 참조).

이와 같은 단순한 오해는 개별적으로는 사소하며 쉽게 해소될 수 있다. 그러나 특정 언어적 용법에 대한 동독의 독해 방식과 서독의 독해 방식 간에 발생하는 긴장 속에서는 개인적 차원 및 사회적 차원 모두에서 갈등이 발생할 가능성이 있었다. 다시 말하지만, 단지 한두 단어만으로도 특정 맥락에서 서로 상반된 내용을 연상하거나 의사소통에 실패하는 상황을 유발하기에 충분했을 것이다. 예를 들어 주택은 분명히 동서독 모두에서 중요한 사회적 문제였지만, 주택 및 건축 정책은 극단적으로 달랐고 개별 거주지 형태에 부여하는 가치 또한 상당히 달랐다. 겉보기에 무해한 어휘 아래에 숨어 있는 이러한 근본적인 차이점은 특히 통일 후 초기에 오해와 갈등의 중대한 원인이었다. 헬만(1994a: 132)은 서독의 두 부동산 중개업자와 동독에서 막 도착한 한 젊은 부부 사이의 재앙적인 만남에 대해 이야기한다.

> Relativ schüchtern, 'fast als Bittsteller', nehmen sie die Angebote des Maklers zur Kenntnis, erschrecken über die Mietpreise. Dann bietet ihnen der Makler eine deutlich preisgünstigere Altbauwohnung an, 'ziemlich interessantes Angebot', wie der Makler betont. Darauf pikierte, schließlich verärgerte Abwehr: Keine Altbauwohnung, nicht mit ihnen, das ließen sie 'nicht mehr mit sich machen!'. Das Maklerehepaar ist ratlos, schließlich verärgert; es hält dies Ehepaar für 'anspruchsvoll', 'unbegreiflich', 'undankbar', 'es sind halt doch andere Menschen'.

마치 공손히 부탁하는 사람처럼 수줍어 하던 [이야기는 중개인의 관점에서 표현된다] 부부는 부동산 중개인의 제안을 이해하고 그가 제시하는 매물의 임대료에 충격을 받는다. 그러자 중개인은 오래된 건물에 있는 훨씬 저렴한 아파트를 제시하면서 '제법 흥미로운 매물이에요'라고 강조한다. 그들은 불쾌해하면서 그 제안을 거절한다. 그들에게 오래된 건물에 있는 낡은 아파트는 안 된다. 그들은 '더 이상은 이렇게 취급받기 싫다'고 말한다. 중개인들 역시 헷갈리기도 하고 불쾌하기도 하다. 그들은 그 부부를 '만족시키기 힘들고', '이해심이 없으며', '감사할 줄 모르고', '그저 다른 종류의 사람들'이라고 생각한다.

문제의 근원은 Altbauwohnung(낡은 아파트)가 무엇인지에 대한 개념이 서로 다른 데 있다. 동독에서는 현대적인 시설이 갖춰져 있지 않고 시급하게 보수가 필요한 무너져 가는 낡은 아파트였을 것이다. 서독에서는 현대화하긴 했지만 본래의 특징을 유지하고 있는 오래된 아파트였다. 그렇다면 의사소통 실패의 원인은 각 당사자가 부적절한 행동을 상대방의 탓으로 돌렸기 때문이다. 서독 출신 중개인들은 동독 출신 부부가 좋은 매물을 거절한 것에 대해 감사할 줄 모른다고 여기고, 동독 출신 부부는 중개인의 제안을 노골적인 사회적 차별 행위라고 해석한다.

언어적 및 사회언어학적 차이로 인해 발생하는 의사소통의 어려움과 서로 다른 사회 경험에서 기인한 그 어려움의 근원은 보다 체계적으로 다루어져야 하며, 문제의 많은 부분은 양측이 공유한 지식이 부족하다는 데 있다. 앞서 논의한 언어 상담 서비스의 활동은 본질적으로 일종의 문제 해결을 위한 조치로서 각종 변화에 임시방편적으로 대처하고, 무작위로 발생하는 특정 요구에 대응하려는 것이다. 이와 대조적으로 어휘 변화를 추적, 분류 및 기록하는 것은 전문 사전 편찬자의 업무이므로 이 절에서 내가 논의한 과정은 그들이 직면한 막대한 도전을 나타낸다. 사람들은 일반적으로 글로 쓰든 말로 하든 일상의 텍스트 생산에서 사전에 크게 의존하지 않지만, 이러한 참고 도서는 언어 공동체 내에서 중요하고 영향력 있는 위치를 차지하며 언어적 형태와 의미에 대한 권위 있는 진술의 보고로서 기능한다. 그러나 동시에 역설 또한 존재한다. 사전은 언어의 '상태'에 대한 완벽한 기술(記述)로서 그 존재를 드러내며, 본질적으로 일정한 흐름 속에 있는 것을 정적으로 표현해 내는 것이다. 사전은 그 자체를 객관적인 기록으로서 파악한다는 점에서 기만적 요소가 있으며, 여기서 우리 대부분은 의식적으로든 무의식적으로든 충돌하게 된다. 사전을 작성한다는 것은 역사를 서술하는 것과 같이 판단을 수반하는 해석적 행위다. 어떤 기준에 따라 어떤 단어를 선택해야 하는가? 선택한 단어는 어떻게 분류되고 어떻게 서로 관련되는가? 어떠한 근거로 그것들의 의미가 결정되어야 하는가? 단어들의 용례에 대해 어떤 종류의 지침을 제공하는 것이 적절한가?

동독 언어학자 마리안 슈뢰더(Marianne Schröder)는 동독 어휘의 유의어 사전인 '동독 시민의 보통 어휘(Allgemeinwortschatz der DDR-Bürger)'를 구축하려는 장기간에 걸친 자신의 노력을 이야기하면서 독일 상황에서 이 과제가 유독 민감한 성격을 지녔음을 인정했다(Schröder 1997a 참조; Schröder 1992; Hopfer 1996). 본래 동독에서의 일반적인 용법에 대한 실용적인 안내서를 만들고자 주제 그룹(예를 들어 교육, 미디어, 예술, 스포츠)에 따라 주요 키워드를 구성해 행동(ACTION), 물체(OBJECT) 및 재산(PROPERTY) 등과 같은 범주를 마련했다. 이 사전은 처음에 역사적 상황으로 인해 어려움을 겪었다. 1989년에 대부분 완성되었으나 출간 계약을 맺을 수도 없었고 판매할 곳도 없었다(Schröder and Fix 1997: 5). 마침내 출판되었을 때는 역사적 기록 문서로 출판되었고, 어휘 목록에는 비평

주석이 그녀가 '서술적 사전 편찬법(erzählende Lexikographie)'(Schröder 1997a: 167; Kilian 1994에서 빌린 용어)이라고 부른 형태로 첨부되었다. 그녀의 목표는 '특정한 주제나 집단과 독점적으로 관련되지 않은 맥락에서 특히 동독에 사는 독일인들이 사용하는 기본적 어휘에서 도출된 단어들의 집합'을 구성하는 단어 말뭉치를 구축하는 것이었지만(1997a: 154), 최종적으로 출판된 맥락에서는 원래 의도했던 것보다 더 많은 범주들을 구별할 필요가 있었다. 그녀는 자신이 작성한 1만 단어 중 약 94%가 실제로 일반 독일어 어휘의 일부라고 추정했지만, 나머지 6%는 그녀가 '동독과 관련이 있는(DDR-gebunden; 이 범주는 '동독 특수어(DDR-spezifisch)'와 '동독의 특징을 보이는 단어(DDR-geprägt)'로 다시 하위분류됨)'(1997a: 164-5)이라고 분류한 사소하지 않은 단어들로 구성했으며, 이 단어들 사이의 관계와 이들 단어와 유사한 지시 대상을 갖는 서독 단어들 사이의 관계는 분석과 논의를 필요로 했다.

동독 특수어의 양을 보면, 더 앞선 시기의 추정치가 더 높은 경향이 있다. 킨네와 스트루베-에델만(Kinne and Strube-Edelmann 1981)과 아렌츠(Ahrends 1989)가 출판한 작은 사전들은 800~900개의 표제어를 수록했고, 여섯 권으로 구성된 『현대 독일어 사전(Wörterbuch der deutschen Gegenwartssprache, WDG)』(1964~1976년에 출판됨)은 1,330개의 단어를 동독 특수어로 식별했으며, 다른 연구들은 실제 수치가 2,000~3,000개 사이일 수 있다고 제시한다(Hellmann 1994a: 129-30).[11] 그러나 WDG는 1,271 단어를 서독 특수어로 분류했는데 이는 통일 이전이나 이후에 서독에서 출판한 사전은 채택하지 않은 관행이었고, 폴렌츠(Polenz 1993: 141-2)가 주장하듯이 서독의 사전 편찬자들이 분명 훨씬 더 많았을 그러한 개

....

11 가장 중요한 최근의 사전인 『볼프(Wolf)』(2000)에는 표제어가 1,900개 있다.

신들(innovations)을 기록하지 못한 것이 동독의 언어가 서독의 경우보다 1949년 이전의 '실제 독일어'에서 더 크게 벗어났다는 오래되고 근거 없는 선입견을 키우는 데 기여했다(Schaeder 1997: 70-1도 참조).

독일어 어휘의 동서 분포에 대한 확실한 (그러면서도 정확하기까지 한) 설명을 달성하려는 목표가 얼마나 어려운지는 지난 수십 년 동안 분리된 채 사전 편찬을 해 오던 것을 끝내고 단일한 사전으로 '통합 독일어'를 모두 포함시키려던 초기 시도에서 분명해졌다. 불가피하게 이 출판물들 중에 가장 세밀하게 검토된 것은 『독일어 정서법(Duden. Rechtschreibung der deutschen Sprache)』(1991)의 제20판인 소위 『통일 두덴(Einheitsduden)』이었다. 이 가장 존경받는 독일어 사전의 초판은 1880년 라이프치히에 있는 비블리오그라피셰스 인스티투트(Bibliographisches Institut)에서 출판되었으며, 그때로부터 1949년까지 열두 개의 판본이 추가로 출간되었다. 그러나 이후 40년 동안 『두덴』의 별도 판본들이 라이프치히(동독)와 만하임(서독)에서 출판되었고, 둘 다 각자의 나라에서 독보적 지위를 누렸지만 언어 표현에서는 서로 크게 달랐다(민중 사전(Volkswörterbuch)으로서 『두덴』의 자세한 역사는 Sauer 1988). '통일된' 『두덴』(대부분의 다른 것들과 마찬가지로 서독 모델에 따라 통일되었음. 이전 라이프치히 판은 18판, 이전 만하임 판은 19판)은 출간 발표 일정보다 훨씬 일찍 서둘러서 출간되었는데 의심할 바 없이 경쟁에서 앞서기 위해서였지만, 무엇보다도 의심스러울 경우 참조하는 최종 중재자로서 '독일어 사전'으로의 지위를 되찾기 위한 것이었다('maßgebend in allen Zweifelsfällen').

그러나 비평가들이 재빨리 지적한 것처럼, 언어를 사전 편찬을 통해 통일하는 것은 정치적, 경제적 또는 사회적 통일처럼 어려움(물론 그 비중이 상대적으로 적지만)이 많았다. 사전 편집자 측은 사전 편찬에 대해 다음과 같이 언급했다. "새로운 단어들이 포함되었을 뿐 아니라 동독에서 흔히 사용되고 가까운 과거를 이해하는 데 중요한 단어도 포함되었다." 그러나 이러한 주장에 반대하며 셰더(Schaeder 1994)와 루트비히(Ludwig 1996, 1997)는 새 판본을 상세히 분석해 부족한 점이 있음을 밝혀냈다. 동독에서 흔히 사용되었고 가까운 과거를 이해하는 데 중요한 단어를 기록했다는 편집자들의 주장은 날카로운 학계의 논평가들에게 분명히 장차 문제의 빌미가 될 수 있는 요소와 먹잇감을 제공했다. 예를 들어 루트비히(1996: 131)는 Arbeiter-und-Bauern-Fakultat(노동학부), 과학이나 예술적 성취에 대한 최고의 국가 상인 Nationalpreis(국가 공로상), Erntebrigade(수확 작업조), Objekt(공용 시설), LDPD(독일자유민주당), SED(독일사회주의통일당), FDJ(자유독일청년단), Betriebsakademie(국영 기관 부설 학교), Karl-Marx-Orden(카를 마르크스 메달), Jugendbrigade(청년 작업반), Kaufhalle(슈퍼마켓), NDPD(독일민족민주당), DFD(독일민주여성연맹)은 왜 빠졌는지 묻는다. 셰더(1994: 83)는 Kaderleiter(인사 과장)은 포함되고 Kaderabteilung(인사부) 또는 Kaderakte(개인 파일)은 왜 포함되지 않았는지, Parteiaktiv(당의 활동가)는 포함되고 Blockpartei(연합 정당)은 왜 포함되지 않았는지, 그리고 Staatssicherheitsdienst(국가 공안국)은 포함되고 Ministerium fur Staatssicherheit(국가보위부)는 왜 포함되지 않았는지 의문을 제기한다.

그러나 이 문제는 『두덴』에 국한되지 않았다. 1990년 이후의 몇몇 사전에 대한 이후의 분석에서 셰더(1997)는 광범위한 불일치와 비일관성을 밝혔다. 가장 다루기 힘든 문제들 중 하나는 가장 기본적인 문제였다. 동독 특수어 및 연관 항목을 '지역 단위로(regional)', '드문 경우(selten)', '더 이상 사용되지 않음(veraltend)'으로 어떻게 표기할 것인가? 단순히 'DDR' 또는 'in der DDR(동독에서)', 'in der ehemaligen DDR(구동독에서)', 'ehemals in der DDR(이전에 동독에서)' 등으로 표기할 것인가? 아니면 다른 방법으로 식별되어야 하는가? 그러한 용어를 부적절하게 사용해 잘못된 인상을 주기가 얼마나 쉬운지에 대한 좋은 예는 『두덴』 제20판에 있는 'Flucht aus der ehemaligen DDR(구동독에서 도망/탈출)'에 대한 정의를 제공하는 Republikflucht 항목이다. 더 이상 존재하지 않는 것으로부터 도망칠 수 있다는 해석은 제21판(1996)에서 'ehemals Flucht aus der DDR(이전에 동독에서 도망/탈출)'로 재진술됨으로써 삭제되었다 (Schaeder 1997: 63).

어휘학자들이 구축하고 사전 편찬자들이 기록한 많은 증거들은 통일 이후 독일에서의 사회적 관계 발전에 대해 무엇을 보여 주는가? 비록 나는 이 절에서 피상적으로 다룬 것에 불과하지만 우리는 의심할 바 없이 1990년대의 사회적 격변기는 상당한 어휘적 변화로 특징지어졌으며, 이 변화에 기여하는 과정들은 매우 복잡했다는 것을 확신할 수 있다. 그러나 이 연구의 가치에 대한 중요한 한계들이 있다. 첫째, 언어 사용에 관한 데이터 중 많은 것들이 무작위로 수집되었으며 많은 연구 결과가 대규모 변화를 대표한다고 믿을 만한 충분한 이유가 있지만, 체계적인 방법론 없이 그러한 변화의 정도에 대한 강력한 결론을 도출하기가 어렵다.[12] 둘째, 광범위한 출처(사실 대부분은 문어 자료이나 일부 구어 자료도 있었음)에서 수집된 상당한 양의 자료에도 불구하고 우리가 사람들의 실제 언어 행동 방식에 대해 그것으로부터 많은 것을 알게 되었다고 꼭 말할 수는 없다. 이는 다음 절에서 탐구할 다른 종류의 접근 방법을 요구한다.

....

12 만프레트 헬만의 세심한 연구는 중요한 예외다.

4.2 의사소통의 불일치

개별 단어들은 (사회)언어학적 변화의 가장 눈에 띄는 징후일 수 있지만 그 단어들만 따로 접할 경우가 거의 없으므로, 텍스트 내에서 해당 단어를 접할 때에야 비로소 그 단어들의 특징을 파악하게 된다. 더 나아가 분석을 텍스트 수준으로 전환하면, 반드시 개별 단어가 중요성을 지닌 것은 아니고 오히려 맥락을 창조해 내는 텍스트 구성 패턴과 텍스트 전략이 더 중요할 수 있음을 빈번하게 발견할 수 있다. '패턴'이란 더 큰 범주의 텍스트 유형 또는 장르 내에 특정 텍스트를 위치시키는 것이고, '전략'이란 텍스트를 담화라는 사회적 과정의 요소로 드러내는 것이다. 다시 말해서 특정 장르에 속하는 개별 텍스트('회의 연설' 또는 '신문 사설'과 같은)는 공통된 구조적 특징(청중 호명하기, 특정 사회적 또는 경제적 이슈 분석하기, 해결 방안 제시하기, 해결 방안을 보다 광범위한 정책 또는 의제에 관련시키기 등과 같은 것)을 공유하는 것으로 식별될 수 있지만, 텍스트는 그것이 생산되는 사회적 맥락 내에서 다른 목적을 지니고 있기 때문에 패턴들이 드러나는 방식은 달라질 수 있다.

변화하는 언어 생태계의 한 가지 아주 중요한 측면은 (모든 가치관, 가정, 신념 그리고 관습을 지닌) 일련의 사회구조와 제도들을 다른 것으로 대체하는 과정이 텍스트 레퍼토리 또는 보다 정확하게는 의사소통 장르 목록을 재구성하는 작업과 동시에 이루어지거나, 혹은 심지어 그 작업에 따라 표면으로 드러나게 된다는 것이다. 어떤 장르들이 새로운 현실에 머무를 곳이 없어서 사라지는 것과 마찬가지로(예를 들어 우리의 맥락에서 Kampfprogramm(연간 작업 계획) 또는 Arbeitsplan(프로그램)과 같은 특징적인 동독의 장르), 새로운 현실의 실체를 총체적으로 구성하는 다른 장르들이 나타나기도 한다(예를 들어 Steuererklärung(세금 신고서), 또는 Projektantrag(프로젝트 제안서)). 그러나 우리의 관점에서 가장 흥미로운 사실을 보여 주는 장르들은 어떤 의미에서는 두 사회에 공통적 장르이기 때문에 (동독의 관점에서) 살아남은 장르들이다. 왜냐하면 전환기 전후에 생산된 텍스트를 비교 분석해 보면 새로 통일된 언어 공동체에 내재된 의사소통 불일치 정도를 어느 정도 측정해 볼 수 있기 때문이다. 만약에 동독인과 서독인이 이러한 의사소통 환경으로 서로 간에 부분적으로만 겹치는 지식을 가져온다면 (특정한 사회현상의 본질적 의미와 텍스트 실현 패턴의 관점 모두에서), 적어도 이 불일치가 의사소통상 갈등의 원천이 될 수 있다. 그렇다면 변화된 사회적 상황에서 그러한 장르에 속하는 텍스트의 생산과 수용에는 어떠한 일이 일어나게 되는가?

퀸(1995b)은 두 가지 유형의 평가 텍스트("3.2 일상생활 담화에서 나타나는 의례성"도 참조)를 분석해 동독에서 생산된 텍스트와 통일 후 동독 출신 저자가 생산한 텍스트 간의 유사점과 차이점의 중요 영역을 확인했다(Fix 1994b도 참조). 그녀는 동독인이 동독 지역에서 1990~1995년에 쓴 35개의 근무 소견서(Arbeitszeugnisse)를 수집해 동독 시절에 작성된 평가서(Beurteilungen)와 비교했다. 이러한 텍스트는 일반적 가치 체계의 관점에서 대인 관계와 개인의 평가를 다루기 때문에 분명히 주요한 차이를 드러낼 수 있는 자료다. 그러나 텍스트 자료를 분석할 때는 텍스트가 단순히 다르게 구성된 사회 시스템에서 파생되는 것이 아니라는 점을 염두에 두는 것이 중요하다. 그러한 텍스트의 생산은 사회 시스템 자체의 재생산에 필수적인 요소였으며 지금도 마찬가지다.

근무 소견서라는 장르는 서독의 민법에 따라 직원 권리의 일부로 확립되었지만, 동독의 평가서라는 장르는 사회적 목표에 개인이 기여하는 정도를 모니터링하는 과정의 필수 요소로서 '사회주의 발전' 담화 내에 배치되었다(Fix 1995 참조). "평가서를 쓸 때, 우리의 임무는 사회주의적 성격을 띠는 요구의 관점에서 동료를 판단하는 것이다. … 그러므로 우리는 동료가 사회주의 사회와 어떠한 관계를 맺었는지에 근거해 그 동료를 평가한다."(Liebsch 1976: 437; Kühn 1995b: 337에서 인용). 그래서 평가서 작성에 숙달된 동독인들은 평가 보고서의 목적에 대한 생각도 이용 가능한 텍스트 패턴도 다른 상태였는데, 이를 근무 소견서를 작성할 때 전이시켰던 것이다. 그러므로 근무 소견서를 작성하는 방향으로 전환하는 것은 사실상 모든 그러한 상황과 같이 동독 모델과 같은 것을 '지역적 변이형'으로 유지하는 것이 선택 사항이 아닌 것처럼 보이기 때문에, 아예 다른 형식을 따르는 것보다 더 복잡한 작업이었다. 전반적인 구조는 여러 면에서 매우 유사했지만 형식상 문구들은 그렇지 않았다.

이 새로운 모델에 적응하는 점진적인 과정은 당연하게도 혼합된 결과를 유발시켰다. 예를 들어 개인적 호칭의 '옛' 형태(Kollege/Kollegin(동료))가 유지되는 경우가 빈번했고, 여성이 여전히 남성적인 '총칭적' 용어('sie war Lehrer im Hochschuldienst(그녀는 고등교육 교사였다)')로 언급되는 경우도 많았다. 다소 어색한 'Führung und Sozialverhalten(리더십 및 사회적 행동)'이라는 어쩌면 예전의 'Einstellung zur Gesellschaft(사회에 대한 태도)'와 동등한 것으로 해석될 법한 제목하에 보자마자 곧바로 알아볼 수 있는 동독의 특징을 갖춘 상투어구들이 다시 나타났다. 예를 들어 'arbeitete zum Wohle unseres Betriebes(우리 사업의 이익을 위해 일함)', 'fügte sich in das Lehrerkollektiv gut ein(교사 단체에 잘 어울림)' 등이다. Parteilichkeit(당성) 및 Beitrag zur Stärkung der DDR(동독의 강화에 기여함)와 같이 분명히 부적절한 용어는 더 이상 나타나지 않은 반면, 다른 익숙한 용어들은 새로운 용어들과 함께 나타난다(예를 들어 Betrieb(경영)은 Firma(회사) 또는 Unternehmen(업체)와 함께 쓰임. Kollektiv(단체)는 Team(팀)과 함께 쓰임). 그러나 서독의 근무 소견서에서 흔히 사용되는 용어들에 속하는 표현들은, 특히 그 표현들이 과거로부터의 부정적인 함의를 가지고 있을 경우에 지양되었다. erfolgsorientiert(업적 지향적), Kreativität(창의성), Karriere(경력)은 서독의 보고서에서는 완벽하게 정상적인 것으로 여겨지는 단어들이지만, 동독에서는 많은 동독 사람들에게 받아들여질 수 없는 후광(aura)을 가졌기에 폄하되기도 했다. '옛'것이면서 부적절하거나 '새' 것이면서 받아들일 수 없는 표현을 사용하는 것에 대한 대안적 전략은 모든 종류의 관습적인 어구를 버리고 좀 더 개인적인 어구를 사용하는 것이었다. 말하자면 'seine Erwägungen waren treffsicher(그의 사고는 건전했다)', 'seine Sensibilität bei der Tätigkeit ist hervorzuheben(이 활동에 대한 그의 세심한 접근이 강조되어야 한다)' 등이다.

그러나 여기서 중요한 점은 언어 구조 또는 텍스트 구조의 표층에 초점을 둔 양적 또는 분류학적 작업을 하게 되면 문제의 증상을 문제 그 자체라고 착각할 위험이 있다는 것이다. 이와 같은 연구 과정에서 생산된 자료는 가치가 있지만, 그 자료를 읽을 때는 어떠한 인구 집단을 극단적으로 다르며 여러 측면에서 양립할 수 없는 사회 시스템으로 흡수함으로써 발생한 사회적 갈등 측면을 염두에 두어야 할 것이다. 이 자료를 사회가 형성되어 가는 산만한 과정에 대한 투입과 산물로 보고 분석한다면, 이것은 동독의 과거 경험과 관행이 타당했는지 여부를 검증하는 과정을 드러낼 것이다.

고도로 정형화된 텍스트를 구성할 때 나타나는 개별화 경향은 다른 의사소통 장르들에서도 관찰되는 변화의 특징이다. 퀸은 이것이 자본주의 경제 내 새로운 고용 담화의 요구에 대해 동독인들이 보이는 상대적으로 사소한 반응의 일면이라고 언급했다.[13] 그러나 그것은 일종의 양날의 검이

....

13 여기서 호프만(1994)은 동독 말기 이미 특정 장르에서 개별화 경향이 나타나고 있었다고

다. 한편으로 그것은 엄격한 패턴이나 템플릿을 준수하는 제약에서 벗어나 자기 자신을 보다 자유롭게 표현할 수 있는 기회를 제공할 수 있지만, 다른 한편으로 그것은 또 다른 종류의 형식을 숨기고 있는데 이는 텍스트 작성자에게 자체적인 제약과 압력을 부과하게 된다. 역시 이것은 아마도 두 사회 모두에서 어떤 형태로 존재했지만 생산과 수용의 조건이 상당히 다른 장르에서 가장 분명히 나타날 것이다.

"3.2 일상생활 담화에서 나타나는 의례성"에서 이미 살펴본 바와 같이 신문이나 TV 탐사 프로그램에 보내는 편지는 개인이 공적 토론에 참여할 수 있도록 하는 수단이 될 수 있지만, 일반적으로 동독의 국가 통제 매체에서와 마찬가지로 당대회 연설 또는 공식 시위 플래카드에 쓰인 슬로건만큼 꾸며진 공적 의사소통의 형태일 수 있다. 예를 들어 전환기 이전에 『라이프치거 폴크스차이퉁』이나 『잭시셰 차이퉁(Sächsische Zeitung)』에 게재된 편지는 공식 정책과 조치를 확인하거나 정당화하기 위한 명확한 목적을 가진 대변자 관점에서 자주 쓰였으며, 따라서 공통적 가치에 대한 명백한 합의에 근거해 사회 통합을 강화하는 수단으로 쓰였다. 다음 편지[14]는 가수이자 작곡가인 볼프 비어만(Wolf Biermann)이 독일사회주의통일당 정권에 대한 노골적인 비판으로 인해 동독에서 추방된 직후인 1976년에 게재된 많은 편지 중 하나다.

텍스트 1. 독자 편지 1

Es gehört zu den elementaren Kenntnissen und Erfahrungen eines Kommunisten und Künstlers, daß sich unter den Bedingungen

....

분석했음에 주목할 필요가 있다.

14 여기서 논의되는 세 편의 독자 편지는 원래 독일사회주의통일당이 발행하는 주요 지역 신문인 『라이프치거 폴크스차이퉁』에 게재되었으며, 여기서는 픽스(1993)에서 가져왔다.

der friedlichen Koexistenz der Kampf der sich antagonistisch gegenüberstehenden Klassen vor allem auf ideologischem Gebiet verschärft. Für das Verhalten im Klassenkampf war, ist und bleibt die zentrale Frage: 'Wem nützt es?' Biemann hat spätestens mit seinem Auftreten in der BRD eine unzweideutige persönliche Haltung bezogen. Es war—ganz im Sinne der zentralen Frage—an uns, eine ebenso eindeutige Antwort zu geben. Die Regierung unseres Staates hat damit nicht gezögert und ihm die Staatsbürgerschaft der DDR aberkannt. Ihre Entscheidung ist meine Entscheidung.

Peter Förster, Dozent, Theaterhochschule

평화적 공존 상태에서 적대 계급의 투쟁이 특히 이데올로기 영역에서 심화된다는 사실은 공산주의자와 예술가의 기본 지식과 경험의 일부다. 계급투쟁에서 행동에 관한 중심 질문은 과거에도 현재에도 앞으로도 다음과 같은 것이다. "그것이 누구의 이익을 위한 것인가?" 비어만이 가장 최근 서독에서 공연할 때, 그는 개인으로서 분명한 태도를 취했다. 그 중심 질문의 관점에서 그와 동일하게 분명한 반응을 보여 주는 것은 우리에게 달린 일이었다. 우리 동독 정부는 주저하지 않고 그의 동독 시민권을 박탈했다. 정부의 결정은 곧 내 결정이다.

페터 푀르스터, 연극대학 강사

(『라이프치거 폴크스차이퉁』, 1976년 11월 23일 자)

국가에 대한 헌신, 정치적 견해에 대한 교조적 표현, 정부의 행동에 대한 무비판적 지지, 국가와 자신을 동일시, 반대 의견에 대해 '무관용'하는 암묵적 메시지는 모두 이 텍스트를 확고하게 공적 담화로 위치시킨다. 텍스트 2는 어조와 구조가 완전히 다르지만 정당의 프로그램을 지지한다는 동일한 기본적 목적에 부합한다.

텍스트 2. 독자 편지 2

In den Ferien hatte ich mit meinem Enkel Michael ein interessantes Gespräch, das mich sehr bewegt hat. Wir unterhielten uns über seinen künftigen Beruf, seine Vorstellungen von seinem Leben. Michael ist 10 Jahre alt und besucht seit 3 Jahren die Musikschule. In seinem Leben soll die Musik eine große Rolle spielen. Es gibt aber auch viele andere Berufe, die ihn locken. Im Spaß haben wir seinen Lohn aufgeteilt und gemeinsam überlegt, wie lange man für eine größere Sache sparen muß. Plötzlich sagte Michael: 'Wir haben das Geld für den Mitgliedsbeitrag vergessen, denn bis dahin bin ich Genosse'. Ist das nicht ein schönes Ergebnis der gemeinsamen Erziehung zu Haus und in der Schule?
Hanni Weber, 725 Wurzen

휴일에 나는 손자 미하엘과 흥미로운 대화를 나누면서 큰 감동을 받았다. 우리는 그가 미래에 갖게 될 직업, 삶에 대한 그의 생각에 대해 이야기했다. 미하엘은 열 살이고 3년 동안 음악학교에 다녔다. 그는 음악이 자신의 삶에서 중요한 부분이 되기를 바란다. 그러나 그에게 매력적인 다른 직업들도 많다. 그냥 재미 삼아 우리는 그의 임금을 계산해서 어떤 비싼 물건을 구입하려면 얼마나 오래 저축해야 하는지 함께 알아보았다. 갑자기 미하엘이 이렇게 말했다. "당원비를 깜빡했어요. 그때면 전 당원이 되어 있을 거예요." 가정과 학교에서 함께 감당한 양육의 훌륭한 결과가 아닌가?
하니 베버, 부르첸 725

(『라이프치거 폴크스차이퉁』, 1973년 9월 8일 자)

이 편지에서 겉으로 보기에 개인의 목소리가 국가의 목적에 종속되는 것은 마지막 문장에서 거의 믿을 수 없는 '결정적 한 방'에서 보이는 유치한 감정적 호소에서 분명하게 나타난다. 반대로 텍스트 3은 저자가 불리한 조건에 있다고 생각하는 인구 집단을 대신해, 그러나 개인적 용어를 사용해 격정적으로 통일된 독일의 첫 정부에 도전장을 내민다.

텍스트 3. 독자 편지 3

Nachdem nun in rasantem Tempo die Erhöhungen der Preise und Tarife in allen Varianten vollzogen sind und noch werden, muß ich doch fragen, was haben wir mit unserem Ruf 'Wir bleiben hier' wohl erreicht? Es ist doch himmelschreiend, was die damaligen Wahlredner der CDU (ich höre sie heute noch) den 'Hiergebliebenen' zumuten. Was ist eigentlich der Einigungsvertrag noch wert, wenn man an die geplanten Mieterhöhungen ab Juli 1991 denkt? Was sind die Rentner wert im Vergleich mit den Asylanten? Was hat das Sparen von Energie für Anreiz, wenn man dafür mehr zahlen muß? Was hat ein Rentner für Chancen bei den geplanten Kohlepreisen? Betriebskosten bis eine DM pro Quadratmeter—sind wir Freiwild? Sollte die Regierung vergessen haben, daß in vier Jahren wieder Wahlen sind? Die 'Hiergebliebenen' vergessen die Enttäuschung nicht!
Lothar Kunze, 7022 Leipzig

이미 모든 종류의 가격과 요금이 올랐고 계속해서 큰 폭으로 오르고 있으므로, 나는 이렇게 묻겠다. "우리는 동독에 남는다."는 외침으로 우리가 얻은 것은 무엇인가? 당시 독일기독민주연합 선거 운동가들(지금도 여전히 그들의 말을 들을 수 있음)이 '그대로 남아 있는' 사람들에게 기대하는 것은 터무니없다. 1991년 7월부터 예정된 임대료 인상에 대해 생각해 본다면, 이제 와서 통일 협정은 무슨 가치가 있는가? 망명 희망자와 비교할 때 연금 수급자는 어떠한 가치가 있는가? 에너지를 사용하는 데 더 많은 비용을 지불해야 한다면 에너지를 절약하는 것에 어떠한 인센티브가 있는가? 계획된 석탄 가격으로 연금 수급자가 무슨 기회를 얻었는가? 제곱미터당 최대 1마르크(DM)*의 간접비를 내야 한다면, 우리는 공정한 게임을 하고 있는가? 정부는 4년 후에 다시 선거가 있다는 사실을 잊었는가? '그대로 남은' 사람들은 이처럼 정부가 기대를 저버린 것을 잊지 않을 것이다!

로타어 쿤체, 라이프치히 7022

(『라이프치거 폴크스차이퉁』, 1991년 2월 15일 자)

저자는 동독 유권자, 즉 친숙한 전환기 슬로건 "우리는 여기에 남아 있다."("3.3 '전환기' 담화가 나타나는 의례성" 참조)에 기반한 '그대로 남은 사람들'을 대상으로 핵심 범주를 구성하고, 명백하게 스스로를 그 범주 안에 위치시킨다. 그러면서 여러 개의 직설적인 수사의문문으로 독일기독민주당이 주도하는 정부의 배신에 대해 신랄하게 비난한다.

민주적 언론의 독자 편지란(Leserbriefe)의 글쓴이들은 독자적인 문체로 일반 독자층에게 말할 수 있는 기회를 가지며, 분량 제한과 시사적인 흥미, 그리고 대중의 관심을 받는 사안과 관련되어야 한다는 요건 외에 다른 제약은 대체로 받지 않는다. 그러나 다른 장르에서는 개인화(individualization)가 기회만큼이나 부담이 될 수 있다. 예를 들면 집이나 직업을 구하는 광고 또는 애인을 찾는 작은 광고(Wohnungsanzeigen, Stellenge-

---

* 독일 마르크. 마르크는 서독과 통일 독일의 옛 통화로 1948년부터 사용되었다.

suche, 또는 Kontaktanzeigen)와 같은 사소한 텍스트는 시장 규칙의 지배를 받으므로, 경쟁 중인 사회 시스템 사이의 긴장을 자신만의 방식으로 보여줄 수 있다. 라이허(1997b)에서 인용한 집을 구하는 광고의 다음 두 가지 예를 고려해 보자.

텍스트 4. 집 광고

Biete gr. 3-Raum-Whg., $96m^2$, Dimitr.str., VH., Balkon, gefl. Dusche, IWC, verkehrsg.

Suche 2-Raum-Komf.-Whg., auch Altneubau, mit mod. Hzg. Tel. 449 75 29, ab 18 Uhr.

제공 큰 방 3개가 있는 아파트 있음, $96m^2$, 디미트로프 거리를 마주하고 있음, 발코니, 타일로 된 샤워실, 내부 화장실, 편리한 위치.

구함 현대적인 편의 시설을 갖춘 방 2개짜리 아파트 구함, 현대식 난방 시설을 갖춘 전후(戰後) 건물도 생각해 보겠음.

(동독 자료)

텍스트 5. 집 광고

Jg., christl. Familie (Dipl.-Ing., Musikpäd.) mit kleinem Clown (6 Monate) sucht dringend eine 3-Raum-Wohnung o. größere mit Bad. Zahle Miete auf westdeutsch. Niveau. Auch Kaufangebote angenehm.

작은 악동(6개월)이 있는 젊은 기독교인 가족(공인 엔지니어, 음악 교사)이 욕실이 딸린 방 3개 이상의 아파트를 긴급하게 구함. 서독 시세로 임대료 지불함. 매수 제안도 환영함.

(『드레스데너 노이에스테 나흐리히텐(Dresdener Neueste Nachrichten)』, 1990)

어휘 수준만으로도 이 텍스트들은 "4.1 통일의 언어적 도전"에서 살펴본 것과 같은 비교 분석에 자료를 제공한다. 통상적인 서독의 3-Zimmerwohnung 대신에 전형적인 동독 용어 Komfortwohnung, Altneubau, 3-Raum을 쓴 것이 그 예다. 그러나 텍스트로서 검토하면 더욱 눈에 띄고 유의미하게 대조되는 점을 확인할 수 있다. 텍스트 4는 전형적인 동독 어휘를 포함하고 있으며 제공하거나 구하는 집의 특성에만 초점을 두고 있는데, 이는 동독 자료에서만 찾을 수 있다. 텍스트 5 역시 동독 광고라는 사실을 '드러내는' 유일한 부분은 Zimmer 대신에 Raum을 사용한 것과 '서독 시세'로 임대료를 내겠다는 내용뿐이다. 다른 모든 측면에서 광고의 구조가 다르다. 필요한 아파트의 특징은 줄고 대신 아파트를 구하는 사람의 개인적 세부 사항(나이, 직업, 결혼/가족 상태, 소득)이 표시된다. 대부분의 주택이 공적으로 소유되고 한 아파트에서 다른 아파트로 이사하는 것이 일반적으로 교환 대상을 찾는 문제인 통제경제에서 유일하게 중요한 문제는 보통 집의 성격 및 위치와 관련이 있다. 그러나 시장경제에서 민간이 제공하는 임대 숙소를 찾는 것은 다른 잠재적 세입자와 경쟁하는 것이며 집주인이 자신의 선택 기준을 설정할 권리가 있으므로, 일종의 '미인 대회'에 참여하는 것을 의미한다. 그러므로 광고 문안의 기능이 서독 담화에서는 상당히 다르다. 아파트에 관해 필수적인 사실 정보만을 구체적으로 명시해 적절한 매물을 구할 수 있게 하기보다는 아파트를 구하는 사람에 대한 긍정적인 이미지를 구축함으로써 최대한 바람직한 세입자로 보이게 해서 잠재적인 경쟁자들보다 우위를 얻을 필요가 생긴 것이다(Teidge 1990도 참조).

구직 광고에서도 동일한 양상이 나타난다. 동독의 구직 광고에서는 강조점이 자격 조건을 분명히 밝히는 데 있었고, 장르 규범에는 구직자에게 필요한 사회적 조건을 언급하는 것이 허용되었다. 텍스트 6과 7을 비교해 보자(둘 다 Barz 1997: 83에서 인용).

텍스트 6. 구직 광고

Junge Frau, Abitur, sucht wegen Wohnortw. neuen Wirkungskrs. mit Qualifizierungsm., zwei Kindergartenpl. erforderlich., Zuschr. m. ausführl. Angaben an...

이사로 인해 대학 입학 자격(Abitur)을 가진 젊은 여성이 추가 교육 기회가 있는 새로운 활동 분야를 구함, 유치원 자리 두 개가 필요함, 자세한 내용을 …로 보내기 바람.

(『라이프치거 폴크스차이퉁』, 1981년 11월 13일 자)

텍스트 7. 구직 광고

Bin zuverlässig, techn. bewandert, habe Bürokenntnisse mit PC und bin vielleicht Ihre neue Mitarbeiterin. Ich, 30 J., suche Arbeit mit Festeinstellung.

신뢰할 수 있고, 기술에 익숙하며, PC를 포함한 사무 기술을 갖추고 있고, 당신의 새로운 동료가 될 수 있음. 30세이며 정규직을 구함.

(『라이프치거 폴크스차이퉁』, 1996년 4월 13/14일 자)

텍스트 6을 쓴 사람은 자녀를 위해 보육 시설의 두 자리 제공을 계약 조건으로 요구할 수 있다고 생각하지만, 텍스트 7을 쓴 사람은 아무런 요구를 하지 않은 채 자신의 개인적 능력과 경험을 강조한다. 바르츠(Barz 1997: 87-8)는 이 주요 지역 신문의 1990년 이후 구직 광고에서 찾은, 자신을 평가하는 속성을 지닌 많은 예를 나열하고('Allround-Bürokraft(만능 회사원)', 'hochkarätige Chefsekretärin(최고 수준의 수석 비서)', 'versierter Computerfreak(경험 있는 컴퓨터 괴짜)'), 새로운 기본 규칙은 '내가 누구인지(was Ich bin)'가 아니라 '내가 어떤 사람인지(wie ich bin)' 및 '내가 무엇을 할 수 있는지(was ich kann)'를 밝히는 것이라고 결론을 내렸다.

개인주의와 자기 홍보 담화를 가장 잘 드러내 보이는 것은 아마도 개인 광고일 것이다. 갈러(Galler 1993)와 바이트(Weydt 1993)가 제시하는 바와 같이 여기서도 시장은 장르의 텍스트 형식을 따르도록 압력을 행사하며, 따라서 이것은 저자로 하여금 매우 다른 방식으로 자신을 표현하고 독자와 관련해 다른 입장을 취할 것을 요구한다. 집을 구하는 광고와 달리 개인 광고의 특성상 광고하는 사람이 개인 정보를 제공하는 것은 분명하다. 그러나 텍스트 8과 9가(둘 다 Weydt 1993에서 인용) 보여 주듯이 자신의 이미지를 구성하는 방식에서 상당히 큰 차이가 나타난다.

텍스트 8. 개인 광고

Bin 31/1,86, schlk., suche ehrl., aufgeschl., jg. Frau f. dauerh. Partnersch. Int.: Musik, Reisen, Kino u. all. Schöne. Halte viel v. Treue, Geborgenh. u. Liebe. Bin Optimist, um mit Dir ein gemeins. Leben aufzubauen. Jede ernstgem. Zuschrift (mit Bild bevorz., n. Bed.) w. beantw.

31세, 키 186센티미터, 날씬함. 오래 관계를 가질 정직하고 개방적인 젊은 여성을 구함. 관심사: 음악, 여행, 영화 및 아름다운 모든 것들. 충실함, 안정감 및 사랑을 소중하게 생각함. 당신과 함께 인생을 설계하는 것에 대해 낙관적임. 모든 진지한 응답(사진이 있으면 좋겠지만 필수는 아님)에 답장을 보낼 것임.

(동베를린에서 발간한 『베를리너 차이퉁』 1989년 9월 16/17일 자에서 발췌)

텍스트 9. 개인 광고

Eine Frau, Anfang 40, häßlich, gefühllos, uninteressant und -beweglich, mit Neigungen zu Abhängigkeit, Langeweile und Verdruß begegnet dem sinnlichen, an vielem interessierten, humorigen, selbständigen Mann. Nur wo?

40대 초반, 못생기고, 감수성이 떨어지고, 재미없고, 활발하지 않으며, 의존적이고, 지루해하며, 욕구불만인 여성이 관심사가 다양하며, 감각적이고, 유머러스하며, 독립적인 남자를 만나기를 원함. 그러나 어디서?

(『팁 마가치네(Tip magazine』, 서베를린 출판, 날짜 불명)

텍스트 8은 광고를 낸 사람의 개인적 특성과 그가 잠재적 상대방에게서 찾고 있는 특징에 대한 간단한 목록을 제공한다. 여기서 텍스트 구성 원칙은 '사실적이고 솔직할 것'인 것 같다. 텍스트 9는 이 원칙을 완전히 뒤집어 버리고 독자로 하여금 반어적 어구 및 텍스트 앞부분과 뒷부분의 대조를 기반으로 광고를 낸 사람에 대한 자신만의 그림을 그려 내도록 한다. 이 경우의 지침은 '색다르고 기억에 남게 할 것'으로 보인다.

지금까지 이 절에서 살펴본 텍스트들은 텍스트 패턴 및 텍스트 구성 전략을 분석하는 것이 사회언어학적 차이의 복잡성을 이해하는 데 어떻게 도움이 될 수 있는지를 여러 가지 방식으로 설명해 준다. 특정 장르와 관련된 형식에 초점을 맞춤으로써 그리고 이러한 장르들을 서로 경쟁하거나 또는 최소한 서로 대조되는 담화 내에 배치함으로써, 나는 어휘 변이와 변화에 대한 연구에서 더 나아가려고 노력했다. 그렇게 함으로써 '사용되는 언어'에 대한 연구가 맥락이란 단순히 언어 행위의 정적 '배경'의 역할을 하는 것이 아니라, 오히려 창조되고 조율되는 것이라는 이해에 기반을 두어야 함을 보여 주고자 했다. 이 시점까지 내가 활용해 온 자료의 한계라고 한다면, 일부의 경우 그것이 대표적 자료로서 갖는 자질에 대한 방법론적 의심과는 별개로 여기서 다룬 문어 텍스트는 본질상 독백이거나 기껏해야 가상 대화 형태라는 것이다.[15] 이러한 텍스트들은 구어 텍스트와 같은 즉흥성이 결여되어 있고, 독자나 수신자가 보기 전에 편집 또는 수정이 가능하며, 제작 과정에서 다른 '텍스트 생산자'와의 상호작용을 통해 수정되지 않는다(문어 및 구어 텍스트의 대조에 대한 논의는 예를 들어 Biber 1991; Carter 2001; Coulmas 1985; Halliday 1989 참조).

여기서 우리는 사회적 변화의 시기에 언어가 수행한 역할에 관심을 두고 있기 때문에, 변화의 결과물보다는 변화의 과정에 더 중점을 두는 것이 논리적이다. 게다가 언어 교육과 같은 '목표가 분명한 과정(directed process)'보다는 말하기의 상호작용 과정에서 발생하는 '목표가 불분명한 과정(undirected process)'을 조사하는 것이 더 흥미롭고 의미 있을 것이다. 다시 말해서 발화된 대화를 분석함으로써 서로 다른 사회적 배경에서 온 화자들이 개인적으로 만날 때 드러나는 그들의 언어적 습관, 선입견, 관습에 대해서 무엇을 밝혀낼 수 있을 것인가 또한 그러한 분석은 만남이 진행되는 동안 언어 행동의 변화가 어떠한 방식으로 초래되는지에 대해 무엇을 보여 줄 수 있을 것인가?

통일 이후 동독인과 서독인 사이에 가장 직접적인 대립이 일어난 상황 가운데 하나는 상대적으로 공적 영역인 노동과 고용 부문이었다. 이러한 영역들은 회의, 브리핑, 자문, 인터뷰 그리고 프레젠테이션과 같은 많은 다른 의사소통 장르에 의해 그 특성이 정해지며, 그중 일부는 어느 한쪽 사회에서만 고유하게 나타난 장르일 수 있지만 동일하거나 유사한 장

....

15 다른 문제지만 전자메일, 대화방에서의 대화 및 문자 메시지 형태 등의 전자통신은 1990년 이후에야 발전된 통신 형태다.

르가 서로 다르게 실현된 경우가 더 많았다. 그러나 대조적일 가능성이 있는 행동을 분석하려는 시도의 문제점은 여전히 이용 가능한 동독 시절의 경험적 자료가 부족하기 때문에, 분석가는 전환기 직후에 관찰되고 기록된 말과 상호작용의 패턴이 동독 환경에서 일상적으로 사용되던 것과 거의 동일하다는 가정에 의존해야 한다는 것이다. 우리는 언어 변화가 점진적인 과정이라는 것을 알고 있기 때문에 이것이 비합리적인 가정은 아니지만 검증할 수는 없으며, 이것은 반드시 일부 연구 결과의 타당성을 상대화한다.

동독 언어 공동체의 의사소통 레퍼토리에 존재했던 초기 혼란의 좋은 예는 사업을 하는 (특히 사업을 논하는) 익숙한 방법에 대한 도전이었다. 물론 물건을 사고파는 행위 자체가 동독에서 새로운 것은 아니었지만, 자비네 윌뢰넨(Sabine Ylönen 1992)이 보여 주듯이 서독 사람들은 종종 동독의 이웃이 시장 원리에 대해 완전히 무지하다고 여기는 것처럼 보였다. 더 나아가 그녀의 연구는 서로 다른 관행 때문에 발생하는 의사소통 불일치뿐 아니라, 서독 사람들이 자신을 동독 대화 참여자보다 우위에 두는 담화 전략을 채택하는 것이 어떻게 의사소통 불일치를 유발시킬 수 있는지 보여 준다. 1990년 9월, 그해 7월에 경제 및 통화의 통일이 도입된 후 그러나 10월의 정치적 통일 직전에 라이프치히 무역 박람회에서 그녀는 핀란드 건설회사의 서독 대표와 드레스덴 지역에 주택들을 건설하고자 하는 동독 사업가 사이의 협상을 관찰했다. 고객(C, Customer)이 자신이 하고 싶은 일(단독 주택 건설)을 설명한 후, 영업 담당자(SR, Sales Representative)는 길고 유창하게 거래를 권유하기 시작한다.

SR: Wir ham jetzt hier nur ein' Teil da und äh, es kommt ja immer darauf an, wir könn ja keine maßgeschneidertn Lösung' anbietn für das, was sie jetz hier konkret in der DDR brauchen. In der DDR sind Sie vor eine neue Situation gestellt und wir bzw. unsre Mandanten aus Finnland auch, so daß Sie uns im Prinzip sagn müßten, welche Leistung' Sie erbring' könn', wie Sie den Markt beurteiln—soweit Ihn' das jetz schon möglich ist—und dann müßtn wir'n Weg findn, unter unsren Mandantn jetz die richtign mit Ihn' zusamm'zubring' und vor alln Ding' auch das richtige Produkt zu entwickeln. Äh smuß ja nich immer das gleiche sein, was den Finn'

C: Nein

SR: gefällt und was den Deutschn gefällt, ja? Vielfach sind Änderung' nötig, aber der Markt is da.

C: 's klar.

SR: Grade im Gewerbebereich. Wir ham hier diese Holzhäuser als Kiosk oder Imbißstand, stelln

C: Ja

SR: sich'n Naherholungsgebiet vor, was entwickelt werdn soll. Wir könn' also ohne weitres in jeder Größe'n Golfklub oder irgendwas baun und die ganzn Einfamilienhausbebauung', die jetz komm'.

C: Das is das, äh wo wir die Hauptintresse hätten, was hier ganz aktuell wird äh, was bisher ja

SR: Ja

C: ouch anders gelaufn is, wo jeder sein Haus irgendwie selber baun mußte [*lachend*]

SR: Ja

C: äh, wo doch off die Baufirm' jetz äh ouch diese Markt ... dieser Marktbereich zukommt.

SR 이 박람회에 자료를 모두 갖고 오지는 않았고 또 상황에 따라 변동이 있을 수 있기 때문에 당신이 여기 동독에서 필요한 것에 대해 맞춤형 해결책을 제공할 수는 없습니다. 당신은 동독의 새로운 상황 속에 있습니다. 우리도 마찬가지고, 핀란드에 있는 우리 고객도 마찬가지입니다. 따라서 당신이 무엇을 할 수 있는지, 시장을 어떻게 평가하는지, 현 단계에서 가능한 만큼만이라도 꼭 우리에게 알려 주어야 합니다. 그렇게 되면 우리는 고객들을 살펴보고 적당한 고객을 당신에게 연결시키고, 그리고 무엇보다도 적합한 결과물(주택)을 개발할 방법을 찾을 수 있을 겁니다. 어, 핀란드인들에게 인기 있는 것과 꼭 똑같을 필요는 없을 것입니다.

C 그렇겠죠.

SR 독일인들에게 인기 있는 것도요, 그렇지 않을까요? 많은 변화가 필요하지만 시장성이 있습니다.

C 물론입니다.

SR 특히 상업 부문에서 그렇죠. 우리는 이 나무 오두막집을 여기서 키오스크 또는 패스트푸드 가판대로 사용하고 있습니다. 생각해 보세요.

C 네.

SR 휴양지를 위해 개발되어야 할 모든 것을 말이죠. 우리는 골프 클럽이나 그 비슷한 것을 무엇이든 어떠한 규모로도 쉽게 건설할 수 있고, 이러한 모든 새로운 개발에는 가정용 주택들도 포함됩니다.

C 그게, 어, 우리가 주로 관심을 두고 있는 지점입니다. 지금 일어나고 있는 일이고, 과거에는

SR 네.

C 완전히 달랐습니다. 모두가 자기 집을 지어야 했죠(웃음).

SR 그렇습니다.

C 어, 이제는 이 시장 영역이 건설 회사들에게 개방된 거죠.

(Ylönen 1992: 18-19)

고객 또는 영업 담당자가 그들 '자신의' 사회적 환경이었던 곳에서 활동하는 것을 보여 주는 비교 데이터가 없는 상황에서, 우리는 각각의 참여자가 '영업 협상'이라는 맥락에서 '평범하게' 행동하는 것이 무엇인지 이 대화를 통해서는 읽어 낼 수 없다. 그러나 이 특정한 맥락에서 그들 행동의 몇 가지 유의미한 특징은 확인할 수 있다. 예를 들어 양적인 측면에서 SR은 C가 발화 시작점을 찾을 수 있을 때까지 대화를 지배한다. 그리고 C가 마침내 발화할 때는 자신의 관심사에 대한 설명이 SR의 설명보다 더 주저하고 덜 유창하다(주저 표시 äh(어), 말을 다시 하는 것, 불안한(?) 웃음의 빈도가 더 높다). 이런 특징은 C가 '서독' 장르에 대한 경험이 부족해 의사소통 능력이 제한되어 있으며, 이 상황에서 틀림없이 다소 불안감을 느낄 근거가 있다는 것을 시사한다고 보기 쉽다. 그러나 그가 상대적으로 말수가 적은 것은 충분히 다른 이유가 있을 수 있다.

SR은 그의 긴 발화의 도입 부분에서 C가 '동독 시민'이라는 사회적 범주에 속한다는 사실이 그들의 관계에서 관련 있는 요소라고 생각한다는 점을 분명히 한다. SR의 관점에서 C는 단순히 잠재적 고객이거나 외국에서 온 고객이 아니라, 특별하지만 아직 결정되지 않은 욕구를 가진 특정 국가에서 온 고객인 것이다. 그러나 SR은 고객이 원하는 것을 정확하게 찾으려고 하기보다는 '시장'의 성격("핀란드인들에게 인기 있는 것과 꼭 똑같을 필요는 없을 것입니다. 독일인들에게 인기 있는 것도요, 그렇지 않을까요?"),

그리고 C가 해 주었으면 하는 일들에 대해 가르치려 든다. 그러고 나서 C와 관련이 있는지 여부와 상관없이 자신이 제공할 수 있는 제품의 범위를 상세히 설명한다. SR은 가르치는 태도를 취함으로써("당신은 동독의 새로운 상황 속에 있습니다. … 우리에게 알려 주어야 합니다.") C를 그가 기대했던 만큼 가치 있는 고객의 입장이 아니라, 당면한 문제에 관련된 경험이 거의 없고 적절한 판단을 내릴 수 있는 능력이 제한되어 있는 초보자나 피교수자의 입장에 놓는다('… 시장을 어떻게 평가하는지 현 단계에서 가능한 만큼'). 그러므로 C는 자신이 끼어들 기회를 발견할 때까지 참을성 있게 듣고 최소한의 반응(그렇겠죠, 물론입니다, 네)을 보임으로써 SR의 설명을 이해하고 있음을 나타내는 것 외에는 다른 대안이 거의 없다. SR이 '새로운 개발에는 가정용 주택들도 포함'된다는 키워드를 언급함으로써 C는 자신이 끼어들 기회를 포착하고 대화를 자신이 원하는 방향으로 전환한다.

이 대화에 대한 이와 같은 해석이 정당화된다면, 이 에피소드는 서독 화자들이 언어 사용과 상호작용 규칙을 담화상에서 독점하는 현상이 광범위하게 발생하는 패턴을 보여 주는 좋은 예일 것이다. 우리는 통일 후에 동독의 거리, 학교 및 기타 공공기관의 명칭이 얼마나 철저히 변경되었는지("2.3 언어적 그리고 사회언어적 차이"에서) 이미 보았다. 이는 지형적 일치를 추구함으로써 동독의 불쾌한 흔적을 뿌리 뽑고 동독의 영토를 서독에 확실히 통합하기 위한 조치였다. 서독의 법체계와 그에 수반하는 관료적 집행 구조를 도입하게 되자 공공행정에서 어떤 언어 사용 패턴이 적절한 것으로 여겨질지에 대한 이슈가 발생했다. 물론 한편으로 법은 법률 문서의 정확하고 모호하지 않은 표현을 가능하게 하기 위해서 전문적인 문체를 필요로 한다. 법률 문체는 비전문가에게는 호감이 가지 않고 불가해할 수 있는데, 이는 동서독 사람 모두 마찬가지다. 다른 한편으로 관료적 의사소통에서는 특정한 관습적인 형태의 언어 사용을 위한 필수적 요구 사항은 없다. 이런 종류의 문체는 일반적으로 의사 결정 과정에 대한 접근을 제한하고, 공무원의 전문가 신분을 그들의 역량 영역 내에서 보호할 목적으로 사용된다.

역설적으로 동독인들이 서독의 관료 텍스트의 종종 완곡한(또 지독히 고통스러운) 언어에 직면했을 때, 동독에서 공적 담화에 광범위하게 노출되고 또 자신의 목표를 달성하기 위해 담화를 조작해 보았던 그들의 경험은 당연히 매우 도움이 되었을 것이다. 예를 들어 작센안할트(Sachsen-Anhalt)에 있는 작은 도시의 시장은 이 영역에서 자신의 전문성을 발휘해 브뤼셀의 자금 조달 기관의 요구 사항을 충족시키기 위해 프로젝트 자금 지원 신청서를 교묘하게 재구성했다(Antos 1997: 160 참조).

> Wir haben für diesen Weinberg zuerst den Antrag gestellt 'Förderung des Weinbau im nördlichen Unstrut-Saale-Gebiet un und und'. Magdeburch meldet an Brüssel, Brüssel meldet: 'Weinbau fördern wir nich!' So, und jetzt passen Sie mal jut uff. Magdeburch hat dieses Schreibn der Brüsseler Beamten jenommen und uns zujeschickt, 'tut uns leid, Weinbau fördern wir nicht'. So, und dann bin ich nach Machdeburch un den Leuten klargemacht, ich sach: 'Ich will doch jar keen Weinbau jefördert haben, ich will eine *dausenjährige Weinbaukultur im Saale-Unstrut-Jebiet erhalten* [italics added] mit dieser Förderung'. Nach Brüssel jeschrieben: 'Dausenjährige Weinbaukultur erhalten' — 'Das fördern wir'.
>
> 원래 우리는 이 도시의 포도원[마을은 황폐한 포도원을 물려받았습니다] 신청서에 '잘레운스트루트 지역 북부에서 와인 생산을 장려하기 위해서'라고 썼습니다. 마그데부르크[주 수도]는 그것을 브뤼셀로 전달했고, 브뤼

셀은 '우리는 와인 생산을 지원하지 않습니다'라고 답했습니다. 좋습니다, 잘 들어보십시오. 마그데부르크는 브뤼셀의 관료들로부터 이 편지를 받고 '죄송합니다. 우리는 와인 생산을 지원하지 않습니다'라고 말하며 그 편지를 우리에게 보냈습니다. 그래서 나는 마그데부르크로 가서 사람들에게 설명을 했습니다. "그러나 나는 와인 생산에 대한 지원을 원하지 않습니다. 잘레운스트루트 지역에서 천 년이 된 와인 생산 문화를 유지하는 것에 대한 지원을 바랍니다."(강조 추가)라고 말했습니다. 그들은 브뤼셀에 다음과 같이 썼습니다. '천 년이 된 와인 생산 문화'를 '우리는 지원하겠습니다.'

수완이 좋은 시장은 정치적 실용주의를 약간 발휘해 그의 목표를 달성할 수 있었다. 단순히 '와인 생산을 촉진'하는 대신 '천 년이 된 와인 생산 문화 유지'에 자금을 신청함으로써 그는 필요로 하는 자금을 확보했다. 보다 일반적인 수준에서 이것은 의사소통을 통한 교섭의 성공이 어떻게 한 가지 이상의 지식에 달려 있는지를 보여 준다. 시장은 무엇을 어디에 요구해야 할지뿐만 아니라 그것을 어떻게 요구할지 알아야 했던 것이다.

여러 종류의 지식을 습득하고 지속적으로 업데이트하는 것은 복잡한 사회의 특징적인 요구 사항이지만, 개인이 축적할 수 있는 지식의 양에는 한계가 있다. 그래서 안토스, 팔름과 리히터(Antos, Palm and Richter 2000: 21)가 지적하듯이 일상생활의 전문화 정도가 증가함에 따라 우리가 전문가 지식의 접근에 의존하는 정도도 높아진다. 이때 접근은 접근 가능성과 획득 가능성 모두를 뜻한다. 달리 말하면 우리는 전문가 지식을 제공받을 수 있는 곳을 찾고 이를 이해할 수 있어야 한다. 따라서 이것은 지식 이전에 양 당사자에게 의사소통의 부담을 지운다. 지식을 구하는 사람들은 그들의 요구를 이해할 수 있게 명확하게 표현해야 하며, 지식 제공자들은 요구되는 정보를 이해하기 쉽고 적절한 방법으로 전달해야 한다. 더욱이 이러한 이해의 조건은 언어의 문제를 넘어선다. 언어 이해는 필요하지만 '마음의 만남'에는 충분하지 않다. 상담의 만족스러운 결과를 위해서는 사건의 목적과 참가자 각각의 역할에 대한 이해뿐만 아니라 서로의 입장에 대한 이해를 협상하려는 의지가 필요하다. 성공적인 의사소통은 단순히 주어진 질문에 대한 '올바른' 대답을 찾아내는 과정이 아니며 상호작용을 통해 달성되어야 한다. 참여자들이 만남의 자리에 서로 매우 다른 기대와 대화 내용을 이해하기 위한 다른 틀을 가져올 경우에는(Antos, Palm and Richter 2000: 23-6에서 '문화적 및 의사소통적 전제'라고 부름) 적어도 불만족스러운 결과가 나타날 가능성이 있다.

통일 후 초기 몇 년 동안에는 동독인이 서독에서 사업 및 업무 환경의 모든 측면에 대한 새로운 지식을 습득해야 했다. 동독인들은 공식 자문기관만이 아니라 신문의 조언 칼럼 및 전화 상담 서비스를 풍부하게 이용할 수 있었다. 그러나 대화자가 배경지식이나 상담에 대한 기대를 공유하지 않을 때, 지식이 어떻게 상호작용을 통해 전달될 수 있으며 그러한 상담이 불만족스러운 경우 실패를 무엇의 탓으로 돌리는가? 할레에 있는 게르트 안토스(Gerd Antos)와 그의 팀은 1990년대 중반에 수집된 데이터, 전화 통화부터 지역 신문 상담까지를 이용해 이 문제를 면밀히 탐구했다(방법론에 대한 자세한 설명은 Antos and Schubert 1997a, b 참조). 그들의 논지는 이러한 환경에서 언어 행동과 의사소통 결과 사이에는 관련성이 있지만, 그것은 간접적이고 다른 요인들에 의해 매개된다는 것이다.

> Ost- und Westdeutsche orientieren sich in ähnlichen Situationen an verschiedenen sprachlichen Handlungsmustern. Die sich daraus ergebenden Divergenzen in der Diskursorganisation führen zu

kommunikativen Verunsicherungen und Verständigungsproblemen, in deren Folge es zur Bestätigung soziopolitisch begründeter Stereotype und damit zu Belastungen der Kommunikation zwischen Ost und West kommt.
유사한 상황에서 동독 및 서독인은 서로 다른 언어적 행동 패턴에 따라 움직인다. 이로부터 발생하는 담화 조직 패턴의 차이는 의사소통의 불확실성과 이해의 문제로 이어지고(결국 사회정치적 고정관념이 굳어지게 된다), 결국 동독과 서독 간 소통에 장애를 가져온다.

(Antos, Palm, and Richter 2000: 22)

연구자들이 모니터링한 350건의 전화 통화는 동독의 피상담자와 동독 및 서독 상담원 간의 대화로 이루어졌는데, 연구자들은 그 대화들을 통해 서독 상담원과 동독 피상담자가 갖고 있는 가정과 기대가 어떤 잠재적 대조를 보이는지, 또한 '전문성의 수행(Inszenierung von Expertentum)'(Antos and Schubert 1997b: 326)에서 어떤 차이가 나타나는지 탐색할 수 있었다.[16] 그들의 분석은 상담원이 채택한 두 가지 대조적인 행동 패턴과 그것이 피상담자와의 상호작용에 미치는 영향에 기초한다. 그들은 조언 세션, 상담 세션(Beratungsgespräch) 장르가 4단계로 구성되는 특정한 구조로 특징지어진다고 주장한다.

- 문제의 제시(피상담자)
- 문제의 탐색 및 상세한 설명(피상담자와 상담원)

....

16 패턴의 충돌이 '동독-서독'이 아닌 다른 변수들인 나이, 성별 또는 방언 사용과 같은 것들로부터 도출될 수 있다는, 연구 설계의 잠재적 약점이 인정되었지만(Antos and Schubert 1997b: 320, 326-7) 더 이상 고려되지는 않았다.

- 해결책(들) 제안(상담원)
- 제안된 해결책(들)의 승인(피상담자)

각 조언 세션은 이 순서를 따를 수도 있고 따르지 않을 수도 있지만, 이것이 일반적인 기본 구조다. 세션 간의 차이는 세션이 실현될 때 나타나는 행동과 상호작용의 패턴에 있다.

안토스, 팔름과 리히터(2000)는 자신들의 연구 자료에서 식별 가능한 두 가지 기본적 문제 해결 패턴을 제안한다. 즉, 조언(BERATUNG) 및 정보(AUSKUNFT)가 그것이다(Palm and Richter 2000도 참조). 모든 상담 세션은 제시된 문제에 적절한 해결책을 찾는다는 동일한 목표를 갖고 있으며 이를 강조해야 한다. 그러나 세션이 취하는 과정은 개별 상담원의 관점(그들의 역할에 대한 해석)과 그것이 피상담자의 관점과 어떻게 관련이 있는지에 달려 있다. 그에 따른 담화 조직의 차이는 주로 구조의 두 가지 중심 단계에서 발생한다. 상담원이 조언 패턴을 채택하는 경우, 그는 일반적으로 피상담자가 제시한 문제를 보다 일반적인 문제들의 견지에서 재구성한 다음 그 특정한 문제를 이보다 넓은 맥락에 놓은 후에 광범위한 선택지를 제시함으로써 취할 행동에 대한 최종 결정을 피상담자에게 맡긴다. 그러나 상담원이 정보 패턴을 채택하는 경우, 그는 일반적으로 문제를 매우 구체적인 문제로 좁히고 단일 해결책을 제안하며 종종 취할 구체적인 단계를 상세히 설명한다. 달리 말하면 상담원은 자신의 역할을 대화 참여자가 처한 삶의 상황에 대한 해석자 및 교육자 또는 친구 및 강사로 이해한다.

예를 들어 한 여성이 전화 상담 서비스에 전화를 해 서독인 상담원에게 그녀가 부모님으로부터 곧 물려받게 될 집을 현대화하기 위한 자금을 어떻게 구할지 묻는다. 건축 공사 대금으로 사용하려면 주택금융조합의 예금 계약을 기준으로 얼마나 많은 돈을 저축해야 하는지 구체적으로 질문한다. 그러나 상담원은 이 질문에 대한 직접적인 답변을 제공하는 대신 건축 자금 조달에 대한 보다 일반적인 논의의 시작으로 해석한다. 구체적인 질문을 복잡한 문제로 전환한 후, 그는 계속해서 어마어마하게 많은 가능한 해결책들을 대략적으로 제시한다. 달리 말하면 그는 대화를 정보 모델에서 조언 모델로 재구성한다. 피상담자의 기대와 상담원이 채택한 입장 사이의 불일치로 인해 세션에 대해 불만족스러운 결론이 도출된다.[17]

Ratgeber: Dann würden Sie also sagen wir mal fünfzigtausend Mark KFW-Mittel bekommen, würden dann äh zwanzigtausend Mark äh hier erstmal zwischenfinanzieren mit Schwäbisch Hall, und hätten dann nochmal zwanzigtausend Mark normal Hypothekenkredit, den Sie einfach mit Tilgung bedienen sollten.

Ratsuchende: Oh je.

Ratgeber: Ja, 's doch gar nich so schwierig.

Ratsuchende: [*Lacht*]

상담원 이 경우에는 만약 독일재건은행(Kreditanstalt für Wiederaufbau, KFW, 재건축 자금을 지원하는 은행)에서 5만 마르크의 대출을 받는다면, 주택금융조합으로부터 2만 마르크의 단기 융자를 받게 됩니다. 그러면 또 2만 마르크를 일반적인 주택담보대출로 받을 수 있는데, 상환 기간 동안 이자를 지불해야 합니다.

피상담자 세상에!

17 서문에서 설명한 대로 나는 보다 일반적인 독자가 자료를 이용할 수 있도록 여기서 (그리고 책 전체에서) 단순화된 형태의 전사법을 채택했다.

상담원　글쎄요, 사실 그렇게 어렵지는 않습니다.

피상담자 [웃음]

이와 대조적으로 또 다른 세션에서 피상담자는 동독인 상담원과 이야기하면서 새 집을 지을 자금을 조달하려면 어떤 옵션을 사용할 수 있는지 명시적으로 묻는다. 최초의 발언("음, 이상적인 방안은 없다는 것을 알려드려야 하겠습니다.")으로 보아 처음에는 상담원이 조언 모델을 따르는 것처럼 보이지만, 그 후에는 질문의 특정 측면에 초점을 맞추고 단일한 구체적인 해결책으로 전개시켜 간다.

이 자료는 상담원의 출신과 그들이 채택한 패턴 사이에 명확한 일대일 관계를 보여 주지는 않지만, 조언 모델에 대한 서독 상담원들의 분명한 선호와 정보 모델에 대한 동독 상담원들의 분명한 선호가 있는 것으로 보인다. 안토스 외(Antos et al. 2000)는 애써 두 모델 모두 동독과 '구'서독에서 완벽하게 친숙하다고 지적하지만, 상황에 따른 분포는 다르다고 주장한다.[18] 조언 모델은 특정 답변만 승인된 특정 공식 상황을 제외하고는 서독에서 널리 퍼져 있지만, 동독에서는 대부분 민간 및 비제도적 상황에 국한되어 있다.

[Es] gab in der DDR allein schon aus Mangel an alternativen Handlungsmöglichkeiten (z.B. in den Bereichen Konsum, Versicherung,

....

18 하르퉁(2002) 및 외르크 페촐트와의 개인 교신 같은 일부 동독 언어학자들은 다음 두 가지 이유를 근거로 '두 모델' 접근법을 비판했으므로, 이 사실은 중요하다. 상보적 분포에 있는 각 언어 공동체를 어느 한 패턴의 독점적 출처로 보는 것은 명백히 잘못되었을 뿐만 아니라 특히 조언 모델은 서독, 정보 모델은 동독의 특성으로 간주한다면 동독 시민의 수동성을 암시하는 것으로 인식될 수 있다(동독 시민은 이런 인식을 당연히 거부한다).

Finanzen usw.) keine dem heutigen Beratungswesen vergleichbare soziale Praxis, nimmt man private und inoffizielle Bereiche (z.B. Kirche) ebenso wie Medizin und Technik aus. Durch diesen Mangel an Handlungsalternativen gab es auch keine Notwendigkeit für die Herausbildung des Konzepts Beraten im öffentlichen Raum. Zum Erreichen eines gewünschten Handlungsziels (im Rahmen staatlich geregelter Handlungswege etwa bei Kreditvergabe, Abschluss einer Versicherung usw.) reichte weithin das Muster AUSKUNFT. Zwar kannten DDR-Bürger Formen privater BERATUNG, nicht aber im öffentlichen Raum angesiedelte professionelle oder gar institutionalisierte Beratungsformen.

동독에서는 대안적 기회(예를 들어 소비자 문제, 보험, 금융 등의 영역에서)가 부족하기 때문에, 민간 및 비공식 영역(예를 들어 교회) 및 의학과 기술을 제외하면 현재 상담 시스템과 비교할 만한 사회적 관행이 없었다. 이렇게 대안적 행동 형태가 없기 때문에 공적 영역에서 '상담' 개념을 개발할 필요도 없었다. 원하는 결과를 달성하기 위해서는 (대출을 승인하는 것과 보험을 드는 것과 같이 국가가 규제하는 절차의 맥락에서) 일반적 정보 패턴으로도 충분했다. 동독 시민은 사적 상담 형태에는 익숙했지만, 공적 영역에서 확립된 전문적 또는 제도적 상담에는 익숙하지 않았다.

(Antos and Richter 2000: 88)

그러므로 동독 사람과 서독 사람이 각각 기대하는 패턴의 견지에서 충돌이 발생할 수 있는 것은 정확히 중간 영역, 즉 상담과 같은 준공적 맥락에 있으며, 동독 사람과 서독 사람이 두 패턴에 대한 동일한 지식을 공유하지만 두 패턴을 사용하기에 '적절한' 맥락에 대해서는 같은 지식을 공유하지 않는다(Antos, Palm and Richter 2000: 41). 다시 말해서 그들의 의사소통 능력(communicative competence)은 이와 관련해 서로 다르게 구성되지만, 그들이 이를 알지 못하기 때문에 불만족스러운 상호작용에 대한 그들의 해석이 서로 다를 것이다. 예를 들어 서독 상담원들은 동독인이 그들의 세부적이고 권위 있지만 '적당히 거리를 두는' 접근 방법에 불만족해하는 반응에 놀랄 수 있지만, 피상담자들은 서독 상담원의 수다와 어중간한 응답에 짜증이 날 수 있다. 물론 서독 상담원들이 자신의 '전문성'을 서독 비전문가들에게 똑같은 방식으로 분명히 말할 수 있고, 이들은 동독의 상대와 마찬가지로 그러한 대화에 환멸을 느낄 수도 있다. 그러나 상담원들은 상황상 현재 대화 상대가 동독 사람이라는 것을 알고 있으므로, 과제에 대한 접근법을 선택할 때 그 사실을 감안해야 할 것이다(이에 대해서 Birkner and Kern 2000: 56-7 참조). 그럼에도 서독 상담원들이 조언 모델을 채택한다는 것은 '서독 우월성'이라는 지배 담화 안에서 하는 행동이라는 주장은 입증할 수는 없을지라도 타당해 보인다.

양 당사자들이 똑같이 만족스러운 결과를 달성하는 데 관심이 있다고 가정할 수 있기 때문에, (숨은 동기가 없다면) 상담에 내재된 불평등(상담원은 피상담자가 원하는 것을 밝히거나 밝히지 않을 수 있는 위치에 있다) 그 자체는 성공에 장애물이 되지 않는다. 만약 피상담자가 원하는 결과를 얻게 되면 상담원은 제 할 일을 했다고 느끼게 된다. 그러나 사람들 간의 다른 만남에서는 참여자들이 반드시 동일한 목표를 공유하지는 않으며, 이 근본적 불균형은 대화 행위에 결정적인 영향을 미친다. 상담에 관한 연구와 병행한 프로젝트에서 함부르크(나중에는 프라이부르크)의 페터 아우어와 그의 동료들은 바로 그러한 장르, 취업 면접(Bewerbungsgespräch)을 연구했다.[19]

....

19 아우어와 동료들의 취업 면접 연구는 의례화와 언어 생애사(language biographies)에 관한

이 두 장르는 특정한 특징들을 공유하고 있다. 그것들은 일상적인 사건을 대표하고, 사람들의 삶에 실질적인 영향을 미치며, 힘의 불균형 관계로 규정되고, 분명하게 명시 가능하며, 대화의 형식적 패턴으로 분석할 수 있다. 또한 이것들은 모두 '시장/자본주의 경제에서의 일'이라는 더 큰 담화에 속하는 (독점적은 아니지만) 담화 유형들(Fairclough 1989: 29)이기도 하다. 그러나 장르들 간에 중요한 차이도 있다. 첫째, 방금 주장한 것처럼 취업 면접에서는 참여자들 간의 힘의 불평등한 배분이 더 투명하게 나타난다. 심지어 표면적 말투가 어느 정도 비격식적일 때에도 '근본적인 의제의 비대칭'(Auer 1998: 10)은 양 당사자 모두 이해하고 있다. 둘째, 취업 면접에서 특정 결과(일자리 제공)에 대한 관심은 일반적으로 고용주 측보다 구직자 측이 더 크다. 한 구직자가 고용주가 찾고 있는 것을 제공할 수 없는 경우 고용주는 일반적으로 다른 후보자를 인터뷰하기 때문이다. 따라서 상담에서의 좋은 결과는 양 당사자가 서로에 대해 민감하고 원하는 결과를 협상할 수 있을 때 가장 잘 확보되지만, 취업 면접에서 성공에 대한 부담은 확실히 구직자에게 더 있는 것으로 보인다.

경쟁적인 구직 시장에서는 종종 몇 명의 지원자가 비슷한 자격과 경험을 가지고 있기 때문에, 그들 중 한 명을 선택하는 것은 오직 인터뷰의 맥락에서만 나타날 다른 기준에 의해 결정된다. 이 의식(儀式)의 목적은 구직자들이 제출한 서류에서 얻을 수 없는 구직자에 대한 정보를 찾는 것이다. 이 점에서 '게임의 규칙'을 안다는 의미의 '장르 지식'은 매우 중요하며, 상담과의 결정적 차이도 여기에 있다. 아우어(1998: 10-11)는 인터뷰

....

울라 픽스의 프로젝트("3.2 일상생활 담화에서 나타나는 의례성"과 "5.1 집단 기억의 내러티브" 참조)와 더불어 아마도 1990년대 동서독 언어 문제에 관한 가장 중요한 경험적 연구(통칭해 모국어 속의 이국성/낯섦(Fremdheit in der Muttersprache))를 구성했을 것이다.

가 특별히 서독의 장르라고 주장한다. 이는 상담과 달리 허용되는 모델이 하나뿐이라는 것을 의미한다. 상담에는 고유의 언어적 또는 의사소통 문제가 없다. 공유되는 행동 패턴의 목록에서 어떤 선택이 언제 이루어지는지에 대해 서로 다른 기대를 가질 때 어려움이 발생한다. 그러나 취업 면접에서는 서독 장르로서의 독점성에 관해서 아우어가 옳다면(또는 아마도 그렇지 않은 경우에도) 장르가 대안을 인정하지 않기 때문에 내재된 의사소통 문제가 있다. 예를 들어 동독의 피상담자들은 원한다면 상담을 조언 패턴에서 정보 패턴으로 전환할 수 있지만, 동독의 구직자는 서독 모델을 채택하는 것 외에 대안이 없다. 왜냐하면 그것이 고용 적합성의 전제 조건으로 간주되기 때문이다(그리고 그들은 어쨌든 개별 말투와는 달리 대신 선택할 다른 모델이 없다).

일부 동독 관찰자들은 이 주장을 받아들이지 않는데, 그 근거는 동독인의 역량 부족(서독 모델로 조정하기만 하면 극복 가능하다)이라는 고정관념에 기반하고 있으며, 이 맥락에서 고용주는 동서독의 행동 패턴 차이를 인식하지 못한다는 점이다(예를 들어 Hartung 2002, 페촐트와의 개인 교신). 그들은 대신 고용주들이 특정 장르 규약에 따라 수행할 수 있는 지원자의 능력에 대해 아우어가 생각하는 것보다 관심이 적다고 주장한다. 예를 들어 고용주들은 좋은 피면담자가 아니라 좋은 컴퓨터 프로그래머를 식별하기를 원한다. 더욱이 그들은 아우어와 그의 공동 연구자들이 식별한 언어적이고 의사소통적인 차이가 존재할지도 모르지만, 그것들은 인터뷰의 결과를 결정하는 데 관련이 없다고 주장한다. 문제는 의사소통 능력(능력의 부재)이 아니라, 사회적 편견에 뿌리를 두고 있다. 이 견해에 따르면 동독 언론인 프랑크 로테(Frank Rothe)가 (서독)방송네트워크(NDR)와 취업 인터뷰를 할 때 발견했다고 주장하는 것처럼, 분명 결정적인 정보를 제공하는 것은 인터뷰가 아니다.[20]

Als ich dann da so saß und das Tafelwasser in der Tafelrunde öffnete, überkam es mich kalt. Ich sprach wohl nicht ihre Sprache, obwohl ich meinen Berliner Akzent herunterschraubte und mich ihrem uniformen Hochdeutsch anpaßte. Heute glaube ich, daß es sowieso egal war. Klar war, daβ ich auf der Abschußliste stand, schon bevor ich meinen Mund öffnete. Ich sah es an diesen Blicken, die gegen mich gerichtet waren. Sie hielten alle eine Kopie meines Lebenslaufes in der Hand. Dort stand, daß ich die POS(Polytechnische Oberschule) und die EOS(Erweiterte Oberschule) besucht hatte und in Berlin-Mitte geboren war. Spätestens jetzt hätte ich ahnen müssen, daß ich mein Hochdeutsch verschwendete.
그 후에 내가 그곳에 앉아 테이블에 둘러앉아 있는 그들 앞에서 물병을 열었을 때, 나는 얼어 버리고 말았다. 나는 내 베를린 악센트를 경시하기도 하고 그들의 통일된 표준 독일어에 적응했지만, 어쩌면 그들과 다른 언어를 사용하고 있었을지도 모른다. 지금 와서는 별 차이가 없었으리라 생각하긴 한다. 내가 입을 열기도 전에 내가 떨어진 것은 분명했다. 나는 나를 향한 표정에서 이를 알아차렸다. 면접관들은 모두 내 이력서 사본을 갖고 있었다. 거기에는 내가 POS(산업기술 실업고등학교)와 EOS(중고등학교)에 다녔으며 베를린 미테(Berlin-Mitte, 동베를린의 한 지역)에서 태어났다고 명시되어 있었다. 그때 나는 내가 표준 독일어를 사용하는 것이 시간 낭비라는 것을 알았어야 했다.

(Rothe 2000: 57-8)

20 실제로 기록된 취업 면접에서 얻은 반례에 대해서는 비르크너와 케른(2000: 49-50)을 참조하라.

따라서 한편으로 서독의 면접관과 동독의 구직자 간의 언어적/의사소통적 불일치에 부여되는 상대적 가중치와 다른 한편으로 각 참여자의 사회적 정체성에 대한 상대적 가중치는 중요한 문제이므로, 의사소통 불일치가 그러한 만남의 결과에 미치는 영향에 대해서 이 데이터에서 유의미한 결론을 도출하려고 시도하는 것은 섣부른 행동일 수 있다. 그럼에도 불구하고 아우어가 취업 면접에서 도출한 데이터는 이 대화 사례에서 기대와 성과 측면에서 사회언어학적 차이를 이해하는 데 중요한 기여를 한다. 그렇다면 동독 구직자들은 이 서독 장르의 규칙에 노출된 초기에 그들이 그 규칙에 익숙하지 않다는 것을 어떻게 드러냈으며, 면접관들은 이를 어떻게 해석했는가?[21]

이 자료는 두 가지 주요 출처, 즉 1993년 (동독 지역인) 로스토크(Rostock)에서 실습의 일환으로 수행된 모의 면접과 1995년에 실시된 실제 면접에서 도출된다. 안토스의 프로젝트와 달리 (모의 면접에 대한) 비교 자료는 서독인을 대상으로 실시한 유사한 교육 프로그램에서 구할 수 있다. 우리는 이러한 맥락에서 동독 화자와 서독 화자를 구별하게 해 주는 특징을 크게 두 가지로 분류할 수 있다. 첫째, 언어적, 말투상의 특징이 있으며 그 중 대부분은 격식성이라는 관념에 포함될 수 있다. 둘째, 지원자가 특정 도전에 대한 대응 측면에서 자신을 제시하는 방식과 관련된 전략적 특징이 있다.

예상되는 바와 같이, 특히 문어 텍스트에서의 어휘 변화에 대한 앞선 논의에 비추어 볼 때("4.1 통일의 언어적 도전" 참조), 초기 면접은 두 가지 특징이 혼합된 모습을 보여 주는 경우가 빈번하다. 이 경우 화자는 예를

....

21 여기서 몇 가지 예를 제공한다. 프로젝트에 대한 자세한 설명은 비르크너(2001), 케른(2000) 그리고 영어로 된 간결한 논의는 아우어(1998, 2000a)에 있다.

들어 사업 및 상업 영역에 속하는 어휘 항목을 곧바로 받아들이지만, 그것을 이러한 맥락에서 전혀 어울리지 않는 매우 격식을 차린 문법 스타일에 끼워 넣는다.

Interviewer: Also, mit welchen Erwartungshaltungen gehen Sie an eine eventuelle Anstellung in unserer Firma?

Interviewee: Ich gehe grundsätzlich an die Erwartungshaltung diesbezüglich ran: daß ich sage, ich möchte in meiner Position gefördert und gefordert werden. Das heißt also aufbauend auf den Fähigkeiten und Kenntnissen, die ich schon besitze, die nun auch vorliegen, das heißt Kundengespräche, Arbeitsorganisation, Bankgeschäfte, daß ich dahingehend die Unterstützung habe, durch die Filialleitung bzw. den Bankdirektor bzw. den Filialleiter, daß dort Möglichkeiten geschaffen werden der Weiterbildung.

면접관 그렇다면, 귀하는 우리 회사에서의 직책에 대해 어떤 기대를 갖고 있습니까?

지원자 저는 제 직책에서 지원과 도전을 동시에 받고 싶다고 말씀드림으로써, 이 근본적인 부분에 대한 제 기대치를 설명하겠습니다. 말하자면 제가 이미 보유하고 있는 능력과 지식에 더해 구축한다는 뜻입니다. 즉, 고객 응대, 업무조직화, 은행 업무 등에서 지점 관리 또는 은행장이나 지점장 등을 통해 지원을 받음으로써 추가적인 교육 기회가 마련될 것입니다.

(Auer 1998: 18)

아우어는 Kundengespräche(고객 응대), Arbeitsorganisation(업무조직화), Bankgeschäfte(은행 업무) 및 Filialleitung(지점 관리)과 같은 단어는 서독의 비즈니스 담화에 속하므로 이러한 의미에서 지원자에게 '새로운' 것이었지만, 그러한 단어들은 동명사 'aufbauend auf(더해 구축함)', 명사형 구문 'Unterstützung durch die Filialleitung(지점 관리를 통한 지원)', 그리고 수동태 구문 'daß Möglichkeiten geschaffen werden(기회가 마련될 것)' 등과 같은 특징을 갖춤으로써 동독의 공적 담화의 특징이 두드러진 매우 격식을 갖춘 담화 스타일로 활용된다(1998: 19, 29). 아마도 이 말투의 가장 두드러진 측면은 비인칭 구조를 사용하는 경향이 있다는 것으로 수동태를 주로 활용할 뿐만 아니라 인칭 대명사의 사용을 피하고, 개인의 활동보다는 직책의 기능에 강조점을 두는 것이다. 이와 관련해 다음 구절에서 면접관과 지원자의 말투를 대조해 보자.

Interviewer: Wir haben die Absicht, in absehbarer Zeit nach Osten hin zu expandieren, weil wir der Meinung sind, der Markt ist für uns noch offen und erschließbar, da wir aus Ihren Unterlagen entnehmen, daß Sie auch Russischkenntnisse besitzen, ist unsere Frage dahingehend: Würden Sie bereit sein, ein Servicenetz in den baltischen Staaten, oder in Rußland aufzubauen, oder mithelfen, dieses aufzubauen.

Interviwee: Da kann ich Ihnen erst mal ein grundsätzliches 'Ja' auf Ihre Frage entgegenhalten. Natürlich, ich habe Russischkenntnisse, die aber vervollständigt werden müssen, weil momentan meines Erachtens nach nicht in der Lage bin, mich fließend in Russisch zu verständigen, aber wenn

Ihre Firma angedacht hat, das Servicenetz in Richtung Osten auszubauen, dann darf ich vielleicht mal fragen, dann müßte eigentlich angedacht sein, um einen Niederlassungs- oder Betriebsleiter im Osten, ob angedacht ist von Ihrer Firma, einen Qualifizierungs-, Fortbildungslehrgang in Russich anzubieten, wo ich meine Bereitschaft natürlich sofort signalisiere, um dort ein gutes, funktionierendes Service- und Vertriebsnetz aufzubauen.

면접관 우리는 시장이 여전히 우리에게 열려 있고 개발될 수 있다고 믿기 때문에 가까운 장래에 동부로 확장할 계획입니다. 우리는 귀하의 지원서를 보고 귀하가 러시아어를 할 수 있다는 사실을 알고 있기에 우리의 질문은 이것입니다. 귀하가 발트해 연안 국가 또는 러시아에서 영업망을 구축할 용의가 있거나 적어도 그것을 구축하는 데 도움이 되겠습니까?

지원자 우선 면접관님 질문에 확실하게 '예'로 답변드릴 수 있습니다. 물론 저는 러시아어를 할 수 있지만, 제 생각에 현재 러시아어로 유창하게 의사소통을 할 수 있는 수준은 아니기 때문에 완벽하게 되도록 공부해야 하지만, 귀사가 영업망을 동부로 확장하는 것을 고려해 왔다면 아마도 저는 동부 지역에 지점 관리자를 채용할 계획이 있는지, 귀사에 의해 러시아어 연수 교육을 제공할 계획이 되어 있는지 물어볼 것이고, 그러하다면 저는 그곳에서 잘 기능하는 영업 및 판매 네트워크를 개발할 의사를 표하고자 합니다.

(1998: 12)

면접관은 전체적으로 능동태 구조를 사용하고 인칭 대명사를 일관적으로 선택해 자신(wir(우리), unser(우리의)), 지원자(Sie(귀하)) 모두를 언급하는 반면, 지원자는 대명사 사용과 간접적인 언급 형식('Ihre Fima(귀사)')의 사용 사이에 왔다 갔다 하며 수동태 구조('die vervollständigt werden müssen(그것이 완벽해져야 하며)', 'ob dort angedacht ist von Ihrer Firma(귀사에 의해 계획되고 있는지)')를 사용한다. 그러나 이 예는 두 참여자 모두 동독인인 모의 면접에서 발췌한 것으로 인칭 또는 비인칭 말투에 대한 선호는 화자의 사회적 출신 때문으로 볼 수 없고, 오히려 그들이 하고 있는 각각의 역할에 적절한 것에 대한 그들의 인식 때문으로 볼 수 있다.

다음 절에서 나는 그러한 맥락에서 말투의 변이와 변화에 대한 가능한 동기를 검토해 보고자 한다. 그러나 여기서는 동독 인터뷰 대상자의 전략적 행동으로 인해 유발되는 불편함의 흔적을 볼 수 있다. 아우어(1998: 28-9)는 이 상황에서 서독과 동독의 상호작용 모델이 서로 호환되지 않음으로 인해 '새로운 의사소통 장르에 대한 수요와 이러한 수요에 대응하는 데 활용할 수 있는 언어 및 기타 의사소통 자원 간에 충돌'이 있음을 발견한다. 그는 규정된 스타일 패턴 외에도 면접의 '숨겨진 안건'의 일부인 자기 제시 형식, 면접관과의 관계 형식을 발견한다. 예를 들어 지원자들이 자신의 강점과 약점을 솔직하게 평가하도록 요구받는 것은 취업 면접의 전형적인 측면이다. 그런데 어떤 면에서 지원자는 자기 인식뿐 아니라 특정 업무 수행 역량을 손상시킬 수 있는 약점을 해결하고 대응할 수 있는 능력도 보여 주어야 한다. 그러나 진짜 인터뷰 중 하나에서 동독의 지원자는 분명히 이 질문에 깜짝 놀랐다(이것과 그 다음의 예는 Auer 2000a: 171-4에서 인용).

Interviewer: Wo liegen Ihre Stärken? Und wo meinen Sie liegen Ihre Schwächen?

Interviewee: Das ist aber 'ne Frage.

Interviewer: Das 'ne Frage. Stimmt's, die is Ihnen noch nie begegnet. [general amusement among the interviewers] Und dann kriegen Sie sie hier in Xberg zum erschten Mal zu hören.

Interviewee: Nu ja, was will mer darauf sagen.

면접관 당신의 강점은 어디에 있습니까? 그리고 당신의 약점이 어디에 있다고 생각하십니까?

지원자 무슨 질문이 그렇습니까!

면접관 충분히 질문이 됩니다. 그래요, 귀하는 이런 질문을 받아 본 적이 없군요. [면접관들 사이에서 재미있어 하는 반응] 귀하는 여기 익스베르크(Xberg)에서 처음 그 질문을 들었나 봅니다.

지원자 글쎄요, 드릴 말씀이 없네요.

또 다른 경우에 지원자에게 동료들이라면 그의 강점을 무엇이라고 평가할지 말해 보라는 질문을 받았을 때도 동일한 어색함이 발생한다.

Interviewer: Was würden die sagen, wenn wir sie fragen würden, was sie besonders an Ihnen schätzen?

Interviewee: Ja, das is 'ne gute Frage. Man muß eigentlich, wie jesacht, wie alle andern auch, pünktlich sein, man muß natürlich, wie jesacht, weil ja auch jeder seine Arbeit hat, seine Kunden, daß man dran interessiert is, diese alle anzurufen, und es hat jeder sein festes Aufgabengebiet... Es is auch würklich 'ne tolle Teamarbeit, muß ich sagen. Also, jeder probiert da wirklich jedem zu helfen.

면접관 그들에게 특히 당신을 어떻게 평가하는지 물어보면 뭐라고 말할 까요?

지원자 글쎄요, 좋은 질문인 것 같습니다. 제가 말씀드렸듯이 누구든 시간을 엄수해야 합니다. 물론 그렇게 해야 합니다. 말씀드린 바와 같이요. 왜냐하면 결국 모든 사람들은 자신의 업무가 있고, 모든 고객에게 연락하는 것이 자신들에게 이득이니까요. 고객들 그리고 누구나 자신의 책임 영역이 있지요. … 그것은 정말 훌륭한 팀워크라고 말씀드릴 수 있겠습니다. 그러니까, 모두들 서로를 도우려고 열심히 한다는 것이죠.

지원자는 먼저 자신을 암시하는 비인칭 대명사 'man(당신, 어떤 사람)'을 사용하고 그 후에 동료의 집단적 특성을 칭찬함으로써 그녀 자신에 대해 이야기하게 하려는 면접관의 시도를 회피한다. 이 인터뷰 후의 피드백 세션에서 지원자는 스스로를 칭찬하기가 매우 어렵다는 것을 분명히 밝히지만, 면접관은 이 맥락에서 '겸손' 전략이 부적절하다는 점을 강조한다. "겸손은 미덕이지만, 일자리를 얻으려면 좀 더 핵심을 말해야 합니다."(Birkner and Kern 2000: 62-3)

면접관들이 대부분 상대적으로 격식을 덜 차리는 것은 면접자로 하여금 더 '정직하게' 하려는 것이고, 동독 지원자들이 전략적으로 계산된 행동을 덜 하도록 유도하려는 것으로 보인다. 그러나 이러한 행동은 우리가 '의사소통의 무지'라고 부를 만한 행동으로 받아들여질 수도 있다. 면접자는 질문을 곧이곧대로 받아들이는 경향이 있기 때문이다. 비르크너와 케른(2000: 70-1)은 한 면접 담화를 예로 들어 이에 대해 설명한다. 여기서 지원자는 분명히 면접관의 제안을 거부할 것으로 기대되는데도 불구하고 동의를 유도하자 그에 맞게 응답하는 쪽을 택한다.

Interviewer (the interviewee has explained that he is studying as well as working fulltime): Belastet das nich? Also so Abitur und arbeiten?

Interviewee: Gut, der Tag is ziemlich volljepackt, aber ich wohne noch zuhause, und gehe morgens aus dem Haus, und komme abends gegen zehn wieder, esse noch was.

Interviewer: Abends um zehn wieder, ach so, dann von de Schule dann schon.

Interviewee: Ja ja, genau.

Interviewer: Is das jeden Abend?

Interviewee: Jeden Abend.

Interviewer: Oijoijoi, puh, meine Güte. Eh, meinen Sie nicht, dass das vielleicht Probleme bereiten könnte, wenn man sich irgendwo neu einarbeitet, also jetzt in so einer Phase zu wechseln?

Interviewee: Wäre möglich, ja.

Interviewer: Hm.

면접관 (지원자는 학업 중이면서 동시에 풀타임으로 일하고 있다고 설명했다) 졸업시험을 준비하면서 일하는 것은 다소 부담되지 않습니까?

지원자 글쎄요, 하루 일과가 꽤 빡빡하지만 저는 여전히 집에서 살고 있고, 아침에 집을 나와 저녁 10시쯤 돌아와서 식사를 합니다.

면접관 그렇다면 저녁 10시경에 학교에서 오는 거죠?

지원자 예, 맞습니다.

면접관 매일 저녁인가요?

지원자 매일 저녁입니다.

면접관 맙소사, 어, 그런 시기에 새로운 직장에 정착하고 생활에 변화를 주려고 한다면 그것이 문제가 될 수 있다고 생각하지 않습니까?

지원자 네, 그럴 수도 있겠습니다.

면접관 음.

면접관은 지원자가 떠맡은 이중 부담에서 잠재적인 문제를 보고 있다는 것을 분명히 하고, 이것이 새로운 업무를 만족스럽게 수행하는 데 장애가 될 수 있다는 것을 부인할 기회를 제공한다. 그러나 지원자는 그러한 물음을 공감의 표현으로 이해한 것으로 보이며, 동의하지 않는 대신 면접관의 말에 적당히 동의한다.

이러한 대화는, 아우어의 주장에 따르면 서독의 규범에 따라 규정된 행동 패턴으로 정의하는 장르에 내재되어 있는 의사소통 불일치의 가능성을 보여 준다. 동독 및 서독 참여자의 '수행(performances)'에서 나타나는 사회언어학적 차이가 이러한 상황에서 마찰과 충돌의 증상인지 또는 원인인지의 여부는 또 다른 문제다. 나는 6장에서 해석의 문제로 되돌아가겠다.

이 절에서 내 주요 목적은 텍스트 패턴의 불일치로 인한 '잠재적 의사소통 갈등' 및 특정한 일상적 의사소통 장르와 연관된 서로 다른 기대와 실행에서 발생하는 '대화상 불일치'의 증거를 고찰하는 것이었다. 강조점은 공적 상황 및 준공적 상황에서 동독과 서독 화자의 특징으로 볼 수 있는 패턴과 행동을 식별할 수 있는 차이점에 있었다. 그런데 그들은 1990년 이후로 언어 사용을 어느 정도로 그리고 어떤 방식으로 적응시키거나 조정(accommodate)*했는가? 조정(또는 그것의 부족)을 위한 어떤 도

....

* '조정(accommodation)'은 의사소통조정이론의 용어로, 화자가 청자에 따라 자신의 말하는

구적이거나 정서적/상징적인 동기가 있는가? 이것들이 다음 절에서 살펴볼 질문들이다.

4.3 언어 변이와 사회이동

동독의 베테랑 사회학자인 헬무트 쇤펠트는 1992~1993년의 저술에서 베를린을 독일의 통일 문제가 압축된 소우주로 인식하고, 베를린의 언어 연구(확장 시 독일 전체의 언어 연구)를 위한 광범위한 연구 목표 목록을 제시했다.

> Unterschiede im Sprachsystem, das unterschiedliche kommunikative Verhalten, der damit zusammenhängende differenzierte Sprachgebrauch und seine soziale und situative Determiniertheit sowie die Wirkung und Bewertung der sprachlich-kommunikativen Verschiedenheiten müssen bei sozialen Gruppen in Berlin erforscht sowie die ablaufenden und zu erwartenden Angleichungen beschrieben werden.
>
> 언어-의사소통의 차이가 미치는 영향과 그에 대한 평가뿐 아니라 언어체계의 차이, 서로 다른 의사소통 행동, 언어 사용 및 사회적·상황적 판단의 연관된 차이는 베를린의 사회집단과 관련해 분석되어야 하며, 현재

....

방식을 변화시키는 현상이다. 조정은 수렴(convergence)과 분기(divergence)의 두 방향으로 일어난다. 수렴은 원활한 의사소통 또는 청자와의 사회적 거리를 줄이기 위해 화자가 청자의 말 쪽으로 자신의 말을 조절하는 것이라면, 분기는 청자와의 사회적 차이나 반감을 표시하기 위해 청자의 말에서 멀어지는 쪽으로 조절하는 것이다.

와 미래의 가능한 조정 과정(processes of accommodation)이 모두 기술되어야 한다.

(Schönfeld 1993: 188-9)

언어 체계의 차이는 "4.1 통일의 언어적 도전"에서 보았듯이 거의 어휘와 일부 관용 표현에만 국한되었다. 그에 대한 설명은 여기서 더 이상 할 필요가 없을 것이다. "4.2 의사소통의 불일치"에서는 의사소통 행동과 언어 사용 측면의 일부 차이도 자세히 살펴보았는데, 이 차이가 사회적 요인과 상황적 요인에 따라 제약되는 정도에 대해 초보적인 관찰을 한 바 있다. 4.2의 마지막 부분에서는 이러한 차이로 인한 영향과 그에 대한 평가에 대해 탐구하기 시작했으며, 이제 이 절과 다음 절에서는 이 문제에 더 집중하려고 한다.

쇤펠트가 처방한 마지막 요소는 과거 분리되어 있었던 '의사소통 공동체들(communication communities)'이 접촉하게 될 때 불가피하게 나타나는 결과와 상관있다. 바로 조정 과정이다. 쇤펠트는 이 모든 변화 과정에서 사회집단의 주체성(agency), 언어 변화와 정치·경제·사회적 변화 간의 불가분의 연결뿐 아니라 개인의 심리 요인의 중요성을 다음과 같이 계속해서 강조한다.

Wieweit sind die verschiedenen Gruppen [der Berliner] willens und in der Lage, sprachlich-kommunikative Unterschiede zu überwinden? Von welchen Gruppen wird die Ausbildung gemeinsamer sprachlicher Normen bestimmt, wie verläuft die Entwicklung dahin, welche Rolle spielen dabei politische, wirtschaftliche sowie soziale Faktoren und Erfolge des Zusammenwachsens? Welchen Einfluß haben bei den einzelnen Personen psychische Faktoren und ihre Biographie?

[베를린의] 다양한 집단은 언어-의사소통의 차이를 얼마만큼 극복하고자 하고 있으며, 어느 정도까지 극복할 수 있는가? 공통된 언어 규범의 제정을 결정하는 집단은 누구이며, 이 과정은 어떻게 진행될 것인가, 정치·경제·사회적 요인 및 동반 성장의 결과는 어떤 역할을 할 것인가? 심리적 요인과 개인사는 각 개인에게 어떤 영향을 미칠 것인가?

(1993)

그는 변화가 자동적이지 않으며 외부 힘의 영향에 의해서만 결정되지 않는다는 점을 강조하고 있다. 데릭 비커튼(Derek Bickerton)의 유명한 격언은 이 사실을 효과적으로 상기시킨다. "결국 말하기는 … 상중류 도시(upper middletown)의 하중류 계층(lower middle class)이 아니라 이르마, 테드, 바질, 제리, 조앤이 수행한다."(Bickerton 1971: 483) 현 맥락에서 독일에서의 말하기는 '동독인'과 '서독인'이라는 동질 집단에 의해 '수행되지' 않는다는 사실을 계속 상기할 필요가 있다. 남성인가 여성인가, 노인인가 청년인가, 노동계층인가 중류계층인가에 비해 동독 사람인지 서독 사람인지가 특정 상황에서 부각될 수 있을지라도 말이다.

처음부터 동서독 양측에서는 서로의 차이를 줄이는 것과 그대로 두는 것 사이에 긴장이 있었으며, 지금도 많은 이들이 그 당시와 마찬가지로 이 긴장을 뚜렷이 감지한다. 예를 들어 일부 동독인들에게 과거의 부정적인 면에 거리를 두면서 자신은 새로운 사회의 일원이라고 주장하고 싶은 욕망은 '과거' 가치에도 긍정적 면이 있다는 걸 주장하려는 욕구, 새 사회의 구성원이 되려면 서독 규범에 순응해야 한다는 필요성을 거부하려는 욕구와 충돌할 수 있다. 서독인들 편에서는 새로운 독일을 건설하는 혁명적 과업에 일조하려는 열망과 이 업적에 대한 동독 동포들의 공로를 인정하지 않으려는 의지 사이에서 고통스러울 수 있다. 표면적으로 나타나는 언어 행동 패턴의 변화 및 변화 부재를 모두 설명할 수 있는 것은 바로 이러한 지속적인 긴장이다. 그러나 언어와 언어 사용의 변화에 대한 사회언어학적 분석에 따르면, 사회변화와 언어 변화 사이의 관계가 직접적인 경우는 거의 없으며 둘은 다른 요인들에 의해 매개되어야 한다.

예를 들어 오스트리아-헝가리 국경에 위치한 소규모 지역사회의 언어 교체(language shift)를 다룬 선구적 연구에서, 수잔 갈(Susan Gal 1980)은 거시적 차원에서 보면 근대화의 불가피한 결과로 읽을 수 있는 헝가리어의 점진적인 감퇴가 사회적 범주(예를 들어 '농촌' 대 '도시')에 대한 개인의 평가라는 매개변수의 영향을 크게 받는다는 사실을 밝혔다. 이 연구의 출간 이후 그리고 레슬리 밀로이(Lesley Milroy)의 획기적인 조사(벨파스트(Belfast)라는 단일 언어 환경에서 일어난 언어 변이와 변화를 다루었음)가 발표된 이후, 언어 사용의 변화를 설득력 있게 설명하려면 사회적 관계와 관습에 대한 평가로 드러나는 개인의 동기를 고려해야 한다는 사실이 분명해졌다. 예를 들어 동부 오스트리아 지역에서 일어난 헝가리어에서 독일어로의 전반적인 언어 교체는 두 언어에 대한 재평가 이후에 일어났다. 과거 헝가리어와 독일어에 대한 평가가 '지역적' 대 '비지역적'이라는 중립적 대조였다면 근대화 과정 동안 '전통적인, 농촌의, 후진적' 대 '현대적, 도시적, 진보적'이라는 재평가가 일어난 것이다. 이러한 맥락에서 볼 때 개인의 선택은 대화 참여자의 정체성에 따라 무작위적이거나 자동적으로 발생하는 것이 아니라, 화자 자신을 투사해 나타내는 의식적인 선택으로 볼 수 있었다. 소도시의 모든 주민이 근대화 과정에 호의적이었던 것은 아니었으며 사회변화에 대한 개인의 태도도 반드시 직업, 성별, 연령과 같은 객관적이거나 관찰 가능한 기준을 토대로 예측될 수 없었다.

이러한 관점에서 볼 때 언어 사용이나 행동의 변화는 사회이동(social mobility)의 지표(index)다. 이는 사회적 상승이라는 수직적 의미만이 아니라 이전에는 소속감을 느끼지 못했던 사회집단이나 사회범주로 재배치된다는 의미로서, 당사자는 그 집단과 연결되었을 때 어떤 혜택을 얻을 수 있다고 바라게 된다. 의사소통조정이론(communicative accommodation theory)의 관점에서(예를 들어 Giles 1994 참조) 화자는 개인의 동기에 따라 목표 모델 쪽으로 수렴(convergence)하거나, 모델에서 분기(divergence)하거나, 더 중립적으로 비수렴(non-convergence)의 방침을 추구하는 등의 선택이 가능하다. 내가 선택한 말을 통해 나는 나를 당신과 더 가깝게 위치시키거나, 당신과 거리를 두거나 또는 당신을 전혀 참조점으로 삼지 않을 수 있다. 일시적(전술적) 또는 장기적(전략적)일 수 있는 이러한 재배치 과정은 관련되는 사회범주가 연속체적이 아니라 이분법적일 때(예를 들어 흑인-백인, 남성-여성, 토박이-외지인) 가장 분명하게 작동하는 것 같다. 동독과 서독의 관계는 많은 내부 차이로 인해 서로 교차하는 부분이 있지만 일반적으로 이분법으로 인식되고 있다(이 부분은 6장에서 다시 다룬다).

따라서 사회이동이라는 변수에 기인한 것으로 보이는 언어 사용의 변화는 은유적이거나 문자적인 이동의 결과 또는 표현, 즉 '동독에서 서독으로 또는 그 반대로의 이주'로 해석할 수 있다. 동독인들에게 동독 공식 담화의 쉽볼렛을 의식적으로 피하는 행위는 '나는 그곳을 등지고 떠났다'(분기 또는 비수렴), 서독의 용어나 언어 패턴의 의도적인 사용은 '나는 이 새로운 곳으로 이주했다'(수렴)는 신호가 될 수 있다("5.3 정체성의 형성과 경합"에서 이것의 또 다른 측면, 덜 의식적인 측면을 다룰 것이다). 하나의 개별 언어코드에서 다른 언어코드로 완전히 교체될 가능성이 없는 단일 언어 환경에서 이 과정은 전적 변화보다는 경향성으로 관찰될 가능성이 더 높다. 우리는 기꺼이 이주하고자 하는지, 그대로 머무르려 하는지, 심지어는 (앞으로 보게 될 것처럼) 역이주하려는지를 보여 주는 다양한 종류의 특징을 식별할 수 있다.

쇤펠트(1993)는 '독일 통일로 인한 언어적 과정은 동-서독 문제인가, 단지 동독의 문제인가'라고 물으며 자신의 연구 질문 목록을 마무리했다. 이후에 수집된 모든 증거는 동독 사람들이 직면해야 했던 어려움을 서독인들은 면해 왔다는 그의 암묵적 가정을 확실히 뒷받침하는 것으로 보인다. 다시 말하면 사회언어학적 이주가 가능하다고 간주된 대상은 동독인뿐이다.[22] 서독에서 동독으로의 이주라는 반대 현상에 대한 연구는 그 방향으로의 실제 인구 이동이 적지 않았음에도 불구하고 제니퍼 데일리오케인(Jennifer Dailey-O'Cain)과 그리트 리프셔(Grit Liebscher)의 최근 연구(출간 예정)*를 제외하고는 수행되지 않았다. 서독 언론의 기사에서는 이것이 우리가 조사해야 할 주제라고 제안하기도 했다(예를 들어 Simon et al. 2000의 슈테파니 베티엔(Stephanie Wätjen)과 비에테 안드라쉬(Wiete Andrasch)의 기사 참조).

1990년대 초의 과도기 동안, 동독인들의 언어 사용(특히 서독 환경에서)에 대한 다소 자의적 연구들에 따르면 '연어적 혼성(collocational blends)'이라 부르는, 외관상 혼합된 패턴이 풍부하게 나타났다. 이는 동독 또는 서독의 용법과 특별히 연관된 단어가 '다른 쪽' 담화의 특징인 단어와 함께 연어를 이룬 형태를 말한다. 예를 들어 부르크하르트(Burkhardt 1992: 189)는 1989년 말에도 최고인민회의(동독 의회) 토론에서 '시장 상

....

22 연방통계청(Statistisches Bundesamt)의 공식 집계에 따르면 1990~1999년 10년 동안 '구'와 '신' 연방주(Bundesländer) 간에 이동한 총 인구수는 다음과 같다. 서독에서 동독으로 123만 8,780명, 동독에서 서독으로 205만 9,816명.

* 원문에는 '출간 예정'으로 되어 있으나, 내용으로 보아 Dailey-O'Cain, J. & G. Liebscher (2009). 'Dialect use and discursive identities of migrants from the west in eastern Germany', *Language, Discourse and Identity in Central Europe*(London: Palgrave Macmillan), 185-202의 연구로 추정된다.

황에 따라 계획된 경제'(Kronenberg 1993: 83, 87 참조)라는 표현을 포착할 수 있었다. 로셰(Roche 1991: 305)는 여행의 자유를 '자유와 민주주의를 기반으로 한 근본적 헌법 질서의 '성취'(성취는 동독 공식 담화의 특징적 용어이다. "4.1 통일의 언어적 도전" 참조)로 묘사하는 동독의 보수파 정치인을 인용한다. 비르크너와 케른(1996: 59)은 '우리 연방 사회보장연금 연구소'(4.1 참조)를 언급한 동독의 인터뷰를 인용했다. 그런데 이런 표현들은 의도적 선택일 수도 있지만 말실수 또는 특별한 형태일 가능성도 있으므로 크게 중요하지 않을 수 있다. 조정 행동을 논하려면 대화 바로잡기(conversational repair)와 같은 의도성의 증거로 보강되는 더 체계적이거나 적어도 더 일관된 변화의 징후가 필요하다.

어휘 수준에서의 수렴과 분기의 증거, 변화의 수용과 거부의 증거는 쇤펠트(1993)가 베를린의 '소우주'를 대상으로 상세히 제시했다. 그러나 이들 증거에 기반한 연구는 많은 베를린 사람들의 확증을 받았다는 점에서 신뢰가 가지만, 대부분 일화적(anecdotal)이라는 한계가 있다. 그에 반해 양상첨사(modal particle) halt와 eben을 다룬 디트마르와 브레델의 연구(1999: 153-64)는 단일 어휘 쌍에 초점을 맞추고 있지만 그 변화가 더 체계적으로 조사되었다. 연구자들은 두 첨사 사용을 사회적 변용(social transformation)에 대한 사회언어학적 지시체(indicator)로 간주했다(Dittmar 2000: 212; 비평에 대해서는 Hartung 2002 참조). 연구 자료는 1993~1996년 동안 동베를린 사람 31명, 서베를린 사람 25명과 인터뷰한 내용으로 구성되어 있다. 이들의 주장은 두 첨사가 비교적 최근까지 지리적으로 상보적 분포를 보이고 있었다는 사실에 근거했다. 둘은 동의어였고, 둘 모두 발화의 힘과 타당성을 강화하는 기능으로 사용되었으나('da ist eben/halt nicht mehr möglich(그건 원래 더 이상 불가능한 거야)') 일반적으로 halt는 남부에서, eben은 북부에서 나타났다(Eichhoff 1978, 지도 103 참조).

그러나 남부형 halt는 1980년대까지 북부 도시 지역으로 확산된 것으로 보인다. 어휘 확산의 결과, 특정 영역에서 두 개의 동의어 형태가 발생하면 개신형이 지역형을 대체하거나 의미적 분화가 일어날 수 있다(Barbour and Stevenson 1990/1998: 3.5.2; 3.5.3 참조). 디트마르(1997: 22; 2000: 218-20)는 베를린을 비롯한 여러 북부 지역에서 eben과 halt가 모두 여전히 사용되고 있었기 때문에 헨첼(Hentschel 1986)을 따라 '더 딱딱하고 사실지향적인 eben'과 '더 부드럽고 친근하고 주관적인 halt'의 구분이 생겨났다고 가정했다. 이 구분은 두 첨사가 동일한 발화에서 동시에 나타날 수 있으며 그것도 거의 독점적으로 eben halt의 연속체로 나타난다는 사실(아마도 halt가 eben의 효과를 부드럽게 만드는 것으로 보인다)로 뒷받침된다. 이와 관련된 사회언어학적 질문은 다음과 같다. 동베를린과 서베를린 사이에 두 첨사 사용에는 분명한 차이가 나타나는가? 만약 그렇다면 이것이 일정하게 유지되는가 아니면 수평화(leveling) 또는 조정의 경향을 나타내는가? 이 두 질문에 대한 답은 어떻게 설명될 수 있는가?

[표 4.1]은 인터뷰 내 두 첨사의 분포를 단순화된 형태로 보여 준다. 자료를 있는 그대로 취한다면 다음과 같은 잠정적 결론을 내릴 수 있다. 일부 동베를린 사람들의 목록에는 halt가 나타나지만 전혀 사용하지 않는 사람들도 있었으며, 전체적으로 여전히 eben이 훨씬 더 자주 사용된다. 반면 현재 서베를린 사람들의 말에서 halt는 적어도 eben만큼 자주 나타나는 것으로 보인다. 그러나 디트마르와 브레델이 분석한 자료에는 신뢰할 수 없는 부분이 있었는데(저자들도 인정한다), 말뭉치에는 서베를린 사람보다 동베를린 사람이 더 많았고 인터뷰 길이도 상당히 달랐다는 사실이다(대체로 동베를린 인터뷰가 서베를린 것보다 더 길었다). 동베를린과 서베를린의 첨사 용법에 대한 저자들의 결론은 각 인구 집단 내의 근본적인 변이를 은폐하고 있다. 양적 분석은 대략적인 시사점만 제시하는 것으로

받아들여야 한다.

〔표 4.1〕 동베를린과 서베를린 주민의 halt와 eben 사용 빈도(Dittmar 1997: 23에 기초)

직업		연령	eben	halt	eben halt	halt eben
동독 제보자(남성)						
EM1	조명 기술자	43	21	0	0	0
EM2	전기기사/학생	26	19	17	0	0
EM3	노인 전문 간호사	38	1	2	0	0
EM4	간호사	40	6	31	0	0
EM5	사무직 근로자	30	100	0	0	0
EM6	음악가	33	36	0	1	0
EM7	설비 기술자	33	7	0	0	0
EM8	교사/간호사	44	13	0	0	0
총계			203	50	1	0
직업		연령	eben	halt	eben halt	halt eben
동독 제보자(여성)						
EF1	유치원 관리자	48	2	0	0	0
EF2	학생	23	20	5	0	0
EF3	치과 보조	23	67	35	10	0
EF4	소아과 의사	36	15	11	0	0
EF5	교사	38	11	0	0	0
EF6	사회심리학자	59	17	0	1	0
EF7	교사	53	5	0	0	0
EF8	병원 접수원	27	4	28	0	0
총계			141	79	10	0
총계(남성 및 여성)			344	129	11	0

직업		연령	eben	halt	eben halt	halt eben
서독 제보자(남성)						
WM1	법대생	30	1	24	0	0
WM2	학생	27	0	6	0	0
WM3	교사	37	14	14	17	1
WM4	간호사	34	8	6	0	0
WM5	외판원	28	7	2	0	0
WM6	보모	39	0	1	3	0
WM7	영업사원	57	3	2	0	0
WM8	보모	35	0	15	0	0
총계			33	70	20	1
직업		연령	eben	halt	eben halt	halt eben
서독 제보자(여성)						
WF1	사회심리학자	46	0	0	0	0
WF2	학생	27	10	8	0	0
WF3	노인 전문 간호사	51	3	12	0	0
WF4	간호사/학생	29	5	4	0	0
WF5	교장	48	1	0	0	0
WF6	치과 의사	50	8	10	2	0
WF7	보모	55	2	0	0	0
WF8	주부	41	3	0	0	0
총계			32	34	2	0
총계(남성 및 여성)			65	104	22	1

언어 변화 연구라는 면에서 평가하자면, 이 연구의 데이터는 어떤 경향에 대해 결론 내리기에는 수집 기간이 너무 짧고, 비교 대상으로 삼을

만한 초기 자료가 없다는 점에서 비판의 여지가 있다. 더구나 halt 용법의 개신은 역사적으로 매우 최근의 일이므로, halt의 완화 기능은 위세(prestige)가 부여될 수 있는 '사회심리학적 이점'이 되며 그 결과 halt 쪽으로 언어 변화를 유도한다는 강한 주장(Dittmar 2000: 220)은 추정에 불과하다. 디트마르와 브레델(1999: 160-4; Dittmar 2000: 225-9)은 데이터를 화자 유형에 따라 면밀히 검토한 결과, 첨사 사용 패턴의 차이는 언어적 측면과 사회적 측면에서 동기를 찾을 수 있다고 주장했다. 그러나 증거가 빈약하다. 말뭉치에서 젊은 동베를린 사람 6명이 상대적으로 자주 halt를 사용한다는 사실을 '서독 언어 사용 쪽으로 조정한 언어 변화'로 해석하는 것(Dittmar 2000: 227)은 증거로 뒷받침되지 않는다. 그렇긴 하지만 '두 형태의 사용이 변화 과정 중에 있을 수 있다', '사회언어학적 표지(sociolinguistic marker)로서 어떤 지위를 지니는지 분석할 만한 근거가 있다'(Labov 1972b의 의미에서)는 결론은 타당하다. 제보자들은 두 형태가 경쟁 중임을 분명히 인지하고 있었고 자신들의 사용에 대해 판단을 내릴 수 있었기 때문이다(2000, 229-31). 그렇다 할지라도 동독 사람들이 halt를 점차 더 많이 사용하는 쪽으로 변화하는 추세가 서독 규범을 수용하는 과정의 일부인지, 아니면 남부 지역형을 채택하는 북부 지역의 전체적인 경향을 좇는 '따라잡기(catching up)' 현상의 일부인지 판단하기는 어렵다.

동서 만남에 참여한 사람들이 (관련된) 사회사 지식의 차이를 인식하고 있다는 사실은 메타의사소통 행동(metacommunicative behaviours)에서 분명히 드러난다. 베티엔(2000)과 더 분석적인 비르크너와 케른(2000)은 이 메타의사소통 행동을 조사했다. 동독 지역에서 일하는 서독 출신 기자 슈테파니 베티엔은 스스로 느끼는 정체성과 무관하게 일상적으로 서독 사람으로 간주되었으며, 그녀와 인터뷰했던 동독 사람들의 대화 말투(conversational style)에서는 설명을 덧붙이는 '주석'이 자주 나타났다.

‘Wissense, junge Frau, bei uns früher, da haben wir ja noch...’ So fängt es meistens an, wenn ich mal wieder DDR-Unterricht bekomme. Wenn mir der Abteilungsleiter eines ehemaligen Kombinats erklärt, wie die Brigade früher zusammenhielt und daß die Kollegen sich auch privat auf der Datsche trafen. Wo man sich Kacheln für ein neues Badezimmer organisieren konnte oder wie das mit den begehrten Plätzen in Betriebsferienobjekten an der Ostsee geregelt war. Diese Erklärungen sind meistens freundlich gemeint; nur eine kleine Aufklärung für die Unwissende aus dem Westen.
‘아가씨, 아시다시피 옛 시절에 여기서는 이렇게 했었어요….’ 내가 전 조합의 분과 책임자로부터 ‘동독에 대한 가르침’을 받을 때마다 그는 항상 이렇게 말을 시작하곤 했다. 나는 그에게 작업팀이 단합을 이루는 방법, 근무 시간 외에 동료들끼리 다차(dacha)*에서 만나던 방법, 새 욕실의 타일을 구할 수 있었던 곳, 발트해의 직원 휴가 캠프에 필요한 장소를 찾을 때 사용했던 시스템 등에 대해 들었는데, 그가 말을 시작할 때 주석처럼 덧붙이는 설명은 보통 선의에서 나온 것이다. 그것은 서독 출신의 무지한 여자를 위한 작은 깨우침일 뿐이었다.

(Wätjen 2000: 45-6)

아마도 그런 상황에서 ‘깨우침(enlightment)’ 그 자체가 목적은 아니었을 것이다. ‘동독에 관한 가르침’을 제공하는 목적은 서독인의 지식 공백을 메우기 위한 것일 뿐 아니라 과거에 대한 무지 탓에 현재를 잘못 판단하지 말라는 경고이기도 했으며, ‘그것을 이야기함으로써’ 과거를 생생하게 간

* 러시아인들의 주말 별장.

직하고자 하는 행위이기도 했다. 연속성과 자기주장의 전략인 것이다.

비르크너와 케른은 취업 면접에서 동독 지원자와 서독 면접관이 자신들의 '사회적' 배경(비르크너와 케른은 '문화적'이라고 기술함)의 차이를 전면에 내세우는 방식을 분석함으로써 더 전술적인(일시적인) 형태로 나타나는 조정을 보여 준다.

Bewerber: Ja gut, damals eh nannte sich das Erweiterte Oberschule, und hier eh mittlerweile heißt das Gymnasium.

지원자 네, 그렇습니다. 당시에는 Erweiterte Oberschule(동독 용어: 중고등학교)*라고 불렀습니다. 지금 여기서는 Gymnasium(서독 용어: 중고등학교)**이라고 부르죠.

지원자는 동독의 특정 용어를 어느 정도 대등한 '서독' 용어로 '통역'함으로써, 면접관이 동독 용어에 익숙하지 않을 때 발생할 수 있는 잠재적 오해의 여지를 없애고 있다. 그러나 더 중요한 것은 통역을 통해 취업하고자 하는 사회적 환경에 대한 자신의 지식을 분명히 보여 주고 있다는 사실이다. 반드시 상대의 이해를 돕기 위한 목적이 주가 아니라는 점은 다음 두 번째 사례에서 분명해지는 것 같다.

Bewerberin: Eh, mei Mann is dann zur Armee jejang', also hier heißt das ja wohl Bund?

....

* 동독의 교육체계상 졸업하면 대학 입학 자격(Abitur)이 주어지는 학교를 가리킨다. 1981년까지 4개 학년(9~12학년)으로 구성되었고, 그 이후에는 2개 학년(11~12학년)으로 구성되었다(출처: https://www.wissen.de/lexikon/erweiterte-oberschule).

** 독일의 교육체계상 초등학교와 대학교 사이의 9년제 중고등학교를 가리킨다.

지원자 음, 그때 남편이 Armee(동독 용어: 군대)에 갔습니다. 여기서는 Bund(서독 용어: Bundeswehr의 줄임말, 연방 방위군)라고 하죠, 그렇지 않습니까?

Armee라는 단어는 면접관이 알아들을 가능성이 높기 때문에 통역의 실제 목적이 적절한 서독 용어에 대한 화자의 지식 선언이 아닌 한, 이 경우 통역은 불필요하다. 마찬가지로 서독 면접관 쪽에서도 인정과 수용의 표시로 동독 관련 용어에 대해 자신의 지식을 드러낼 수 있다.

Bewerber: Also eh in Potsdam eigentlich das das war 'ne 'ne Außenstelle.

Interviewer: In in Potsdam an der Fachhochschule? Oder Ingenieurschule nannte sich die bei Ihnen?

지원자 글쎄요, 포츠담에서는 실제로 Außenstelle(동독 용어: 분교)였습니다.

면접관 포츠담의 Fachhochschule(서독 용어: 전문대학)에서요? 당신들은 Ingenieurschule(동독 용어: 공업학교)라고 불렀을 겁니다, 그렇지 않습니까?

물론 이런 메타의사소통 행동 중 어느 것도 사회언어학에서 일반적으로 말하는 조정 행동을 구성하지 않는다. 실제 또는 '가상'의 이상적이고 상상된 대화 참여자를 기준 삼아 당신 말의 어떤 부분을 조정하지는 않았기 때문이다. 그러나 용어를 느슨하게 적용하면 이러한 실행들은 당면한 발화 상황과 관련된 대화 참여자의 지식 수준(갖고 있으리라 짐작되는)에 조정하려는 화자 측의 의지를 나타낸다. 자신의 담화에서 상대의 담화로 이동하기보다는 자신과 상대의 담화 사이에서 중개하고자 하는 의지를 보여 준다.

그러나 다른 쪽 공동체의 규범이나 패턴에 조정한 것으로 볼 수 있는 언어 및/또는 의사소통 변화의 증거가 있는가? 전환기 이전 동서독 사람들의 언어 사용 패턴 변화를 다루는 연구는 접근 가능한 동독의 자료가 부족해 방해를 받았다. 1989년 이전 서독의 녹음 자료는 부족하지 않은데 비해(Wagener and Bausch 1997 참조), 비교할 만한 동독 자료는 대체로 보존되지 않았다(일부 경우에는 파기되었다. Hartung과의 개인 교신). 물론 실제의 자발적 발화를 대신할 수 있는 동독 언론 매체 기록(라디오, 텔레비전, 영화. Schlosser 1990a/1999: 145-9 참조)이 남아 있긴 하다. 동독의 일상적 말투(speech style)는 동독인과 서독인들이 그 인상을 중심으로 회고한 자료를 통해 실제의 모습이 어떠했을지가 가장 잘 드러난다. 예를 들어 서독인 호르스트 디터 슐로서(1999: 245)는 과거의 노련한 관찰자로서 자신에게 친숙한 말투 특징이 전환기 이후 시기에도 지속적으로 나타난다고 언급한다. "예컨대 사물을 정확하게 표현하려고 엄청나게 노력하는 것, 때로 여기에 더 느린 말 속도가 같이 나타나기도 하고, 또는 전체적으로 어떠한 개인적인 자기-표현의 지표도 사용하지 않는다." 이와 유사하게 동독인 다그마르 바르트(Dagmar Barth 1997: 396)는 전환기 이후 초기 만남에서 동서독 간 대화 관리(conversational management)의 차이점을 포착했다. 자신에게 익숙한 동독인들의 방식과 서독인들 사이에서 관찰한 것을 비교해 발견한 것이다. "문제를 다루는 방식에서도 서로 달랐다. 전형적인 베시(Wessi, 서독인)의 어조가 '나는 당신의 문제를 해결하는 방법을 알고 있습니다.'로 요약할 수 있다면, 오시(Ossi, 동독인)의 어조는 '내게 문제가 생겼으니 함께 이야기합시다.' 정도가 될 것이다."[23]

슐로서와 바르트의 관찰 내용은 1992년 콧부스에서 내가 면담했던 동독 학생들이 서독 청년들과 처음 만났을 때 받았다는 느낌과 일치한다. 동독 학생들이 느끼기에 서독인들은 강력한 개인 이미지를 전달할 수 있는 방법을 알고 있는 것 같았다. "서독인은 훨씬 많이 말하고 몸짓과 표정을 사용해 자신을 표현하는 방법을 정확히 알고 있는데, 이런 대화 스타일은 동독인들을 약간 두렵게 한다."(Stevenson 1995: 55) 동독 학생들은 더 일반적으로 표현하면, 서독인들에게 구어 상호작용이란 '경험한 감정'이라는 관점에서 인간관계를 만들어 가는 것이라기보다 '소비된 경험'의 관점에서 개인의 자격 증명을 확실히 하는 것(Beneke 1993 참조)이라고 주장했다. "동독인은 자신의 감정을 표현하는 경향이 있는 반면, 서독인은 무엇을 들었고 무엇을 했는지 이야기하는 경향이 있다."(Stevenson 1995: 55)

또한 바르트(1997)는 경쟁적인 취업 시장에서 살아남으려면 준공적(semi-public) 상황의 자기-홍보라는 서독식 대화 스타일에 적응해야 한다는 명백한 필요를 인식할 수밖에 없었다고 한다. 그 일반적 특징은 다음과 같이 기술할 수 있다. "나는 당신의 요구 사항에 적합하며, 이 자리에 이상적인 사람이라고 생각한다." 물론 동독의 면접 또는 유사한 상호작용의 기록이 없으므로, 그러한 상황에서 동독인의 언어 행동이 실제로 변했는지 상세히 분석할 수 있는 구체적 기반이 없다.

페터 아우어(2000a, b)는 서독 기자 에리카 룽게(Erika Runge)가 1970년 로스토크(아우어가 모의 면접을 했던 도시이기도 함: "4.2 의사소통의 불일치" 참조)에서 진행했던 일련의 인터뷰 자료를 사용해 언뜻 까다로워 보이는 자료 문제를 해결하고자 했다. 룽게의 인터뷰와 아우어와 동료들이 녹

....

23 개인 경험에 근거한 이러한 관찰은 서독인은 '협상적 조언 패턴'을, 동독인은 '지시적 정보 패턴'을 채택하는 경향이 있다고 한 상담 담화(Beratungsgespräche)(조언 세션/상담: "4.2 의사소통의 불일치" 참조) 프로젝트의 결과와 모순된다. 이 사실은 주목할 만한 가치가 있다.

음했던 두 번의 인터뷰는 동독 언어 공동체의 발전상 세 시점의 자료를 제공한다. 동독 시대의 초기 시점, 1992~1993년 통일 후 격변기 단계의 순간, 그리고 약간 더 이후의 시점(1995년)이다. 마지막 시점에서 서독 화자와의 접촉량은 상당한 수준으로 증가했을 것으로 가정할 수 있다. 언어 고고학의 관점에서 이 연구(또는 연구 방법)의 문제는 유사한 것들끼리의 비교가 아니라는 것이다. 룽게의 인터뷰는 아우어와는 본질상 그 성격이 달랐으며(룽게는 동독의 삶을 탐사하는 보도 인터뷰였다), 발화는 전사되지 않고 저자에 의해 읽기 쉬운 형태로 가공되었다. 그러므로 피면담자의 언어가 정확하게 재현되었다는 보장이 없으며 비교를 위한 근거 자료가 불확실하다는 문제가 있다. 물론 이러한 한계는 그 자체로 연구를 무효화하지는 않지만 결과는 분명히 신중히 다룰 필요가 있다. 또한 세 가지 자료 세트 중 어느 것도(룽게의 인터뷰도, 아우어의 두 인터뷰도) 아무 제약을 받지 않는 사적, 자발적 발화라는 의미의 일상어(Alltagssprache, vernacular)가 아니라는 점을 강조할 필요가 있다. 셋 모두 구조화된 상호작용을 특징으로 하는 준공적 장르에 속한다. 개인의 특성이 분명히 작용하기는 하지만 구조화된 정도에 따라 어느 정도의 패턴화된 행동을 예측할 수 있다.

아우어의 분석 절차는 층위상 가장 밑층에 해당하는 룽게의 인터뷰부터 시작된다. 자료에서 일정한 빈도 이상으로 나타나면서 동독의 준공적 맥락 발화의 특징으로 보이는 말투 자질(stylistic features) 7개를 추출했다(Auer 2000a, b에서 상세하게 논의되므로 간략하게만 설명한다. 여기에 사용된 예는 별도의 표시가 없는 한 이 출처에서 인용한 것이다).

1. 공공기관, 국가 기관 및 조직을 가리킬 때 unser(우리의)를 사용함, 서독 용법에서는 정관사 사용이 적절하고 더 일반적임

   unsere Regierung(우리 정부), unsere Republik(우리 공화국)

2. 진술에 무게를 더하기 위한 도입 구문으로 ich möchte sagen(나는 말하고 싶다)를 사용함

"Ich möchte sagen, die Aufgabe der Liberal-Demokratischen Partei ist es, den Mittelstand mit einzubeziehen in den Aufbau, also in den Aufbau des Sozialismus(나는 사회주의 건설에 중산층을 포함하는 것이 자유민주당의 임무라고 말하고 싶다)."

3. 개별적인 여성 지시대상에 대해서도 직업명에 '총칭적' 남성형을 사용함

"Meine Frau ist Wirtschaftsleiter beim RDGB-Feriendienst(제 아내는 RDGB(노동 조합) 휴가 서비스의 관리자입니다)."

4. 단순히 X sein(X이다)이라고 하는 대신 den Beruf/ die Funktion eines X ausüben(X의 직업/기능을 수행하다)과 같은 표현을 사용함

"In der FDJ-Sektionsleitung hatte ich die Funktion des kulturfunktionärs(FDJ 분과 리더십에서 나는 문화 책임자라는 역할을 수행했다)."

5. '수사적 이중 표현(rhetorical doublets)'을 사용함

erziehungswirksam und bildungseffektiv(교육적으로 효과적인)와 같은 유의어 쌍("3.2 일상생활 담화에서 나타나는 의례성" 참조)

6. 진술 시 딱딱하고 진지한 느낌을 주는 복잡한 통사 구조의 사용

7. 단순한 동사 형태 대신 명사화 구문을 사용함

다음 예는 5, 6 및 7의 특성을 보여 준다.

...wird die gegenseitige *Hilfe und Zusammenarbeit*(5) aller Bürger durch den Wohnbezirksausschuß als wichtige Aufgabe *in Angriff genommen*(6), um neue *Impulse zur Entfaltung der sozialistischen Gemeinschaft*(7) zu geben.

〔**표 4.2**〕 세 개의 자료상 '동독' 말투 자질의 출현 빈도(출처: Auer 2000a: 184)

자질	룽게 인터뷰 1970년	모의 취업 면접 1992년	취업 면접 1994~1995년
1인칭 복수 소유대명사	매우 빈번함	드묾(?)	없음(?)
'나는 ~말하고 싶다' 틀	매우 빈번함	때때로 사용	없음
여성 화자의 남성형 직업명 사용	매우 빈번함	매우 빈번함	드묾
'직업/기능의' 형식	매우 빈번함	빈번함	없음
수사적 중복	매우 빈번함	때때로 사용	드묾
복잡한 통사 구조: 기능동사구(Funktionsverbgefüge)*	빈번함	매우 빈번함	화자 20명 중 3명만 사용
복잡한 통사 구조: 명사화	빈번함	매우 빈번함	화자 20명 중 3명만 사용

("지구 주택위원회는 사회주의 공동체의 발전을 위한 새 자극을(7) 주기 위해 모든 시민의 상호지원과 협력(5)을 중요한 임무로 받아들일(6) 것이다.")

다음 단계로 아우어의 두 자료에서 앞의 자질들의 발생 빈도를 구했다. 양적 분석을 염두에 두고 자료를 수집하지 않아 정확한 통계적 비교가 불가능했을 것이고, 따라서 [표 4.2]의 결과로는 대략적인 추세만을 알 수 있다.

[표 4.2]를 보면 예상과 달리 두드러진 차이는 룽게의 인터뷰와 전환기 이후 자료 사이가 아니라, 두 번의 취업 면접 사이에 나타났다. 이러한 결과는 어떻게 설명할 수 있을까? 하나는 동독 지원자들이 만약 '올바른 인상을 주려고' 간절히 바란다면 환경의 요구 사항에 맞게 자신의 언

....

* 기능동사구는 기능동사, 전치사, 명사로 구성된 동사구로서 일반적으로 상응하는 단순동사의 의미와 약간 다른 통일된 의미를 갖는 동사구를 가리킨다.

어 행동을 적응시키고자 상당히 노력할 것이라는 점이다. 이 상황에서 명백한 분기적 행동, 즉 맥락이 가하는 동화 압력에 저항하는 것은 역효과를 낳을 수 있다. 또 다른 단서는 당연한 사실이지만 모의 면접은 이 장르에 비교적 경험이 없는 참여자들을 대상으로 하는 훈련 프로그램이었다는 점이며, 이보다 더 중요한 것은 모의 면접의 면접관들이 동독인이었다는 사실이다. 이로 인해 지원자는 자신이 수행하는 역할의 격식성을 약화시키거나 심지어 제거해 버렸을지 모른다. 따라서 실제 대화 참여자에게 수렴하려는 동기가 지원자라는 자신의 역할에 맞게 수렴하려는 압력보다 더 컸을 가능성이 있다. 이와는 대조적으로 실제 면접에서 면접관은 '진짜' 서독인이었으며, 지원자들은 더 어렸고 서독 규범에 더 많이 노출되었다. 참여자들은 자동 기계가 아니므로, 이 사실 자체가 세 번째 자료에서 '동독' 자질의 명백한 포기를 설명해 주지는 못한다. 이는 개별 화자들이 다음과 같이 주체적으로 선택한 결과라고 보아야 한다. 첫째, 동독 화자들은 앞의 말투 자질들을 동독의 공식 담화 패턴("3.1 공식적 담화의 '비잔티움 건축'"과 "3.2 일상생활 담화에서 나타나는 의례성" 참조)에서 도출한 사회언어학적 표지(sociolinguistic marker)로 식별하고, 둘째, 화자들은 자신들의 말투 목록(style repertoires)에서 이 자질들을 제거했을 때 받는 혜택이 그 자질을 사용했을 때 치르게 될 비용인 '자기'의 상실, '체면(face)'*의 잠재적 위협보다 클 것이라고 판단한다(Hudson 1996: 113-16 참조).

모든 조정 행위는 잠재적으로 체면-위협적(face-threatening)이다. 수

---

* 원래 '체면'은 어빙 고프먼(Erving Goffman)이 제안한 개념으로 사회의 모든 구성원들이 유지하고 싶어 하는 '공적인 자아상'이다. 브라운과 레빈슨은 공손 이론(politeness theory)에 체면 개념을 도입하여 공손 행위를 설명하고자 했다. '소극적 체면'은 개인들이 자신의 영역을 침해받지 않고 싶어 하는 욕구이며, '적극적 체면'은 개인들이 다른 사람들로부터 인정받고 싶어 하는 욕구이다(출처: 사회언어학사전).

렴은 화자 자신의 '독립성' 또는 '소극적 체면(negative face)'에 대한 위험을 수반하며, 분기는 대화 상대의 '소속감'이나 '적극적 체면(positive face)'에 대한 위협이 된다. 따라서 조정 과정은 항상 상충되는 이해(利害) 사이에서 균형을 잡는 행동이다(Scollon and Scollon 1995: 38). 취업 면접의 경우엔 일반적으로 갈등 가능성을 극도로 제한하는 것이 양쪽 당사자의 이익에 부합한다. 그러나 정치적 논쟁과 같은 공개적인 대결 상황에서는 갈등이 필수적이다. 그럼에도 3.1에서 보았듯이 동독에서 이 장르는 본질상 비전투적이며 결과가 미리 결정되어 있다는 특성을 띤다. 1990년 마지막 최고인민회의의 회의록을 분석한 부르크하르트(1992: 192-3)도 서독의 연방의회와 비교했을 때 참여자들의 지속적인 수동성으로 볼 수 있는 부분을 지적한 바 있다. 의원들의 '지나친 공손함', 끼어들기의 부재, 도발적 발언에 대한 반응 부재는 열린 논쟁에 참여하기를 꺼린다는 표시로 해석되었다. 동독 정치인들이 서독이 주도하는 정치 영역에 참여하기 시작했을 때, 이로 인해 서로 다른 정치적 토론 스타일의 문제가 발생했다. 양쪽의 전통은 대조적이며 또는 심지어 양립할 수 없는 것이었다.

1990년과 그 이후 연방의회와 지방의회에 선출된 대부분의 동독 정치인들은 의회정치가 처음이었고, 대중 연설 경험이 있는 유일한 사람들은 대체로 교회에 관여하거나 전환기에 개혁운동을 하던 사람들이었다. 그들 대부분은 정치적 부담이 상대적으로 적을 뿐 아니라 동독 정치의 단조롭고 정형화된 토론 스타일 특성도 갖고 있지 않았다. 동시에 서독 정치는 진부한 정치 문화의 실행과 절차 탓에 오래전부터 대중의 정치혐오(Politikverdrossenheit)가 따라다니는 상태였으므로, 서독 정치인과 공적 인물들 또한 적절한 대중 연설 스타일에 대해 동독 정치인에게 설교할 처지가 아니었다. 예를 들어 다그마르 블라이(Dagmar Blei 1992: 51)는 통일 직후 동독의 사회민주당 하원의원(동시에 최고인민회의의 전 구성원) 리하르트 슈뢰더(Richard Schröder)의 솔직하고 희망찬 말을 인용한다.

> Wir haben viel zu erläutern über unsere Verhältnisse. Bei der Fahrt zum Flughafen sagt die Fahrerin, sie fahre am liebsten Ost-Abgeordnete, denn wenn die von Politik reden, verstünde sie auch was; bei West-Abgeordneten dagegen wüßte sie hinterher nie, was sie eigentlich gesagt haben. Wir hören solche Komplimente natürlich gern. Vielleicht stimmen sie sogar. Dann könnte die noch ausstehende wirkliche Vereinigung, die Vermischung der Deutschen, wirklich was Neues bringen. In den Ostländern jedenfalls ist die gestanzte Bonzensprache tot. Wir müssen neue Worte finden und normal reden. Wir werden auch im vereinten Deutschland eine neue, gemeinsame Sprache erst noch finden müssen.
>
> 우리에게는 바로잡아야 할 것들이 많다. 공항으로 가는 길에 운전기사는 동독 의원을 태우는 것이 더 좋다고 말했다. 그들이 정치 이야기를 할 때면 어느 정도 이해할 수 있기 때문이다. 반면 서독 의원들과 같이 있으면 그들이 하는 말이 무슨 뜻인지 알아차릴 수 없다고 한다. 물론 우리는 이런 칭찬을 듣기 좋아한다. 어쩌면 이런 말들이 사실일지도 모른다. 아직 시작되지 않은 진정한 통일, 독일 사람들을 한데 어울리게 하는 통합은 정치 언어 면에서도 정말로 새로운 그 무엇을 가져올 수 있다. 어쨌든 동독에서 정당 보스의 진부한 언어는 이제 사라졌다. 우리는 새로운 단어를 찾아 정상적으로 말해야 한다. 그러나 아직 우리는 통일 독일에서 새로운 공통의 언어를 찾지 못했다.
>
> ('낯선 땅에 갇히다? 가장 놀라운 것은 본(Bonn) 의회 운영의 멋진 완성도다',
> 『디 차이트』, 1990년 12월 23일 자 8면)

또한 같은 맥락에서, 다그마르 블라이는 슈뢰더의 정치적 적수이자 같은 동독 출신 동료, 즉 전도유망한 기독민주당 청년가족부 장관인 앙겔라 메르켈(Angela Merkel)의 말을 인용한다.

> Obwohl häufig Argumente parteiübergreifend seien, so Jugend- und Familienministerin Angela Merkel(CDU), 'bemühen sich viele um zuviel Polemik'. Sie selbst sei nicht bereit zu glauben, daß das der einzige Weg ist, um Politik zu machen im Sinn der Bürger, die wohl mehrheitlich der Meinung sind, daß sich die Politiker zuviel streiten. Sie sei zwar auch dafür, daß in einer Demokratie um den richtigen Weg gerungen wird, doch solle das ein 'konstruktiver Streit' sein.
> 청년가족부 장관 앙겔라 메르켈(기독민주당)에 따르면 논쟁은 종종 정당 정치와 관련된 사안에 대한 것이 아닐 때가 있다. "많은 정치인들이 지나치게 많은 격론에 참여하고 있다." 메르켈 자신은 논쟁만이 대중의 이익을 위한 정치의 유일한 방식이라고 믿으려 하지 않는다. 대다수의 대중은 정치인들이 지나치게 언쟁을 벌인다고 생각한다. 민주주의에서 옳은 방안을 찾기 위해 논쟁을 벌이는 것은 확실히 찬성하지만, 그것은 '생산적인 언쟁'이어야 한다.
>
> ('너무 많은 논쟁과 언쟁. Ossis는 연방의회에서 과소 대표되는 느낌', 『디 유니온(Die Union)』, 1991년 131호 3면)

확실히 이런 말들의 지나치게 낙관적인 어조와 내용에 대해서는 어느 정도 참작해 받아들여야 한다. 이런 말들은 공적 무대에 미숙한 정치인들의 순진하고 비현실적인 희망에 불과하다며 냉소적인 태도로 무시하기 쉽다. 그러나 동시에 독일의 정치 문화를 긍정적으로 변화시키고, 독일 정치의 희미해져 가는 명성을 되살리고, 새 목소리의 신선한 기운이 연방의회의 의회 실행에 새 생명을 불어넣을 수 있는 특별한 기회가 여기 있었다. 동독의 어느 누구도 의례화된 합의라는 동독의 정치 스타일이 사라지는 것을 안타까워하지 않았지만, 서독에서도 독일연방공화국의 정치 세력끼리 분쟁을 벌일 때 나타나는 의례화된 적대감이 의회민주주의의 이상적인 실현이라고 주장하는 사람은 거의 없었을 것이다.

그러나 이때도 서독 정치인의 절대 다수는 전통적 실행을 멀리하고 진정으로 새 출발을 하기는커녕 그들 안에서 문제의식의 징후조차 찾아볼 수 없었다. 도리어 유일한 행동 양식으로 확실히 간주되는 쪽으로 동화할 책임은 다시 한번 동독인들의 몫임이 분명했다. 연방의회의 발화 중에 서독 의원이 동독 의원의 독일어를 노골적으로 '교정'하면서 말을 중단시키는 사례는 이러한 가정을 잘 보여 준다. 동독 의원이 'Zielstellung(목표 설정)'이란 단어를 사용하자 서독 의원이 끼어들면서 "Das heißt hier hiel Zielsetzung!(여기서 우리는 'Zielsetzung(목표 설정)'을 씁니다!")라고 교정한다(Hellmann 1997b: 83-4 참조). 그뿐만 아니라 비게와 보제(Biege and Bose 1997: 127)는 샤프(Schaaf 1995)의 어떤 정치인의 면담 내용을 인용하면서, 1990년대 중반 동독의 주의회 토론에서 동독 정치인들의 개인적 공격이 늘어난 것은 새롭게 정의된 장르에서 자신의 역량을 입증하기 위한 수단이었다고 지적한다.

> Man muss meiner Meinung nach bestimmte Redetricks auch drauf haben, glaube ich, und vielleicht auch ein paar Sprüche....Wenn ein Abgeordneter spricht, der kann alles vom Leder ziehen, der kann auch unter die Gürtellinie gehen....Und ich wurde oft unter der Gürtellinie angegriffen, wissen Sie, und von Leuten, wo ich das nicht

erwartet hätte; das hat mich oft enttäuscht, muss ich sagen.... Ich bin der Meinung, Sachlichkeit, Fachbezogenheit, auch ruhig über ein bestimmtes Maß, aber nie unter der Gürtellinie. Das ist unheimlich wichtig. Erst recht, wenn wir in einer neudemokratischen Ordnung zueinander finden sollen,... sollten wir wenigstens den Ton wahren, wenn man das schon in den alten Bundesländern nicht so kann, aber hier.

내 생각에 당신은 비장의 무기로 수사적 속임수, 아마 재치 있는 말 몇 개를 구사해야 할 것이다. … 의원은 발언 중에 욕설을 퍼부을 수 있고 심지어 야비한 공격을 할 수도 있다. … 당신도 알다시피 나는 비열한 공격을, 그것도 전혀 예상치 못한 사람으로부터 자주 받았다. 그때마다 좌절스러웠다, 나는 꼭 말해야겠다. … 내 생각에 토론은 객관적이고 주제와 관련성이 있어야 하며, 약간 과장이 있을 수는 있지만 절대 비겁하게 공격해서는 안 된다. 이 점은 매우 중요하다. 특히 우리가 새로운 민주적 질서 속에서 서로 대화하려고 한다면, … 우리는 최소한 일정한 어조를 유지할 필요가 있다. 옛 연방정부에서는 불가능했지만 지금 우리는 할 수 있을 것이다.

이와 같은 인상은 동독 텔레비전 채널 ORB의 방송 토론에서 서독 사회자와 동독 패널 사이의 짧은 대화를 통해 더욱 강화된다. 사회자 귄터 가우스(Günter Gaus, 1970년대 동독 주재 첫 서독 상설대표)는 만프레트 슈톨페(Manfred Stolpe, 구동독 브란덴부르크 주지사)가 솔직한 답변을 하게끔 여러 번 노력했지만 실패하자 이렇게 비꼬아 말한다. "주지사님은 훌륭하게 답변하는 법을 배우셨군요. 서독 정치인처럼 말씀하시네요."(Läzer 1996b: 170)

의원들이 서독식 토론 스타일 쪽으로 조정해 가는 과정에 대한 면밀한 조사는 슈테판 엘스파스(Stephan Elspaß 2000)의 양적 연구에서 이루어졌다. 그는 1991년과 1997년에 연방의회에서 동독 의원 10명과 서독 의원 10명(성별을 변수에서 제거하기 위해 모두 여성으로 구성했음)이 한 연설을 분석했다. 그는 '의사소통의 불확실성'(Kreutz 1997a, b 참조)이라고 부른 연설 스타일의 특정 자질에 주목했다. 이 자질들은 공적 수사법에 관한 서독 전통, 즉 표현의 명료함과 일관성에 가장 큰 가치를 두는 전통에서 부정적인 속성으로 간주된다. 그는 이 자질을 드러내는 표지들을 정하고, 변화가 나타나는지 판단하기 위해 연설을 양적으로 분석했다. 이 표지에는 말하기 또는 생각의 동사(ich glaube/denke/nehme an, daß…(…라고 생각한다/추정한다)) 또는 유사한 기능을 가진 동사구(es scheint/es sieht so aus, daß…(…인 것 같다/마치 …처럼 보인다)), 양상 부사(vielleicht(아마도), wahrscheinlich(십중팔구), im Grunde(대체로)), 양상을 표현하는 부사구(meines Erachtens/meiner Meinung nach(내 의견은))가 포함된다. 이 연구의 전제는 서독 의회의 스타일에서 화자들은 불확실성과 모호함의 표현을 피해야 하며, 이는 나약함과 결단력 부족의 징후로 해석된다는 것이다. 또 연구 질문은 초기 토론에서 동독 정치인들이 서독 정치인보다 이 표지를 더 많이 사용했는지, 만약 그렇다면 6년 동안 동독인들은 서독 규범에 수렴해 자신들의 행동을 수정했는지 여부다.

표본은 작은 편이었고 엘스파스(2000: 215)는 결과가 결정적이지 못하다는 데 동의한다. 그러나 결과로 나타난 사실은 1991년 불확실성의 표지 사용에서 동독과 서독 의원들 사이에 실제로는 유의미한 차이가 없었다는 것이다. 또한 6년 후 두 집단 모두 이 표지의 사용이 상당히 감소한 것으로 나타났다. 감소 폭은 동독 의원이 더 컸지만(약 50% 감소, 서독 의원의 경우 약 34% 감소), 1997년 두 집단 사이의 차이는 주로 단일한 자질(말하기와 생각하기의 동사)에 기인하는 것으로 보인다. 따라서 이 연구는 확실한 결론을 도출하기는 어렵지만 매우 흥미로운 데이터를 제공하며 엘스파스의 분석은 후속 연구를 위한 중요한 질문을 던져 준다. 결과는 두 가지 관점에서 해석 가능하다. 먼저 이 결과는 동독 의원이라는 집단이 서독의 관습에 적응했음을 시사하는 것처럼 보인다. 또 다른 관점에서 보면 비록 변화 정도는 작지만 서독 의원들도 자신들의 언어 행동을 거의 같은 방식으로 적응시킨 것으로 나타났으므로, 초기에 보였던 언어 수행의 유사성과 후기의 변화 방향은 출신지 때문이라기보다 두 집단의 대다수가 공유했던 상대적인 경험 부족으로 설명할 수 있다. 적어도 여기서 중요한 사실은 첫째, 분석한 자질이 담화에서 둘 이상의 기능을 가질 수 있다는 점이며, 둘째, 화자의 개인적 특성이 데이터 제시 방식에 가려 숨겨질 수 있다는 사실이다. 이 두 가지 주제('형태와 기능'의 문제, 개별 화자의 결과를 여러 가능한 변수 중 어느 한 변수로만 집단화하는 방법론이 낳는 왜곡 효과)는 사회언어학적 변이 연구에서 흔히 발생하는 문제다(예를 들어 Holmes 2001: 286-93; Wardhaugh 1998: 6, 7장 참조).

현 맥락에서는 이 두 가지 주제 중 후자인 언어 사용의 변이와 변화를 설명하는 방법이 더 큰 관심사다. 엘스파스는 처음 세웠던 자신의 가설(동독과 서독 정치인들은 연방의회 토론이라는 맥락에서 서로의 언어 행동이 크게 다를 것이다)을 포기한 뒤에, '개인'과 '집단' 사이의 중간 범주를 찾아내고자 노력했다. 분석 범주로서 개인과 집단은 각각 한계를 지니기 때문이다. 변이를 개인과 연결시키면 변이 패턴에 대한 사회적 요인을 찾을 수 없는 반면, 집단별 분석은 집단 내부의 중요한 차이를 은폐할 수 있다. 엘스파스는 그 대안으로 사회지리학적으로 정의된 집단의 구성원들을 '불확실성' 표지를 사용하는 상대 빈도에 따라 세 가지 행동 유형(behavioural type)으로 재분류했다. 이 방법은 개인, 집단, 행동 유형이라는 세 범주를 모두 하나의 모델로 통합할 수 있기 때문에 변이와 변화에 대해 더 상세하고 의미 있는 설명을 제공하는 것으로 밝혀졌다. 즉 객관적으로 정의된 집단(group)의 개인 구성원들(individual members) 사이의 유사점과 차이점은 언어 행동의 유형(type)에 따라 설명할 수 있다.

이 분석 방법은 비커튼의 격언(앞 참조)에 대한 수정 또는 확장을 시사한다. '말하기는 이르마, 테드, 바질, 제리, 조앤이 수행'하는 것일지 모르지만, 언어 패턴 간의 유사점과 차이점에 대해 설명하려면 이런 질문을 던져야 한다. 이르마처럼 말하는 사람은 또 누가 있으며, 어떤 상황에서 어떤 동기로 그렇게 말하는가? 이르마가 테드처럼 말하는 상황과 그 동기는 무엇인가? 이르마가 바질처럼 말하는 상황과 그 동기는 무엇인가? 다시 말해 '동독', '서독'과 같은 각 구조(construct)가 내적으로 동질하다는 가정에서 출발하는 것은 근본적인 문제를 지닌다. 한 집단의 모든 구성원이 동일하게 행동하지는 않을 뿐만 아니라, 한 집단의 일부 구성원은 자신의 집단보다 다른 집단의 대다수 구성원과 더 유사하게 행동할 수 있다는 사실을 유념해야 한다. 이 사실에 대한 인식은 사회언어학 연구방법론에 중대한 영향을 미쳤다. 연령, 성별, 직업과 같은 변수를 기준으로 미리 결정된 집단에 제보자를 할당한 후 언어 행동의 차이를 이러한 변수와 연결시키기보다는, 단일한 공통 특성(예를 들어 '의원이 됨' 또는 '한 곳에서 다른 곳으로 이주함')을 토대로 제보자를 선정하고 이들을 특정 언어 변수에 따른 언어 행동을 기준으로 군집화한 다음 이 자체-정의집단(self-defining group)의 구성에 대해 적절한 설명을 제시하는 것이다.

초기의 다수 사회언어학 연구들은 분석 단위로 사회집단을 선호하고 개인을 기피했는데, 이는 언어 사용을 사회현상으로 이해하는 맥락에서 집단 개념이 더 큰 설명력을 가진다는 사실에 기반했다. 그러나 1970년대 후반 이래 사회언어학에서는 개인을 사회적 주체(social agent)로 복귀시켜야 한다는 필요가 널리 받아들여졌다. 사회적 주체는 주변 사람들이 "다차원 공간"에 배열되어 있는, 공동체에 대한 거의 무의식적 심상 지도(mental map)를 구성한다는 특징을 지닌다. 즉, 이 지도는 수많은 차원 또는 변수 면에서 사람들의 유사점과 차이점을 보여 준다(Hudson 1996: 11). 이 견해에 따르면 개인은 자신이 거주하고 있는 언어 공동체에 대한 유동적 모델을 구성하는데, 자신과 공동체 구성원(또는 공동체의 다른 구성 요소)의 관계에 대한 인식이 변화하면 이 모델도 변화한다고 본다.

> 각 개인은 가끔씩 동일시하고 싶은 집단(들)의 언어 행동과 유사해지도록 자신의[원문 그대로] 언어 행동 체계를 고안해 낸다. 이러한 언어 적응은 아래의 경우에 가능하다.
>
> a. 개인 A는 그 집단들을 식별할 수 있다.
> b. 개인 A는 그 집단들의 행동 체계를 관찰하고 분석할 수 있는 기회와 능력을 모두 소유하고 있다.
> c. 개인 A의 동기는 자신이 선택하고 자신의 행동을 거기에 적응시킬 수 있을 만큼 충분히 강하다.
> d. 개인 A는 계속해서 자신의 행동을 적응시킬 수 있다.
>
> (Hudson 1996: 26; Le Page & Tabouret-Keller 1985: 182에서 각색)

언어 행동의 사회적 분석 모델 안에 행동에 대한 개인의 심리적 동기를 고려할 여지를 두는 이 관점은 다양한 형태로 나타났고, 지난 20년 이상 동안 변이와 변화에 대한 사회언어학적 연구에 가장 많은 정보를 제공했다. 1990년대 초 독일 서부와 남서부로 이주한 동독 작센주 주민들의 언어 변화를 다룬 비르기트 바르덴(Birgit Barden)과 베아테 그로스코프(Beate Großkopf)의 종단연구도 바로 이 관점에 토대를 두고 있다

(Barden and Großkopf 1998; 프로젝트에 대한 자세한 영어 요약본은 Barden 2000 참조). 이 절에서 논의한 다른 연구들이 동쪽에서 서쪽으로 은유적으로(심리적으로) 이주한 결과를 다루었다면, 이 연구의 대상자들은 문자 그대로(실제로) 이주했다. 다른 연구와의 두 번째 중요한 차이점은 2년 동안(1990~1992년) 동일한 화자 집단을 시간 간격을 두고 관찰함으로써 실제 시간의 흐름에 따른 (비교 가능한 집단이 아닌) '실제' 개인의 변화 패턴을 찾아낼 수 있었다는 것이다.

연구에 사용된 방법론은 전환기 이후 서독으로 이주한 12~52세의 동독인 56명을 선정하고, 이들을 2년에 걸쳐 정기적으로(총 8회) 인터뷰하는 것이었다. 인터뷰 자료의 분석은 고지 작센 방언(Upper Saxon Vernacular, USV)*의 비표준 변이형이 나타나는 음운 변수 12개의 실현을 기준으로 이루어졌다. USV는 원래 지역에서는 상대적으로 높은 위세를 지녔지만, 서독에서는 쉽게 동부 말(eastern speech)로 식별될 수 있을뿐더러 무조건 동독과도 연관되었다. 동독의 주요 정치인 다수가 이 지역 출신이기 때문에 '작센 말'은 서독의 많은 사람들에게 '동독의 말'을 뜻했다. USV는 서독에서 심하게 낙인찍혔으므로, 이주민들이 서독에 도착했을 때 USV-화자들의 경우 자신의 말을 조정할 강력한 동기가 있을 것이라고 가정할 수 있다. 조정은 새로운 거주지의 지역 변종으로 수렴하는 형태를 띠거나 아니면 자신의 평소 말에서 멀어지는 동시에 지역 중립적인 표준 독일어 쪽으로 바뀌는 비수렴의 형태, 즉 더 회피적인 전략으로 나타난다(Barden 2000: 227).

---

* 고지 작센 방언은 독일 동부의 작센주에서 200만 명이 넘는 사람들이 사용하는 방언 그룹을 말한다. 표준 독일어 및 기타 지역 방언과 주요 음운론적, 형태론적, 어휘적 차이가 있는 중부 독일어의 동부지파 중 하나로 간주된다(Khan, S., & C. Weise(2013). 'Upper Saxon (Chemnitz dialect)', *Journal of the International Phonetic Association*, 43(2), 231-241).

예상했던 결과는 집단 전체적으로 실제 일어난 것으로 보인다. 2년 동안 화자들은 비표준 USV 형태의 사용을 평균 약 11% 줄였다. 이는 언어 변화에 대한 구체적이고 정량화된 증거를 제공한다는 점에서 그 자체로 흥미로운 발견이다. 그러나 여기서 중요한 문제는 단순히 변화했다는 사실을 규명하는 것이 아니라 변화의 원인이 무엇인지 찾고 이를 설명하기 위한 설득력 있는 분석 모델을 구성하는 것이다. 설득력 있는 모델이라면 전체 표본의 하위 집단에 공통적인 행동 패턴이 나타나는지, 개인의 행동이 어느 정도까지(그리고 왜) 이 패턴과 일치하거나 벗어나는지 보여줄 수 있어야 한다. 바르덴과 그로스코프는 변이와 변화의 객관적 차원과 주관적인 차원을 통합하는 혼성 모델(hybrid model)을 만들어 이를 달성하려 했다. 객관적인 차원은 언어 변수의 측정이며, 주관적인 차원은 개별 화자가 자신의 의사소통 환경과 사회적 환경이라는 '다차원 공간'에서 어떻게 자신을 배치하는가(위 참조)와 관련된다.

연구자들은 밀로이(1980/1987)의 사회언어학적 분석에 처음으로 사용되었고 이후 다른 많은 사례에 활용되어 온 사회연계망(social network) 개념을 사용해(Milroy 1987: 7장; Hudson 1996; Wardhaugh 1998 참조) 각 화자에게 자신의 삶에서 일정한 역할을 한 사람들과의 관계를 단순한 그림 형태로 표시하도록 했다. [그림 4.1]에 예가 제시되어 있다.

각 원의 크기는 화자와 연계망 구성원과의 상대적인 접촉 빈도(화자의 보고에 근거함)를 나타내며, '자신(검은 원)'과 다른 원 사이의 거리는 화자가 그 개인 구성원에게 느끼는 감정적 거리를 나타낸다. 그런 다음 서로를 아는 사람들(원)인 경우 그 주위를 선으로 묶었다. 마지막으로 각 개인의 출신지는 다양한 음영으로 표시했다. 이런 식으로 그림은 고유한 패턴을 지니는 제보자의 연계망으로 구성되었다.

연계망의 상대 '밀도(density)'(연계망 내의 접촉점의 수)와 '다중성

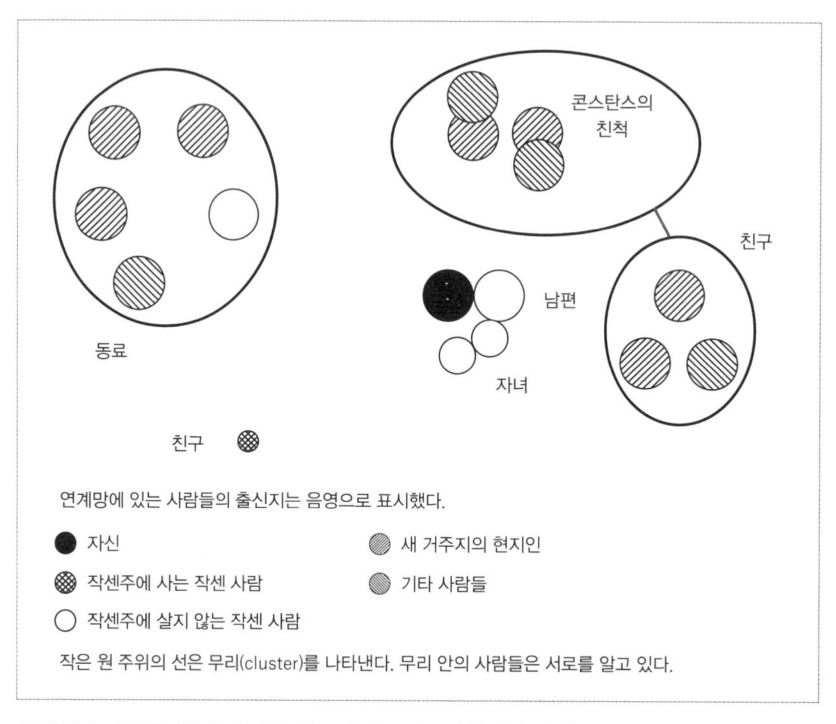

〔그림 4.1〕 사회연계망의 예: 콘스탄스에 사는 어느 작센 사람 사례(Barden 2000: 230)

(multiplexity)'(접촉점 간의 유대관계 수)에 따라 각 제보자에 대해 '연계망 강도 점수'를 산출했던 밀로이(1987)와는 달리, 연계망 강도를 정량화하려는 시도는 하지 않았다. 밀도와 다중성은 독일어 연구에서 중요한 변수지만 바르덴과 그로스코프는 연계망을 강약 차원에서 측정하는 것보다 연계망의 특성과 질에 더 관심이 있었고, 언어 사용의 변이와 변화 패턴은 연계망 유형의 변동(또는 변동의 부재)과 더 쉽게 관련될 것이라 믿었기 때문이다. 이를 위해 개인별 연계망보다 더 상위 수준의 기술인 '연계망 유형(network type)'을 구성하는 것이 필요했다. 제보자가 인식하는 연계망 밀도, 다른 작센 사람과의 접촉에 대한 상대적인 중요도 및 제보자의 연계망 만족도를 기반으로 이론적으로 가능한 8가지 연계망 유형을 추출했다

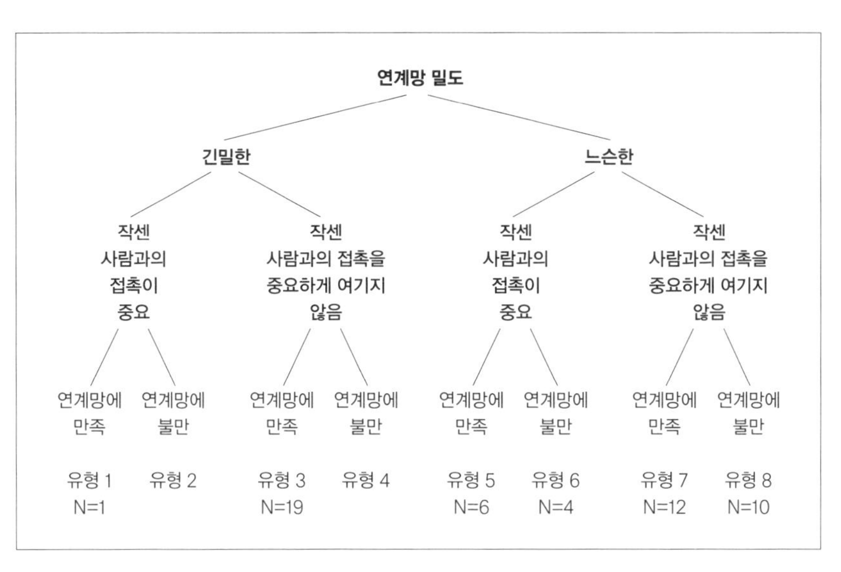

〔그림 4-2〕 가능한 연계망 조합(Barden 2000: 231)

([그림 4.2] 참조).

두 번째 단계는 지역 연대감에 대한 언급 내용과 이주 경험에 대한 평가를 바탕으로 각 제보자를 9가지의 '태도 유형(attitude type)' 중 하나에 배정하는 것이었다(Barden 2000: 231-4 참조). 전체 퍼즐을 맞추려면, 즉 언어 조정과 사회 적응과의 상호의존성을 설명하려면 이 세 차원(언어 변이, 사회연계망 유형, 태도 유형)이 어떻게 상호작용하는지를 보여 주어야 한다. 이를 위해 연구자들은 '통합 유형(integration type)'이라는 추가적 추상 층위를 만들어 분석을 시도했다. 통합 유형은 연계망 및 태도 변수를 포괄해 생성된 개념으로서 언어 사용 패턴과 연관시켜 분석된다. 이렇게 하면 특정한 언어 조정 패턴을 설명해 줄 수 있는 단일한 매개변수는 없지만, 여러 요인들 사이의 복잡한 상호작용의 모습을 파악할 수 있다. 예를 들어 주요 통합 유형 넷과 그 중간의 통합 유형 둘 중에서, 유형 A와 D는 표준 독일어와 새 거주지의 지역 방언 쪽으로 상당한 수준의 수렴을 보여 준다는 점에서 유사한 언어 조정 패턴을 보인다.* 그러나 이 둘은 일정한 특징(다른 작센 사람과 접촉을 중요하게 여기지 않음, 새로운 거주 지역에 대한 소속감 또는 특정 지역에 대한 충성도가 없음)을 공유하지만 중요한 면에서 서로 다르다. 유형 A는 긴밀한 연계망을 갖고 있고 사회적 접촉에 크게 만족하며 이주 경험에 대해 긍정적이고 대체로 '낙관적인' 태도를 갖지만, 유형 D는 느슨한 연계망을 보이고 사회적 접촉에 만족하지 않으며 대체로 이주 후 삶에 대해 부정적인 태도를 취한다.

이 방법론은 조정의 원형(accommodative prototype)이라는 일반적 틀을 구성할 뿐만 아니라, 동시에 개인 행동의 변화를 추적할 수 있게 해준다. 예를 들어 한 제보자의 언어 행동은 처음에는 표준형 및 새로운 지역형에 대한 일반적인 수렴의 경향을 따르지만, 첫해가 지나며 다시 분기하기 시작해 마지막 인터뷰 시점에서는 언어적으로 첫 시점보다 새 거주지에서 더 멀어진다. 그는 심리적으로 작센으로 다시 돌아간 셈이며 바르덴은 이러한 심리적 역이주를 개인적 상황의 변화(부상으로 직업을 잃게 되었음)에 기인한 것으로 설명할 수 있었다. 제보자의 상황 변화는 사회연계망의 재구조화와 주관적 만족도의 하락, 더 부정적인 태도, 자신의 소속감을 새 거주지에서 라이프치히로 재조정하는 결과를 가져왔던 것이다.

바르덴과 그로스코프의 사회적 유형을 이용한 분석에 대해 여기서 자세히 설명한 이유는 이 유형이야말로 심리적으로 실제적일 뿐 아니라 사회적으로도 논리 정연한 해석(개인 경험의 사회적 조건과 더불어 개인적 동

---

* 원문에는 각 통합 유형에 대한 기술이 없어 유형 A와 유형 D가 어떤 것을 가리키는지 모호하다. 이해를 돕기 위해 바르덴(2000)을 참고하면 주요 통합 유형은 A, B, C, D로, 이 중 A([그림 4.2]의 유형 3)와 D([그림 4.2]의 유형 8)는 USV 자질이 각각 45%, 38% 감소하는 유사한 언어 조정 패턴을 보인다. 그러나 본문에 설명하듯이 이 둘의 연계망 유형과 태도 유형은 상이하다.

기를 결합함)을 제시함으로써 조정 행동을 설득력 있게 설명해 준다고 보았기 때문이다. 이 문제는 6장에서 다시 다룰 것이다.

이 절에서는 다양한 언어 층위(어휘, 말투, 메타의사소통, 악센트)와 서로 다른 상황(사적, 준공적, 공적)에서 나타난 변화와 조정의 패턴을 검토했지만, 더 기술적인 면을 강조했던 이전 절에 비해 전반적으로 해석과 설명에 중점을 두었다. 여기 논의된 종류의 특성들은 고도로 민감한 언어 공동체에서 무작위 또는 '자유' 변이(free variation)로 나타나는 경우는 거의 없다. 변이와 변화의 표면적 패턴은 본문에서 보았듯이 언어 형태와 언어 사용자에 대한 뿌리 깊은 평가와 관련이 있다. 이러한 '언어 태도'는 언어 이데올로기를 조장하는 것으로, 이 장의 마지막 부분에서 다루게 될 주제다.

4.4 언어 이데올로기와 사회적 차별

언어 태도는 4장 앞부분에서 계속 언급되던 지엽적인 주제였다. 서독 화자들이 동독 사람이나 동독과 관련된 단어, 텍스트 패턴 및 언어 행동에 대해 보이는 낙인, 동독인들이 동독의 쉽볼렛으로 인식되었던 단어와 표현을 회피하는 현상, 동독인들이 서독에서 권위 있고 바른 것으로 인정받는 언어 형태와 의사소통 패턴 사용을 꺼리는 현상이 그 예다. 우리는 헬무트 쇤펠트(1993)가 소규모 '불평 전통'의 증가를 어떻게 기록했는지 앞에서 살펴본 바 있다(Milroy and Milroy 1999; "2.1 정치적 변화와 언어의 위기" 참조). 서독이 동독인들에게 친숙한 단어와 개념을 없애 버리고 서독의 낯선 단어와 상보적 자질(complementary features)을 사용하도록 강요하자, 이를 동독 사람들의 과거를 평가절하하고 문화적, 사회적으로 동화시키려는 시도로 받아들인 격분한 동독인들은 원망의 목소리를 높였던 것이다. 또 우리는 개별 화자들은 무엇을 긍정적으로 평가하는지에 따라 자신의 언어(행동)를 적응(adapt)시킬 수도, 그렇지 않을 수도 있게 되는 방식을 생각해 보았다. 이 마지막 4.4에서는 논의의 중심을 언어 태도로 가져와 언어에 대한 사회적 평가가 어떻게 언어 변화 또는 변화 저항의 동력으로 작동하는지 더 자세히 살펴보고자 한다. 더 구체적으로 말하면 언어 이데올로기가 어떻게 '사회구조와 말하기 형식(forms of talk) 사이의 매개 고리'로서 기능하는지 살펴볼 것이다(Woolard and Schieffelin 1994: 55).[24]

인식의 측면에서 상호작용 시 악센트(accent)는 말의 여러 다른 특징들보다 중요하다. 상대가 말을 알아듣는 데 중요해서가 아니라, 화자가 대화 참여자를 (사회적, 민족적, 지리적으로) 배치할 때 가장 크게 의존하는 요소이자, 상대방이 어떤 사람인지 판단하고 그들을 어떻게 대할지를 결정할 때 일차적인 근거가 되기 때문이다. 그 판단에 따라 참여자들은 우호적일지 적대적일지, 협조적일지 비협조적일지, 다시 말해 의사소통을 잘 이끌어 나갈 책임을 서로 나누어 가질지를 결정하게 된다. 그러나 어휘도 악센트와 같은 방식으로 특히 부정적인 방향으로 작용할 수 있는데, 어떤 한 단어의 사용만으로 청자에게 적대적인 반응을 유발해 청자가 의사소통 체계를 효과적으로 차단하게 만든다. 서독 기자 비에테 안드라쉬는 그러한 상황에서 보인 자신의 행동을 곰곰이 돌아보면서 그녀는 그 과정을 순

....

24 태도와 정체성은 모두 비판적 분석의 광범위한 영역을 구성하는데, 통일 이후 독일에서의 사회적 태도 및 사회적·정치적 정체성에 대한 일반적인 문제를 다룬 문헌들은 상당히 많다. 예를 들어 헬만(1999)의 'Literatur aus Nachbargebieten(인접 분야의 문헌)' 아래 나열된 연구 목록과 웹사이트 www.wiedervereinigung.de.를 참조할 것. 4장과 5장에서는 태도와 정체성 문제에서 언어와 의사소통적 측면, 그리고 담화와 상호작용에서 태도와 정체성이 실현되고 투사되고 처리되고 경쟁하는 방식만을 다룰 것이다.

진하게도 명확히 설명한다. 1990년대 초 동베를린에서 열렸던 한 파티에서 그녀는 현지 여성과 대화하다 불통의 순간을 경험했다. 동독 여성은 옥상에서 벌이는 사교 모임 관습에 대해 열변을 토하면서 동독 특유의 표현인 "urst schau da oben(정말 멋진 곳이에요)!"을 사용했다. 안드라쉬는 그때 자신의 반응을 다음과 같이 이야기한다.

> Ich hielt mindestens das dritte Glas Wein fest umschlossen in meinen Händen, als ich merkte, daß sich zwei Worte in meinen Gedanken verfangen hatten, deren Bedeutung mir rätselhaft war. Was heißt 'urst'? Und was 'schau'? Während der gesamten Unterhaltung fielen diese Worte unzählige Male. Abgesehen davon, daß ich fand, sie klangen ein bißchen russisch und ziemlich albern, konnte ich nichts mit ihnen anfangen. Ich verriet dieser Frau nicht, *daß mir ihre Sprache fremd war*. Die Selbstverständlichkeit, mit der sie jene Worte in den Mund nahm, schüchterte mich ein.
> 두 단어가 내 머릿속에서 혼란을 일으키고 있음을 알았을 때, 나는 적어도 세 번째 마시던 와인 잔을 단단히 잡고 있었다. 그 의미는 내게 미스터리였다. urst는 무슨 뜻일까? schau는? 전체 대화 중에 이 단어들은 계속해서 다시 나타났다. 그것들이 약간 러시아어처럼 들리고 우스꽝스럽게 들린다는 사실 외에, 나는 그 단어들이 무슨 뜻인지 전혀 이해할 수 없었다. 나는 그녀의 언어가 내게 외국어 같다는 사실을 그녀에게 말하지 않았다. 그녀가 이 말들을 너무나 자연스럽게 말해서 나는 두려워졌다.
>
> (Andrasch 2000: 69; 강조는 저자)

글의 나머지 부분을 봤을 때 안드라쉬가 여자를 완벽하게 이해할 수 있었다는 사실이 분명함에도, 그녀는 상대방의 언어를 이상하거나 낯설게 만들기에 두 단어면 충분하다고 주장한다. 이 발언을 이해하는 유일한 방법은 이 말을 그 여자에게서 느꼈던 생경함 또는 거리감에 대한 숨겨진 선언으로 이해하는 것이다. 안드라쉬가 낯설다(foreign)고 인식한 것은 그 여자의 언어가 아니라 여자 자체다. 그러나 이게 사실이라면, 왜 그렇게 직접적으로 표현하지 않았을까? 결국 안드라쉬는 그 여자와 대화하고 있지 않다, 이것은 '내적 대화'다. 이는 아마도 우리가 사회관계에서 행하는 일반적인 실행 중 하나로, 개인 또는 사회집단의 어떤 속성에 대해 불쾌할 수 있는 견해를 표현하는 한 방식이다. 그 사람의 어떤 행동에 대한 관찰로 표현함으로써('동독인은 이상하게 말한다') 기저의 명제('동독인은 이상한 사람들이다')를 완곡하게 만드는 것이 그 의도다. 이 일화는 '재미있는' 사건을 단순히 묘사하기 위해서가 아니라 보도 기사의 전반적 주제 '겉은 서로 더 비슷해졌지만 속은 그렇지 않다'(2000: 77)에 대한 실례로서 실린 것이다. 따라서 파티 손님은 일반적인 '이국적 동독인(exotic easterners)'을 대표하며 안드라쉬의 반응을 유도한 '두 단어'는 전반적인 '말하기 방식'에 해당한다. 이는 울러드와 쉬펠린(Woolard and Schieffelin 1994: 61-2)이 다음과 같이 묘사한 과정의 일부로 볼 수 있다.

> 특정 화자와 일정하게 자주 연관되는(따라서 그 화자를 지표하는(index)) 언어 변종들은 평가가 바뀌게 된다. … 집단 정체성의 상징뿐만 아니라 정치적 충성도의 상징 또는 사회적, 지적, 도덕적 가치의 상징으로 말이다. … 더구나 상징의 재평가는 종종 언어로 인한 차별을 대중이 받아들일 수 있도록 하는 반면, 상응하는 민족적 차별 또는 인종적 차별은 그렇지 않다.

언어 이데올로기가 구성되는 과정은 미국인들의 뉴욕 시민에 대한 태도를 다룬 저널리즘 에세이에 가장 명확하게 설명되어 있다. 다음은 로지나 리피그린(Rosina Lippi-Green 1997: 175)이 인용한 기사의 일부다.

> 뉴욕 사람들이 의식적으로 아무리 많은 [언어] 습관을 버리더라도 그들은 여전히 무의식적으로 미국의 나머지 지역과 다르게 말할 것이다. 그들은 여전히 뉴욕 사람처럼 들리며 여전히 부끄러워할 것이다. 뉴욕 사람들은 모든 노력에도 불구하고 전국적인 뉴욕 악센트 혐오에 대한 근본적인 진실을 발견할 것이다. 미국은 우리가 말허는* 방식 때문에 우리를 미워하는 것이 아니다. 미국은 우리가 우리여서(우리 자체를) 미워한다.

엄밀히 말하면 '우리가 말하는 방식'에는 보통 '악센트'(발음 패턴) 또는 '방언'(다른 변종과 문법, 음운, 어휘 면에서 차이를 보이는 변종)으로 간주되는 것보다 더 많은 차원이 있다. 또 사람들은 우리가 말하는 방식을 '어투(manner of speaking)'라고 칭하면서 이에 대해 '성급하다', '음악처럼 듣기 좋다', '저속하다', '장황하다'처럼 인상에 기반한 용어를 사용해 평가한다. 그러나 언어 변이에 대한 태도는 가장 일반적으로 악센트 및/또는 방언을 대상으로 한다. 방언과 악센트는 그 이름이 있고, 화자의 사회적 위치(지리적, 계급적, 민족적 위치와 기타 등등)를 식별하는 중요한 상징적 기능을 하기 때문이다. 사회적 위치 중 일부는 그 공동체의 전체 가치 체계에서 다른 위치보다 더 중요하므로 일부 언어 변종은 보통 '태도'라고 규정되는 명확한 인식과 평가에 더 접근하기 쉬운 것 같다. 예를 들어 영국

---

* 원문에 'America doesn't really hate us for the way we tawk'이라고 하여, talk을 tawk으로 뉴욕 악센트처럼 표기함. 한국어로 이를 살려 '말허는'이라고 번역했다.

영어를 사용하는 사람은 뉴욕 악센트를 식별할 수 있지만 대개 개별 미국 '남부' 악센트들을 구별할 수 없으며, 마찬가지로 미국 영어 사용자는 런던 악센트를 골라낼 수 있지만 개별 스코틀랜드 악센트들을 구별하기는 불가능할 것이다.

최근 독일에서 실시된 설문 조사에서도 드러나듯이 선별적 인식은 언어 공동체 안에서도 동일하게 나타난다. 가장 선호되지 않는 5가지 변종(바이에른 방언, 베를린 방언, 저지 독일어, 작센 방언, 슈바벤 방언)은 동시에 '가장 선호되는 변종' 목록 상위 6위 중 1~5위를 차지한다(Stickel and Volz 1999: 31-2). 왜 이 변종들이 선택되었는지는 추측해 보는 방법밖에 없지만 지리적 분포가 단서를 제공할 수 있다. 목록에는 남동부, 남서부, 중앙 변종이 각각 하나씩, 북부 변종 둘이 포함되어 있다. 언어 태도 연구가 일관적으로 보여 준 바와 같이, 언어 변종에 대한 평가는 실제로는 그 화자에 대한 평가이며(예를 들어 Holmes 2001: 14장; Fasold 1984: 6장 참조), 개별적 평가에는 미학적 요소가 있을 수 있지만 특정한 말의 형식에 대한 일관적인 찬사 또는 비난은 그 말이 얼마나 듣기 좋은지보다 그 사회집단의 위치와 훨씬 더 관련 깊다. 따라서 이 설문 조사는 우리가 이미 알고 있는 사실을 강화하는 것으로 보인다. 즉, 독일에 극심한 지역 충성의 전통이 있다는 사실, 특히 남부인과 북부인 사이에 상호 혐오가 강하다는 점이다.

그러나 동서 관계의 맥락에서는 이들 중 두 변종에 특별히 주목할 필요가 있다. 서독에서는 '동부'가 아니라 '동독'을 의미하는 작센 변종("4.3 언어 변이와 사회이동" 및 이 절 참조), 그리고 동서 분열을 가로지르는 베를린 변종이다.[25] 베를린을 1945년 이후 전체 독일의 사회적, 정치적 전개

....

25 앞 목록의 저지 독일어를 포함해 다른 변종들도 마찬가지이지만, 분리된 도시 언어 공동

상황의 축소판으로 간주하는 관점은 타당할 수도 있고 그렇지 않을 수도 있지만, 베를린이 사회방언학자들의 관심을 받은 이유는 짐작하기 어렵지 않다(예를 들어 Dittmar et al. 1986; Dittmar and Schlobinski 1988; Johnson 1995; Schlobinski 1987; Schönfeld 1986, 1989, 1993, 1995, 1996a, b; Schönfeld and Schlobinski 1997 참조). 이 연구는 수 세기에 걸쳐 발전해 온 언어 공동체에 갑작스러운 분단이 미치는 영향을 연구할 수 있는 이상적인 기회였던 것이다. 비록 정치적 상황으로 접근이 제한된 탓에 비교 연구는 심각한 방해를 받았지만 말이다.

'언어에 대한 사회적 태도는 언어 공동체 전체에서 매우 균질적이다'라는 라보프(Labov)의 주장(1972b: 248)은 상대적으로 안정된 공동체에서조차 과장일 수 있고 적용이 어려울 수 있지만, 베를린 변종에 대한 베를린 사람들의 평가가 달라지는 것을 추적할 때 명심해야 할 유용한 견해다. 16세기에 등장한 이후 20세기 초까지 베를린 변종은 언어 공동체 전체에서 상당한 명성을 누려 온 것으로 보이지만, 제2차 세계대전 발발 전 수년 동안 사회이동과 인구통계학적 변화의 증가로 베를린의 언어경관(linguistic landscape)은 더욱 복잡해졌고, 도시와 주변 지역에서 우세했던 베를린 변종의 지위는 불안정해졌다(Schönfeld 1986: 287-8; 1966b: 71-3). 이러한 분화 과정은 전쟁 때 도시가 물리적으로 파괴되고 베를린 안팎으로 대규모 이주가 발생하면서 크게 가속화되었다. 따라서 1961년 도시가 물리적으로 분단되기 이전에도 베를린 언어 공동체는 붕괴되고 분열된 상태였으므로, 분단 기간이나 통일 이후의 변화를 측정할 단일하고 균질한 출발점을 가정하기 어렵다.

그러나 대략적으로 말하자면 1989년 이전의 베를린 변종에 대한 사회

....

체라는 베를린 변종의 독특한 위치는 이 변종에 대한 높은 관심을 충분히 설명해 준다.

적 평가의 흐름에서 중요한 추세를 분리해 낼 수 있으며, 이 추세는 1990년대 초 처음으로 수행된 경험적 비교 연구를 해석할 때 맥락을 제공한다(Barbour and Stevenson 1990/1998: 4.4.5 참조). 먼저 많은 서베를린 사람들은 상충되는 견해를 갖고 있었다. 한편으로는 베를린 변종에 대한 부정적인 사회적 위세가 널리 퍼져 있는 것처럼 보였지만, 다른 한편으로 적절하다고 생각되는 맥락에서는 베를린 변종의 사용을 지지하고 있었다(Schlobinski 1987: 196). 비표준어와 표준어의 기능적 분포가 일반적으로 받아들여지는 이런 모습은 데일리오케인(1997, 2000)이 '표준어 이데올로기(standard language ideology)'라고 명명한 것에 대한 암묵적 충성에 기초하는데, 이 이데올로기에서는 표준 변종이 '합법적인 언어(legitimate language)'의 지위를 부여받으며 다른 변종들을 평가할 때 그 변종을 점수 매기는 척도가 된다.

동독에도 유사한 이데올로기가 존재했고 국가에 의해 공식적으로 홍보되었지만 동베를린 사람들 사이에서는 대중적으로 거의 받아들여지지 않았고, 그 결과 베를린 변종의 위세는 서베를린에서보다 더 높았다. 조직의 계층성이 덜한 동독 사회에서 '수직적' 차별화라는 의미로 언어 변종에 서로 다른 수준의 사회적 위세가 부여될 가능성은 고도로 계층화되고 경쟁적인 사회인 서독에서보다 훨씬 적었다(Hartung 1981b: 69-71; Reiher 1997a: 182; Schmidt-Regener 1998: 161). 따라서 '베를린 변종'은 '동독의 수도 언어'로 '재구성'될 수 있었으며(Gal 1993의 의미에서), 경험적 연구에서도 동베를린 사람들은 베를린 변종에 대해 압도적으로 긍정적인 평가를 하고 있다는 사실이 확인되었다(예를 들어 Peine and Schönfeld 1981 참조). 더욱이 이 '지역' 변종의 상징적인 부상은 작센 변종에 대한 동베를린 사람들의 적대감에 의해 더 강화되었는데, 이들은 여러 주의 조직을 작센 사람들이 지배하는 현실에 분노했기 때문이다.

Kommste inne Kaufhalle, ja, sprichste mit der Fleischabteilung, weil du da [?] worden bist, eene aus Sachsen, so 'ne sture und dämliche, von Tuten und Blasen keene Ahnung. Und, biste denn uf die Dame anjewies'n, wa, du fühlst dich als Berliner da irgendwie fremd, ja.
당신은 슈퍼마켓에 들어간다. 당신은 ○○해서 정육 코너에 있는 여성에게 말을 건넨다. 그 고집 세고 멍청한 작센주 출신의 여성은 아무것도 모른다. 이 여성에게 도움을 받아야 한다면, 당신은 베를린 시민으로서 뭔가 이상하다고 느낀다.

(동베를린 사람, Dittmar et al. 1986: 131에서 인용)

가게 점원은 그녀의 말 때문에 작센주 출신으로밖에는 인식될 수 없는데, 그녀를 어떤 한 범주('eene aus Sachsen', 작센 출신 여성 중 한 명)에 할당하는 것은 그 말만으로도 충분해 보인다. 또한 말은 거의 명백하게 부정적인 성격 특성('stur(고집센)', 'dämlich(멍청한)')와 관련된다.

따라서 언어 공동체에 대한 라보프의 관점 중 약한 버전을 채택하고 '언어에 대해 광범위하게 공유된 사회적 태도'를 정의의 기준으로 삼더라도, 1989년까지 베를린에는 기껏해야 두 개의 개별 언어 공동체를 상정할 수 있다(Schönfeld 1996b: 74-8). 슐로빈스키(Schlobinski 1987)가 보여 준 것처럼 베를린 변종이 실제 동베를린에서 더 널리, 더 '유표적(marked)'이고 보수적인 형태로 사용되었다면, 거기서 더 긍정적인 평가를 받았다면, 이러한 사실은 두 언어 공동체의 접촉 결과에 어떤 영향을 미치게 될까? 서베를린 사람들은 베를린 변종을 높이 평가받는 언어 변종으로 더 많이 접하게 되어 그 수용도가 높아짐으로써 예전 동독 모델을 기반으로 언어 공동체의 통합이 촉진될까? 아니면 베를린 변종에 광범위하게 낙인을 찍으면서 '올바르게 말하기(talking correctly)'에 부당하게 높은 가치를 두는 새 사회적, 경제적 환경에서 동독 모델 쪽이 시장 압력에 굴복하게 될까?

1990년 이후 베를린 사람들의 언어 의식과 언어 태도를 추적한 루트 라이허, 헬무트 쇤펠트, 이레나 슈미트레게너(Irena Schmidt-Regener) 등의 연구가 이 질문에 대해 단순한 답을 주지 않았다는 사실은 놀랍지 않다. 언어 태도의 양상은 명확해지기보다는 더 복잡해진 것으로 보이는데 이는 과도기에 예상되는 바였으며, 확실한 추세는 아마 통일 후 20년 동안에 나타나기 시작할 것이다. 그러나 동서 베를린 사람들 사이의 사회적 차이는 뿌리 깊기 때문에, 언어 태도에 대한 견해는 훨씬 더 오랫동안 변화에 저항할 수도 있다.

쇤펠트(1996a, b)는 설문 조사에서 제보자를 학생, 교사, 교사 외 성인의 세 주요 집단으로 분류해 베를린 변종에 대한 느낌, 타인의 베를린 변종 사용에 대한 관용도 및 동서독 사람들이 베를린 변종을 사용할 때 차이가 있다(장면, 빈도, 방식, 말투, 정통성(authenticity) 등)고 생각하는지 묻는 문항을 제시했다([표 4.3] 참조).

방언의 호감도에 관한 한, 연령은 출신 지역보다 더 중요한 변수인 것으로 보인다. 교사와 기타 성인의 반응은 동서독에서 어느 정도 일치했는데, 구체적으로 교사 집단은 다른 성인 집단에 비해 대체로 덜 열정적이었고 극소수는 무관심했다. 동서독 학생 모두 성인에 비해 무관심한 비율이 높았지만 동독 학생은 부정 응답의 거의 두 배 가까이가 긍정적인 반응을 보인 데 반해, 서독 학생은 모든 하위 집단 중 긍정적 반응이 가장 적었다. 타인의 방언 사용에 대해 불관용을 표한 교사의 수는 양쪽에서 거의 같았지만, 조건부로 또는 특정 상황에서 방언을 사용하는 것에 대해서는 더 많은 서독 교사가 기꺼이 받아들일 수 있다고 답했다. 끝으로 서독 응답자들은 동독인들보다 양쪽 사람들의 베를린 변종 사용에 차이가 있다고 더 확신하는 것으로 보인다(Schmidt-Regener 1998: 175 참조).

〔표 4.3〕 베를린 일상어에 대한 태도(응답은 %로 표시함)(Schönfeld 1996: 91)

1. 당신은 베를린 말을 좋아합니까?

	교사		교사 외 성인		학생	
	동독	서독	동독	서독	동독	서독
예	23	26	47	50	31	17
아니요	20	19	14	12	12	26
때때로	50	48	25	36	36	36
관심 없음	7	7	14	2	21	21

2. (교사만 응답) 다른 사람들이 심한 베를린 말로 말할 때 당신은 어떻게 반응합니까?

	아동과 청년		성인	
	동독	서독	동독	서독
긍정적으로	12	23	12	25
부정적으로	37	32	50	41
혼합	28	34	27	26
중립적으로	23	9	11	9

3. 바르지 않은 베를린 말 같은 것이 있다고 생각합니까?

	교사		교사 외 성인	
	동독	서독	동독	서독
예	60	51	41	57
아니요	18	25	19	21
모름	22	24	40	22

4. 동베를린과 서베를린 사람들은 베를린 말을 서로 다르게 사용합니까?

	교사		교사 외 성인		학생	
	동독	서독	동독	서독	동독	서독
예	27	59	44	72	14	37
아니요	27	17	4	7	58	26
때때로	22	7	29	19	28	37
모름	24	17	23	2	0	0

이러한 연구의 양적 결과는 신중히 다루어야 한다. 특히 일부 질문은 다양한 해석에 열려 있고, 간단한 답변은 개인의 동기와 경험에 대해 아무것도 말해 주지 않기 때문이다. 쇤펠트의 설문 조사는 반구조화된 인터뷰로 보강되어 개인적이고 매우 구체적인 응답도 다양하게 나타나지만(대표 사례는 Schönfeld 1996b 참조) 이를 의미 있게 종합하기는 어렵다. 더 정교한 양적 연구인 이레나 슈미트레게너(1998)는 몇 가지 주요 변수를 통계 모델에 통합해 이 격차를 메우려고 시도했다. 변수로는 스스로 보고한 자신의 언어 사용, 베를린 변종과 표준 독일어에 대한 평가, 다른 베를린 사람들의 언어 행동 평가, 베를린 변종의 수용도에 대한 견해가 있었다. 예를 들어 그녀는 도시의 '다른 쪽' 지역에 사는 베를린 사람들의 언어 행동 평가 내용을 기준으로 4개의 집단을 구성했다.

- 그룹 1은 가장 큰 집단이고 서베를린 사람들과 표준어 화자가 대다수를 차지한다. 이들은 '다른 쪽' 베를린 사람들의 언어 행동을 확실히 싫어하지만, 베를린 사람들의 수용도가 1989년 이후로 커졌다고 믿는다.
- 그룹 2는 동베를린 사람들이 대다수이고 다수는 베를린 변종 화자들이다. '다른 쪽' 베를린 사람들의 언어 행동에 대한 태도는 '확고한 미정 상태(firmly undecided)'지만, 베를린 사람들의 수용도는 낮아지고 있다고 믿는다.
- 그룹 3은 동베를린과 서베를린 사람들이 비슷한 비율이다. 대다수는 베를린 변종이 아닌 다른 변종을 사용한다. 대체로 다른 쪽 베를린 사람들의 언어 행동에 대한 자신의 의견은 대체로 상당히 미정인 상태다.
- 그룹 4는 주로 베를린 변종 화자와 동베를린 사람들로 구성되어 있

으며 '다른 쪽'에 대해 가장 높은 수준의 관용을 드러낸다.

이 복잡한 그림에서 슈미트레게너(1998: 180-1)는 몇 가지 결론을 내린다. 연구자는 특히 동독보다 서독에서 더 큰 양극화를 포착할 수 있었다. 베를린 변종은 서베를린 사람들에게 더 강하게 낙인찍히지만 점점 더 수용되는 조짐이 보인다. 동베를린 사람들은 견해가 덜 단호해지고 불확실해지는 것처럼 보이며, 이에 대해 연구자는 베를린 변종이 더 이상 그들에게 '수도 도시의 변종'(베를린은 독일의 수도이기도 하므로 '그들의 수도', 즉 동독의 수도라고 말하는 것이 더 나을 수도 있다)이 되지 못하고, '도시를 분리하는 변종'이 되었기 때문이라고 설명한다(175). 수잔 갈의 관점에서 베를린 변종, 베를린 변종과 표준 변종의 관계는 통일 독일의 광범위한 정치적 경제 안에서 재맥락화되고 있는 중이다. 또한 슈미트레게너는 동서 베를린 사람들 사이의 친숙도와 접촉 빈도는 상대방의 언어 행동에 대한 수용도와 밀접한 관계가 있지만, 동시에 접촉은 증가하기보다는 감소하는 경향이 있음을 확인했다. 그러나 연구자도 인정하다시피(181), 상세한 분석은 베를린이 1989년 이전과 마찬가지로 비균질적 언어 공동체임을 밝혔지만 그에 대한 설명은 불가능했다. 이처럼 더 복잡해진 행동 패턴은 앞선 맥락에서는 적합해 보였던 유대감-지위(solidarity-status) 이분법에 기반한 설명 모델로 환원되지 않는다.

그러나 '지향'으로서의 유대감과 지위, 그 자체는 1989년 이전의 언어 실행이나 태도에 대해서도 설명을 제공하지 못한다. 예를 들어 슐로빈스키(1987)와 같은 연구는 베를린 변종이 더 부유한 첼렌도르프(Zehlendorf) 지역의 중류계층보다 베딩(Wedding) 지역의 노동계층에서 더 광범위하게 사용되었다는 사실을 설득력 있게 보여 주었다. 이 차이를 노동계층의 유대감(또는 '숨은 위세')과 중류계층의 지위(또는 '드러난 위세')가 발휘한 견인력의 결과로 보는 것은 서베를린의 사회언어학적 대조에 대한 명쾌한 기술일 수 있지만, 각각의 집단이 자신들만의 방식으로 행동한 이유를 설명해 주지 못한다. 마찬가지로 우리는 베를린 변종이 서베를린보다 동베를린에서 더 긍정적인 위세를 누렸다는 사실은 입증할 수 있지만, 언어 변종에 대한 동서독의 서로 다른 평가와 서로 다른 사용 패턴 간에 필연적인 연관성은 없다. 유대감과 지위는 개인의 행동과 대인 관계에 내재된 동기의 중요 차원이지만, 한 사회를 굴러가게 만드는 종합적 장치 또는 작동 방식의 한 요소로 이해되어야 한다. 다시 갈(1993: 337)은 다음과 같이 주장한다.

> 지위 또는 유대감을 표현하는 언어 변이 패턴은 대인 관계를 조정할 뿐만 아니라 사회생활에서 '상징의 지배' 또는 '문화적 헤게모니'가 작동하고 있다는 증거다. … 이러한 분석상의 변화는 … 비권위적인 변종 사용을 단순히 서로 다른 대인 관계의 의미를 표현하는 방법이 아니라 '사회의 지배적인 가치와 제도에 대한 저항'을 구성하는 일종의 사회적 실행(social practice)으로 개념화한다.

간단히 말해 우리의 맥락에서 베를린 변종으로 말한다는 의미는 (물론 선택이 가능한 곳에서) 단순히 '나는 베를린 사람이다. 나는 당신이 나를 그렇게 봐 주길 바라며, 나는 언어 선택을 통해 나 자신을 높은 위세의 집단에 동조했을 때 얻을 수 있는 혜택보다 이 낮은 위세의 사회집단과의 관계를 더 소중히 여긴다'고 선언하는 것에 그치지 않는다. 갈(Gal)에 따르면 당신은 거기서 더 나아가 '나는 베를린 변종에 대한 지배적인 평가, 그 화자를 열등하게 여기는 평가를 거부한다'고 선언하는 것일 수 있다. 즉, 언어 선택은 단순히 개인적 결정이나 선호가 아니라 사회적 실행의 한 형태이며, 언어적 저항은 사회적 저항의 한 형태다. 갈이 지적했듯이 지배와 저항은 다양한 형태를 취할 수 있으며, 실제 사회적 행동으로 실현되는 양상은 단순한 이분법이 제안하는 것보다 더 복잡하고 덜 명확할 수 있다(Gal 1987, 1995 참조). 더욱이 저항은 더 힘 있는 사람들이 자신의 가치를 강요할 때 힘없는 사회집단이 보일 수 있는 유일한 반응이 아니다. 실제로 설명이 필요한 것은 정반대의 반응, 피지배 집단이 보이는 지배에 대한 공모 또는 결탁이다. 왜 피지배 집단은 때때로 지배 집단의 가치와 규범을 따르라는 압력에 순응하는가? 이데올로기의 수용은 계속되는 비순응적 실행과 공존할 수 있는가, 반대로 변화된 행동(순응적 실행)은 이데올로기에 대한 저항과 일치할 수 있는가?

동독인들이 서독의 언어 가치에 대해 매우 일반적인 의미에서 반응을 보였는지 알아보기 위해 데일리오케인(1997, 2000)은 '서독의 표준어 이데올로기(standard language ideology)'에 대한 동독인들의 반응을 탐색했다. 이 용어는 다소 모호하지만(곧 추가적 내용을 간단히 다룰 예정이다), 데일리오케인이 가리킨 것은 서독에서 널리 수용되는 가치 체계로서 최고의 독일어는 북부 도시인 하노버시에서 사용하는 말이라는 생각이다. 이는 다른 서독 지역에서 온 화자들이 하노버 말을 모방하려 한다는 의미가 아니라, 자신과 타인의 독일어가 얼마나 우수한지 타당하게 측정할 수 있는 척도로 하노버 말을 받아들인다는 뜻이다. 다음 울러드(Woolard 1985: 741)의 주장처럼 말이다.

> 어떤 변종은 인구의 상당수가 그 변종을 구사하지 못해도 헤게모니적(즉, 지배적인 사회집단의 문화적 권위를 정당화한다)일 수 있다. … 정당성(legitimacy)의 정도는 그 변종을 구사할 수 없는 인구가 변종의 권위, 정확성, 설득력 및 준수될 권리를 얼마나 인정하고 지지하는가, 즉 그 변종

을 구사할 수 있는 사람들에게 권한을 어느 정도 양도하는가에 달려 있다.

이때 데일리오케인이 한 질문은 동독인들이 이 이데올로기에 동조할 것인가(즉, 서독의 문화적 권위에 동의할 것인가) 아니면 저항할 것인가 하는 것이었다. 데일리오케인이 1994년과 1995년에 독일 전역의 피험자들을 대상으로 수행한 두 편의 양적, 질적 연구를 기반으로 내린 결론은 서독 이데올로기의 수용 과정이 진행 중임을 보여 주는 증거가 있다는 것이었다. 물론 슈미트레게너의 연구에서처럼 수용 과정은 전혀 균일하지 않았으며, 1990년대 중반 이후 여러 관찰자들에게 포착되었던 동독 가치의 재주장 현상(reassertion of eastern values)을 참고해 볼 때("5.3 정체성의 형성과 경합" 참조) 계속 진행되지 않았을 가능성도 있다. 초기 연구에서는 동독인(가장 정확한 독일어는 독일 북부 전체에 있다고 보았다)과 서독인(최고의 독일어는 북부 도시인 하노버시에서 사용하는 말이라고 보았다) 사이에 지속적인 분기를 보였지만, 후기 연구에서는 서독인의 인식 쪽으로 더 큰 수렴이 나타났다(Dailey-O'Cain 2000: 258). 동독인들은 하노버를 '올바른' 독일어의 '고향'으로 인식하는 경향이 증가했을 뿐 아니라, 이러한 인식에 대해 구체적으로 물었을 때 종종 불편한 반응을 보였다.

> 1989년까지 하노버에 가는 것이 허용되지 않았기 때문에 자신들은 가장 정확한 독일어가 하노버에서 사용된다는 것을 '알 도리가 없었다'고 종종 항의했다. 즉, 그들은 하노버가 구어 표준 독일어의 중심이라는 생각에 대해, 서독인들은 믿지만 자신들은 동의하지 않는 어떤 것이 아니라 '알아야 할' '사실'로 받아들이고 있었다.
>
> (2000: 257)

이와는 약간 다른, 더 평범한 의미의 표준어 이데올로기는 두 독일 국가에 모두 존재했다. 개인의 언어 목록(linguistic repetoire)은 많은 경우 높은 다양성을 유지했지만, 공공정책 기관과 문화적 권위를 갖는 기관들(학교, 대학, 방송 매체)은 표준 변종을 국민의 결속과 문화적 전수를 가능하게 하는 응집력으로 철저히 승격시켰다. 2장의 언어 논쟁에서 활용된 것이 바로 이 표준의 이데올로기화(ideologization of the standard)였다. 그런데 각 표준 변종의 실체는 사실상 동일했기 때문에 어느 한쪽이 '다른 쪽' 표준의 타당성에 대해 이의를 제기할 근거는 없어 보인다. 그러나 앞서 살펴본 것처럼 언어 이데올로기 논쟁에서 항상 실체가 필요한 것은 아니다. 차이가 필요하다면 언제나 발명될 수 있다. 앞서 논의했던 다양한 형태의 '언어 순화'(예를 들어 면접 말하기 훈련 또는 바른 어휘에 대한 처방)가 보여 주듯이, 언어 이데올로기는 '서독 방식'의 우월성을 주장할 수 있는 수많은 길을 터 준다.

여기서 문제는 서독 표준어 이데올로기의 기능이 양면적이라는 점이다. 표준 변종의 '원천'을 서독에서 찾으며 올바르고 좋은 말의 위치를 정하는 기능뿐 아니라, '동독' 언어의 타당성을 부인함으로써 동독 사회의 전통을 비난하는 기저의 기능을 갖는다. 작센 방언이 서독에서 그렇게 심하게 낙인찍힌(지금도 여전하다) 이유 중 하나(Stickel and Volz의 설문 조사에서 사람들이 가장 싫어하는 변종이었다. 앞 참조)는 '동독다움'이라는 추상적이고 무정형적인 특성을 구체화하고 고정시키기에 손쉬운 방법이었기 때문이다. 따라서 여기서 이데올로기화 과정은 동시에 두 쪽 면에 작동한다(또한 Lippi-Green 1997: 65 참조). '좋은' 것은 서독에 있고 '나쁜' 것은 동독에 있다. 데일리오케인(2000: 265)은 그 과정을 다음과 같이 표현했다.

동독인들, 특히 중부의 동독인들(즉, 작센 방언 화자들)은 자신들의 말하기 방식이 틀렸다는 얘기를 들었을 뿐 아니라 올바른 말하기 방식은 서독에 있으니 열등한 사회적 지위를 극복하려면 언어를 바꿔야 한다는 말도 들었다.(강조는 원문)

로지나 리피그린(1997: 173)은 "표준어 이데올로기는 하나의 가능한 변이형을 선택하는 것이 아니라 사회적으로 받아들일 수 없는 차이(강조는 원문)를 제거하는 것과 관련된다."고 주장하며 이 과정을 일반화한다. 이 점은 특정 사회정체성(social identity)과 연결된 특정 변종을 표적으로 삼는 데서 드러난다. 앞서 살펴본 것처럼 이 과정은 독일에서 계속 진행 중일 수 있다.

그러나 이 과정은 이중 위협이 된다. 물론 동독인에게는 핵심적인 특징을 버리는 것, 자존감을 훼손하는 것을 의미하지만, 높은 가치를 지닌 서독인 자신의 고유성도 위험에 처하게 된다. 이 지점에서 심리적 면이 사회적 면과 연결된다. 유사성이 개인의 매력을 증가시킬 수도 있지만 동시에 집단에 대한 위협이 된다는 것은 개인 및 집단 관계에서 나타나는 역설이다. 집단이 스스로를 긍정적으로 평가할 가능성은 자기 집단이 타 집단과 완전히 다르다고 보는 차원의 수와 직접적 관계가 있기 때문이다(Bickes 1992; 사회정체성이론에 관한 Tajfel and Turner 1986). 서독인들이 가장 중요하게 여기는 것은 자신들의 번영이며, 통일 과정에 대한 서독의 주요 불만은 경제 문제에 관한 것들이다('그들이 안락하게 지내는 동안 우리는 성공을 위해 열심히 노력해야 했다', '우리 세금은 그들이 우리를 따라잡는 데 사용되고 있다', '그들은 우리가 치르는 재정적 희생에 고마워하는가?'). 경제적 차원에 집중하는 것은 두 사회집단 간의 갈등을 악화시킬 가능성이 있지만, (실제 또는 가상의) 희생양을 찾을 수 있는 한 그 문제를 처리할 방법은 있다.

따라서 통일 이후 초기에 전개된 상황은 모순이 그 특징이다. 1980년대 '독일 민족'("2.2 언어, 사회 그리고 정치" 참조)의 근본적인 언어 통합에 대한 뒤늦은 합의는 공통 표준이라는 기치 아래 통합을 촉진하지 못한 채 대중적인 차이의 담화(discourse of difference)로 빠르게 대체되었다. 통일 비용(용어의 모든 의미로)은 점점 더 확실해졌고 통합은 양쪽 인구의 다수에게 덜 매력적이었다, 고로 뚜렷한 차이가 존재하지 않는다면 차이를 만들어 내야 했다. 그러나 앞서 살펴본 바와 같이 차이에 대한 담화는 중립적이지 않았으며 우열을 따지는 평가적 특성을 띠었다('우리의' 말이 '그들의' 말보다 낫다.). 서독의 표준어 이데올로기가 갖는 헤게모니 효과로 서독의 언어 형식과 말투에 권위가 부여되었다는 사실은 서독인들만이 동독인들에게 서독 행동 규범에 맞춰 변화하도록 요구할 수 있는 위치에 있음을 의미했다. 그 반대 방향은 아니었다.

'우리 모임에 가입하려면 우리의 규칙을 배워야 한다'는 숨은 불평은 여러 가지 방식으로 표현된다. '적절한' 언어 사용 측면에서는 'die ha'm die Einheit jewollt un müssen sich nun unsren Jargon aneignen(그들이 통일을 원했으니 이제 우리 언어를 배워야 한다)'(Schönfeld and Schlobinski 1997: 134)이고, '올바른' 행동에서는 'die müssen erst mal arbeiten lernen(먼저 제대로 일하는 법을 배워야 할 것이다)'(Reiher 1996: 51)이다. 그러나 우월한 위치에서 사회적 통제를 행사하는 방식으로 표현되는 순응 요구는 우세 집단의 특수성과 배타성에 대한 잠재적 위험을 내포한다. 그러므로 이데올로기화 과정의 성공 여부는 비우세 집단이 우세 집단의 가치와 규범을 '원래부터 옳은 것'으로 받아들이느냐에 달려 있지만, 동시에 거기에 맞춰 자신의 행동을 변화시킬 능력이나 의지가 없어야 한다.[26]

....

26 이것은 비케스(Bickes 1992: 124)에서 재현한 1991년 12월 『오일렌슈피겔』의 만화에 생생

그러나 이는 완전히 일방향의 과정이 아닐 수도 있다. 미국의 남북 관계에 대한 아이어스(Ayers)의 분석(다시 한 번 Lippi-Green 1997: 205에서 인용) 중 다음 구절을 생각해 보자.

> 남부는 국가의 자아상에서 핵심적인 역할을 한다. 극복해야만 하는 악의 성향, 대속해야 할 과오, 미완의 진보라는 역할이다. 그 역할을 효과적으로 수행하려면 남부는 먼저 특정한 근본적 특성을 갖는 별개의 장소로 구별되어야 한다. 그 결과 남부의 차이가 지속적으로 재현되고 강화되고 있다. 흑인과 백인 가릴 것 없이 미국인들은 남부가 다르다는 것을 어떻게든 알 필요가 있으므로 그 믿음을 확인하기 위해 차이점을 찾는 경향이 있다. 이는 악의적이고 둔감한 비남부인들이 남부에 대해서 행하는 일만은 아니다. 남과 북은 자신의 정체성은 물론 상대의 정체성을 만들기 위해 공모해 왔다. 남부는 북부와 대비해 더 꾸밈없고, 가족 가치에 더 헌신적이고, 더 영적이라고 열심히 스스로를 정의한다. 그러다 상황이 뒤바뀌어 촌놈, 위선자, 미신 신봉자라는 말을 들으면 격분한다. 남부는 스스로 차이의 감각을 제공한 후 그 결과에 저항한다.
>
> (Ayers 1996: 66)

나는 비유를 강요하고 싶지 않지만 적어도 어느 정도까지는 '북부'를 '서독'으로, '남부'를 '동독'으로 대체해 통일 독일의 사회적 관계에 대한 그럴듯한 분석을 도출할 수 있을 것 같다. 통일 독일을 새로운 국가로

....

하게 예시된다. 두 명의 베시(Wessi)가 대화 중이다.

"오시(Ossi), 그들은 어디에나 있어. 정말 내 신경을 건드린다니까!"
"하지만 어떻게 알아볼 수 있지? 더 이상 발견하기 어렵지 않아?"
"맞아, 그게 그들에 대해 제일 짜증 나는 점이야!"

건설해 가는 주된 방식은 '극복해야 할 악의 경향, 속죄해야 할 과오, 아직 성취되지 않은 진보'라는 배역에 동독을 캐스팅하는 데 크게 의존한다. 이를 위해 동독이란 집단은 '별개의 집단으로 구분되어야 할 필요가 있고' '동독의 차이'는 '지금도 계속해서 재생산되고 강화되고 있는 중이다'. 5장에서 볼 테지만 동독은 이 과정에서 수동적인 참여자가 아니며, '서독과 대비시켜 자신을 정의하고 싶어 한다'. 그렇게 함으로써 동독은 우세한 사회집단에게 비난당할 위험에 필연적으로 노출되며, 이는 동독인이 서독인보다 언어 차이를 무시하는 경향에 대한 하나의 설명이 될 수 있다([표 4.3] 참조; 또한 Schmidt-Regener 1998: 175; Stickel and Volz 1999: 33).

반면에 타지에 살 생각이 없는 미국 남부인들과 마찬가지로, 동독에 계속 거주하는 동독인들에게는 전형적인 소수민족 이주민 집단에 비해 '배제(exclusion)와 영역 지키기(gatekeeping)의 위협이 덜 효과적일 수 있고'(Lippi-Green 1997: 212) 서독의 언어 이데올로기가 지배할 가능성도 적다. 그러나 두 사례의 결정적인 차이점은 동독의 경우 통일 이후 대부분의 공공기관과 민간기업을 서독인들이 지배하고 있어서, 동독은 미국 연방 안에서 남부가 해 왔던 것처럼 국가 내에서 분리된 상태로 유지되어 오지 않았다는 사실이다. 미국의 메이슨-딕슨 라인(Mason-Dixon Line)*은 독일의 엘베(Elbe)**에 비해 정치적, 경제적, 문화적 통제 면에서 침투 정도가 약한 분리 상태로 보인다.

리피그린은 미국의 남부-북부 언어적 종속(linguistic subordination) 관계에 대한 분석을 마무리하면서, "남부는 요청 가능한 자원도 종속 전

---

* 미국의 펜실베이니아주와 메릴랜드주, 곧 미국의 남부와 북부를 나누는 경계선이다.

** 독일을 통과하는 강으로 분단 시기 동독과 서독을 가르는 경계가 된다.

략(subordination tactics)을 피할 수 있는 방법도 갖고 있다. 그러나 이는 남부가 자신의 모습을 잃지 않고 분리 상태를 계속 유지할 때만 가능하다."고 주장한다(1997: 216). '온전한 상태로 분리를 유지'하기 위한 동독의 투쟁은 다음 장의 핵심 쟁점 중 하나가 될 것이다. 4장의 주된 강조점은 언어 사용과 사회정체성 사이의 관계였다. 5장에서는 이 장의 마지막 부분에서 초점 맞추기 시작한 문제를 더 발전시킬 것이다. 그것은 언어를 화제로 삼은 담화의 사용, 동독인과 서독인의 사회정체성을 형성하고 경합하고 재형성하는 데 '동독'과 '서독'에 관한 담화가 갖는 역할이다.

5

차이의 담화적 구성

5.1 집단 기억의 내러티브

2장에서 나는 발견을 기다리는 대상으로서의 역사 개념과 진행 중인 작업으로서의 역사 개념을 대조했다. 이 '과정'으로서의 역사관에 따르면 역사는 단순히 '동일한' 현실에 대한 다른 해석의 문제가 아니라, 다른 현실의 창조에 관한 문제다. 따라서 역사 기술은 역사를 만드는 것이다. 우리가 언어의 역사, 역사에서 언어가 갖는 역할에 대해 이야기할 때 어떤 역사와 어떤 언어가 쟁점인지 더 정확하게는 누구의 역사와 누구의 언어인지 질문할 필요가 있다. 앞선 논의에서 내 주된 관심은 공공역사기록(public historiography), '독일 언어(the German language)'의 개념, '독일 문제(the German question)'의 전개 과정에서 독일 언어가 해 온 역할같이 큰 그림에 있었다. 이제 나는 언어 공동체라는 거시적 관점에서 언어 산출 과정의 개별 참여자 또는 행위자의 관점으로 질문의 초점을 좁히고자 한다.

이러한 초점 변화는 거대구조의 단일 역사에서 개인의 생애사(biography)로, 대중에서 개인으로 이동하게 한다. 이 경우 주된 '역사의 저자'는 학자와 정치 홍보 담당자가 아니라 '평범한 사람'이며, '관찰되는' 사람은 동시에 '관찰자'다. 인류학자 클리퍼드 기어츠(Clifford Geertz 1995: 2; Dittmar and Bredel 1999: 60에서 인용)가 했던 것처럼 이 대안 작업의 중요성(그는 '발생한 것으로 보이는 사건들의 연결성에 대한 사후적 설명, 사실 이후에 사건을 짜 맞추는 것'으로 정의한다)을 받아들이기 위해 '공통의 역사', '공관적 그림(synoptic picture)'의 구성 가능성을 완전히 거부할 필요까지는 없다. 4장에서 살펴본 것처럼 사회생활의 의미는 집단과 개인의 행동 모두를 연구했을 때만 도출될 수 있기 때문이다.

구술사(oral history)는 '역사 속 이야기'를 강조하는데(Linklater 2000: 151) 독일어에서는 '역사'와 '이야기'에 모두 동일한 단어, Geschichte를 쓴다. 개인은 자신의 삶에 대한 이야기를 들려줌으로써 정확히 역사학자가 하는 일을 수행한다. 선택하고 평가하고 배열하고 종합하고 설명함으로써 이야기가 '말이 되게' 노력하는 것이다. 차이점은 원자료가 자신의 경험이라는 사실이다. 물론 그들이 듣거나 읽은 것뿐 아니라 목격하거나 체험한 것까지 포함할 수 있다. 사건이 발생하는 동안 삶은 종종 파편화되고 산만해 보이기 마련인데, 내러티브(narrative)는 사람들이 자신의 경험을 가공하고 삶에 일관성을 부여할 수 있는 기회가 된다. 그러한 필요는 우리의 삶이 거대하고 예상치 못한 사건으로 인해 혼란스러워지는 시기, 그때까지 걸어가던 우여곡절은 많았지만 비교적 일관된 길에서 벗어나는 격동의 시기에 특히 절실하게 다가온다. 그 순간 일반적인 반응은 사라져 버렸거나 강제로 없애 버린 가치 있는 것들을 붙잡으려고 하는 것이지만, 이는 구성적 과정(constructive process)일 수 있으며 반드시 자포자기 상태의 구조 행위는 아니다. 우리 뒤에 남겨둔 과거는 후회의 근원이 될 수 있지만, 현 시점의 정신적 지주와 지향점이 될 수도 있다. 이론적으로 최소한 과거와 현재 상태의 차이를 공개적으로 직면할 수 있다면 조류에 휩쓸리지 않고 저항할 수 있는 가능성이 있다. 또한

> einen konstitutiven Teil der *Ich*- und *Wir*-Identität aus einer vergangenen Lebens- und Gesellschaftsphase nicht als 'falsch' oder 'nicht existent' abzuspalten, sondern als noch gegenwärtige, lebendige Erfahrungen und Ressourcen in veränderte Orientierungen und Identifizierungen konstruktiv zu integrieren.
> 과거의 삶과 사회로부터 나와 우리의 정체성을 이루는 한 구성 요소를 '잘못'되거나 '존재하지 않는' 것으로 떼어 내지 않고, 여전히 존재하는 산 경험과 자원으로 새 방향과 정체성에 구성적으로 통합시킬 수 있는 가능성을 열어 준다.
>
> (Dittmar and Bredel 1999: 59)

전환기 이후의 시기와 같은 상황에서 그렇게 하려면 중간 휴지기(caesura) 또는 과거와의 완전한 단절로서 '재앙적 사건'이라는 개념을 거부해야(할 수 있어야) 한다. 환경의 변화는 되돌릴 수 없지만 그렇다고 그것이 반드시 과거를 되찾을 수 없다는 의미는 아니다. 이를 위해 역사를 '과정'으로 보는 관점과 유사한 기억 개념이 필요하다. 한데 합쳐서 과거의 고정 기록이 되는 스냅 사진 목록으로서의 기억이 아니라, 회상한 경험을 일관된 이야기로 조합하며 삶의 내러티브 가닥들을 추적하고 선별해 변화된 현재 속에 자신을 재배치하는 능동적 과정으로서의 기억 말이다.[1]

....

1 지난 10년 동안 기억 이론에 대한 관심이 폭발적으로 증가했다. 예를 들어 아스만과 하르

만약 구술사가 개인이 자신의 과거를 감당하게 하는 기회라면, 이때 구술사가(口述史家)의 임무는 단순한 촉진자 역할이 아니라 집단 분석 수준에서 개입하는 것이다. 개인의 발화가 독특한 것과 마찬가지로 개인 내러티브도 독특하지만, 개인 내러티브 간에는 공동체의 존재를 찾아낼 가능성을 보여 주는 접점(반복 패턴)이 반드시 있을 것이다. 개인의 기억도 독특하지만 그것은 사회적 상황(가족, 친구, 동료, 미디어 및 학교 같은 기관에 대한 노출 및 상호작용)에 의해 영향을 받기 때문에 '집단 기억(collective memory)'이라는 개념을 가정하는 것이 타당하다. 집단 기억은 과거에 대한 동일한 시각이라는 의미가 아니다. 공유하는 자원층(pool of resources: 사건, 기관, 대중문화(민담, 만화, TV 프로그램, 광고 문구 등), 의사소통 실행을 포함한다)에서 추출된 공통 패턴을 뜻한다(Dittmar and Bredel 1999: 58).

전환기 이후 몇 년 지나지 않아 '구독일민주공화국(동독)의 시민들은 세계에서 가장 많이 인터뷰한 인구 집단이 되었다'(Ostow 1993: 1; Linklater 2000: 163에서 인용). 우리의 관점에서 볼 때, 이 인터뷰 자료들이 어느 정도 설명해 줄 수 있는 두 가지 주제가 있다. 하나는 내용과 관련되고 다른 하나는 형식과 관련된다. 첫째, 언어학자와 비언어학자 모두 (물론 다른 방식이지만) 언어 사용을 사회변화의 지표로 간주하므로 동독인들이 특히 전환기를 거치는 동안 겪었던 언어 경험을 어떻게 생각하는지 알 수 있다면 흥미로울 것이다. 언어에 대한 인식에는 어떤 변화가 있었는가, 사회환경의 변화에 대한 평가는 어떻게 언어 태도로 표현되는가? 둘째, 개인사란 경험을 이야기로 서술하는 것으로 보는 우리의 관점에서는 각 개인이 내러티브를 구성하기 위해 사용하는 기법과 조직 원리를 알 필요가 있다.

....

트(Assmann and Harth 1991), 아스만(1997)을 참조할 것. 현재 맥락에서 부르케(Burke 1997: 3장)와 프린스(Prins 2001)는 특히 관련이 있다.

첫 번째 질문들에 대해서는 '언어 생애사(language biographies)' 연구 사업에서 라이프치히의 울라 픽스와 그 동료들이 조사했다. 사실 생애사는 1994년부터 1996년까지 서로 다른 연령과 사회적 배경의 동독인들을 대상으로 실시한 24건의 인터뷰(와 1건의 독백)로서, 동독 시대와 통일 이후의 언어 및 언어 사용에 중점을 두었다. 대부분의 면담자는 동독 학생들이었고, 이는 곧 그들과 피면담자 사이에 즉각적인 장애물이 없었음을 뜻하며, 절대 자료량으로 보아 제보자들은 언어 사용 문제를 아주 상세히 그리고 기꺼이 논의할 수 있었음을 알 수 있다. 질문 중 일부는 면담자들이 민족지학적 인터뷰에 대한 경험이 없음을 보여 주지만(면담자가 주도하는 질문들, 면담자의 개인적 경험과 견해를 강요함), 대부분의 피면담자들은 여기에 과도하게 영향받지 않고 확고하고 잘 짜인 견해를 갖고 있는 것으로 보인다(긴 분량의 전사 편집본은 Fix and Barth 2000 참조).

가장 자주 반복되는 주제 중 하나는 동독의 이중언어 사용(Doppelsprachigkeit)*으로, 공식 담화와 '일상적 말'이 맥락에 따라 교체되는 코드 전환(code switching)의 실행이다. 서독의 관찰자들은 공적 발화 변종과 사적 발화 변종이 상보적인 분포로 기능해 왔다는 사실상의 양층어 상황(diglossic situation)을 당연하게 여기는 경향이 있지만, 동독 논평자들은 이러한 기술이 부적절하다며 종종 짜증을 내곤 했다("3.2 일상생활 담화에서 나타나는 의례성" 참조). 특정 지역의 대표로 선정된 것이 아니라 언어 사용의 '전문가'로 무작위로 선택된 픽스의 피면담자들은 동독의 발화 목록(speech repertoires)에 대한 훨씬 더 복잡하고 미묘한 그림, 언어 행동의

....

* Doppelsprachigkeit는 사전에 등재되어 있지 않다. 맥락에 따라 두 개의 변종을 바꿔 가며 사용하는 현상을 가리키므로 '이중언어 사용'으로도 번역했다. 참고로 '이중언어 사용'의 사전 등재어는 'Zweisprachigkeit'다.

조건과 결과에 대한 상당한 민감성을 집단적으로 드러낸다.

H.G.(은퇴한 음악 강사)와 같은 일부 화자들은 코드 전환이라는 논제를 받아들여 이를 언어 공동체 전체에 매우 일반적으로 적용하는 것으로 보인다(아래 진술은 H.G.에게 스스로 판단할 기회를 제공하지 않은 채 공적 및 사적 발화의 이분법을 상정한 질문으로 촉발되었다는 한계가 있다).

> H.G.: Naja, es gab einen offiziellen Sprachton, den sprachen alle Verantwortungsträger, und das kann also von Regierungsebene ab bis ... zur kleinsten Parteiorganisation oder im Betrieb der Meister, ... sobald er auf der offiziellen Ebene sprach, da hatte er eine andere Sprache, als wenn er dann zu Hause ... mit seinen Leuten oder wenn die Arbeiter untereinander sprachen, auch den Meister eingeschlossen, da veränderte sich die Sprache von der offiziellen Ebene in die Umgangssprache. 글쎄요, 공식 어투가 있었는데, 책임 있는 위치에 있는 사람들 모두 그걸 사용했습니다. 그리고 그건 … 맨 위로는 정부부터 아래로는 가장 작은 당 조직이나 공장 감독에 이르기까지 … 사람들은 공식적인 차원에서 말을 시작하자마자 집에 있을 때와는 다른 언어를 사용했습니다. … 자기 사람들과 같이 있을 때, 감독을 포함해 노동자들끼리 서로 대화할 때, 그때 언어는 공식적인 차원에서 일상적인 평소의 말로 바뀌었습니다.
>
> (Fix and Barth 2000: 272)

A.D.(20대 학생)를 비롯한 다른 사람들은 더 세부적으로 등급화된 발화의 층위를 식별한다.

A.D.: Ich hab' weniger die Erfahrung gemacht, daß das also weniger die Ideologiesprache war, also die ganz offensichtlich, das ganz offensichtliche Parteichinesisch, das einen zur Anpassung sozusagen forderte. Sondern es war so ein Zwischenglied zwischen dieser, in der DDR typische [*sic*] Sprache der Intimität, und dieser hochoffiziösen Ideologiesprache. Es gab so eine Sprache der Gemeinplätze, die zwischen diesen beiden Sphären vermittelte, die zwischen Ideologie und Intimität kompatibel war. 나는 경험이 그리 많지 않은데요, 글쎄요, 그건 사람들에게 쓰라고 요구한 이데올로기적 언어, 진짜로 노골적인 당 전문 용어가 아니었어요. 동독에서 보통 사용하는 친밀한 언어와 고도로 공식적인 이데올로기 언어 사이에 존재하는 일종의 중간 형태였습니다. 이데올로기와도 친밀함과도 양립할 수 있는 언어, 두 영역 사이를 매개하는 평범한 언어 같은 게 있었어요.

(2000: 637)

개별 피면담자가 지지하는 관점이 무엇이든 상관없이 이들 텍스트에는 서로 다른 말하기 방식의 사회적 중요성에 대해 고도로 발달한 의식, 언어 사용의 수용 가능성이 어떻게 승인되는지, 또 사회언어학적 규범 위반의 잠재적 결과는 어떤 것인지에 대한 의식적이고 명시적인 지식이 나타난다. 많은 화자들에게 소위 '구어 상호작용의 지역 정치(local politics of spoken interaction)'는 동독의 삶에 관한 기억에서 중요한 위치를 차지하고 있다. 예를 들어 W.H.(58세의 기능장)는 다음과 같이 주장했다.

W.H.: Das habe ich am eigenen Leib erfahren, daß ein Durchbrechen dieses uniformen Sprachstils sogar gefährlich war. Wenn einer ganz individuelle Formulierungen benutzte in der DDR, die bewußt den Parteijargon mieden, machte er sich verdächtig, galt er als Individualist und wurde schärfer beobachtet als andere.... Es war gefährlich, anders zu sprechen. 나는 이 획일화된 말투를 쓰지 않으면 위험할 수도 있다는 것을 직접 경험했습니다. 만약 동독에서 개인적인 표현을 사용하고 의식적으로 당 전문 용어의 사용을 피해 의심을 사게 된다면, 당신은 개인주의자로 간주되어 남들보다 더 심한 감시를 받게 될 겁니다. … 다르게 말하는 건 위험한 일이었습니다.

(2000: 321)

일부 화자들의 경우 정치적 저항의 형태라기보다 자기주장의 수단으로 이 암묵적 규칙을 고의적으로 위반했다고 주장했으나, 그 결과에 대해서는 모호한 입장을 취했다.

H.G.: Nein...also ich bin an dem Punkt vielleicht 'n bißchen sehr sensibel...ich habe mich immer bemüht, wenn ich Inhalte...übernehmen mußte oder übernehmen wollte, weil sie mir sinnvoll erschienen, die dann selbst zu formulieren. Und das enthielt natürlich immer ein gewisses Risikopotential, denn...mit der eigenen Formulierung...zeigte man unter Umständen einen zusätzlichen Gedanken oder eine Richtung eines Gedankens, die nicht der offiziellen Festlegung entsprach, und das wurde registriert. 아뇨, … 글쎄요, 아마도 나는 그 점에 대해서는 좀 민감합니다. … 말의 내용을 받아들여야만 하거나, 아니면 그게 합리적으로 보여서 내 의지로 받아들이는 경우에 나는 항상 그것들을 스스로 표현하려고 노력했습니다. 물론 그건 늘 위험

요소를 수반했는데 이유는 … 나만의 표현은 … 공식적인 입장과 어긋나는 추가적인 사고나 시각을 드러내게 되기 때문이지요.

(2000: 277)

A.P.(45세, 학자이자 예술가): Ich erinnere mich, daß ich manchmal ganz bewußt bestimmtes Wort- oder Sprachmaterial gebraucht habe, um mich zu distanzieren. [Interviewer: Um zu provozieren?] Auch zu provozieren. Weil ich wußte, das ist jetzt nicht angemessen, das wollen die nicht hören. 기억이 나요. 난 가끔씩 거리를 두려고 특정한 단어나 언어를 일부러 사용했어요. [면담자: 화나게 하려고요?] 그것도 맞아요. 그게 적절하지 않다는 걸, 그 사람들은 그런 말을 듣고 싶어 하지 않는다는 걸 난 알고 있었으니까요.

(2000: 499)

언어 경험에 대한 이런 개인적 표현들로부터 보다 일반적인 사회적 태도를 추출해 내기 위해 픽스(1997a, b; 2000a)는 피면담자가 언어 사용에 관한 내러티브를 통해 동독의 정치 구조와 자신과의 관계를 설정함으로써 어떻게 과거 행동을 합리화하는지 조사했다. 그녀는 피면담자 스스로 밝힌 소속이 아니라 언어에 대한 발언 내용, 현재 관점에서 과거를 표현하는 방식, 이 둘에 근거해 설정한 두 기본 범주를 제안한다. 동독의 사회적 및 정치적 발전에 어느 정도 관여해 온 사람으로 자신의 이미지를 제공하는 듯 보이는 '순응주의자'와 비교적 거리를 두는 태도를 보여 주는 '비순응주의자'다. 해석은 자의적이지만 픽스는 화자의 담화 행동(discursive behavior) 분석을 통해 이를 뒷받침하려고 한다. 그녀는 '순응주의자'는 새로운 환경에서 겪는 어느 정도의 소외, 과거에 대한 지속적인 애착을 표현하는 경향을 보이는 한편 동시에 과거를 해명할 필요성에 대해서도 이야기한다. 반면 '비순응주의자'는 기본적으로 새로운 환경에서 편안해 보이며 과거에 대해서는 그때 상황은 어땠는지 그때 자신들은 왜 그렇게 살았는지 설명하면서 비교적 냉정하게 돌아보는 것으로 만족해한다(Fix 1997a: 35-7; 2000a: 23, 32ff.).

정치적으로 올바른 언어 사용이라는 제약의 외벽(동독의 맥락에서)을 고의적으로 무시하려고 노력했다는 A.P.의 주장(앞의 인용)은 면담 중 '비순응주의자' 패턴을 보여 주는 예로 볼 수 있다. 최근 경험에 비추어 과거를 재평가하는 내용은 이러한 분석에 힘을 실어 준다.

> A.P.: Ich habe geglaubt, in meinem Denken und Fühlen und Sprechen ziemlich unabhängig zu sein und habe erst nach der Wende an diesem Befreitheitsgefühl oder an einer anderen Rede, die ich plötzlich geführt habe, gemerkt, daß ich weniger frei war, als ich je glaubte.... Ich würde sagen, ich habe vorher nach dem Maßstab gelebt, nur zu sagen, was ich denke, aber nicht alles zu sagen, was ich denke. 나는 생각, 감정, 말에 관해 내가 상당히 독립적이라고 생각했었습니다. 전환기 이후 자유의 느낌을 맛보고 갑자기 다른 방식으로 말하는 경험을 하면서 그때서야 내가 지금까지 믿었던 것보다 덜 자유로웠다는 사실을 깨달았습니다. … 말하자면 내 생각을 말할 뿐 내 모든 생각을 말하지는 않는 그런 규칙에 따라 살았던 겁니다.
>
> (Fix and Barth 2000: 500)

H.G.의 발언(앞선 그의 발언도 마찬가지임)도 동일한 범주에 속하는 것으로 보이는데, 이러한 추정은 호칭에 대한 그의 다른 발언으로 확실해진다.

[Interviewer: Hans, Du arbeitest im Museum. War das—sprachlich gesehen—eher eine Nische, ein Stück weg von dieser offiziellen Sprache?]

H.G.: Ja.... Ja, z.B. in der von vielen belächelten Praxis, daß wir Kollegen, die wir...also in den fünfziger Jahren studiert haben, daß wir untereinander immer beim 'Sie' geblieben sind. Auch also 'Herr Kollege' und 'Sie', Das war etwas, was... eine ganz deutlich spürbare, aber nicht ausdrücklich formulierte Kritik an dem 'Du' der Genossen. Die SED-Genossen untereinander waren ja im Grunde genommen zum 'Du' fast verpflichtet, die mußten also auch 'Genosse Minister, Du...' sagen, wenn's drauf ankam.

[면담자 한스, 당신은 박물관에서 일하죠. 그곳은 언어적인 면에서 볼 때 이 공식적 언어에서 한 걸음 떨어진 일종의 니치(niche)였습니까?]

H.G. 네, … 그렇죠. 여러 사람이 비웃곤 했던 실행 하나를 예로 들 수 있어요. 1950년대에 공부했던 동료들은 서로를 계속 'Sie'(격식적인 'you')라고 불렀습니다. 'Herr Kollege'*와 'Sie'라는 호칭을 쓴다는 건, 동지들 사이의 호칭인 'Du'(비격식적인 'you')에 대해 분명하지만 드러나지는 않게 비난하는 행위였습니다. 그들 중에서도 독일사회주의통일당 동지들은 거의 'Du'를 써야만 했거든요. '장관 동지, 동지는(Du)** …'처럼 불러야 했습니다.

(2000: 273)

....

* Herr는 '남자에 대한 경칭'으로 우리말의 '-씨, -님, -선생'에 대응된다.

** Du는 비격식체에서 쓰는 호칭(2인칭 대명사)으로 대화자 간의 관계가 친밀함을 나타낸다. '장관 동지, 동지께서는(Sie)…'과 대비된다.

그러나 동독에서 접했던 일부 실행과 거리를 두는 H.G.의 태도는 서독의 의사소통 환경을 무비판적으로 수용하는 것과 반드시 같이 가는 것은 아니다. 예를 들어 동독 당국과의 거래는 무뚝뚝한 어조가 특징이었지만, 그에게 새로운 관료제 또한 완전무결한 개선은 아닌 것처럼 보인다.

> H.G.: Der Umgangston ist freundlich aber es gibt ...eine neue Form der Allmacht, der bürokratischen Allmacht, ...die ist völlig unbeweglich, die ist freundlich, aber unbeweglich.... Es gibt eben Mitteilungen von Behörden, da steht drin: 'Ein Einspruch gegen diese Regelung ist nicht statthaft.' Das ist etwas, woran ich mich aus der alten Behördensprache nicht so richtig erinnern kann. 그들의 말투는 친절하지만 … 새로운 형태의 만연한 권력, 만연한 관료 권력이 있습니다. … 전혀 융통성이 없어요, 친절하지만 융통성이 없습니다. … 당국은 '이 통치에 이의를 제기하는 것은 허용되지 않는다'는 통지를 보냅니다. 그런 말은 예전 관료적 언어에서는 정말 들어본 적이 없어요.
>
> (2000: 283)

E.P.(37세의 교사)는 당원으로서 사회주의 사회를 발전시킨다는 명분을 위해 드러내 놓고 헌신했던 사람으로("Ich habe daran geglaubt, daß der Sozialismus eine gute und gerechte Gesellschaft ist(나는 사회주의가 선하고 정의로운 사회라고 믿었습니다)."; 2000: 518) 지금 느끼는 자신의 미래에 대한 불안과 두려움을 거듭 표현한다. 그녀는 과거와 현재의 자기 언어 행동을 설명할 때 다음의 개인적인 입장을 취한다.

> E.P.(동독의 삶에 대해 말하며): Irgendwo ist das im Kopf bzw. auf Abruf

parat. Wir hatten ja alle dieses offizielle und das inoffizielle Gesicht. Und damit auch die offizielle und die inoffizielle Sprache. Da hat man das ganz einfach abgerufen. Aber wie gesagt, das waren Phrasen. Ich muß das ehrlich so sagen. Man mußte das schreiben, es gehörte dazu. 그건 그냥 머릿속 어딘가에 있어서 언제든 바로 사용할 수 있어요. 우리 모두는 공식적 얼굴과 비공식적인 얼굴이 있었습니다. 공식적 언어와 비공식적 언어는 각 얼굴과 어울리는 언어죠. 간단히 그걸 불러내기만 하면 됐습니다. 그러나 아까 말했듯이 그건 아무 의미 없는 빈 문구에 지나지 않았습니다. 솔직히 그렇게 표현할 수밖에 없네요. 우린 공식적 언어로 글을 써야 했고 그건 업무의 일부였습니다.

(2000: 526)

E.P.(전환기 이후의 삶에 대해 말하며): Ja, ich meine, ich darf heute nicht alles sagen, und heute wird das—jedenfalls in meinen Augen—wesentlich schwieriger für einen.... kreativen Menschen als früher .... Heute kann ich zwar alles sagen—theoretisch—muß es mir aber genau überlegen, weil es dann nämlich um meine eigene Existenz geht.... Also, die Zwänge sind immer da. 무슨 말인가 하면, 요즘엔 아무 말이나 할 수 없다는 거예요. 적어도 제가 보기에 창의적인 사람에게는 요즘이 예전보다 훨씬 더 까다롭습니다. … 맞아요, 요즘 같은 시절에는 이론상으로는 아무 말이라도 할 수 있지만, 저는 생계가 위태롭기 때문에 말에 대해 무척 신중하게 생각해야 돼요. … 그러니까 제약은 어디서나 존재하는 거죠.

(2000: 517)

따라서 E.P.는 특히 픽스가 말하는 '순응주의자'의 분명한 예인 것 같다. 그러나 면담의 한순간에 '순응주의자' 입장을 선택한 화자들 모두가 이 입장을 일관되게 유지하는 것은 아니다. 예를 들어 H.G.를 '비순응주의자'로 분명히 범주화하기 어려운 것처럼 M.Z.도 순응주의 진영에 명확하게 할당될 수 없다. 에너지 문제 홍보 부서에서 근무하는 59세의 M.Z.는 (당원으로서) 과거에 '관여'해 왔고 국가의 전반적인 정치 사업에 대체로 동조해 왔던 모습으로 자신을 묘사한다. 동시에 그녀는 서독 언어 패턴의 침투, 영어식 표현 사용 증가와 같이 최근 급증한 변화들에 대해서도 비판적이다. 그녀는 언어 사용이 질적 면에서 전반적으로 하락한 현상을 바람직하지 않은 다른 사회변화들, 일상적인 대화를 할 시간이나 심리적 여유를 허용하지 않으며 교양 없고 무분별한 문체를 구사하게 만드는, 미칠 듯이 빠른 삶의 속도와 연관시킨다. 그러나 그녀는 과거 존재했던 공식 규범에 따라야 한다는 압력, 언어 선택의 가능성이란 차원에서 공적-사적 언어의 대조 현상은 수긍하지만, 엄격한 코드 전환 모델을 자신의 실행 근거로 인정하지 않는다. 또 그녀는 당회의와 같은 준공적 맥락의 언어 사용은 비격식적이었으며, 맥락의 공식적 성격 때문에 비격식적 언어를 아예 쓰지 못하는 것은 아니었다고 주장한다. 그녀는 회의 내용에 부과되는 요구 사항과 업무 수행 시의 일반적인 말투를 구별한다. 다시 말해 그녀는 공식적 언어 사용을 준수했던 과거를 정당화하려고 어느 정도 애쓰면서도 면담자의 질문 속에 감춰진 고정관념적인 이미지를 없애기 위해 노력한다.

> [Interviewer: Wie war das auf Parteiversammlungen, wurde da mit Schablonen hantiert oder wurde da tatsächlich auch eigen formuliert?]

M.Z.: Also...natürlich mußte man sich, was den Inhalt der Versammlung belangte, nach vorgegebenen...Beschlüssen, Orientierungen, Direktiven usw. handeln, das war ja nun Bestandteil der Parteidisziplin [*sehr leise*] muß man sagen [*wieder laut*].... Und ich muß sagen,...war eigentlich der Umgangston und die Sprachwelt der Parteiversammlungen offen und unverblümt. Das muß ich sagen. Und wir haben uns da auch recht gut verstanden. Es war keiner, wo wir gesagt haben, dieser Holzkopf, den müssen wir aber nun mal geraderücken, nee, das war Gott sei dank nicht.

[면담자 당회의에서는 어땠나요? 항상 고정된 패턴을 사용했나요? 아니면 사람들은 자신의 말을 그대로 실제 사용했나요?]

M.Z. 음 … 물론 회의의 내용에 관한 한 미리 결정된 … 결의안, 지시, 명령 등에 따라 운영해야 했는데, 그건 그저 당 규율의 일부에 지나지 않아요[아주 조용히]. 이 말은 꼭 해야겠어요[다시 더 크게]. … 당회의에서 사용한 말투와 언어는 솔직하고 정말 가식이 없었습니다. 이건 꼭 말씀드리고 싶어요. 우리는 서로를 아주 잘 이해했습니다. '저 멍청이, 저 자식은 정리해 버려야 해' 이런 생각이 들게 만든 사람은 아무도 없었습니다, 아무도요. 주여, 감사합니다, 그런 사람은 없었어요.

(2000: 315)

동일한 '의사소통 공동체'에 속해 있으면서도 동시에 서로 다른 '기억 공동체(communities of memory)'(Fix 1997a)에 속해 있는 동독의 개인들을 두 집단으로 분류하는 모델은, 상황의 공유보다 경험에 대한 해석의 공유를 기반으로 사회집단을 구성할 가능성을 제공한다는 점에서 매력적이다. 그러나 아직까지 이 모델은 예비 연구 수준 이상으로 발전되지 못한 단계로, 여기서 간략히 살펴본 논의 내용으로 볼 때 라이프치히 인터뷰 자료만으로는 살아남기 어려워 보인다. 인터뷰는 화자가 그때그때 선택하는 지향성이나 입장(비일관적으로 심지어 모순되는 방식으로 나타난다)을 기준으로 분석해야 더 타당할 것이다. 대체로 '비순응주의자' 지향성은 현재의 사회적 관점에서 보면 비정상적일 수 있는 과거 실행들과 분리를 선언한다는 점에서 비교적 식별해 내기 쉽다(예를 들어 앞의 A.P. 또는 H.G.의 발언 참조). 반면 '순응주의자' 입장은 화자가 여전히 고수하고 있는 원칙들을 도전적으로 주장하는 것부터 픽스(2000a: 35-6)가 '면역 전략(immunization strategies)'이라고 부르는 더 방어적인 배치에 이르기까지 여러 다양한 방식으로 표현될 수 있다는 점에서 훨씬 복잡하다. 면역 전략들은 경험 처리 과정의 접근법으로서 과거의 행동을 합법적인 것으로 비쳐질 수 있는 상황 속에 배치시키거나, 과거의 행동을 무해하게 만들어 줄 수 있는 설명적 맥락을 만들어 내는 과정을 포함한다. 즉, 사람들은 잠재적 '일탈' 행동을 인정하면서도 그 행동을 '정상' 또는 도덕적으로 방어할 수 있는 프레임으로 가져와 명예회복시킴으로써 비판에서 스스로를 면제시킨다. "응, 우린 그렇게 했지만 지금도 똑같이 그렇게 해.", "사람들은 어디서나 그렇게 해, 그건 정상이야.", "나는 국가가 하는 일은 기본적으로 옳다고 생각했기 때문에 그렇게 행동했어."

바르트(Barth 2000)는 이 설명 프레임은 '비초점화(defocusing)'라는 언어 전략을 사용해 강화된다고 주장하는데, 그녀가 볼 때 이 전략은 면역 전략의 실현에서 핵심적인 내러티브 기법(narrative technique)이다. 이는 서두에서 언급했던 두 번째 주제인 이 내러티브들이 구성되는 방식으로 우리를 인도한다.[2] 내러티브는 본질상 자전적 이야기라는 사실을 감안할 때 화자는 내레이터(narrator)의 행위와 경험에 집중할 것이므로, 그 내용들은 주로 1인칭 대명사 및 관련 형식(나/우리, 나의/우리의 등)을 써서 표현되리라 예상할 수 있다. 그런데 예측과 달리 부정 대명사 man((일반적인) 사람)과 같은 비인칭 형식이라든가 명시적 행위자가 없는 수동 구문이 나타난다면 그에 대한 설명이 필요하다. 화자가 이런 형식을 사용하는 것은 행위자보다 행위에 초점을 맞춤으로써 진술의 보편적 타당성을 강조하기 위한 것인가, 아니면 행위로부터 스스로 거리를 두기 위한 것인가? 바르트의 양적 분석에 따르면 비인칭 형식(depersonalizing form)은 실제로 인칭 대명사보다 훨씬 낮은 빈도로 발생했다고 한다. 그럼에도 바르트는 개별 텍스트에서 나타난 비인칭 형식의 분포는 기능적 관점에서 설명 가능하며, 이 형식은 화자가 그 행위와 관련해 자신을 배치하려는 방식과 연관된다고 주장한다. 특히 비인칭 형식은 내레이터가 현재의 사회적 맥락에서 부정적인 평가를 받으리라 예상되는 과거 행동을 언급할 때 내레이터와 행위자 사이의 정체성 관계를 유보하는 데 사용된다고 주장한다. 예를 들어 S.S.는 교사로 다양한 맥락에서 자신의 언어 사용에 대해 얘기하고 있다.

S.S.:··· und noch mal darüber dann diese offizielle Ebene, und da geht eigentlich nichts Privates, da hab' ich mich zumindest sehr zurückgenommen. [Interviewer: War das dann 'n Lügen?]...Ein Lügen mit Sicherheit nicht. Es läuft eher auf die die Richtung schweigen und sich zurücknehmen hinaus, bei mir also, die Dinge, die ich vertreten konnte, die hab' ich gesagt und geschrieben und die

2 이 문제에 대해서는 조보타(Sobotta 2000)를 참조하라.

Dinge, die ich nicht wollte, die hab' ich nach Möglichkeit weggelassen, nach Möglichkeit. Sicher verbiegt man sich, aber so wenig wie möglich. … 그리고 다시 이 공식적 차원에서, 거기서 당신은 사적인 일은 아무것도 할 수 없었습니다. 적어도 저는 제 자신을 많이 억제했어요. [면담자: 그건 거짓말이었습니까?] … 확실히 거짓말은 아닙니다. 그건 침묵을 지키고 기권하는 것에 더 가까워요. 말하자면 저 같은 경우에는 다른 사람들이 받아들일 수 있으리라 생각한 것들만 말하고 썼어요, 될 수 있는 한 제가 원하지 않는 것은 되도록 빼 버렸어요. 사람들은 압력에 굴복하긴 하지만 가능한 한 최소한으로 굴복하지요.

(Barth 2000: 71)

S.S.는 면담자가 자신의 (정당한) 침묵 또는 기권이라는 실행을 (정당하지 않은) 거짓말로 재정의하도록 압박하자, 그녀는 면담자가 썼던 비인칭 형식을 취하고('당신은 거짓말을 했나요?'가 아닌 '그건 거짓말이었습니까?') 확장함으로써('그건 침묵을 지키고 기권하는 것에 더 가까웠다') 저항한다. 다시 초점이 자신에게 되돌아가면 비난을 사지 않을 용어로 자신의 행위를 표현하지만, 잠재적 '비난의 가능성이 있는' 행동을 언급할 때면 비초점화 전략을 선택한다. 즉, 보편적인 실행의 용어로 표현하는 것이다('사람들은 압력에 굴복하긴 하지만 가능한 한 최소한으로 굴복하지요').[3]

....

3 피면담자들은 같은 동독인이 면담자였음에도 자신의 진술 내용이 언젠가 출판될 것이며 따라서 다른 사람들, 모르는 사람들, 공감대가 적은 사람들에게 공개되리라는 사실을 알고 있었다. 바르트는 동독 피면담자의 이런 취약성을 인정했다. 이는 동독인이 이중 결속(double bind) 상황에 처해 있어서 발생하는 이 분야의 일반적인 연구 문제 중 하나다. 동독인들은 서독 연구의 피험자로서 서독의 기대와 규범 면에서 분석되기 때문에 종종 결핍의 관점에서 역량 부족이 포착되지만, 동독 연구의 피험자로서 과거의 '부정적' 측면을 은폐하거나 변명한다는 비판을 받을 위험을 무릅써야 한다.

인칭 대명사의 명백한 회피는 특정 행위에 대해 이야기하는 것이 체면을 위협하는 상황이라고 해서 자동적으로 나타나는 것은 아니다. 화자의 의도가 자기를 비판하거나 반대로 과거 행위를 정당화할 필요가 없다고 주장하려는 것일 때, 그들의 설명은 대체로 1인칭 용어로 표현된다. 예를 들어 자신을 동독 체제의 지지자로 당당하게 표현한 W.B.는 자신과 관련해 비인칭 형식을 거의 사용하지 않는다(2000: 172). 그에 반해 H.S.는 『융게 벨트』(공산당의 청년운동인 자유독일청년단의 기관지)의 전 편집자였으며 W.B.와 마찬가지로 국가 발전에 적극적으로 관여한 사실을 인정하면서도 비인칭 형식을 높은 비율로 사용한다. H.S.는 체제 지지파였지만 자신과 동료들이 따라야 했던 언론계 실행과 관련된 권위적 규칙에 대한 혐오감을 기회 있을 때마다 표현하며, 때때로 자기가 보였던 비순응적 행동들을 예를 들어 설명해 준다. 이를 근거로 바르트(128-9)는 특별히 현재의 기준에서 부정적으로 평가될 수 있는 과거 행위에 대해 비인칭 형식을 유난히 자주 사용하는 것을 의식적인 비초점화 전략으로 해석한다.

인칭 형식과 비인칭 형식 간의 전환과 유사한 효과는 동독의 취업 면접을 분석한 아우어(2000a: 166-7), 전환기 경험에 관한 동서 베를린 사람들과의 면담을 분석한 디트마르와 브레델(1999: 175-82)에서 발견된다. 바르트는 비초점화를 면역 전략으로 주로 해석한 데 비해 다른 두 연구에서는 더 폭넓은 동기를 제시하고 있다. 예를 들어 디트마르와 브레델 역시 비인칭 형식 사용과 문제적 주제의 표현 사이에 연관이 있다는 증거를 찾았지만, 이들은 또한 man(사람)의 유대감 기능(화자의 관점을 나타내면서도 일반화된 비인칭 형식으로 후퇴함으로써 다른 사람들의 지지를 얻게 해줌)과 내러티브 자원으로서 대명사 전환이 갖는 잠재력 모두를 주목한다. 예를 들어 다음 발췌문에서 서베를린 여성은 도시 경계를 벗어나 여행할 수 있다는 새 가능성을 강조하는 수단으로 대명사 전환을 사용하고 있다.

Dafür könn' wa endlich mal ein bißchen weiter rausfahren, können uns mal, können da hinfahren, wo man ehm früher nicht hinkonnte. Also hat man zuhause gesessen am Wochenende und so kann man öh kannst de jetzt mitn [*sic*] Auto hinfahren und kannst beim Bauern das Gemüse kaufen frisch ausm Garten.

하지만 드디어 우리는 적어도 좀 더 멀리 갈 수 있게 됐어요. 사람들(man)이, 어, 예전엔 갈 수 없었던 곳에 지금 우리(wir)는 갈 수 있습니다. 주말에 사람들(man)은 집에 있었는데 사람들(man)은, 오, 당신(du)[4]은 이제 차를 타고 나가서 정원에서 기른 신선한 채소를 농장에서 살 수 있어요.

(Dittmar and Bredel 1999: 179)

이 단락의 핵심은 '그때'와 '지금'의 대조다. 현재를 가리킬 때는 wir(우리)와 du(당신)를 사용하고 과거를 가리킬 때는 비인칭의, 거리를 두는 man(사람)을 사용함으로써 화자는 이런 대조를 강조하는 것으로 보인다. 과거에서 현재로 되돌아갈 때 'kann man'에서 'kannst de'*로의 바로잡기(repair)는 이런 점을 명백하게 보여 준다.

서독인 디트마르와 브레델은 동독인 픽스 및 바르트와 마찬가지로 기억 공동체에 접근하기 위해 생애사 인터뷰를 사용했지만, 특별히 비교의 관점에서 분석했다는 차이가 있다. 연구자들은 1993년부터 1996년까지 동서 베를린 사람들의 인터뷰 자료를 수집했는데, 인터뷰 상황의 내재

....

4 여기서 '비인칭의 you'(즉, 특정한 2인칭 지시가 아니라 'one'과 같은 불특정한 지시에 사용됨)는 아마 Man과 Du 둘 다에 대해 사용되었을 것이므로, 나는 원본의 du에 해당하는 'you'를 강조하여 표기해 번역에서 둘을 구별했다.

*. De는 Du의 구어체 표현이다.

적 긴장을 줄이기 위해 각 피면담자들은 같은 지역 출신의 현장 담당자(각각 동베를린의 초등학교 교사와 서독 학생)가 녹음했다.[5] 인터뷰는 두 가지 핵심 질문을 중심으로 느슨하게 구조화되었다. 각 개인은 1989년 11월 9일 '장벽의 붕괴'를 어떻게 경험했는가? 현재의 관점에서 전환기에 대한 그들의 견해는 어떤 것인가? 모든 사람이 '알고 있는' 어느 한순간에 초점을 맞추면 사람들이 말하고 싶어 하는 이야기(또는 역사)가 내용과 구조 면에서 어떤 유사점과 차이점이 있는지 찾아낼 수 있다. "통일 독일의 공통 요소는 공적 역사의 일치가 아니라 개인 역사의 불일치다."(Dittmar and Bredel 1999: 61)

자료는 명확하게 이 '독일의' 사건(전환기)을 다루지만, 더 넓게 보면 되돌릴 수 없는 엄청난 변화에 영향받은 사람들이 이 변화의 경험을 모델화할 때 사용하는 내러티브 기법을 발견하고자 하는 시도와 관련된다. 링클라터(Linklater 2000: 163)가 주장했듯이 "구술 증언은 정보의 원천이 아니라 '그 자체로 하나의 사건'"(Portelli 1990)이기 때문이다. 따라서 자전적 설명 또는 개인 역사는 역사적 사건에 대한 개인의 해석일 뿐만 아니라, 내레이터를 중심 참여자로 삼아 하나의 사건을 재현한 것이기도 하다. 더구나 과거에 대한 개인적 구성은 고정된 것이 아니라 시간이 지남에 따라 변경될 수 있다(장벽 붕괴가 매년 기념일 TV 방송에서 어떻게 재현되고 있는지 분석했던 마인호프(Meinhof 2000)가 보여 주듯이, 이는 미디어 담화에도 적용될 수 있다). 이 연구의 제보자들이 1990년대 중반에 무엇을 근거로 전환기의 이미지를 조합해 냈는지 조사할 수 있지만, 10년 또는 20년 후 동일

....

5 이 분석은 최종 선정한 동독 피면담자 31명과 서독인 25명의 결과를 기반으로 한다. 자료에 대한 자세한 내용은 디트마르와 브레델(1999: 23-30)을 참조할 것. 연구의 추가 측면에 대한 논의는 앞의 "4.3 언어 변이와 사회이동"과 디트마르(1997) 및 디트마르와 글리어(Dittmar and Glier 2000)를 참조하라.

인에게 이야기를 '개작하도록' 요청해 보아도 흥미로울 것이다.

디트마르와 브레델(1999: 64-91)이 분석적 관점으로 먼저 제시한 것은 내레이터의 영화감독 비유다. 내레이터는 어떤 장면을 '촬영할'지, 어떤 각도에서 촬영할지, 어떤 순서로 편집할지를 선택하는 감독과도 같다. 이를 바탕으로 연구자들은 제보자가 채택한 영화 기법을 식별해 개별 내러티브를 단편영화, 장편영화, 르포르타주(reportage), 몽타주, 심지어 공포영화와 같은 다양한 영화 장르에 배정한다. 동서 베를린 사람들이 사건에 대해 보이는 반응의 전반적 차이는 아마 재현 장르(genres of representation)의 선호도에 해당할 것이다. 동독 내레이터는 보통 전환기에 대한 직접적인 경험, 친숙한 것과 그렇지 않은 가치와 규범 사이의 대립, 그로 인한 갈등에 초점을 맞춘다. 서독 내레이터는 실제 사건보다 자신에게 찾아온 새로운 기회와 동독의 '타인'에 대한 관찰에 더 관심이 있다. 서독인들에게 장벽의 붕괴는 대체로 파괴적인 사건(또는 '걸림돌(skandalon)')의 해결로 그려지는데, 이는 이야기에 극적인 추동력을 제공한다. 반면 동독인에게는 장벽의 붕괴 자체가 파괴적인 사건이다. 그 결과 서독 사람의 선호 장르는 개인적인 모험을 그리는 장편영화와 객관적인 르포르타주 형식이다. 텔레비전 뉴스 보도의 비인격적 관찰을 연상하게 하는 알프레트(Alfred)*의 설명(1999, 88-9)은 후자에 해당한다. 반면에 많은 동독인의 경우 장벽 붕괴 사건을 가공하고 맥락화해야 하는 필요 때문에 보다 성찰적인 에세이식 접근이나 몽타주가 나타나게 된다. 돌리(Dolly)의 복잡한 이야기(72-3)가 그에 해당하는데, 동독의 삶을 회상하는 장면들이 11월 9일에 관한 내러티브 가운데 산재해 있었다.

구술사는 개인이 스스로 직접 말할 수 있도록 함으로써 '목소리 찾

---

* 디트마르와 브레델(1999)에 등장하는 서독 내레이터 중 한 명.

기'(Jackman and Roe 2000)의 방법으로 대규모 사회변화의 평범한 증인들을 불러낸다. 이제 그들은 '기록되는' 것이 아니라 '스스로 직접 기록한다'. 자서전에서 내레이터는 자신에게 특별히 초점을 맞추게 된다. 내레이터가 타인에 대해 이야기할 때조차도 내레이터는 자신에 관해 무엇인가 말해 주기 때문이다. 또 이 자서전 작업은 내레이터에게 과거를 이해할 기회를 주고, 내레이터가 '의미 만들기' 과정을 통해 과거와 현재를 연결할 뿐 아니라 경력의 일관성과 연속성을 빚어낼 수 있게 기회를 제공한다. 이러한 각 개인의 궤적들이 교차할 때, 개인사 간의 접촉점과 개인 기억의 공통 관점이 포착될 때, 집단 기억의 조합이란 개념은 구성원들끼리 실제 서로 알아보는 공동체를 상정하기 위한 토대로서 어느 정도 정당화될 수 있을 것이다.

나는 5.1에서 과거의 언어 경험에 대한 개인적인 묘사, 개인 생애사 가운데 사용된 내러티브 기법이 '기억 공동체'의 형성 과정에 기여하는 몇 가지 방식을 검토했다. 다음 5.2에서는 현재의 언어 사용에 대한 인식이 어떻게 동독인과 서독인을 '타자(other)'로 식별하는 토대가 되는지, 또 과거의 분단을 지탱하고 유지시키는 현대 독일의 사회적 공간인 '동서의 상징 공간'(Dittmar and Bredel 1999: 33)에 서로에 대한 고정관념적 재현(stereotypical representation)을 구성하는 기반이 되는지 탐구할 것이다.

5.2 자신과 타인에 대한 재현

앞에서 개별 단어와 구문의 전형적인 혹은 진단적인 특성에 대해 여러 번 언급했다. 공공 어휘 목록에 동독이나 서독에 특정된 어휘가 나타나게 되면서(예를 들어 간부(Kader)는 동독에, 이주 노동자(Gastarbeiter)는 서독에 특정된 것과 같은 식으로), 특정 단어를 사용하는 것은 그 단어를 사용하는 사람의 출신 지역을 식별하게 만드는 일로 작용했다. 이러한 현상은 1989년 이전과 독일 통일의 초창기에 모두 나타났는데, Schlachter(정육점)를 사용하면 북쪽 화자, Metzger(정육점)를 사용하면 남쪽 화자로 여겼던 관행이 이미 존재해 왔다는 사실을 고려하면, 이 역시 기존의 관행을 연장한 것에 지나지 않는다고 할 수 있다(Barbour and Stevenson 1990/1998: 2, 3장 Clyne 1995: 2, 4장 참조). 문제는 이러한 대비가 '시스템 내의 변이'가 아니라 '시스템 간의 차이'로 여겨지는 경우, 개별 단어의 사용이 옳고 그름을 구분하는 표지가 된다는 사실이다. Zielstellung/Zielsetzung(목표 설정)의 사례에서 확인한 바와 같이("4.3 언어 변이와 사회이동" 참조), 언어 형식의 미세한 구별은 사회적 차이를 형성하는 강력한 무기가 될 수 있는 것이다. 따라서 '다른 것'이 '틀린 것'을 의미하는 사회에서 주위 사람과 다른 용어를 사용하는 것은 일탈 행위로 읽히게 된다.

최근의 사례들은 그러한 차이가 적어도 어휘적 측면에서는 사라졌음을 보여 준다. 동독에 특정된 용어들이 역사적 의미를 버리거나 광범위한 지역적 변이의 스펙트럼에 흡수되었기 때문이다("4.1 통일의 언어적 도전"; Hellmann 1997b; Stickel and Volz 1999; Stickel 2000; Reiher 2000 참조). 더욱이 4장에서 주장한 바와 같이 동독과 서독의 언어 형식과 언어 실행에서의 실제적인 차이는 과장된 부분이 있고, 어느 정도는 연구 설계의 산물로 봐야 하는 부분이 있다. 그러나 이러한 사실에도 불구하고 언어적 차이에 대한 인식은 1990년대 사회 변혁기에 동독과 서독의 관계 협상에 큰 역할을 한 것으로 보인다. 지금까지 우리가 확인해 온 바에 근거할 때 불안정한 대격변의 시기에 사람들이 방향을 잡기 위한 안전한 수단으로 언어 사용에 의지할 것이라는 사실은 분명하다. 그렇다면 언어 사용으로 동독인과 서독인이 식별될 수 있다는 믿음은 얼마나 널리 퍼졌는가? 그 믿음을 정당화하기 위해 사람들은 어떤 언어 기능을 사용하였는가? 사람들은 '다른' 독일인의 언어 사용을 어떻게 표현하였는가? 이러한 범주화 행위의 동기와 결과는 무엇이었는가? 마르기타 페촐트(2001)가 논의한 바와 같이 이러한 문제들이 편견 없이 논의될 수 있는 적절한 공론장이 없는 것이 사실이라면, 부정적인 결과는 어떻게 극복할 수 있는가?

서독의 언어학자 한스베르너 에롬스(1997: 8)는 동독과 서독의 두 광범위한 언어 공동체 내에서 서로 다른 말하기 방식을 구별했는데, 이는 동독과 서독인들의 개인적 경험에 대한 성찰을 통해 입증된다. 다만 이러한 어법 구성의 차이에 대한 합의가 있는 것은 아니다.[6] 예를 들어 루트 라이허(1996: 50-3)의 조사에 따르면 동독 학생들은 서독 학생들의 유창함, 대중 연설에 대한 자신감, 정교한 수사 능력에 대해 다양한 감탄을 표현했지만 동시에 그것을 거만함, 생색을 내는 듯한 태도, 오만함으로 느끼기도 했다. 서독 학생들의 능력에 대한 그들의 칭찬은 동독 학생들 자신의 결함을 암시하지만, 이렇게 인식된 결함은 다른 더 긍정적인 속성, 즉 더 개방적이고 정직하며 직접적인 토론 방식, 자기 발표에 집중하기보다는 진정으로 대화에 참여하려는 더 큰 의지와 같은 속성들로 상쇄된다. 서독의 학생들은 종종 이러한 차이에 동의한다.

> Da würd' ich schon sagen, hab' ich festgestellt, daß im Osten äh die Kommunikation einfacher läuft. Also es is' mir meistens aufgefalln, daß die Leute viel offener sind und viel direkter auf auf Leute zugehn äh.... Ich hatte schon das Gefühl, daß man leichter Leute

6 동독과 서독의 대화 문화 차이에 대해서는 바흐텔(Wachtel 1991)을 참조할 것.

kennengelernt hat und daß sie ebn auch nich' so dieses, zu Anfang jedenfalls nich' so dieses Imponiergehabe hattn, was also was man hier [i.e. in the west] oft hat, wenn man Leute kennenlernt, daß man erstmal durch 'ne unheimlich harte Schale durch muß, um überhaupt zu den Menschn vorzudringn. Und da hatt' ich das Gefühl, daß sie etwas natürlicher warn, und das hat sich natürlich in der Sprache niedergeschlagn.
음, 저는 확실히 동쪽에서 의사소통이 더 쉽다는 것을 발견했다고 말씀드리고 싶습니다. 제 말은 일반적으로 사람들이 훨씬 더 개방적이고 사람들에게 훨씬 더 직접적으로 다가간다는 생각이 들었다는 뜻입니다. … 적어도 처음에 이 사람들은 당신이 사람들을 만날 때 종종 여기(서쪽)에 와서 하는 것과 같은 자세를 취하지 않았다는 느낌이 들었습니다. 어떤 사람을 진짜 알기 위해서는 먼저 엄청나게 딱딱한 껍데기를 뚫고 들어가야 한다고 믿고 취하는 그런 자세 말입니다.* 저는 그들이 더 꾸밈이 없다고 느꼈고요, 그게 그들의 언어에서도 분명하게 전해졌습니다.

(Reiher 1996: 52)

일반적으로 인식되는 이러한 차이는 다음과 같은 동독인들의 풍자적인 말을 통해서도 드러난다. 오시-단어 하나, 베시-사전 한 권(Ein Ossi—ein Wort, ein Wessi—ein Wörterbuch)** (1996).

....

* 서쪽(서독) 사람들은 상대가 가진 장벽(사고방식이나 편견 등을 의미함. 인용문에서는 '엄청나게 딱딱한 껍데기'로 비유됨)을 넘어서야만 상대와 친해질 수 있다고 인식해 행동하는 반면, 동쪽 사람들은 상대적으로 그런 인식이나 태도를 지니고 행동하지는 않는다는 뜻으로 이해할 수 있다.

** 동독 출신들은 간결하게 말을 하는 반면, 서독 출신들은 말을 길게 한다는 뜻으로 해석할

이러한 엇갈린 인식은 픽스와 바르트(2000)가 인터뷰한 동독인들 중 다수가 공유하고 있는 것이었다("5.1 집단 기억의 내러티브" 참조). 예를 들어 W.B.는 서독 화자들의 외적 유창성을 인정하지만, 이는 서로 다른 교육 전통에 기인하며 표면적으로 볼 때 오해의 소지가 있다고 생각한다.

> W.B.: Ich glaube,...daß der Westdeutsche scheinbar fließend spricht, aber mit sehr viel Worthülsen operiert; während der Ostdeutsche stolpernder spricht, aber sorgfältiger auf die Wortwahl achtet, mühsamer drum ringt, was er sagt. 저는 서독인들이 더 유창하게 말하는 것처럼 보이지만 그들은 빈말을 훨씬 더 많이 사용한다고 생각합니다. 반면 동독인들은 매우 어색하게 말하지만 단어 선택에 더 세심한 주의를 기울이죠. 그들은 그들이 하는 말과 더 힘겹게 씨름합니다.
>
> (Fix and Barth 2000: 359-60)

마찬가지로 D.B.는 특히 서독 학생들에게서 '특별한 화법'을 확인한다. 그들은 말하고 또 말하지만 항상 같은 말을 하는 반면, 동독의 학생들은 더 천천히 말하지만 그 말은 '흠잡을 데가 조금도 없었다'(2000: 393). 이러한 화법은 서독의 맥락에서 겉치레의 일종이자 특유의 가벼운 일상 대화로 간주된다. "아무 정보 없는 말하기, … 단어들의 나열. … 구연방 국가의 사람들이 우리에게 반감을 갖는 것, 그들은 그걸 뭐라고 부르나요, 관료적 언어라고 하나요? 그들의 언어는 풍부합니다."(M.K.; 2000: 305-6). 40대 후반의 교사인 S.S.가 서독의 친척들 사이에서 '우리보다 수다나 잡담이 더 중요하다'라고 느꼈던 감정, 그리고 그 감정 사이에서 그녀를 압

....

수 있다.

도했던 무력감과 열등감은 그녀의 언행을 역기능적으로 만들 만큼 매우 극심한 것이었다(2000: 414-15).

이러한 논평은 대표성이 없는 임의의 견해일 뿐만 아니라 모두 경험의 회상에 기대고 있는 인식의 표현일 뿐이다. 다시 말해 이 진술들은 직접적인 관찰과 분석에서 몇 가지가 제거된 것이다. 더욱이 이들은 관찰자 또는 관찰자 중 어느 한 사람의 실제 언행에 대해 밝히고 있는 것이 아무것도 없다. 이들은 정량화될 수 있는 특징들이 아닌 매우 주관적인 평가인 것이다. 그럼에도 불구하고 출처가 다른 이러한 많은 발언들이 그 본질의 측면에서 일치를 보이는 것은 매우 놀라운 일이다. 이러한 사실은 다음의 두 가지를 시사한다. 첫째, 그것들은 많은 구성원들에게 정당하다고 여겨질 것이라는 점에서 비교적 높은 타당성을 갖는 인식이라는 점이다. 둘째, 그것들은 예거(Jäger 1997)가 '상호담화(inter-discourse)'라고 부르는 것에서 어느 정도 파생되는 것으로서, 부분적으로 개인적인 평가일 뿐이라는 점이다. 여기서 상호담화란 한 사회 내에서의 아이디어, 의견 및 표현의 담화적 흐름을 가리키는 말인데, 이는 일반적으로 미디어 제품과 미디어 소비자 간 상호작용의 형태로 나타난다. 예를 들어 신문과 잡지의 여론 조사에 대한 논평과 보도는 거기서 추가 생산되는 저널리즘 텍스트와 그에 기반한 대화 모두에서 재사용될 수 있는 일련의 특징적인 표준 표현들을 만들어 낸다. 이런 식으로 사상이 유포되면서 의견이 '사실'로 결정되고 논쟁적 주장들은 '상식'의 개념으로 귀속되는데, 이는 자명한 특성을 가지고 있기 때문에 더 이상의 명분을 요구하지 않는다(Fairclough 1989 참조). 예를 들어 '동독은 일의 의미를 모른다'고 말하거나 '서독은 거만하고 불성실하다'고 말하는 것이 이에 해당한다.

'일반적으로' 서독과 동독의 언행에 대한 평가가 담론으로부터 내면화된 것이든 직접 경험에서 비롯된 것이든, 관찰자들은 주어진 맥락에서 무엇이 적절한지, 특정한 '다른' 형태의 행동 특성이 무엇인지에 대해 직접적인 가정과 기대를 하게 될 가능성이 높다. 예를 들어 페촐트와 페촐트(Pätzold and Pätzold 1995)는 동독 작가와 서독 진행자 간에 이루어진 TV 토론을 관찰한 집단의 논평을 다루고 있는데, 동독에서 국가와 맺었던 관계를 정당화하도록 압력을 받은 동독 작가는 진행자가 인터뷰를 진행하는 방식에 이의를 제기하고 주요 문제에 대해 일관되게 거부하는 태도를 보였다. 인터뷰에 대한 논평을 요청받은 비독일인들은 인터뷰 대상자의 놀랍도록 방어적인 행동에 큰 충격을 받았다("그는 왜 그것을 참았습니까?"). 그러나 서독(그리고 일부 동독) 평가자들은 그의 행동을 '전형적인 동독인'으로 규정했다.

> Das ist typisch ostdeutsch, sie lassen es mit sich machen und sind dann sauer darüber, wie die Westdeutschen mit ihnen umgehen. Zum Verhör gehören immer zwei.
> 전형적인 동독 사람이죠. 그들은 자신들을 몰아붙이고 서독 사람들이 그들을 대하는 태도에 짜증을 냅니다. 심문을 하려면 두 사람이 필요한 법이죠.

> ...eben ganz Ossi, denn wenn er gewollt hätte, hätte er sie doch ganz schön auflaufen lassen, an einigen Stellen zumindest.
> … 전형적인 오시, 왜냐하면 그가 원했다면 적어도 어떤 곳에서는 그녀를 멋지게 날려 버렸을 테니까요.

평가자들은 참가자가 누구인지, 어디서 왔는지 알고 있었기 때문에 그들의 언행에 근거해 그들을 식별해 달라는 요청을 받지 않았다. 단지 그 행동에 대해 논평하도록 요청받았을 뿐이었다. 따라서 이러한 결과는 평가자의 말이 참가자에 대한 지식과 기대치에 따라 달라진다는 사실, 그리고 독일 관찰자들이 개별적 관점이 아닌 일반적 관점을 취하려는 경향이 강하다는 사실을 시사한다. 다시 말해 그들은 동독인을 관찰하고 있다는 것을 알고 동독인에 대한 '원형'을 '호출'해 실제로 관찰된 행동을 거기에 대응시키는 것이다. 비독일인들은 이용 가능한 그러한 원형이 없었기 때문에 관찰된 행동을 개인적인 규범과 기대에 어긋나는 것으로 판단한 것이다.

언어 태도에 대한 연구(Holmes 2001: 14장 참조)에서 반복적으로 드러난 바와 같이 실세계의 맥락에서는 대화 상대 또는 TV에 나오는 화자가 어디 출신인지 알 수도 있고 모를 수도 있다. 의식적으로든 무의식적으로든 이전의 만남을 통해 축적된 개인 데이터베이스로부터 눈에 띄는 매개변수(눈, 머리카락, 또는 피부색, 머리 또는 옷의 스타일, 제스처 또는 얼굴 표정의 사용, 언어 사용 측면)를 검색하는 것이 일반적이다. 명백한 지역 억양과 유표적 어휘의 사용은 이 점에서 분명한 단서가 된다. 그러나 그러한 투명한 특징들이 없는 상황에서 동독과 서독 사람들은 어떻게 화자를 동쪽이나 서쪽 출신으로 단정할 수 있는가? 설문 조사(Stickel and Volz 1999: 33-5; "4.4 언어 이데올로기와 사회적 차별" 참조)에서 이미 살펴본 바와 같이 응답자의 약 50~60%만이 '동쪽'과 '서쪽'의 언어 사용 간 주목할 만한 차이가 있다고 답했으며, 그중 약 20%만이 그들의 발화에 기초해 항상 누군가가 어디에서 왔는지 알 수 있다고 답했다. 이러한 결과는 시간의 경과와 관련이 있을 수 있지만(설문 조사는 1997~1998년에 수행되었다), 설문 조사에서 수행한 과제의 본질적인 문제와 관련될 가능성이 있다. 질문들은 매우 추상적이었고, 분석 결과는 응답자의 회상 능력과 특정 경험을 일반화하는 능력에 의존하고 있었다.

개인이 실제 발화 자료를 맞닥뜨릴 때는 상황이 다소 다르게 나타난다. 페촐트와 페촐트(1998: 73)는 동독과 서독의 많은 사람들이 성공적으로 의사소통하기 위해 대화 상대자의 출신지가 어디인지를 알아낼 필요가 있다고 생각하고 그것을 식별하도록 요청받는 것을 자연스럽게 여긴다는 것을 발견했다. 이는 다시 말하지만 언어 태도에 관한 연구자들의 경험과 일치한다. 중요한 것은 사람들이 정확한 판단을 내릴 수 있느냐가 아니라 그러한 판단을 할 수 있다고 믿는다는 사실인데, 이것은 '동쪽'과 '서쪽'이 그들에게 두드러진 사회적 범주라는 것을 의미한다. 더욱이 동서 간 차이에 대한 직접적인 질문들은 일반적으로 어휘와 억양에 초점을 맞춘 예측 가능한 답변을 이끌어 내지만, 경험에 근거한 데이터는 사람들이 말하기 평가에서 언급하는 것과 같이 더 넓은 범위의 특징을 드러낸다.

비교적 사소한 수준에서 이루어진 바이트의 애인/파트너 모집 광고 실험(Weydt 1993; "4.2 의사소통의 불일치" 참조)은 이것이 문어 텍스트에도 적용될 수 있음을 보여 준다. 대부분의 평가자들은 [텍스트 9]를 서독인이 쓴 것으로 정확하게 식별했지만 그 이유는 상당히 달랐다. 동독인 평가자들은 일반적으로 적대적인 반응을 나타냈다. 예를 들어 '우리 여성들은 그렇게 자신을 비하하지 않았다', '그런 쓰레기는 우리 광고에 인쇄되지 않았다'. 반면 서독인 평가자들은 "제 생각에는 동독인들은 아이러니를 이해하는 데 문제가 있습니다."라고 말했고, 필자의 '자신에 대한 자신감'에 대해 언급했다. 즉, 같은 글이 자기 경멸과 자신감의 표현으로 다양하게 해석된 것이다. 이처럼 평가자들은 각각의 텍스트에 대한 평가에 동의하지 않지만 다음과 같이 서로 다른 의사소통 방식에 관한 특성을 공유한다.

> Ost- und Westinformanten haben ein deutliches und weitgehend identisches Profil von Ost- und Westanzeigen vor Augen. Als negativ wird an der westlichen Selbstpräsentation empfunden, daß

sie oberflächlich, künstlich, übertrieben und unnatürlich sei. Ostdeutsche fragen sich, warum Wessis sich in Anzeigen so verstellen. Tendenziell überwiegen negative Urteile in den Begründungen der Ostinformanten. 'Blödsinnige Übertreibung', 'oberflächliche Ironie', 'entspricht der allgemeinen aufgesetzten Lockerheit (coolness)'. Die gleichen Merkmale können auch positiv gewertet werden, vorwiegend von Westinformanten, nämlich als phantasievoll, ironisch, witzig, selbstbewußt, interessant, locker. 'Respektlosigkeit' wird dem Westen zugeschrieben und offenbar unterschiedlich bewertet. Dagegen erkennen Ost- wie Westinformanten Ostanzeigen an der 'normalen, nicht übertriebenen Ausdrucksweise', an Sachlichkeit, Korrektheit, Ernsthaftigkeit: als typisch empfinden sie die genaue Aufzählung 'vielfältiger' Interessen; die wird manchmal im Westen als 'Obergenauigkeit', als 'reine, relativ stupide Aufzählung der Qualifikation' empfunden.
동서 양쪽에서 온 제보자들은 그들의 마음속에 동쪽과 서쪽의 광고에 대한 명확하고 대체로 동일한 프로파일을 가지고 있다. 서쪽의 자기표현 방식은 피상적이고 인위적이며 과장되고 부자연스럽게 느껴진다는 점에서 부정적으로 여겨진다. 동독인들은 광고에서 왜 서독 출신 사람이 그러한 행동을 하는지 의아해한다. 동쪽의 제보자들은 부정적인 평가를 내리는 경향이 있었다. '터무니없는 과장', '피상적인 아이러니', '일반적인 불성실한 태도(차가움)' 같은 특징들은 다른 한편으로는 긍정적으로 평가될 수 있으며, 특히 서쪽의 제보자들에 의해서는 상상력, 아이러니, 재치, 자신감, 흥미, 멋짐 등으로 평가될 수 있다. '존중의 결여'는 서쪽의 특징이며 분명히 다른 방식으로 평가된다. 한편 동서 양쪽의 제보자들은 동쪽의 광고를 사실성, 정확성, 진지함의 측면에서 '과장되지 않은 일반적인 표현'으로 인식한다. 전형적인 특징은 '다양한' 관심사를 조심스럽게 나열하는 것으로 여겨지는데, 이것이 서쪽에서는 종종 '과도한 정확성', '무의미한 목록 나열'로 간주된다.

(Weydt 1993: 215-18)

전환기에 수행된 연구에서 율리아 리베 레젠디츠(Julia Liebe Reséndiz)는 구어 자료를 가지고 유사한 실험을 수행해 유사한 결과를 얻었다(Reséndiz 1992). 이 사례에서 텍스트는 동서 베를린 라디오 방송에서 발췌한 것으로, 평가자들은 동서 베를린인과 이주자 집단(Übersiedler, 전환기 이전에 서독으로 이주한 동독인들)이었다. 평가자들은 자연스럽게 어휘를 식별 수단으로 언급했지만 개별 어휘의 특성들이 구문과 독립적으로 변별된 것은 아니었으며, 해당 특징들은 간접적으로 동독 또는 서독의 속성으로 결부되었다. 예를 들어 단어와 구를 자유롭고 창의적이며 장난스럽게 사용하는 것은 종종 서독 화자들의 특징으로 간주되었다. 그러나 문법적, 운율적 특징과 텍스트 구조의 측면은 중요한 것으로 보였다. 베버(Weber 1989)는 동서독 라디오 텍스트의 형태통사론적 차이에 대한 연구에서 동독의 라디오 텍스트가 일반적으로 더 길고 문법적으로 더 복잡한 문장을 사용한다는 것을 보여 주었는데, 평가자들은 이 경험적 연구에 근거해 동독의 '문어적 스타일'과 서독의 '구어적 스타일'을 구별해 냈다(독일 TV 언어의 구어성 증가 추세에 대해서는 Holly 1997 참조). 예를 들어 동독 의사와 서독 의사(둘 다 이주자)의 두 가지 설명을 각각 비교해 보자.

Ich hab' gemerkt, daß die Sätze sehr sehr verschachtelt waren durch Wortverbindungen, durch 'und, obwohl, trotz' wurden Sätze mitein-

ander verbunden und wirkten teilweise langweilig. Und man hat nach 'ner Weile ooch nich' mehr hingehört.
저는 단어들이 결합되는 방식 때문에 문장이 매우 복잡하고 문장들이 '그리고, 그러나, 그럼에도 불구하고'와 연결되어 있어서 때로 지루하게 보인다는 것을 알게 되었습니다. 그리고 우리는 더 이상 듣지 못했습니다.

Dieset Lockere, dis der einfach so erzählt hat. Also ick kann mir vorstellen, dis ick vor ihm stehe und dis er mir genau so wat erzählt.
방금 말한 방식과 같은 그 태평스러운 태도. 저는 그 사람이 제 앞에 서서 제게 그런 말을 하는 것을 상상할 수 있습니다.

(Reséndiz 1992: 131)

마찬가지로 그들은 동독 방송사의 비교적 단조롭고 느슨한 발화 리듬과 서독 방송사의 보다 생동감 있고 자발적인 표현을 식별해 냈다. 여기 다시 두 명의 이주자, 각각 동독과 서독에서 온 발표자들을 보자.

Dis fällt mir urst oft auf, dieses lalalalalala, also man merkt irgendwie so wenig Interesse an diesem Thema ...und da is' es, man merkt, wie se die Fragen irgendwie so auswendiglernen, ...also man merkt, *sie* wissen von dem Thema genauso wenich wie jeder andere. Also ich weeß nich', irgendwie dieses Langweilige.
그 랄랄랄랄라는 정말 인상적이네요. 그건 그들이 그 주제에 거의 관심이 없다는 것을 의미합니다. 그리고 그건 그들이 질문을 외웠다는 걸 말해 주지요. … 그들은 다른 사람들만큼 그 주제에 대해 아는 게 별로 없다는 걸 알 수 있어요. 모르겠습니다, 그냥 지루한 효과일 뿐입니다.

Hier geht es irgendwie fließender, wird mehr betont, was sie/ worauf sie Wert legt, betont sie auch irgendwie. Also man merkt bei den DDR-Sprechern nie, was sie nun/sie können über alles mögliche sprechen, man weiß aber nie, was sie denken.
여기서는 좀 더 유창하게, 그들은 자신이 중요하다고 생각하는 것을 더 강조해 말합니다. 제 말은, 당신은 결코 동독 화자처럼 말할 수 없다는 것입니다. 그들은 모든 것에 대해 말할 수 있지만 당신은 그들이 어떻게 생각하는지는 결코 알 수 없습니다.

(1992)

우리는 이러한 모든 연구들에서 '동독'과 '서독'의 발화 방식에 나타나는 일관된 이미지뿐만 아니라 언어 패턴이나 행동, 사회적 실행 사이의 연관성을 찾아낸다. 다양한 연구의 제보자에게 특정한 말투는 존재의 특정한 방식을 나타낸다. 페촐트와 페촐트(1998)는 이러한 과정이 발생하는 방식, 즉 발화의 특성을 화자의 특성과 연관시키는 과정 그리고 이러한 발화 실행이 자리 잡게 되는 사회 및 역사적 맥락을 설명하기 위해 카를 뷜러(Karl Bühler)의 개념을 가져온다. 뷜러의 자취(Sphärengeruch, 요리나 정치 같은 특정한 '분야' 또는 영역의 '냄새'(Bühler 1934: 172; Pätzold and Pätzold 1998: 75에서 인용))에 관한 은유는 특정 단어 또는 기타 언어적 특징이 어떻게 지울 수 없는 표지가 되는지를 보여 주기 위한 것이다. 이는 청자의 마음속에 어떤 연상을 불러일으킬 뿐만 아니라 그것들이 '일반적으로' 나타나는 맥락을 명시함으로써 텍스트의 해석 또는 이해 가능성을 제한한다. 단어나 구에 결합해 특정한 영역의 '자취를 풍기는 것'은 듣는 이를 언어적, 즉 일반적으로 발견되는 사회적 실행으로 이끄는 효과가 있다. 예를 들어 연대의식(Solidarität)과 같은 단어는 협력, 상호지원과 같은 개념과 연관성을 가질 수 있지만, 동독에서 사회화된 사람에게는 '노동계급의 국제적 연대'와 같은 관습화된 단어의 배열을 통해 '투쟁'의 '자취'를 전달하고 사회주의를 상기시킨다. 따라서 단어나 구에 나타나는 자취는 검페르츠(Gumperz 1982)가 논의한 '맥락화 단서'에 기여한다. 이들은 단순히 다른 아이디어나 개념과의 특정 연관성을 유발하는 것을 넘어 청자가 텍스트에 대한 전체 이해를 구성하는 방식에 기여한다. 앞의 예를 계속 들면 연대의식의 사용은 (적어도 특정 상황에서) 화자의 나머지 말이 해석되는 방식에 영향을 미치는 특정한 언어적, 사회적 실행으로 청자를 이끌 수 있는 것이다(Pätzold and Pätzold 1998: 76-7, 84-5).

페촐트와 페촐트는 리베 레젠디츠의 연구와 유사하게 설계된 그들의 프로젝트에서 청자가 (노동계급의 연대와 같은) 특정 하위 맥락을 식별해 내기 위해 (Solidarität과 같은) 개별 단어의 자취에 어떻게 반응하는지를 보여 준다. 그런 다음 이것으로부터 (동독의 사회적 실행 및 규범과 같은) 더 큰 맥락을 추론해 낸다. 한 비디오 영상이 베를린 훔볼트(Humboldt) 대학교 심리학과 학생들에 의해 녹화되었다. 이 영상은 심리학과 학생들이 교사와 학생으로 역할극에 참여하는 모습을 녹화한 것이었다. 녹화가 끝난 다음 이 영상은 동서독인을 모두 포함하고 있는 두 그룹의 언어학과 학생들에게 재생되었다. 이들에게는 영상 속의 '교사/학생'이 동독 출신인지 서독 출신인지를 판단하고 언어적 근거에 따라 자신의 판단을 정당화하라는 요청이 주어졌다.

사례 1

'School student 3': Ja, das würde ich auch noch bestätigen wollen, das ham wa vorher zwar nich' gesehen, aber das Bild hier vom Zeichenunterricht, wo man wirklich kreativ sein kann, das finde ich schon sehr positiv, daß dieses/die Möglichkeit der Individualität auf jeden Fall im Unterricht erhalten bleiben sollte.

Judge (east German): Drei halte ich, denke ich, fürn fürn Wessi: Zeichenunterricht, kreativ, Individualität—also, viel Schrütz um Nüscht.

학교 학생 3 그래, 나도 확인하고 싶어. 사실 전에는 보지 못했지만 여기 미술 시간에 그린 그림은 네가 정말 창의적일 수 있다는 것을 보여 준다고 생각해. 그리고 나는 이게 분명히 수업에서 개성을 유지해야 한다는 것을 의미한다고 생각해.

평가자(동독인) 3번이 서독 출신이라고 생각합니다. 미술 수업, 창의적, 개성과 같은 말들 때문에요. 다른 말로 하면 잡담이 많아요.

동독인 평가자는 Zeichenunterricht(미술 수업), Kreativ(창의적), individualität(개성)이라는 단어에 결합한 자취에 반응해, 그것들을 서독인의 특정 발화 실행(viel Schrütz um Nüscht(잡담이 많지요))을 나타내는 관련 묶음으로 배치시킨다. 두 번째 사례에서 또 다른 동독인 평가자는 '교사'를 동독인으로 식별해 낸다.

사례 2

'Teacher' 2: Es geht auch darum, erstmal rauszufinden, wieviel Leute das Fotolabor überhaupt nutzen. Wenn ich daran vorbeigeh', dann seh' ich 'n eingeschworenes Grüppchen von drei vier Leuten, die immer dieselben sind. Es macht, es hat keinen Zweck, wenn es nur 'n paar Leute sind, die ihre Privatfotos entwickeln, ja, es sollen 'n paar mehr Leute daran beteiligt sein und es ist wichtig rauszufinden, wieviel Leute das sind, auch um die Mittel besser planen zu können und die Effektivität erstmal.

Judge(east German): Dit is' ooch wieder typisch ossihaft, also man kann nicht etwas einrichten, was nur zwei Leute nutzen, sondern das muß von der gesamten Gemeinschaft genutzt werden, hm, und 'die Effektivität erstmal', also irgendwas muß effektiv sein, also dis kann nicht aus Spaß an der Sache einfach, sondern das muß effektiv sein, genau wie wa äh wie wa unsern Plan immer erfüllen mußten, so muß dieses auch effektiv sein und nicht nur von zwei bis drei Leuten genutzt werden. Also L2 is' Ossi.

교사 2 우리가 해야 할 일은 우선 얼마나 많은 사람들이 실제로 암실을 이용하는지 알아내는 것입니다. 그곳을 지날 때마다 저는 서너 명으로 결속되어 있는 작은 집단을 봅니다. 그들은 늘 같은 사람들로 이루어져 있습니다. 개인 사진을 현상하는 사람이 몇 명뿐이라면 의미가 없습니다. 관련자가 몇 명 더 있어야 하고, 얼마나 많은 사람이 있는지 알아내는 것이 중요합니다. 그래야 우리가 더 나은 자원의 사용과 효율성을 먼저 계획할 수 있습니다.

평가자(동독인) 전형적인 동독 출신 같습니다. 두 사람만 사용하는 상황을 설정할 수 없어요. 공동체 전체가 사용해야 합니다. 흠, 그리고 '효율성을 먼저'라고 했기 때문에 모든 것이 효율적이어야 합니다. 사람들이 그 일을 즐긴다고 해서 효율적일 수는 없어요. 모든 일은 우리가 항상 우리의 계획을 완수해야 했던 것과 같은 방식으로 효율적이어야 해요. 그래서 이것 역시 효율적이어야 합니다. 두세 사람에게만 사용되어서는 안 돼요. 그래서 '교사 2'는 동독 출신입니다.

여기서 동독인 평가자는 '자원을 효율적으로 사용해야 한다'는 일반적인 명제에 가장 먼저 반응하지만, 이는 그가 인용한 'die Effektivität erstmal(효율성을 먼저)'이라는 구체적인 형식에 의해 촉발된 것으로 보인다. 이는 결국 과거 시제 형식(mußten)이 함축하고 있듯이 동독의 사회적, 역사적 맥락에 뿌리를 둔 언어적, 사회적 실행인 계획 완수(unseren Plan erfüllen, 교사의 planen 사용에 대한 반응으로 충분히 가능성이 있음)에 관한 요구 사항과의 연관성을 불러일으킨다.

이와 같은 반응은 특정 실험 조건하의 참가자에게 나타나는 일상적인 행동으로 이해되어서는 안 된다. 앞의 실험 결과가 시사하는 바는 '동독'과 '서독'이 개개인에 대해 일차적이고 개별적인 범주로서 심리적 실재를 가지고 있으며, 사람들은 이러한 범주가 언어적 행동의 패턴을 통해 발견될 수 있다고 믿는다는 것이다. 그러한 관행을 통해 이루어진 판단의 정확성도, 그리고 독특한 동독 또는 서독의 화법이 '정말 존재하는지' 여부도 쟁점이 아니다. 우리가 다양한 출처를 통해 얻었다고 할 수 있는 것은 동독인과 서독인을 구별하는 능력이 화자의 의사소통 능력의 일부라는 믿음에 대한 것이다.

이것은 사람들이 식별해 내는 단발적 특성이 하나로 모아지거나 전(全) 존재의 완전한 이미지로 조합될 때 잠재적으로 중요해진다. 예를 들어 디트마르와 브레델(1999: 122-5)의 서독 인터뷰 대상자들은 동독 출신 사람들의 특징을 unsicher(불안정한), autoritätshörig(권위에 맹종하는), würdelos und unselbständig(품위 없고 의존적인), unfreundlich(친절하지 못한), ausländerfeindlich(외국인을 싫어하는), hart und unpersönlich(엄격하고 비인간적인), unqualified and workshy(자격이 없고 일하기 싫어하는), schlechte Autofahrer(나쁜 운전자), Zerstörer ihrer selbst(자멸적)과 같은 단어들로 설명한다. 구체적인 특징들은 진단적 기능이 있는 반면(그/그녀는 X라고 말했다/X했다, 따라서 그/그녀는 분명 오시/베시다), 전체적인 이미지들에는 예측하는 기능이 있다(그/그녀는 오시/베시다, 따라서 그/그녀는 분명 게으르다/거만하다 등). 사실상 확실하지 않은 많은 것들이 대립적인 것으로 규정되고, 이에 따라 개별성은 표면화되지 않은 채 고정관념 뒤로 사라지게 된다. 이처럼 고정관념 형성에 있어 언어적 특징이나 언어 실행은 매우 중요하다. 페촐트와 마르호프(Pätzold and Marhoff 1998)에서 주장한 바 있듯 이러한 요소들은 상호작용에서 주요한 '해석적 자원'으로서 기능하기 때문이다. 특정 언어 형태를 습관적으로 특정 담화나 맥락에 속하는 것으로 여기는 것은 상호작용을 처리하기 위한 프레임을 구성하는 첫 번째 단계다. "그렇게 말하는 사람들은 아마도 XYZ를 생각할 것이다."

고정관념 형성 과정에서 중요한 것은 이원적 대립항이다. 다른 어떤 것에 부정적인 자질을 귀속시키는 것은 나머지 하나가 그에 상응하는 긍정적인 자질을 소유하고 있음을 의미하기 때문이다. 예를 들어 사회집단 A가 '재미없는'으로 간주되면, 사회집단 B는 '재미있는'으로 간주될 것이다. 단, 사회집단 A와 B가 한 사회 내에서 근본적으로 이분법을 구성하는 경우에만 그러하다("6장 결론" 참조). 디트마르와 브레델(1999: 126-7)은 서독인들이 긍정적인 자아상을 개발하고 이를 안정화하기 위해 이러한 일차원적 대조에 의존한다고 주장한다. 서베를린 사람들의 이야기에서 동독 사람들의 특징으로 언급되는 것은 서독 사람들이 자신이 될 것이라고 믿거나 원하는 것과는 정반대의 것을 나타낸다. 더욱이 이러한 일련의 반대되는 특성들은 갑자기 나타난 것이 아니라 1989년 이전까지 '동독'에 대한 세계적인 편견에서 비롯되었다. 동독의 '시스템'과 추상적으로 연관되어 있던, 이전에는 형체가 없었던 동독의 이미지가 이제 오시(이 용어는 1989년 이전에 존재했지만 서독 내에서 또 다른 '소수' 사회집단인 동 프리지아제도 사람(Ostfriesen)을 지칭하기 위해 사용되었었다. Küpper 1987 참조)의 형태로 선명한 윤곽을 갖게 된 것이다.

전환기 이후 동독인과 서독인 사이의 직접적이고 중재적인 만남이 늘어남에 따라 서로에 의해 야기된 부정적인 특성들 중 일부는 야메로시(Jammerossi, 투덜이 동독인)와 베서베시(Besserwessi, Besserwisser의 말장난, 잘난 체하는 서독인)의 상호보완적인 고정관념으로 더욱 심화되었다. 이러한 개념쌍을 기반으로 한 농담 장르(오시-베시 농담)의 전개는 사회적 긴장이나 갈등에 대한 특징적인 반응이었고, 확산된 인식을 뚜렷한 재현으로 굳혀야 한다는 시각을 뒷받침하는 역할도 했다. 근본적인 동과 서의 대조에 대한 대중적인 믿음은 '상식' 또는 '주지의 사실'로서 차이에 대한 인식을 강화했다(Heringer 1991; Schiewe and Schiewe 2000; Staininger 1995 참조). 오시(동독인)가 어느 정도까지는 오시(동 프리지아제도 사람)를 대체해 서독식 농담의 대상이 되었지만, 이러한 새로운 타깃은 튀르키예와 같은 소수 민족 및 소수 국적 집단을 대체할 수 있는 유용하고 사회적으로 수용 가능한 대상을 제공한 셈이 되었다. 즉, 사회적 지배 집단으로 하여금 세력이 약한 집단을 폄하하고 모욕함으로써 자신을 드러내려는 요구를 충족시키게 만든 것이다. 오시 농담은 튀르키예식 농담과 달리 정당한 것으로 여겨질 수 있다. 유머러스한 공격들이 '같은 집단 내에서 유지'되기 때문이다(영국인이 '아일랜드인'에 대해 하는 농담은 논쟁을 불러일으키지만, 같은 농담이라도 더블린 사람들이 '케리(kerry, 아일랜드 남부, 윈스터 서부의 현) 사람들'에 대해 하는 농담은 상대적으로 무난하게 받아들여지는 것처럼). 아이러니하게도 이것은 또한 동독인들이 '독일'이라는 더 큰 범주에 속하는 사람임을 승인하는 의도하지 않는 효과를 가지고 있다. 베시 농담은 동독의 사회질서를 파괴하는 전통에서 비롯되었는데, 이제 그 타깃은 독일사회주의통일당 정권과 그 대리인에서 부유하고 지배적인 서독을 대표하는 구성원들로 대체되었다. 서독식 농담과는 다르게 이러한 농담은 동독 사람들이 지배적인 타자 앞에서 품위를 회복하고 자존심을 내세울 수 있는 기회이기도 하지만, 동시에 자신이 종속관계에 있음을 인정하는 것이기도 하다.

따라서 상호 간 편견과 반감을 표출하는 '농담 문화'는 또한 균형 감각에 대한 오해를 불러일으킨다. 화석화된 재현인 야메로시와 베서베시가 초래하는 결과는 균등하지 않다. 일반적으로 서독인들은 더 만족스러운 사회 상황을 즐기고 그들의 동기에 대해 의심받을 위험 없이 '그들의' 고정관념을 뒷받침하는 행동 패턴을 부인할 수 있지만, 많은 동독인들은 여전히 사회적으로 불이익을 받는 이중의 곤경에 처해 있기 때문이다. 그들은 침묵 속에서 고통을 겪거나 불만을 표출할 수 있고, 이에 따라 '그들의' 고정관념에 내재된 편견을 확인할 수 있다. 볼프(Wolf 1995)는 자기 정당화가 무의식적으로 자기 비난을 초래함을 보여 준다("5.3 정체성의 형성과 경합" 참조). 그렇다면 이 딜레마에서 벗어날 방법, 즉 자기 연민에 대한 비난에 약해지지 않고 불만을 분명하게 표현하는 방법은 무엇인가?

브레델과 디트마르(1998)는 이러한 상황에서 화자들이 자신의 문제를 전면에 내세움과 동시에 그것을 더 넓은 맥락 안에 포함시키는 내러티브 장치를 가지고 있다고 설명한다. 그들은 미하일 바흐친(Mikhail Baktin)의 이론적 저작으로부터 다성성(polyphonic)의 분석적 개념을 차용하여 화자 혹은 내레이터가 자신의 경험에서 문제가 있거나 혼란스러운 부분을 견뎌내기 위해 '다성적 말하기(하나의 내러티브에 서로 다른 '목소리'의 레퍼토리를 통합하는 것)'의 방식으로 또 다른 관점을 끌어들인다고 주장한다. 그리고 그렇게 함으로써 화자는 서로 다른 해석을 만들어 낼 수 있게 된다고 주장한다. 그들은 '다른' 목소리들이 화자 자신의 발화에 통합되었는지(예를 들어 인용 또는 간접 화법), 혹은 화자의 다른 '모습들'이 화자 자신의 주된 서술적 목소리와 통합되는지(내적 대화의 형식 등)에 따라 상호주관적(inter-subjective) 다성성과 내주관적(intra-subjective) 다성성을 구별한다. 30대 초반의 전문 음악가인 디르크(Dirk)가 자신의 실업과 취업 전망 부족에 대해 이야기하는 다음의 내러티브 인터뷰의 일부는 상호주관적 다성성이 어떻게 내레이터에게 비판에 대한 면역 작용을 할 수 있는지를 보여 준다(Bredel and Dittmar 1998: 137-8에서 발췌).

디르크: Hier vom Rundfunksinfonieorchester die Fusion, dit hat ja oo ni jeklappt, und die hatten ja schon alle so jut wien Vertrach inne Tasche. Die sitzen ja nun ooch alle off der Straße, ne. Naja, dit is, hab' mich grad jes/heute mit dem eenen unterhalten, der is' so na ick weeß nich', wie alt der is', ick schätze mal so Mitte vierzich, Trompeter von da. Sagt er, wat soll ickn machen, sagt da, ick brauch' doch nich' mehr ürgendwo vorblasen zu gehen, kannste doch vergessen. Dit steht. Da brauch icke ja nich' ma mehr hingehen, und weeß ick, wenn de drezich überschritten hast, dann is' schon bloß, naja, wir werden sehen.... 여기 라디오 심포니 오케스트라의 합병도 역시 잘 풀리지 않았습니다. 그러니까 그들은 옷 주머니에 계약을 한 것이나 다름없지요. 이제 그들도 모두 거리에 나와 있습니다. 음, 저는 그냥 그들 중 한 명과 이야기하고 있었어요. 네, 오늘, 그가 몇 살인지 모르겠지만 대략 40대 중

반의 트럼펫 연주자인 듯합니다. 그는 내가 무엇을 해야 할까요, 어디든 오디션을 보러 가는 건 의미가 없어요, 잊어버리라고 말합니다. 맞는 말입니다. 저는 어디로 가도 소용없어요. 만일 당신이 30세가 넘었다면 그건 이미, 음, 글쎄….

디르크는 오케스트라 전체를 장황하게 언급함으로써 자신의 입장을 맥락화할 뿐만 아니라 자신의 사례를 특별하거나 독특한 것이 아닌, 전형적인 것으로 위치시키기 위해 여러 내러티브 기법을 사용한다. 예를 들어 그는 1인칭 대신 비인칭의 'du'로 일반화되어 33세(30세가 넘으면)는 이미 고용 시장에서 나이가 들었다는 점을 지적한다. 그는 또한 실직한 다른 음악가의 목소리를 '들여와서' 자기 상황의 본질을 입증하고 자신의 평가를 검증한다. "그는 내가 무엇을 해야 할까요, 어디든 오디션을 보러 가는 건 의미가 없어요, 잊어버리라고 말합니다." 그의 내러티브에서 주된 관심사는 자신의 상황에 대한 부당함과 절망감을 모두 묘사하는 것이지만, 이 평가를 자기 내러티브 내의 다른 목소리로 옮김으로써 자기 연민이라는 비난으로부터 자신을 지킬 수 있게 되는 것이다.[7]

모든 진부한 표현이나 고정관념처럼 오스트야머(Ostjammer)*는 서로 다른 사람들에게 서로 다른 것을 의미하는 혼성어이지만, 일단 만들어지면 그러한 용어들은 분석할 필요를 면하게 해 주는 편리한 수단을 제공한다. 예를 들어 디트마르와 브레델(1998)의 서베를린 제보원 중 한 명은 투덜거림의 중심 이미지를 바탕으로 몇 가지 특징적인 주제(여행의 자유, 물질

....

7 이러한 기술이 그 효과를 달성하는 데 성공했는지 여부는 물론 경험적으로 실험해 보아야 한다.

* 동독인의 투덜거림을 가리키는 용어다.

적 소유, 희생, 근면)를 하나로 묶는다.

> 알프레트: Und dann sagn wir och, guck mal uns an, sagn se, jammern se rum, und sagen, sie hättn kein Geld. Reisen in jedes Land, wo wir noch nich' mal warn. Die wolln in drei vier Jahrn, wolln die 'n Haus und 'n Auto ham wie wir. Mensch, deine Eltern ham auch zwanzich dreißich Jahre jespart, dit is' nich' drinne, und da sagn wir natürlich och, die solln sich das erstmal erarbeiten und erkämpfen. 그러고 나서 우리는 말합니다. 우리를 봐, 그들은 말합니다. 징징거리기 시작하면서 돈이 없다고. 우리가 아직 가 본 적 없는 모든 나라로의 여행을. 3~4년 안에 그들은 우리와 같은 집과 차를 갖고 싶어 합니다. 젠장, 당신 부모님도 20~30년 동안 저축을 하셨는데, 그건 말도 안 돼. 물론, 우리는 그들이 그걸 위해 일하고, 그걸 얻기 위해 열심히 싸워야 한다고 말합니다.
>
> (Dittmar and Bredel 1999: 126)

셰타어와 하르퉁(Shethar and Hartung 1998: 45-6)에서도 미디어 담화로부터 비슷한 예를 든다. 그들은 발언이나 내러티브의 우선적 해석을 결정하는 권한은 페어클로프(Fairclough 1989)가 '담화에 숨겨진 권력(특정 담화의 틀이 되는 관습을 수립하고 통제할 수 있는 권한)'이라고 말한 것에서 비롯된다고 주장하면서 다음과 같이 결론짓는다.

> Eine Diskursideologie, die den 'Ost-Diskurs' als jammernd identifiziert, privilegiert klar einen bestimmten Typ von Erfahrung,

> Autorität und Berechtigung und schafft so eine 'separate Öffentlichkeit', deren Rede weniger mächtig ist.
>
> '동독의 담화'를 우는소리로 규정하는 담화 이데올로기는 특정한 종류의 경험, 권위, 정당성에 분명한 특권을 부여하고 이런 방식으로 말에 힘을 가지지 못한 '별도의 대중'을 만들어 낸다.
>
> (Shethar and Hartung 1998: 50)

이러한 숨겨진 권력이 '별도의 대중'에게 야기하는 문제는 그들이 자신의 목소리를 지배적 담화 이데올로기에 의해 부과되는 제약 안에서 내야 한다는 것, 그리고 그들 자신의 경험을 지배적인 대중에게 인정받아야 한다는 것이다. 여기서 중요한 것은 동독인들이 자신들의 주장을 순전히 개인적인 것, 정당하지 않은 것으로 치부해 버리지 않고 지배 집단과 직접적으로 관련된 쟁점 토론에 참여할 수 있는 맥락을 구축하는 것이다. 셰타어와 하르퉁(1998)은 그들의 제보원 내러티브에서 브레델과 디트마르(1998)가 발견한 것과 같은 종류의 프레이밍 전략을 발견했다. 화자들은 통일 이후 자신의 경험에 대한 비판적인 판단을 표현할 때 '동독 출신 사람처럼 들리는 것'을 피하기 위해 자신들의 개인적 비판을 현재의 사회 및 정치적 상황에 대한 일반적인 분석으로 포장한다. 다음 사례에서는 해고되어 재교육을 받고 있는 40대 엔지니어가 자신의 경험담을 이야기한다.

> Insofern is' also det 'ne sehr anjenehme Atmosphäre, muß sagen, ooch aus dem Grunde macht det mir Spaß, hier täglich herzukommen, äh wobei det is' die Kehrseite jetzt dazu, äh so eigentlich seh' ick also eigentlich diese janzen Umschulungsmaßnahmen als großen Trick an...die Arbeitslosigkeit zu kaschieren und die Leute

von der Straße zu holn. 'Ne andre Funktion hat det nich', denn eigentlich ham wa alles Berufe, die sofort in dem Beruf ooch wieder einsetzbar wärn, und dit is also 'ne Sache, die die Bundesregierung äh seit Jahrzehnten ja offensichtlich geschickt betreibt, indem se nämlich also an die die irgendwie äh durch die wirtschaftliche Entwicklung also äh an den Rand jebracht worden äh irgendwie zu beschäftjen mit sinnvollen und ooch teilweise sicherlich mit nich' so sehr sinnvollen Dingen und damit also Ruhe in der Bevölkerung zu halten, weil äh also sich sozusagen andre Strukturen dadurch nich' bilden können....Diese Umschulungsmaßnahme is' also sicherlich nicht zu unserm Nachteil, äh weil wa also erstens geistig beweglich bleiben, weil wir zweetens natürlich trotzdem ooch einjes dazulernen,...aber wie jesagt, äh möchte ma sagen, für für die Entwicklung insjesamt mal weltpolitisch jesehn, ja, äh könnte eigentlich die vorhandene Intellijenz der alten DDR eingesetzt wern, um Probleme dieser Welt zu lösen, und das wird überhaupt nich' in Griff jebracht, und det is' eigentlich ooch mein mein großes Problem und und det, wat ick also der äh jetzigen politischen Führung da also äh nachtrage.

그 정도까지는 아주 즐거운 분위기라고 말해야겠습니다. 그런 이유로 저도 매일 이곳에 오는 것을 즐깁니다. 비록 그것이 지금은 동전의 반대쪽이지만, 저는 사실 이 모든 재교육 조치들을 큰 속임수로 보고 있습니다. 실업률을 감추고 사람들을 길거리에서 끌어내기 위해서. 다른 기능은 없습니다. 왜냐하면 우리 모두는 실제로 바로 다시 사용할 수 있는 기술과 자질을 가지고 있기 때문입니다. 그리고 그것은 정부가 수십 년 동안 분명히 교묘하게 해 온 일이기도 합니다. 경제 발전의 결과 주변화된 사람들이 유용한 일에, 물론 어떤 경우에는 확실히 유용하지 않은 일일 때도 있지만, 전념하도록 할 방법들을 모색하는 겁니다. 그런 식으로 사람들의 평온 상태를 유지시키지요. 왜냐하면 다른 구조들은 발전할 수 없기 때문입니다. … 그래서 이 재교육 조치는 확실히 우리에게 불리한 것은 아닙니다. 첫째는 우리의 마음을 활동적으로 유지시키고, 둘째로 우리는 당연히 특이한 것도 배우기 때문입니다. 하지만 제가 말했듯이 저는 전반적인 발전을 위해 다음과 같이 말하고 싶습니다. 전 세계적 관점에서 구동독의 지식인들은 실제로 이 세상의 문제들을 해결하기 위해 고용될 수 있을 것입니다. 이것은 해결되지 않고 있습니다. 그리고 저는 이것이 사실 저의 큰 문제, 즉 현재의 정치 지도부에 반대하는 제 생각이라고 말하고 싶습니다.

(1998: 61-2)

화자는 동독의 지식인이 지닌 잠재력에 대해 언급함으로써 자신을 동독인으로 분명하게 위치시킨다(우리는 그가 스스로를 그 일원으로 간주한다고 추론할 수 있다). 그리고 이 내러티브의 요지는 독일 정부의 현재 고용 정책에 대한 고발인데, 화자는 그것을 실업의 실제 범위를 은폐하고 공공 질서를 유지하기 위한 냉소적인 책략으로 보고 있다. 그러나 이러한 비판은 (높은 학력과 경험이 풍부한 전문가라는 화자의 지위를 통해) 세계 상황에 대한 객관적인 평가와 권위적인 평가로 여겨지며, 화자는 자신의 상황에 대한 긍정적인 발언으로 비판적인 구절을 구성함으로써 우는소리를 한다는 비난을 미연에 방지한다. 그는 자신이 언급한 정책이 자기에게 직접적으로 영향을 미치고 있으며, 자신을 동독의 '낭비된 자원'으로 보기 때문에 자기 상황에 대한 그의 발언에는 아이러니한 우위가 있을 수밖에 없다

(그리고 이것은 재교육 과정에 대한 그의 미약한 칭찬에 의해 뒷받침된다. "…우리의 마음을 활동적으로 유지시키고, … 당연히 특이한 것도 배운다."). 그러나 그는 이것에 대해 명시적으로 불평하지 않는다.

이 장에서는 언어 사용에서 동서의 차이에 대한 개인의 인식이 어떻게 대중적 재현과 상호적으로 발전하여 복잡한 고정관념을 형성하는지를 보여 주었다. 그리고 이러한 고정관념의 부정적 결과를 대화에서 피할 수 있는 몇 가지 방법을 탐구하고자 했다. 여기서 강조하고자 하는 바는 특정한 이미지의 구성과 관련하여 개인적인 발언으로 표현되는 자기 및 타인에 대한 인식이다. 그러나 과거의 부정적인 고정된 이미지를 탈피하기 위해 동독의 화자들이 채택한 '문제 해결' 전략에 대한 논의는 이 장의 마지막 부문에서 다루어진다. 이는 개인과 집단 정체성이 어떻게 상호작용하고 경쟁하는지, 공공 담화에서 어떻게 오래된 그리고 새로운 정체성이 만들어지는지에 대한 것이다.

5.3 정체성의 형성과 경합

잉베어 파울(Ingwer Paul 1995: 306)은 전환기 이후 오시와 베시라는 범주가 개념쌍으로 처음 형성되었을 당시 이것들이 '빈 그릇', 즉 사회적 및 정치적 기원과는 거리가 먼 애매한 것으로서 내용이 없는 기호였다고 주장한다. 오시-베시는 갑자기 '발견된' 것을 근본적인 의미 차이로 분류하기 위해 사용한 일차원적 이분법이었다. 앞 절에서 살펴본 바와 같이 디트마르와 브레델(1999), 베네케(Beneke 1993), 쇤펠트(1996b) 등이 인터뷰한 동서 독일인의 이미지는 1990년대 초반 참여자들의 온전한 경험으로부터 나온 것이 아니라 전환기 이전 시기부터 전해져 온 고정관념, 동독 혹은 연방공화국에서 사회화한 사람은 '반드시 어떠하다'라는 가정으로부터 나온 '다른' 독일인의 이미지일 수 있다.

이러한 이미지들은 자기 성찰적인 설명, (직간접적) 지식과 경험에 대한 의식적 반영인 내러티브, 과거 사건의 기억 또는 재구성에서 나오는 것이다. 이것들은 어느 정도 고정된 특성을 지니며 페어클로프(1989: 11)가 '집단 구성원의 자원(member's resources, MR)'이라고 부르는 것, 즉 '매우 다양한 집합에 대한 원형(단어의 형태, 문장의 문법적 형식, 이야기의 전형적인 구조, 대상의 속성, 특정한 상황에서 예상되는 사건의 순서 등)'의 일부로 저장되는 것이다. 그리고 이러한 구성원의 자원은 텍스트의 생산 및 해석을 포함해 우리가 사회적 상호작용 과정에 참여하고 그것을 해석하기 위해 사용하는 장치의 일부분이다.

> 사람들이 텍스트를 생산하고 해석하기 위해 사용하는 MR은 사람들의 머릿속에 존재한다는 점에서 인지적이지만, 사회적 기원을 가지고 있다는 점에서 사회적이다. 그것들은 사회적으로 생성되며, 그 본질은 사회적 관계와 사회적 투쟁에 의존한다. 또한 그것들은 사회적으로 전염되고, 우리 사회에서 불균등하게 분배된다. 사람들은 사회적으로 생산되고 이용 가능한 것을 내면화하며, 이 내면화된 MR을 사용해 담화를 포함한 그들의 사회적 관습에 참여한다.
>
> (Fairclough 1989: 24)

만일 우리가 이 주장을 받아들인다면, 특히 우리의 MR에 인간 유형의 특성, 내러티브의 전형적인 구조, 예상되는 사건의 순서와 같은 것에 대한 지식이 포함된다는 것을 인정한다면, 이것이 어떻게 실제 상호작용에서 우리의 인식과 행동을 조절하는 것인가? 다른 사람들과의 만남에서 이러한 자원들이 정확히 어떻게 동원되고 활용되는 것인가? 우리는 MR에서 어떻게 선택하며, 주어진 상황에서 무엇이 관련이 있는지를 어떻게 결정하는 것인가? 참여자 간 의사소통 부담량은 어떻게 분배되고, 누가 이것을 결정하는가? 우리는 이러한 원형들을 어떻게 사용해 서로를 분류하며, 이러한 원형들을 새로운 경험과 만남 속에서 어떻게 조정하는가? 상호작용 과정에서 정체성은 어떻게 제안되고, 투영되며, 논쟁되고, 재가공되는가? 이 모든 질문은 상호작용의 결과보다는 과정과 더욱 관련이 있다. 이 절에서는 동독과 서독 즉, 오시와 베시의 개념이 사회적 맥락(사적, 준공식적, 공식적인 맥락)과 관련된다는 사실에 주목하고자 한다.

대화 상대자가 어디 출신인지는 때때로 명백하게 나타난다. 예를 들어 동독의 광고(동독 시장에 대한 광고, 다음 참조)를 주제로 한 라디오 전화참여 프로그램에서 발췌한 다음의 내용을 보자. 예를 들어 전화를 건 동독인은 자기 집의 위치를 말하기 위해 '북쪽'이라는 지리적 용어를 사용함으로써 자신의 위치를 재조정하려 하지만, 진행자는 그가 '동쪽' 출신("그러니까 당신은 동독 출신이라는 거지요.")임을 역설한다.

Presenter: Wo kommst du her?

Caller: Aus Neustrelitz, das is' im Norden, wollt' ich grad' sagen [laughs].

Presenter: Ah ja, das is' also quasi Werbung für dich.

진행자 어디십니까?

통화자 노이슈트렐리츠, 북쪽에 있다고 말하려 했습니다.(웃음)

진행자 그래요, 그럼 그건 당신을 위한 일종의 광고군요.

전화를 건 사람의 교묘한 수단을 받아들이지 않은 진행자는 비록 그가 동독 출신을 대표하기보다는 개인으로서 응답하려고 노력했음에도 그를 가차 없이 몰아붙인다.

Presenter: Kaufst du eher Ostprodukte, bist du so'n traditionsbewußter Ostler oder is' dir das egal, woher das kommt?

Caller: Nö, eigentlich nich' so, ich probiere das aus und wenn's schmeckt oder wenn's gut is', dann wird das gekauft, und wenn nich', dann halt nich'....

Presenter: Is' das denn auch so gewesen bei dir, daß da im Laufe der Zeit sich was geändert hat, und daß du anfangs schon ersmal die ganzen Westsachen ausprobiert has' und dann überlegt, ach Mensch, eigentlich schmeckt dir ja die Marmelade, die wir damals hatten, doch besser....

진행자 동독 제품을 사는 편입니까? 당신은 전통을 중시하는 동독인인가요, 아니면 어디에서 온 제품이든 다 똑같다고 보는 사람인가요?

통화자 아뇨, 그렇지는 않습니다. 시험 삼아 맛을 봤는데, 맛이 좋거나 맛있으면 사 먹어요. 그렇지 않다면 안 삽니다.

진행자 시간이 지남에 따라 뭔가 바뀌었다는 것을 알아챘습니까? 처음에 당신은 서독의 것들을 다 시도해 보다가 생각했지요. 사실 우리가 예전에 먹던 잼이 더 맛있다고….

(Paul 1995: 308-9)

물론 진행자는 프로그램의 주제에 따라 결정된 안건을 중심으로 이야기하고 있지만, 또 다른 통화자(이번에는 서독 출신)도 개인적인 의견을 말하도록 초대된다. 더욱이 셰타어와 하르퉁(1998)은 반대 상황이 발생할 수 있다는 것을 보여 준다. 즉, 다른 전화 참여 프로그램에서 동독 통화자들이 동독에서의 경험을 관련시키려 할 때, 진행자는 이러한 시도를 무시한다. 왜냐하면 이 경우에 '출신' 변인은 그녀가 의도적으로 강조하려 했던 '젠더' 변인과 상충하기 때문이다.

일상적인 만남에서는 이러한 고려 요인에 제약을 받지 않지만 여기서는 동서 이분법의 측면에서 사회적 범주화가 매우 중요한 것으로 인식될 수 있다. 예를 들어 운디네 크라머(Undine Kramer 1998: 281-2)는 동독의 저널리스트인 하이데울리케 벤트(Heide-Ulrike Wendt)의 경험을 인용한다.

Situation 1: Im Frühling traf ich am Piccadilly Circus einen Mann aus Düsseldorf, der von mir wissen wollte, woher ich komme. 'Aus Berlin', sagte ich. 'Ost oder West?' fragte er. 'Lichtenberg', sagte ich. 'Wo liegt das?' fragte er. 'In der Mitte Berlins', sagte ich. 'Am Tiergarten?' fragte er. 'Am Alex', sagte ich. 'Ah, also doch im Osten', sagte er. Dann ging er, als wüßte er nun genauestens über mich Bescheid. Wie viele Stadtbezirke hat eigentlich Düsseldorf, und wen interessiert das?

Situation 2: Vier Wochen später fragte mich im Weserbergland noch ein Mann, woher ich komme. Ich kam wieder aus Berlin. Und wieder fragte er: 'Woher aus Berlin?' Ich sagte diesmal, denn wir sind ja bekanntlich umgezogen: 'Aus Berlin-Tegel', und er war sofort zufrieden. Und? Was hat er davon? Ich bin immer noch ein Ossi.

상황 1 봄에 저는 피커딜리 서커스에서 제가 어디서 왔는지 알고 싶어 하는 한 남자를 만났습니다. "베를린에서요."라고 제가 말했습니다. "동쪽 아님 서쪽?" 그가 물었습니다. "리히텐베르크요.", 제가 말했습니다. "거기가 어디지요?" 그가 물었습니다. "베를린의 중심부요.", 제가 말했습니다. "동물원 옆이요?(즉, 서독에 있는)" 그가 물었습니다. "알렉산더플라츠(즉, 동독에 있는) 근처요.", 제가 말했습니다. "아, 그럼 그건 동독에 있는 거군요."라고 그가 말했습니다. 그리고 그는 마치 저에 대한 모든 것을 알고 있다는 듯이 가 버렸습니다. 뒤셀도르프에 얼마나 많은 구(區)가 있는지를 누가 신경 쓰지요?

상황 2 4주 후, 베저베어크란트에서 또 다른 남자가 제게 어디서 왔는지 물었습니다. 다시, 나는 베를린에서 왔다고 말했습니다. "베를린 어디요?" 그는 다시 물었습니다. 물론 우리는 지금 이사를 했습니다. 그래서 이번에는 제가 "베를린-테겔(즉, 서독에 있는)"이라고 말했고, 그는 완벽하게 만족스러워했습니다. 그래서? 그게 어떻다는 거지요? 나는 여전히 동독 출신인데 말입니다.

(『슈피겔 스페셜(Spiegel special)』, 1997년 6월호)

벤트가 말했듯이 위와 같은 즉흥적인 대화는 사실상 동독인들을 제 위치에 두려는 서독인들의 욕구에 의해 발현된 것이다(Rothe 2000 또한 참조). 동독인들이 자신을 위치시켜야 하는 이러한 비대칭적 부담은 전환기가 (서독) 미디어 담화에서 주된 논의로 자리 잡은 이후에도 동독을 계속해서 고립시켰다. '독일'을 '서독'과 동의어로 여기는 경향은 통일 후에도 끝나지 않았다. 뉴스 기사에서 '동독인'으로서의 개인은 여전히 구별 대상이지만 '서독인'으로서의 개인은 그렇지 않다. 예를 들어 '베트남을 방문한 최초의 독일 외무장관' 또는 '우주에 간 첫 번째 독일인'에 대한 언급(두 경우 모두 서독인을 의미함)은 동독이 이미 두 목적지에 도달했었다는 사실을 가볍게 지나친다(Kramer 1996: 59-64).

앞의 사례에서와 같이 화자의 사회적 신분이 이미 드러나 있기 때문에 그것을 알아낼 필요가 없는 상황에서 이러한 지식은 여전히 참여자가 상호작용하는 방식과 관련될 수도 있고, 그렇지 않을 수도 있다(그러나 그것은 항상 해석의 목적과 잠재적으로 관련되어 있다). 그러나 이것이 명백하게 중요하지 않은 경우에도 현재 또는 과거 상황에 대한 일종의 언급이 사회적 소속감에 대한 잠재적 의문을 표면화시키는 경우가 많다. 이것은 서독 화자들 간 상호작용에서는 상대적으로 일어나지 않지만, 동독 사람들 간의 대화(특히 동독에서의 삶을 경험한 사람들)와 동독과 서독의 우연한 만남에서 자주 발생한다. 예를 들어 1993년 서베를린의 한 언어 학교에서 이루어진 서독인 교사(T, Teacher)와 동독인 비서(S, Secretary) 간 일상 대화에서는(Drescher and Dausendschön-Gay 1995 참조) 서로 다른 사회적 범주에 속하는 문제가 결코 표면화되지 않지만, 오히려 그렇다는 것은 다른 한편으로 이 과정이 대수롭지 않은 교류로 여겨지면서도 파괴적인 영향을 미칠 수 있음을 의미한다.

이들은 대중교통 시스템의 재건과 보수 작업으로 인해 베를린 내 여행이 어렵다는 점에 대해 논의하고 있다. S의 설명을 통해 (T가 이미 알고 있듯이) 그녀가 동쪽에 살고 있다는 것을 분명히 알 수 있지만, 이것은 이 대화에서 한동안 중요하게 여겨지지 않는다. 두 화자와 사회적 관련성이 있는 지리적 위치는 S의 "das fängt bei uns im Ostteil irgendwo schon an(그건 동쪽 어딘가에서 우리와 함께 시작되지요)."라는 말에서 첫 번째로 나타난다. 우리와 함께(bei uns)와 동쪽에서(im Ostteil)의 결합은 지역적 및 사회적 동일성을 강하게 시사하며, 이를 통해 S는 T가 속하지 않은 사회적 그룹과 암묵적으로 동맹을 맺는다. 이러한 잠재적 맥락화의 단서는 S와 T가 단지 공통의 문제를 가진 두 사람일 뿐만 아니라, 이와 다른 문제에 대해서는 상당히 다른 관점을 가진 별개의 사회 공동체 구성원이라는 문맥적 여지를 만들어 낸다.

비록 이 단서가 즉각적으로 새로운 맥락을 만든다고 볼 수는 없지만, 잠시 후 T는 자신이 동쪽 도시에서의 직위 제안을 받아들이지 않은 것이 다행이라고, 그렇지 않았다면 자기 역시 S와 같은 힘든 여정을 보냈을 것이라고 말함으로써 화제를 재도입한다. 그녀는 계속해서 다음과 같이 말한다. "Aber Sie haben nich' irgendwie vor, mehr hier in die Gegend zu ziehn oder so?(하지만 좀 더 이쪽으로 이사할 계획은 없으신가요?)" 이쪽으로라는 말은 분명히 '학교에 더 가까이'라는 생각을 내포하고 있지만, 이 발화의 텍스트적 위치는 '서쪽'이라는 추가적인 구성 요소를 연상시킨다. 다시 S의 답변은 그녀가 그 질문을 어떻게 해석하는지를 나타내지 않지만, 그녀는 이사 문제에 관한 질문에 부동산 중개업자를 만난다고 언급한다. "Der hat in Forsthaus Mietshäuser aufgekauft; (leiser) Forsthaus, das is' bei uns(그는 포스트하우스에서 연립주택을 구입했어요. (더 조용하게) 포스트하우스, 그건 우리 동네에 있어요.)." 점차 S와 T 사이의 사회적 경계가 재부각되는 것처럼 보이자, 이 지점에서 T는 그녀의 다음 발언으로 갑자기 초점을 맞춘다. "Ja, da war ich schon mal,...da hab' ich schon mal diese (lachend) KGB-Siedlungen angeguckt(네, 저도 가 보았어요. KGB 사유지를 [웃음] 살펴보았지요.)" 과거의 군사 건물들을 'KGB 사유지'라고 명명하는 경솔함은 S를 자극한 것이 분명하다. 이어서 S는 이 지역과 동독 시절 여기서 무슨 일이 있었는지에 대한 자신의 지식을 근거로 T의 주장을 바로잡으려 애쓴다. 또한 S는 이 지역을 자신의 잠재적인 거처로서 좋게 생각하고 있는 것이 분명하기 때문에, T의 발언은 그녀의 체면을 위협하는 효과를 가져왔다고 볼 수 있다. 따라서 두 화자는 이러한 상황을 회복하기 위해 충분한 대화에 노력을 기울여야만 한다(Drescher and Dausendschon-Gay 1995: 91-4). 따라서 서로가 다른 사회적 범주의 구성원이라는 사실을 암묵적으로 인식하는 일은 이처럼 상호작용의 과정에서만 활성화되지만, 이러한 인식이 발생하면 그것은 상당한 결과를 초래한다.

이러한 상호작용 안에서 hier(여기), da(저기) 같은 일부 직시적 용어는 지리적 범위를 넘어 사회적 용어로 확장된다. '저기'는 '동쪽'뿐만 아니라 '러시아 군대가 점령했던/매우 황폐한 곳 등'을 의미한다. 예를 들어 동독의 경우 'damals(그 당시에는)'가 시간뿐 아니라 사회적 공간에서 거리를 나타내는 것과 마찬가지로, '지금'과 '그때'와 같은 시간적 직시어에도 이것이 동일하게 적용될 수 있다. '그 당시에는'은 더 이상 존재하지 않는 장소를 의미한다. 하우젠도르프(Hausendorf 2000a: 88)는 이를 '사회적 직시'라고 부르는데, 이는 잠재적인 담화의 자원이다. 이러한 어휘들은 대화에서 사람들을 위치시키기 위해 미묘하고 복잡한 방식으로 사용될 수 있다. 특히 대화가 일어나는 장소와 과거 및 현재 사회 공간 사이의 관계는 고정된 것이 아니라 조작과 협상의 대상이 된다(Liebscher 2000: 190).

이것은 특히 동쪽과 서쪽의 상호작용에서 명백하게 나타나는데, 동독 화자/서독 화자의 두 차원이나 과거/현재의 두 차원이 교차할 때 나타난다. 이러한 예는 "4.2 의사소통의 불일치"와 "4.3 언어 변이와 사회이동"에서 논의된 취업 면접의 한 구절에서 확인한 바와 같이 특정 정치 체제나 또다른 정치 체제 특유의 사회 제도를 '통역'하는 의사소통 과정에서 볼 수 있다.

응답자(동독인): Ja gut, damals eh nannte sich das Erweiterte Oberschule, und und hier eh mittlerweile heißt das Gymnasium. 네, 그렇습니다. 그 당시에는 Erweiterte Oberschule(동독 용어: 중고등학교)라고 불렀습니다. 지금 여기서는 Gymnasium(서독 용어: 중고등학교)이라고 부르지요.

(Birkner and Kern 2000: 47)

이 인터뷰는 동독에서 진행되고 있지만 서독 중심의 인터뷰로 해석되는데, 동독(동일한 지리적 영역이지만 현재는 사라진 사회적 공간)을 지칭하는 'damals(그 당시에는)'와 대조적으로 'hier(여기)'는 새로운 사회 공간(현재는 서쪽의 일부인 동쪽: 다음 또한 참조)을 지칭하기 때문이다. 이러한 '번역'이 모종의 이해를 위해 반드시 필요한 것은 아니지만(이 경우 인터뷰하는 사람이 Erweiterte Oberschule가 무엇인지 분명하게 알고 있을 가능성이 높다), 화자들은 비록 잠깐일지라도 대화자와 같은 사회적 위치에 그들 자신을 재배치하기 위해 이 대화적 움직임을 사용한다.[8]

이와 같은 만남은 대화 참여자들이 성공적인 의사소통을 위해 필요한 모든 의사소통 작업을 수행할 것이라는 그라이스(Grice)의 협력 원칙에 대한 하나의 좋은 실험이다(Grice 1975 참조). 체면의 관점에서 볼 때 그들은 대화 참여자들 간의 상호 만족스러운 결과가 자신의 체면을 훼손하지 않으면서도 상대방의 체면 요구에 응하는 대화 참여자들에 따라 어떻게 달라지는지를, 혹은 사회심리학적 관점에서 볼 때 대화 참여자들이 자신의 대화 동기를 의심받지 않으면서도 상대에게 매력을 얻기

8 비르크너와 케른(2000: 48)은 이와 같은 일이 반대로 일어나는 것을 보여 준다. 즉, 서독 인터뷰어는 인터뷰 대상자의 이익을 위해 서독 용어를 동독의 전용 용어로 번역한다.

위해 요구되는 대화 패턴을 어떻게 수렴하느냐에 따라 그 결과가 어떻게 달라지는지를 보여 준다. 물론 실제로 상호 만족스러운 결과를 얻는 것이 늘 대화 참여자들의 목표는 아니며, 그것이 목표가 되더라도 처음에는 안정적이던 대화가 틀어지게 될 수도 있다. 더욱이 대화 참여자들이 사회적 범주와 상호작용의 조건 사이에 존재하는 긴장을 의식할 때 대화가 틀어지게 될 가능성은 더 커진다. 개별 만남에서 이러한 잠재적 갈등을 관리하는 방법은 참여자의 단기 및 장기 목표에 따라 크게 달라진다. 그들은 이 특정한 상호작용으로 무엇을 달성하기를 원하고, 그것이 다른 사회적 범주에 대한 그들의 누적된 이미지 및 관계에 어떻게 기여하기를 원하는가?

그리트 리프셔(2000)는 동독인과 서독인이 참여하는 텔레비전 토크쇼에 대한 분석에서 사회적 직시어와 같이 명백히 악의가 없는 말이 지닌 복잡성과 효력을 보여 준다. 또한 의사소통의 실패를 피하는 것이 (아마도 여전히) 얼마나 어려운지를 보여 준다. 다음의 두 사례를 통해 우리는 의사소통 조건이 유사하지만 사소한 언어 선택만으로도 매우 다른 맥락이 구성될 수 있음을 알게 된다.

사례 1

배경: MDR 토크쇼(드레스덴 소재 TV 방송국, 주로 동독 시청자에게 방송됨), 1993년 4월 23일

진행자: 얀 호퍼(Jan Hofer, 서독인)

게스트: 마리얌 아기셰바(Marijam Agischewa, 동독인, 1989년 여름 동독에서 탈출)

진행자 Sie waren eines der großen Talente der DDR und 1980 haben Sie sich dann trotzdem entschlossen (pause) rüberzumachen (pause) sind Sie in den Westen gegangen. Hat Ihnen das gut getan? 당신은 동독의 유명한 연예인 중 한 명이었음에도 불구하고 1989년에 서쪽으로 [휴지] 넘어가기로 [휴지](혹은 이동하기로) 결심했습니다. 당신에게 좋은 결정이었나요?

게스트 Ja, das hat mir, glaube ich, sehr gut getan. 네, 좋은 결정이었다고 생각합니다.

(Liebscher 2000: 195)

사례 2

배경: MDR 토크쇼, 1993년 3월 5일

진행자: 크리스텔 코헨포센(Christel Cohn-Vossen, 서독인)

게스트: 페터 히크(Peter Hick, 동독인, 1989년 전에 동독에서 탈출)

진행자 Aber Sie kommen aus der ex-GDR. 그런데 당신은 구동독 때 나왔지요.

게스트 Richtig. 맞습니다.

진행자 Sie sind auf ziemlich schwierigem Wege hierhergekommen: Wie war das? 꽤 어려운 길로 여기에 오셨군요. 무슨 일이 있었습니까?

게스트 Ich bin bei irgendeiner Produktion mal abgehauen, weil ich einfach mal die Nase voll hatte. 이런저런 것들을 제작하던 중에 이 정도면 충분하다고 느꼈기 때문에 떠났습니다(혹은 청산했습니다).

(2000: 198-9)

첫 번째 사례에서 서독 진행자는 1989년 여름에 동독 게스트가 동독에서 연방공화국으로 이동한 것을 동독인의 용어(rübermachen(넘어가다); in den Westen gegangen(서쪽으로 가다 혹은 이동하다))로 이야기한다. 이를 통해 그는 게스트와 관객(스튜디오와 시청자)의 관점을 모두 채택하고, 이에 따라 스콜론과 스콜론(Scollon and Scollon 1995: 38-41)이 말한 '개입 전략'을 추구한다. 그러나 그는 인터뷰 당시에는 동쪽에 살았지만 1989년 논의된 그 당시에는 그곳에 살지 않았다. 따라서 그는 언어적으로 동독의 사회적 공간에 자신을 위치시키는 동안 준언어적 특징(rübermachen이라는 발화에 앞서 미소 짓고 잠시 멈추는 것)을 사용해 그 직시적 표현들을 '인용'으로 나타낸다. 그리고 그렇게 함으로써 그는 자신의 지위를 외부인으로 인정하고 청취자들의 '독립적인 체면'을 위협하지 않으려고 한다(Scollon and Scollon 1995: 38-41).

두 번째 사례에서는 또 다른 서독 진행자가 동독 관객이 대부분인 상황에서 동독 게스트와 이야기를 나누고 있다. 이 게스트 또한 전환기 이전에 동독을 떠나 연방공화국으로 갔지만 이번에는 진행자가 다른 관점을 채택하고 있다. "Sie sind...hierher gekommen(당신은 여기에 왔어요.)"라고 말함으로써, 그녀는 현재의 위치(드레스덴)를 무시하고 게스트의 도착 지점을 '구(1990년 이전)연방공화국'이라는 사회적 공간(시간이 지남에 따라 특권을 부여받는 공간), 또는 '구연방공화국의 확장된 버전으로 이해되는 통일 독일'이라는 사회적 공간에 두고 있다. 다시 말해 그는 "서독 출신인 내가 생각하기에 당신은 익숙한 여기로 옮겨 왔다."라고 말하거나 "당신은 우리가 지금 여기라고 생각할 만한 곳으로 옮겨 왔다."라고 말한 것이다. 어느 쪽이든 진행자는 암묵적으로 서독인의 관점을 취함으로써 무의식적으로 청취자들의 체면에 위협을 가하고 있다.

세 번째 사례에서는 동일한 언어적 표지가 나타나지만, 이번에는 완전히 상반된 힘이 작용한다.

사례 3

배경: N3 토크쇼(서독 TV 방송국, 서독과 동독 방청객이 혼합되어 있음), 1995년 8월 25일

후버: 엘리스 후버(Ellis Huber, 베를린 Ärztekammer(의료위원회)의 서독 회장)

그루너트: 호르스트 그루너트(Horst Grunert, 전(前) 동독 대사)

후버 Dann löst doch endlich die PDS auf und kommt hier an.
그럼 민주사회당을 해체시키고 여기로 오세요.

그루너트 Zu Ihnen, meinen Sie? 당신이 있는 곳으로 오라는 말인가요?

후버 Nein zu—in dieses Land. 아니요, 이 땅으로요.*

서독인 후버는 동독인이 새로운 통일 독일에 '도착'하는 것을 조건으로 사회민주당(독일사회주의통일당을 잇는 정당)의 해체를 말한다. 그러나 그는 그루너트가 이미 그렇게 전제하고 있는 것처럼 보이는 '당신-우리'의 이분법적 공식화를 피하려고 조심한다. 그것이 우리(서독인들)가 이미 당신(동독인들)보다 먼저 통일된 독일의 새로운 사회적 공간에 있다는 생각을 강하게 드러낸다고 보기 때문이다.

리프셔의 자료에서 나온 첫 번째 사례는 서독인들이 기꺼이 의사소통에 노력을 기울일 때 동독인들이 스스로를 정당화하도록 요구받는 중책에서 벗어날 수 있음을 보여 준다. 그러나 역사적 상황상 '동독'이 유표적인 근원지(무표적 기준인 '서독'과 반대됨)이기 때문에 동독인들은 자신의

....

* 이 사례에서 후버의 답변이 "맞습니다, 제가 있는 곳으로요."가 아니라는 사실에 주목해야 한다. 그루너트는 자신이 있는 곳과 후버가 있는 곳을 이분법적으로 인식하고 있는 반면, 후버는 자신이 있는 곳을 '이 땅(dieses Land)'으로 명명함으로써 그러한 그루너트의 이분법적 인식을 피하려고 조심하고 있는 것이다.

신분을 증명해야 하는 이중 부담을 안고 있다. 그중 하나는 서독인들의 과거 및 현재와의 관계에서 자신의 위치를 찾기 위한 것이고, 다른 하나는 자신의 소속감에 대한 내적인 의문에 대한 것이다. 이러한 사회적 불균형은 그것이 예상되는 비대칭적 의사소통 상황에서 나타난다.

> daß die eine Seite ständig erzählt und die andere einordnet, bzw. — noch deutlicher — daß die eine Seite erwartet, daß die andere sich mit ihren Erzählungen sozusagen pflegeleicht verhält und sich selbst, erzählend, einordnet.
>
> 한쪽은 끊임없이 이야기를 하고, 다른 한쪽은 끊임없이 분류를 합니다. 좀 더 정확하게는, 한쪽은 다른 한쪽이, 말하자면 다루기 쉬운 방식으로 이야기하기를, 그리고 이야기를 할 때 자신을 분류하는 방식으로 말하기를 기대합니다.
>
> (Pätzold and Pätzold 1995: 253, 주석 4)

이러한 맥락에서 동쪽과 서쪽의 의사소통 문제들은 (필연적으로) 의사소통상의 문제가 아니라는 것이 다시 한번 분명해진다. 이는 다른 언어 사용의 결과(다른 언어적 형태의 결과는 말할 것도 없고)로서 발생하는 것이 아니라 특정 상호작용의 맥락에서 두 가지 관점이 동등하게 평가되지 않기 때문에 발생하는 것이다. 상호작용의 틀에 내재되어 있는 어떠한 기대는 서독인의 관점을 우선시하기 때문에 동독의 화자들은 그들의 관점을 인정받기 위해 더 열심히 노력해야 한다.

이는 "5.2 자신과 타인에 대한 재현"에서 간략히 논의된 서독 진행자와 동독 작가 사이의 텔레비전 인터뷰와 같이 공개적으로 대립하는 맥락에서 특히 명백하게 드러난다. 잉베어 파울(1995, 2000a)이 분석한 텔레비전 프로그램(1992년 8월 방송)에서는 한 명의 동독인과 여섯 명의 서독인 논평자들이 독일 경제 상태를 논의하기 위해 초대되었는데, 여기서 이들은 해결해야 할 특정한 문제로 동독 경제를 회생('Aufschwung Ost')시키고 재구성하는 조치에 대해 논의했다. 이 상호작용에는 다른 정치적 이해관계를 대변하는 참여자들, 예를 들어 '정부 장관', '은행장', '대안 경제학자', '노조 관계자들' 간의 의견 차이가 존재할 뿐만 아니라 사회적 노선에 따라 갈등이 발생할 가능성이 애초부터 존재했다. 왜냐하면 참여자들 중 단 한 사람만이 어디서 왔는지가 구별되는 동독인이었기 때문이다.

처음에 이러한 비대칭성은 암묵적으로 유지되고 그로 인한 갈등의 가능성 역시 한동안 억제된다. 장르의 '규칙'에 의해 진행자가 발언권의 공정한 분배(예를 들어 발언권의 횟수와 길이)를 보장하는 주심 역할을 하기 때문이다. 다시 말해 '잠정적 합의'(Paul 2000a: 119; Goffman 1963)가 형성되어 참여자들이 의사소통의 단절이나 붕괴를 유발하지 않고 이견에 동의할 수 있게 되는 것이다. 그러나 은폐되어 있던 갈등은 사실상 심각한 것이어서 오랫동안 잠재되어 있을 수는 없었다. 동독인 바그너(Wagner)가 서독 정부 장관인 묄레만(Möllemann)을 가로막고 발언권을 장악하면서 잠정적 합의는 깨지고 말았다.

Möllemann: Es wird sich ein einheitlicher Wirtschaftsstandort Deutschland...nur entwickeln können, wenn es uns gelingt, eine Art neuen Konsens zur Sicherung unserer Zukunft des Standorts Deutschland zu bilden, der weit übergreifend sein muß, über Regierung und über Tarifpartner hinaus....Ich glaube, wir brauchen die Bündelung der Kräfte, und das ist möglich, was in den letzten Tagn...

Wagner: (schnell, erregt) Aber in der Zwischenzeit ändern wir erst mal das Grundgesetz Artikel drei, daß alle Menschen vorm Gesetz gleich sind, denn wir ham ja jetz' die Ostgleichen und wir ham die Westgleichen, und das für viele viele Jahre. Man kann doch nun hier nicht mehr davon sprechen, daß wir unter den gleichen Verhältnissen leben. Ich mein', ich muß mich jetzt einfach mal einmischen Herr Böhme [der Moderator], denn ich bin ja in dieser erlauchten Runde der einzige, der hier bißchen die ostdeutschen äh Interessen vertritt....

묄레만 통일된 '비즈니스 장소로서의 독일'은 정부와 산업 양쪽을 초월하는 '장소로서의 독일'에 대한 새로운 공감대를 형성하는 데 성공해야만 발전할 수 있을 것입니다. 저는 우리가 다양한 세력을 통합해야 한다고 생각합니다. 그리고 그건 가능한 일입니다, 최근에….

바그너 (빠르게, 흥분해서) 하지만 그 사이에 우리는 헌법 제3조를 바꾸고 있습니다. 모든 사람은 법 앞에서 평등하다고요. 왜냐하면 이제 우리에게는 동쪽의 평등함과 서쪽의 평등함이 있기 때문입니다. 그리고 그것은 수년 동안 그럴 것입니다. 당신은 우리가 같은 조건에서 살고 있다고 더 이상 말할 수 없습니다. 제가 여기서 이렇게 뵈메 씨(발표자)의 말에 끼어들 수밖에 없는 이유는 제가 이 저명한 패널 중 동독의 이익을 대변하는 유일한 사람이기 때문입니다.

(Paul 2000a: 143)

바그너는 이 토론에서 그가 규칙을 어겼다는 것을 인정하지만, 그가

'합법적으로' 동독의 이익을 대변할 수 있는 유일한 참여자라는 이유로 '불법적' 행동을 정당화한다. 이러한 그의 주장에는 동독인에게 주어진 헌법상의 평등권을 다른 참여자들이 부정하고 있다는 비난이나 암묵적인 모욕('이 저명한 패널(diese erlauchte Runde)')이 반영되어 있다.

종합하면 바그너의 이러한 행동은 파울(2000a): 127)이 토론의 서구적 '에토스(ethos)'라고 부르는 것에 대한 도전을 의미한다. 이 프로그램에서 패널 구성은 바그너가 하위의 '소수 대표'로서 초대되었음을 분명하게 드러낸다. 따라서 그의 목소리는 서독의 '전문가들' 사이에서 그에 상응하는 작은 역할을 할 뿐이다. 경제에 대한 토론은 '담화 내의 담화'이며, 바그너는 이 두 가지 모두에서 상대적으로 힘이 없다. '경제 담화' 배후에 있는 힘은 서독의 정치 및 사회 기득권층(정부, 산업, 은행가, 학계)에 있고, '토크쇼 담화' 배후에 있는 힘은 서독의 언론 기득권층에 있다. 따라서 바그너는 두 가지 이유에서 자신을 불구자로 여긴다고 볼 수 있다. 첫째, 논의 중인 조건을 직접 경험하는 사람으로서 그의 전문가적 지위는 인정되지 않는다. 기껏해야 서독인들의 이론적 전문 지식보다 덜한 것으로 여겨지는 정도다(또 다른 참여자가 했던 거만한 '조언'을 보라. 2000a: 133). 둘째, 그는 오직 장르 관습을 위반해야만 자신의 권위를 주장할 수 있다(그리고 더욱이 야메로시에 관한 고정관념("5.2 자신과 타인에 대한 재현" 참조)을 확인하는 위험을 감수해야 한다).

관련 사회지식의 측면에서 전문성을 주장하고 그것을 다른 사람들에게 거부할 수 있는 담화적 권력은 사회적 불평등에 기인하며, 그러한 담화적 권력은 다시 사회적 불평등을 강화한다. 독일산업연맹 회장인 하인리히 바이스(Heinrich Weiß)는 사회적 지배자의 위치에서 바그너의 사회적 상황 특성을 '수정'할 수 있으며, 익숙한 표현으로 '번영이 이루어져야 한다'(토론의 후반부에서, 앞의 사례에서는 다루지 않음)고 조언할 수 있다. 그는 또한 자신이 이것을 '아는' 입장에 있다는 것을 주장함으로써 사회적 우월성을 재확인한다. 더욱이 한 당사자가 이 권력을 더 안전하게 소유할수록 권력을 사용할 때의 강제성은 줄어든다. 바이스는 자신의 발언에서 노골적으로 배려하고 회유하는 표현을 사용한다('ich möchte Sie herzlich bitten,...(정말 정중히 말씀드리고 싶은 것은,…)', 'ich gebe zu,...(수용합니다/인정합니다…)').

우리가 여러 차례 살펴본 바와 같이, 바이스가 여기서 다루는 주제인 직무 관행, 물질적 번영, 그리고 둘 사이의 관계는 1990년 이후 동독과 서독의 관계에서 가장 민감하고 논쟁적인 이슈들 중 하나였다. 특히 동독인들이 '일할 줄 모른다'는 서독의 공통된 편견과 '우리도 마찬가지로 열심히 일해야 한다'는 동독인들 사이에서 반론을 제기하는 것은 상호수용에 큰 걸림돌이 된다. 이러한 긴장감은 종종 "5.2 자신과 타인에 대한 재현"에서 논의한 공공연한 편견과 비슷한 수준에서 발생한다. 이는 개인을 사회집단에 분류하고 배치한 뒤, 노골적인 비판을 하지 않은 채로 그들의 특성을 설명하는 매우 미묘한 담화적 실행의 메커니즘을 통해 발생한다. 예를 들어 다음 사례에 나오는 미묘한 의사소통 방식을 살펴보자.

고용 센터 담당자(서독인): ...und dat muß ich den Frauen in aller Deutlichkeit sagen, weil eigentlich gerade hier im Osten die Frauen ja auch immer so gearbeitet haben. Aber wenn Kinder dahinterstandn oder Familie, dann hattn sie soziale Vorteile, und die haben wir jetzt nicht mehr, und diese sozialen Vorteile, die kann ich dann auch nich' mehr in Anspruch nehmen, un' deswegen würd' ich sie/Sie gerne so 'n bißchen (?hüten) davor, daß sie/Sie das immer in den Vordergrund stellen, wenn sie/Sie arbeiten wollen, und wenn sie/Sie darauf pochen, daß sie/Sie gleichberechtigt werden wollen. … 그리고 저는 여성들에게 그것을 아주 분명하게 말해야 합니다. 왜냐하면 정확히 여기 동쪽에 있는 여성들은 항상 그렇게 일해 왔기 때문입니다. 그러나 자녀나 가족이 있을 때 그들은 사회적 혜택을 받았고, 우리는 더 이상 그러한 혜택을 받지 못했습니다. 그래서 이러한 사회적 혜택을, 저는 더 이상 요구할 수 없습니다. 따라서 만일 그들이/여러분이 일하고 싶어 한다면, 그들이/여러분이 동등한 권리를 갖기를 계속 주장한다면, 저는 그들에게/여러분에게 그것을 항상 강조하지 말라고 경고할 것입니다.

(Hausendorf 1997: 138)

이 발췌문은 서독의 고용 센터 담당자가 동독의 여성 장기 실업자들을 대상으로 한 강연의 초반부다. 그녀는 시간을 엄수하고 그들의 일에 전념할 필요성을 강조했다. 이 단락에서 그녀는 교육적이고 '도덕적인' 담화를 만들어 내지만, 그녀의 메시지를 청중에게 명시적으로 전달하기보다는 그것을 사회적 범주인 '동독 여성들'로 지시함으로써 그 언급의 전달이 그들 자신에게 맡겨지도록 한다. 그녀는 동음이의의 인칭 대명사 sie(=그들)와 Sie(=여러분)의 모호성을 이용해 이러한 목적을 달성한다. 첫 번째 사례는 여기 동쪽에 있는 여성들(die Frauen hier im Osten, 즉 그들)을 가리키는 것처럼 보이지만, 나머지 것들은 같은 방식으로 그 장소에 있는 여자들(즉, 여러분)을 지칭할 수 있다. 동시에 그녀는 그녀를 서독인으로 파악할 수 없는 맥락에서 1인칭 형태 ich(나)와 wir(우리)를 사용함으로써 자신을 '동쪽의 여성들'과 명백한 유대 관계에 놓이게 한다("die[=soziale Vorteile] haben wir jetzt *nicht mehr*(우리는 더 이상 그러한 혜택을 받지 못했습니다)",

"die kann ich auch *nicht mehr* in Anspruch nehmen(저는 더 이상 요구할 수 없습니다)"). 그러고 나서 그녀는 sie/Sie와 분명히 대조되는 그다음의 또 다른 위치 ich로 자연스럽게 넘어간다. 그것은 권위를 가진 목소리다.

이러한 에피소드에서 발견되는 서독인들의 공통점은 그들은 자신들의 지위가 의심할 여지없이 '그들의' 사회 및 정치 시스템의 우월성에 의해 정당화된다고 확신하고 있다는 사실이다. 그들은 3장에서 사용한 용어대로 언변이 뛰어나다. 그들은 자신들의 가정을 면밀히 검토할 기회가 없었기 때문에 (그들이 할 수 있다고) 당연하게 여기는 것을 제시한다. 반면 동독인들은 서로 다른 조건에서 서독인들과 만나게 된다. 이제 그들은 과거에 당연하게 여겼을지도 모르는 것이 의심스러워진다. 즉, 동독인들은 자신의 위치를 찾기 위해 자신의 가정을 숙고하고 분석해야 하며 과거의 삶에서 가져온 것을 안전하게 유지하기 위해 변론을 해야 한다는 사실을 알게 된다.

사회적 정체성이 동서독 간의 만남에서 관련이 있는 한, 양측은 어느 정도 '이미지 작업'을 해야 하지만 긍정적인 자아상을 만들기 위해서는 동독인들을 대상으로 더 많은 의사소통을 해야 한다. 왜냐하면 그들의 정체성은 붕괴된 사회의 도덕적 맥락 안에서 생성되었고, 서독인들은 그것을 직접 경험할 기회가 없었기 때문이다. 더욱이 이 과정은 종종 부정적인 이미지를 처리하는 과정을 수반하는데, 이는 마치 편견을 확인하는 것과 같다(Dittmar and Bredel 1999: 129ff.; 다음 참조).

이러한 의사소통 조건의 비대칭은 균형 잡힌 관계를 구축하려는 시도를 가망 없는 것으로 만들며 심지어 선의의 노력도 쉽게 틀어지게 한다. 예를 들어 정보를 교환하고 편견을 타파하려는 명백한 목적을 가진 동서독 여성들 사이의 대화(리카르다 볼프(Ricarda Wolf)가 1993년에 기록하고 분석함)에서 참여자들의 개별 직업(주부, 교사, 사회복지사 등)을 기준으로 12명의 화자를 두 집단(동쪽과 서쪽)으로 구별하려는 대화가 이루어질 때 문제가 발생한다. 이 맥락에 놓인 참여자들은 상호작용 과정에서 '그들 자신을 재구성'한다(Wolf 1995: 207). 특히 그 당시에는 이러한 집단에 대한 고정관념적 이미지가 경험을 해석하기 위한 공통 자원의 일부였기 때문에 대화의 목적이 편견을 극복하는 데 있다고 해도 이 상황에서 고정관념적 이미지가 표면화되는 것은 놀라운 일이 아니다. 다음 사례는 그러한 상황에서 부정적인 이미지를 언급하는 것만으로도 대화가 얼마나 쉽게 어긋날 수 있는지를 보여 준다.[9]

C (west German): Ick habe nämlich ein, ein dickes Vorurteil von mir, mit dem ick hier sitze, is: Kreativität war nich' jefragt. Dit hör ick jetzt irgendwo, ich weeß nich'...

G (east German): Ich ich war mein Leben lang, kann ich behaupten, eigentlich kreativ, und ich kann es, ich kam damit nich' durch,...ich war richtig tot am Schluß.

C: Eben, also et gibt doch nicht...'ne Wand, die sacht, da sind die kreativen Menschen und da nich',...

G: Nein, aber das war's ja eben, daran haben wir uns zum größten Teil totgelaufen, so daß sich die meisten sachten, ich fang's doch erst gar nich' an, ich setz' mich, ich bau' mir meine Datsche....

C(서독인) 아시다시피, 저는 큰 편견을 가지고 여기 앉아 있습니다. 즉,

....

9 이 사례는 볼프가 분석한 내용의 영향력을 압축하기 위해 원문에서 필요한 몇 가지 세부적인 내용을 제거한 것이다. 이처럼 축소된 버전이 현재 목적에 적합하기를 바란다.

창조성에 대한 요구는 없었다는 겁니다. 어디선가 들어 본 적이 있는데 … 잘 모르겠습니다….

G(동독인) 저는 평생 창조적으로 살았다고, 그리고 그렇게 할 수 있었다고 말할 수 있습니다. 그런데 그것으로는 충분하지 않았어요. … 저는 결국 완전히 끝났습니다.

C 바로, 그래서… 단순한 구분선이 없는 겁니다. 창조적인 사람들이 여기 있고, 저기에 있지 않다는….

G 아니요, 하지만 그게 전부였습니다. 그게 우리가 정말 낙담하게 된 이유입니다. 그래서 대부분의 사람들은 이렇게 말하지요, "난 노력하지 않을 거야. 그냥 정착해서 내 시골 별장이나 지을 거야."

(Wolf 1995: 208-9)

C는 '창조성이 요구되지 않았다'(동독에서)라는 명제가 그녀가 알고 있고 이 토론에 끌어들인 편견이라는 점을 인정한다. 동시에 그녀는 또한 그 타당성에 대해 의심을 나타낸다("잘 모르겠습니다…"). 그러나 그녀가 논의를 더 진행시키기 전에 G는 그 주장을 반박한다. 그녀의 반박은(한쪽은 창조적이고 다른 한쪽은 그렇지 않다고 말할 수는 없다는 C의 발언에도 불구하고) 그녀가 C의 말을 동독 시스템에 대한 비판으로 해석했을 뿐만 아니라 동독에 대한 암시적인 모욕으로 해석했음을 시사한다. G는 이러한 비난으로부터 자신을 방어하면서 볼프(Wolf 1995: 210)가 말하는 '자신을 위치시키는 함정(die Falle der Selbstverortungsaufgabe)'에 빠진다. 그녀는 자신의 명예를 회복하려고 노력하지만 이것은 그녀의 설명에서 노력하기를 쉽게 포기한 '대부분의 사람들'을 대가로 하여 달성된다. 자신을 정당화해야 한다는 의무감을 느낀 그녀는 고정관념의 예외 사례로 자신을 구

성한다.

G의 '창조성'이 정량적 개념('창의력'이라기보다는 '근면함')으로 재구성되는 것은 그 후 또 다른 서독 참여자(M)에게서 나타난다. 그녀는 '하루 18시간' 동안 사업가, 주부, 어머니로서 얼마나 '창조적'이어야 했는지를 자세히 설명한다. G와는 달리 M은 자신의 영웅적인 자기표현을 '그녀' 사회의 일반적인 행동 모델의 증거로 사용한다.("ich denke schon, daßwir mehr kreativ sein konnten, mußten(저는 우리가 더 창조적일 수 있다고 생각합니다)") 그리고 그녀는 이것을 동독의 '덜 까다로운' 삶과 대조시킨다("das war ja viel besser im Osten gelöst, da war man ja versorgt(동쪽에서는 훨씬 더 잘 해결되었습니다, 당신은 그곳에서 보살핌을 받은 것입니다)").

상호보완적으로 만들어진 이러한 이미지의 역학 관계(예를 들어 서독인들은 창조성을 발휘해야 했다, 즉 열심히 일한다와 동독인들은 창조적일 것으로 기대되지 않는다, 즉 열심히 일할 필요가 없다)는 또 다른 동독 여성의 반박을 통해 확인된다. 그녀는 동독인들이 근면하지 않다는 이미지를 만들어내는 M을 반박한다.

W(동독인): ...Ich fahre dort gerne hin [to the west German village where her son is living], ich freue mich schon auf die nächste Begegnung, ja weil alle Leute in diesem kleinen Dorf, und die wenigsten hatten Ostverbindungen, und sie haben uns mit offenen Armen dort aufgenommen, hart arbeiten, zum Teil haben zwei Berufe, äh arbeiten acht Stunden im Betrieb, arbeiten nebenbei, äh und das hat dort mein Sohn getan, als er dahinkam, und deshalb war der sofort in diesem Ort integriert, ja die habn jesacht, wenn dein Mario anders reagiert hätte und versucht hätte, hier sich durchzuschlauchen,...sich auf die faule Haut zu legen, wäre der hier nicht so anerkannt gewesen, und das find' ich in Ordnung, solln se mehr haben, wenn se mehr gearbeitet haben. 저는 그곳(그녀의 아들이 살고 있는 서독 마을)에 가는 것을 좋아합니다. 저는 이미 우리의 다음 만남을 고대하고 있습니다. 왜냐하면 그 작은 마을의 모든 사람들이 열심히 일하기 때문입니다. 그들 중 아주 일부만이 동쪽과 연결되어 있었고, 그들이 우리를 두 팔 벌려 환영했기 때문입니다. 그들 중 일부는 두 가지 일을 합니다. 공장에서 8시간 일하고 나서 또 다른 일을 하지요. 제 아들 역시 그곳에서 그렇게 일했습니다. 그리고 그게 바로 제 아들이 그곳에 통합된 이유입니다. 사실 그들은 이렇게 얘기했습니다. 당신의 아들 마리오가 유별나게 행동하고 여기서 빈둥거리며 아무것도 하지 않으려 했다면 그는 그렇게 잘 받아들여지지 않았을 거라고요. 그리고 저는 그것이 맞다고 생각합니다. 더 많이 일했는데 그들이 왜 더 많이 가져서는 안 되는 것일까요.

(1995: 226-7)

G와 마찬가지로 W는 열심히 일하는 동독인(그녀의 아들)의 그림을 그렸지만, 그녀의 발표에서 뛰어난 행동이 평가되는 척도는 그녀의 아들이 현재 살고 있는 놀랍도록 부지런한 서독 공동체의 수용에 있다. 이 사례에서 그녀의 마지막 말은 그녀가 서독의 가치 체계를 수용했다는 것을 확인시켜 준다. 따라서 결과적으로 그녀의 내러티브는 토론 과정에서 발생한 고정관념에 지장을 주기보다는 안정감을 준다.

물론 이러한 교류에서 발생하는 일들 중 필연적인 것은 없으며, 따라서 이것이 동서 간 만남의 '전형적인' 결과로 인식되어서는 안 된다. 나는 여기서 다소 길게 고민했다. 내가 보기에 그들은 두 가지를 매우 분명하게 보여 준다고 보았기 때문이다. 첫 번째는 동독인들이 새로운 사회적·의사소통적 환경에서 그들 자신을 위치시키려는 일방적인 압력을 받은 결과 어떤 일이 일어날 수 있는가이고, 두 번째는 지배적인 서독 담화가 일상적 상호작용에 미치는 헤게모니적 효과다. 이러한 현상의 침투성과 지속성은 그것을 뒷받침하는 사고가 아침 식사 테이블과 같은 사적 논의의 장에서부터 버스 정류장, 교실, 직장 그리고 술집과 같은 공론의 장에 이르기까지 각종 매체 자원을 통해 유포되는 방식에 따라 좌우된다. 다른 반응들이 가능하다는 것, 지배적인 가치에 순응하라는 이데올로기적 압박이 거부될 수 있다는 것은 대중이 사생활을 직면하게 되는 광고 담화에서 보다 적나라하게 드러난다.

서독의 소비재 생산자들에게 통일은 골칫거리가 아니라 기회였고, 동독 인구는 잠재적으로 수익성이 좋은 시장이었다. 그리고 그 어떤 것도 상대적으로 쉽고 저렴하게 개발될 수 있었다. 왜냐하면 공통의 전통과 공통의 언어를 통해 호소하는 것이 가능하기 때문이다. 초기의 신호들은 동독인들이 서구 상품에 대한 억눌린 수요를 가진 유순한 소비자가 될 것임을 확인시켜 주는 듯했다. 그들은 서독의 소비 규범을 필사적으로 따르고 서독의 소비 담화에 적응하는 데 '순종적'일 것으로 예측되었다. 그러나 이러한 가정들은 '신제품'에 대한 초기 욕구가 충족되고 시장 조사에서 동독의 제품에 대한 새로운 수요가 밝혀졌을 때 빠르게 수정되었어야 했다. 1991년 말 동독 가정의 대략 4분의 3이 동독의 제품을 더 선호한다고 말했고(Läzer 1996a: 213), 신문들은 '더 차별화된' 구매 방식을 보도해 '지역' 제품에 대한 새로운 관심을 불러일으켰다(Gläser 1992: 192). 물론 대부분의 경우 동독의 소비자들이 요구하는 동독 제품들은 실제로 동독 브랜드를 인수한 서독의 회사들이 생산하고 판매한 것이었다. 이는 동독의 소비자들이 동독 기업들에 대한 충성심보다는 동독의 정체성을 함양하려는 열망에 동기부여를 받은 것으로 볼 수 있다. 따라서 그들에게는 소유권보다 브랜드가 더 중요했다.

또한 서독 제품들이 더 의심스러운 것으로 취급되었을 뿐만 아니라 서독 광고는 부적절하고 짜증이 나는 것으로 간주되었다. 광고 전략가들은 동독 시장이 서독 시장만큼이나 복잡하고 근본적으로 차별화되어 있다는 것을 인식해야 했다(Kelly-Holmes 2000: 96). 그러나 일부 사람들은 동쪽과 서쪽에 그들 고유의 방식대로 이야기할 것을 요구하는 완전히 다른 '소비자 공동체'가 있다고 계속해서 주장했다(세타어의 '꿈 해석가(Dolmetscher der Träume)' 개념을 보라).[10] 예를 들어 동독의 석유 회사 미놀(MINOL)은 1993년 광고에서 다음과 같이 선언했다. "Uns finden Sie fast überall, wir sind Ostmeister im Modernisieren und sprechen die Sprache unserer Kunden(당신은 거의 모든 곳에서 우리를 만날 수 있습니다. 우리는 현대화에 관한 동독의 대가들입니다. 우리는 또한 고객의 언어를 사용합니다.)"(Läzer 1996a: 216). 여기서 '우리는 고객의 언어를 사용합니다'라는 흔한 판매 문구는 예외적인 반향을 일으킨다.

그러나 동독 시장을 위한 '허용 가능한' 마케팅 전략을 세우는 것은 문제를 일으켰다. '예전 상황이 모두 나쁜 것만은 아니었다'는 대중적인 시각에서 한동안은 불안하고 불확실한 시대에 익숙한 브랜드의 부활이 안정감을 줄 수 있었다. 그러나 이러한 동독에 대한 향수는 오래가지 못

....

10 이것은 동독의 광고가 서독의 '모델'에 적응할 필요가 있다는 이전의 전제들과 대조적이다. 예를 들어 슈미더(Schmider 1990: 7)는 전환기 이전에 행해진 동서독 광고에 대한 자신의 비교 연구에서 "동독 광고주는 서독 기준에 맞출 수 있도록 빠르게 지원한다."라고 말한다.

했고, 동독 시장 전반에 보편적인 호소력을 지니지 못했다. 개인적인 상호작용에서와 마찬가지로 어떻게 하면 과거를 장밋빛으로 물들이지 않고 평가절하하지도 않으면서 긍정적인 동독의 이미지를 (재)구성할 수 있느냐 하는 것이 관건이었다. 레처(Läzer 1996a: 214-15)는 이러한 마케터들의 시도를 보여 주는 두 가지 사례를 인용한다. 첫 번째로 한 주방기기 제조업체(FORON)는 품질과 세심한 솜씨에 대한 보증이 그들 제품의 특징임을 단언하면서 새로운 마케팅 상황에서의 요구와 기회를 암묵적으로 인정한다.

> Wir wissen, was wir können. Aber erst jetzt können wir endlich zeigen, was wirklich in uns steckt. Natürlich war nicht alles schlecht, was wir früher gemacht haben. Aber es gibt nichts, was man nicht noch verbessern kann. Das haben wir getan. Mit neuem Schwung und neuen Ideen, aber mit der alten Liebe zu hoher Qualität und sorgfältiger Arbeit haben wir unsere Kühlschränke, Waschmaschinen und Herde gründlich verbessert. Erstklassige Verarbeitung, überaus faire Preise und ein zuverlässiger Kundendienst: das ist die neue Foron.
>
> 우리는 우리가 무엇을 할 수 있는지 알고 있습니다. 그러나 이제야 우리는 우리가 진짜 무엇을 만들었는지 보여 줄 수 있습니다. 물론 우리가 만들던 모든 것이 나쁘지는 않습니다. 그러나 이보다 더 좋게 만들 수는 없습니다. 이것이 바로 우리가 해 낸 일입니다. 새로운 에너지와 새로운 아이디어로, 그러나 고품질의 세심한 작업에 대한 오랜 사랑으로 우리는 냉장고, 세탁기, 조리도구를 철저하게 개선했습니다. 최고 수준의 솜씨, 공정한 가격, 신뢰할 수 있는 고객 서비스, 이것이 바로 새로운 포론

(Foron)입니다.

두 번째로 갈탄 산업을 홍보하는 광고 텍스트에서는 노역에 관한 민감한 주제가 다시 한번 강조되는데, 이번에는 사진 속 광부가 자신의 과거 업적을 자랑스럽게 여길 뿐만 아니라 새로운 경제에 대한 요구에 적응할 수 있다고 주장한다.

> Er hat allen Grund, selbstbewußt zu sein. Er hat sich nie gedrückt vor Arbeit und Verantwortung. Das brachte ihm früher den Verdienst ein, sich Held der Winterschlacht[11] nennen zu dürfen. Doch heute ist nicht mehr Quantität oberstes Gebot, sondern Qualität. Und die kann nur er garantieren.
> 그에게는 자신감을 가질 만한 충분한 이유가 있습니다. 그는 일이나 책임을 회피한 적이 결코 없습니다. 그로 인해 과거에 그는 '겨울 전투의 영웅'으로 불렸습니다. 그러나 오늘날 최우선 과제는 더 이상 양이 아닙니다. 질입니다. 오직 그만이 그것을 보증할 수 있습니다.

광고주들은 이 딜레마에 다양한 방식으로 대응했다. 그러나 특히 하이마트(Heimat)로 위장되는 원산지의 중요성은 동쪽 제품을 동쪽에 판매하는 것으로 자리 매김되었다. 예를 들어 작센안할트의 마그데브루크 근처에서 생산된 비스킷은 바삭한 하이마트(ein knackiges Stück Heimat)로 팔렸고, 작센 지방에서 양조된 인기 맥주인 프라이베르거 필스(Freiberger

....

11 동독에서 사용된 '겨울 전투의 영웅'이라는 용어는 겨울의 혹독한 환경에서 갈색 석탄을 채굴하기 위한 '전투'를 가리키는 말이다.

Pils)의 라디오 광고는 작센 방언을 선보였다(Gläser 1992: 193, 206). 하이마트는 지리적 위치 이상의 것을 시사하지만, 그것은 국토에 대한 진정한 애착을 의미한다(Bastian 1995; Boa and Palfreyman 2000 참조). 따라서 특히 음식과 음료는 장소와 밀접하게 동일시되는 경우가 많았고, 특정 브랜드의 소비는 단순히 취향의 문제가 아니라 문화적 실천이자 소속에 대한 선언으로 그려진다. 에르츠산맥(체코와 독일의 경계에 있음)에서 양조된 동독 맥주 글뤽카우프 비어(Glückauf Bier) 광고는 아주 구체적인 시장을 타깃으로 삼는데, 이는 광고 슬로건이 현지의 영향을 받기 때문이다. 예를 들어 "Wo mit Glückauf gegrüßt wird, wird auch Glückauf getrunken(글뤽카우프라고 말하는 곳에서 글뤽카우프를 마신다)"(Kelly-Holmes 2000: 99; 글뤽카우프는 이 지역 광부들이 사용하는 인사말이다). 폴란드 국경 괴를리츠(Görlitz)에 있는 또 다른 양조장은 광고 캠페인에서 '동독다움'의 표준 의미에 품질 표시로 새로운 의미를 결합시켰다. 'Landkron—aus der östlichsten Privatbrauerei Deutschlands(란트크론—독일에서 가장 동쪽에 있는 개인 양조장)'(Läzer 1996a: 221).

이 모든 캠페인은 동쪽 지역에서 생산된 친숙한 제품을 수단으로 '당신은 당신이 어디에 있는지를 안다(문자적으로나 은유적으로)'는 것을 기본 테마로 한다. 이러한 호소가 현지 시장을 대상으로 한 것이든 지역 시장을 대상으로 한 것이든, 공통 과제는 '동독다움'을 긍정적인 가치로 재투자하는 것 그리고 이 '동독다움'을 동독 시대를 넘어서는 문화적 전통과 재연결하는 것이었다. 여기서 강조된 것은 '여기'가 그것의 역사적 및 사회적 콘텐츠를 폐기하지 않았다는 것이었다. 결국 과거와 현재의 갈등과 모순의 현장으로서 '여기'는 두 세대에 걸친 사회적 투쟁의 결과물로서 비록 불완전하지만 1989년에 수백만 명의 동독인들이 머물기로 선택한 곳이었다. 이러한 맥락에서 'wir bleiben hier(우리는 여기에 머무르고 있습니다)'("3.3 '전환기' 담화가 이루는 대위법" 참조)를 선언한 사람들이 만든 시장에서 또 다른 맥주의 슬로건인 'Berliner Pilsner, das Bier von hier(여기서 온 맥주, 베를린 필스너)'는 모든 의미를 내포하고 있지만, 여기서 긍정적인 것만이 선택될 것이라는 확신은 분명히 있다. 오스탈기(Ostalgie)*는 동독의 정체성에 대한 자신감을 의미하는 오스티미스무스(Ostimismus)**로 대체되었다.[12]

이 시장에서 신뢰성의 핵심 가치는 '보덴스텐디히(bodenständig)'라는 용어로 요약된다. 이 용어는 '(이 영역에서) 오랫동안 확립된', '간단하고, 복잡하지 않고, 현실감 있는'이라는 의미를 모두 담고 있다. 이 개념은 루트 가이어(Ruth Geier 1996)가 1994년 총선 캠페인에 대한 분석에서 보여 준 바와 같이 정치 전략가들에게도 영향을 미쳤다. 특히 야당인 사민당원들은 헬무트 콜 총리가 통일의 설계자로서 여전히 충분한 신용을 지니고 있다는 점을 인정하면서도, 그들의 후보인 서독인 루돌프 샤르핑(Rudolf Scharping)이 '우리 중의 한 명'으로 뽑힐 수만 있다면 동독의 유권자들 사이에서 성공할 것이라고 생각했다. 이에 따라 사민당원들은 광고의 시각적 이미지를 위해 루돌프 샤르핑을 유명한 동독인 사민당 정치인들과 나란히 배치했고, 그들 중 한 사람인 레기네 힐데브란트(Regine Hildebrandt)는 그의 출마에 대한 검증 텍스트를 제공했다.

> Mit Rudolf Scharping tritt jetzt ein Mann an, der in Deutschland für mehr Gerechtigkeit sorgen will. Ich kenne ihn, ich vertraue ihm und ich traue ihm zu, unser Land nun wirklich zu vereinen...Er schwafelt

....

* '동독에 대한 향수'를 가리키는 말로 여기서는 원어를 드러내어 표기했다.

** Ostdeutschland(동독)와 Optimismus(낙관주의)의 합성어다.

12 1990년대 동독 제품 광고에 대한 자세한 분석은 헤네케(Hennecke 1999)를 참조하라.

nicht, er packt an. Nutzen wir die Chance. Er ist einer für uns.

루돌프 샤르핑과 함께 한 남자가 독일에 더 많은 정의가 있음을 확인하기 위해 링에 발을 들였습니다. 저는 그를 알고 있고, 그를 신뢰하며, 그가 우리 나라를 진정으로 통일할 수 있다고 믿습니다. … 그는 애매한 태도를 취하지 않고 맹렬히 달려듭니다. 이 기회를 잡읍시다. 그는 우리를 위한 사람입니다.

(Geier 1996: 241)

그는 동독인은 아닐지라도 동독인들의 신뢰를 받고 있으며, 긍정적인 '동독인'의 자질(er schwafelt nicht, er packt an(그는 애매한 태도를 취하지 않고 맹렬히 달려든다))을 지니고 있다. 그리고 그는 '우리를 위한 사람'이다.

정치적으로 통일된 사회의 첫 10년이 끝날 무렵, 소비자와 정치 광고 캠페인의 필자들은 뚜렷이 구분되는 두 집단의 청중이 여전히(사실, 점점 더) 존재한다는 것을 깨닫게 되었다. 또한 그들은 동독의 소비자이자 투표자가 고지식하거나 순진하지 않고 비판적이며 의심이 많다는 사실을 인정해야 했다. 따라서 캠페인의 성공 여부는 '상품(세제든 정치적 집단이든)'을 청중의 사회적 및 역사적 영역에 배치하는 데 달려 있었다. 동독다움과 서독다움을 명시적으로 언급할 필요는 없었지만, 텍스트 생산자들은 이러한 범주가 그들이 타깃으로 삼는 독자층의 마음속에 존재하며 그것이 발현되거나 발전될 수 있는 어떤 '상태'로 존재하고 있다는 사실을 이해했다.

이 장에서는 전환기 이후 동독과 서독 간의 상호작용 과정에서 동서독의 정체성이 나타나고, 협상되며, 대립하는 몇 가지 방식을 살펴보았다. 특히 통일 후 초기에는 사회적 범주로서의 동독다움과 서독다움이 비록 장황하고 정의가 모호한 것이기는 하지만 공적 및 사적 맥락의 많은 대인 관계적 만남에서 전면화될 만큼 충분히 중요하고 골치 아픈 것으로 인식되었다. 개인의 사회적 정체성이 지니는 이러한 측면은 그러한 상호작용의 수행과 명확히 관련이 없는 곳에서도 사회적 상호작용의 표면 바로 아래에 숨어 있는 것처럼 보였다. 통합된 독일 언어 공동체의 첫 10년 동안 참여자들 사이에는 상당히 불편한 대화의 움직임들이 보였다. 그 이유는 무엇보다도 동독인들이 그들의 과거와 현재 상황에 대해 스스로를 (재)위치시켜야 하는 도전을 받았기 때문이다. 동시에 이러한 재위치화의 과정은 발견과 자기 발견의 기회, 즉 동쪽과 서쪽이 무엇을 의미하고 미래에 무엇을 의미하게 될지를 분명하게 표현할 수 있는 기회를 의미했다.

6

결론

제2차 세계대전 이후 동서독으로의 정치적 분열은 전례가 없는 일이었음에도 불구하고 동서 간 주요한 언어적 분열은 이 축을 따라 발생했다. 이처럼 정치적 분열과 독일인의 정체성을 형성하는 정치적 요소로서 언어의 역할은 모두 전례가 없는 일이었지만, 언어 문제는 현대 독일 역사에서 민족 문제와 관련해 여러 가지 다른 모습으로 반복해서 표면화되었다. 더욱이 문화적 불변항으로서 '독일어'라는 개념과 지속적인 언어 변화 사이의 긴장감은 오래되었는데, 1945년 이후 그러한 긴장 관계는 냉전 시대 독일 문화유산에 관한 이념 논쟁의 근간이 되었다. 그것은 또한 동독과 연방공화국에서 이루어진 '사회 속 언어'에 대한 연구가 독립적으로 발전할 수 있는 밑바탕이 되었다. 언어를 둘러싼 이러한 종잡을 수 없는 투쟁과 서로 다른 언어 사용에 관한 패턴의 변화는 두 독일 사회의 개별적인 사회적·정치적 발전을 위해 반드시 거쳐야만 하는 역사적 과정이었다. 이 두 사회의 개별 경로는 정치적 통일이 '독일 국민'의 근본적 불일치를 표면화시켰을 때 긴장과 갈등의 원천이 되었다. 또한 한편으로는 화합에 대한 정치적 열망이, 다른 한편으로는 불협화음이 있는 사회적 현실이 공존하면서 이들 사이에 충돌이 일어났는데, 이때의 충돌은 아마도 두 언어를 '공통 언어'로 통일시키려는 욕망과 사회언어학적 차이에 대한 끈질긴 인식 사이에서 일어나는 것으로 볼 수 있다.

연방공화국과 동독의 건립은 새로운 시대의 독일 문제에 대한 해결책을 모색하는 계기가 되었다. 그리고 이 과정에서 뚜렷한 정치적 담화의 발전이 일어났다. 그러나 연방공화국과 달리 동독의 정치적 상황은 공공영역을 독점하고 일상생활의 많은 영역에 스며들어 가 있는 단일 담화의 정교함과 그것의 지속적인 전파에 많은 영향을 받았다. 이들의 정치적 목적은 별도의 언어를 창조하는 것이 아니라 언어의 의사소통 가능성을 활용해 공유된 도덕적 가치와 정치적 원칙에 기반을 둔 통합된 사회 기구를 구축하는 것이었는데, 이는 독일어와는 궁극적으로 관련이 없었다. 그러나 이러한 담화상의 철저함은 결국 동독의 사회적·정치적 기업 붕괴의 원인이 되었고, 또한 사람들이 언어와 맺는 '특별한 관계'에서 서독의 관찰자들이 상상했던 것보다 더 많은 유연성과 지략을 갖추게 했다. 1989년 세계 정치 상황 속에서 복잡한 경제적·정치적 요인들에 의해 독일사회주의통일당 지도부가 지위를 잃게 되자 전환기가 등장했고, 이는 당 지도부와 지식인 그리고 일반인들의 공개 연설, 인터뷰, 기자 회견, 대국민 TV 회담과 같은 일련의 교차 발화 사건(speech event)로 재현되었다.

전환기 이후 언어의 중요성은 줄어들지 않고 새로운 영역으로 옮겨갔다. 이전에는 정치 시스템 간의 갈등 관계에 중점을 두었지만 지금은 두 사회를 합병하려는 고통스러운 결과에 초점을 맞추고 있다. 동독과 연방공화국에서 삶과 언어에 대한 경험은 여러 면에서 달랐지만 대부분의 사람들에게 그러한 차이는 국경이 개방될 때까지 사실상 추상적인 것이었다. '다른' 독일인과의 접촉은 의사소통의 가능성을 확인시켜 주었지만 서독인들이 대부분 이러한 노력을 꺼려 했기 때문에 동독인들은 언어적 및 의사소통적 도전에 직면해 이에 적응할 필요가 있었다. 전환기 이후 얼마 지나지 않아 사회적 차이가 강력한 힘으로 재등장함에 따라 쉽게 식별할 수 있는 차이를 드러내는 일이 요구되었고, 이에 언어가 다시 한번 가장 쉽게 사용할 수 있는 도구로 여겨지게 되었다.

동서독의 범주적 차이에 관한 인식은 상당히 일찍부터 발달하기 시작했다. 동독인과 서독인 사이의 사회적 만남은 종종 이러한 경쟁적인 정체성을 드러내는 기회로 작용했다. '다르게 사는 것'은 '다르게 말하는 것'을 통해 증명된다고 인식되었다. 이와 동시에 고정관념은 상호작용의 과정과 대중 담화를 통해 형성되었으므로 언어의 형태나 언어에 관한 대화에서만 차이가 나타나는 것이 아니라 언어 및 소통 활동을 통해서도 차이가 나타나게 되었다.

이에 따라 1990년 10월 3일 공식적 통일 이후 정치적 대립인 '동독 대 연방공화국'은 해산되었지만 사회적 대립인 '동독 대 서독'은 남아 있었다. 그 후 10년의 역사는 한편으로는 정치와 경제구조를 조화시키는 과정으로, 다른 한편으로는 사회적 차이를 입증하고 구체화하는 비슷하지만 모순된 과정으로 특징지어졌다. '동독 출신'과 '서독 출신'의 단순 구분은 1990년대를 거치면서 동독다움(Ossizität)과 서독다움(Wessizität)에 관한 평가적 특성을 지닌 복잡한 사회적 범주로 발전했다. 우리는 이와 같은 익숙한 대조 방식을 조잡한 일반화 또는 고정관념으로 치부할 수 있으며, 전환기 이후 불안정한 사회 환경의 일시적인 산물로 간주할 수 있다. 그러나 위르겐 슈트레크(Jürgen Streeck 1995: 434)는 짓궂게도 다음과 같이 말한다. "다른 이분법적 분류(예를 들어 검은색-흰색 또는 서양-동양)와 마찬가지로 오시-베시 범주쌍은 단순하지만 완벽한 시적 구성을 취하고 있다.

그것은 너무 완벽해서 사실이 아닌 것처럼 여겨진다.” 실제로 마르고트 하이네만(Margot Heinemann 1995: 392)은 전환기 이후 초기 만남에서 동독과 서독이 직업, 나이, 또는 성별보다 더 중요한 1차 식별 기준을 구성하게 되었다고 주장한다. 오늘날에도 많은 독일인들은 별개의 사회적 전통에 속해 있다는 확신을 가지고 있는 것으로 보인다.

그렇다면 분석적 관점에서 그리고 언어 및 의사소통 실행의 측면에서 집단 내의 또 다른 특정 집단을 구별하면서도 직관적으로 확실하고 광범위한 동서의 구분을 유지하는 것이 가능한가? 동독 대 연방공화국과는 달리 동독 출신 대 서독 출신은 슈트레크가 제안하듯이 단순한 대립보다는 이분법을 구성한다. 예를 들어 ‘연방공화국’은 ‘프랑스’ 또는 ‘일본’과도 대립할 수 있으며 이러한 대립과는 독립적으로 의미를 갖지만, 동독 출신과 서독 출신은 서로 관련되고 더 큰 개체인 ‘독일’의 하위 범주로서만 의미를 지닌다. 따라서 이러한 대비는 서로 다른 사회적 집단을 구별할 필요가 있다는 인식이 유지되는 한 계속 사용될 것이다. 그러나 오시-베시의 이분법으로 대표되는 사회집단은 사회적 출신, 가족사, 개인적 경험에 의해 구성되는 포괄적 범주로서 사람들이 일반적인 방식으로 동일시하지만 사실상 너무나 불명확한 것이어서 개인적 또는 사회적 특성을 해석해 낼 수 없고 그중 특정 언어적 및 의사소통적 실행이 표면적 지표가 될 수도 없다.

더 차별화된 분석은 통일 독일 내에서 동독인 또는 서독인으로서의 경험에 대한 특징적 반응을 기준 삼아 ‘해석적 프로토타입’ 내에 개인을 군집화함으로써 가능하다. 우리는 이미 자기 재현(Wolf 1995), 조정 및 사회연계망(Barden 2000), 발화 스타일(Elspaß 2000), 언어 태도(Schmidt-Regener 1998)와 관련해 이러한 접근 방식이 사용되는 것을 확인했다(4장, 5장 참조). 반면 하이네만(1995: 393)은 화자의 프로토타입보다는 다양한 상호작용 패턴의 프로토타입을 제시한다. 그러한 프로토타입은 광범위한 모집단인 '동독'과 '서독'을 비교적 정밀하게 분류하는 수단이 될 수 있지만, 이 두 집단 사이의 의사소통적 불협화음에 대해서는 유의미한 설명을 내놓지 못한다. 파울(2000b)은 이 의사소통적 불협화음을 일컬어 '이해가 뒷받침되지 않은 의사소통'이라고 한다.

다시 말하지만 우리는 이것이 여러 가지 원인에 기인할 수 있다는 것을 알게 되었다. 따라서 단일한 설명을 찾는 것은 복잡한 현상을 캐리커처의 한 장면으로 축소하게 될 위험이 있다(Fritze 1996: 921 참조). 예를 들어 접촉의 초기 단계에서 각 사회 시스템에 대한 불충분한 지식은 이해 문제에 영향을 미치는 것이 사실이지만 그것은 전형적으로 다른 사회 경험에 뿌리를 두고 있었다. 파울(2000b)과 헬만(1998)에 따르면 동독의 생활 경험에 대한 서독의 무지는 연구자들이 관심을 크게 기울이지 않았을 뿐 그들 사이의 대화만큼이나 매우 심각하다. 더욱이 의사소통의 어려움은 이해에 대한 지나친 기대(Fraas 1994: 88)에 기인할 수도 있지만, 반대로 이해할 수 없다는 기대에도 기인할 수 있다. 들으려 하지 않는 사람들만큼 귀머거리도 없다.

아우어와 하우젠도르프(2000b)는 또한 언어 및 의사소통의 차이가 언어 사용자의 생애사적 또는 문화적 배경과 연결될 수 있는 지점으로서 맥락의 중요성을 강조한다. 그러나 전환기 이후 실제 언어 사용에 관한 거의 모든 연구는 비교적 공식적이고 공개적인 맥락(인터뷰, 라디오 전화 참여, 텔레비전 토크쇼, 자문 세션)을 기반으로 하고 있기 때문에, 이러한 연구를 바탕으로 동독과 서독의 일상적 발화에서 유사점과 차이점에 대해 확실히 말할 수 있는 것은 거의 없다. 이러한 맥락은 화자의 선택 제약에 따른 의사소통의 결과를 보여 주는 것이기 때문이다. 더욱이 이러한 다양한 맥락에서 참여자들은 잠재되어 있는 갈등 요인에 의해 서로 대립하기도

하며, 경우에 따라서는 갈등이 참여자들에 의해 맥락에 맞게 적극적으로 설계되기도 한다. 프라스(1994: 8)가 지적한 바와 같이 동독과 서독의 만남으로 성사된 이들 간의 의사소통이 감정적으로 매우 고조된 특징을 보였던 전환기 이후 초반에는 특히 그러했다. 이러한 상황에서 참여자의 역할은 거의 항상 동일한 기준으로 할당되는데, 서독 화자는 질문자 또는 전문가의 위치를 차지하고 동독 화자는 대상자 또는 초보자의 위치를 점유한다. 의사소통적 만남의 구성과 역할 분배는 불가피하게 참여자의 행동을 조건화한다. 그리고 참여자들 간의 차이점이 처음부터 알려졌거나 이들이 상호작용하는 과정에서 관련성이 생기는 경우, 두 집단 간의 차이는 근본적으로 대립에 기인했다기보다는 특정한 상황으로부터 만들어진 결과일 수 있다.

따라서 상호작용이 이루어지는 방식에 따라 발생하게 되는 특정 상황에 초점을 맞춤으로써 의사소통의 부조화 정도가 과장될 위험이 있다. 헬만(1997b)과 하르퉁(2002)이 지적한 바 있듯이 차이에 대한 인식은 선택적이다. 화자는 자신과 다르거나 문제가 있는 것만을 알아차리고 양 당사자 간 문제가 되지 않는 것은 알아차리지 못하는 경향이 있다. 그리고 서독이나 동독의 관찰자가 상대방의 언어 사용에서 주목할 만한 것으로 생각하는 것은 다른 사람에게 전혀 주목할 만한 것으로 보이지 않을 수 있다.[1]

집단 간 차이는 관련 사회집단이 그들 사이의 갈등이나 반목의 근거

....

1 예를 들어 1인칭 복수 대명사 우리(wir)와 우리의(unser)를 정치 텍스트에 사용하는 것이 있을 수 있는데, 이는 공식 동독 담화의 지배적인 특성이자 전환기 이후 공식적인 사용에서 '동독'임을 드러내는 잠재적 표지로 간주되는 경우가 많았다("3.1 공식적 담화의 '비잔티움 건축'"과 "4.3 언어 변이와 사회이동" 참조). 그러나 동독인들은 이것이 서독 정치 담화의 전형이라고 생각한다(Hartung 2002 참조). 플라이셔(2001)는 전환기 전후 『라이프치거 폴크스차이퉁』에서의 대명사 사용에 대한 비교 경험적 분석을 제공한다.

를 인식하지 못하는 경우에 수용하기 더 쉽다. 이해관계에 충돌이 일어나는 경우, 행동의 차이를 드러내는 징후를 과장함으로써 그것을 합리화시킬 수 있다. 안토스와 리히터(Antos and Richter 2000: 77)는 다음과 같이 경고한다. "동서독 간의 경제 및 사회적 경쟁은 가정된 언어적 차이에 초점을 맞추고, 그것을 지나치게 강조함으로써 내적 집단과 외적 집단 간의 차이를 안정화시키려는 시도로 이어질 수 있다." 그러나 지속적인 갈등의 근원에 대한 이 설명에서 강조되는 것은 갈등의 사회적 기원보다는 집단적 차이의 심리적 메커니즘에 있다. 울러드와 쉬펠린(1994: 61)이 주장하듯이(앞서 언급한 "4.4 언어 이데올로기와 사회적 차별" 참조) "특정 화자와 규범적으로 관련되는 언어의 다양성은 집단 정체성의 상징뿐만 아니라 정치적 충성이나 사회적, 지적 또는 도덕적 가치의 상징으로 재평가되거나 잘못 인식되는 경우가 많다." 이는 어빈과 갈(Irvine and Gal 2000: 37)이 '아이콘화(iconization)'라고 부르는 과정인데, 여기서 "사회집단이나 활동을 나타내는 언어적 특징들은 그 사회집단이나 활동의 상징적 재현으로 볼 수 있다". 그리고 그들은 이것을 "사람들이 언어적 차이에 대한 이데올로기적 재현을 구성하는" 주요 과정 중 하나로 본다. 여기서 이 과정을 이념적으로 식별하는 것이 중요하다. 왜냐하면 이러한 식별을 통해 언어 사용이나 행동의 자연적 속성 혹은 고유한 속성으로 표현되는 것의 본질이 드러나기 때문이다. 이것은 "우리가 연구하는 문화적 개념이 편파적이고, 논쟁적이며, 경쟁적이고, 흥미로 가득 차 있다는 것을 상기시킨다. … 따라서 문화적 프레임은 사회적 역사를 가지고 있다."(Woolard and Schieffelin 1994: 58)는 것을 상기시킨다.[2]

---

2 언어 이데올로기에 대한 정의와 폭넓은 논의는 크로스크리티(Kroskrity 2000b)를 참조하라. 나는 이 논의와 크로스크리티(2000a)의 논의에 관심을 기울이게 해 준 알리사 셰타어

그럼에도 불구하고 일부 논평자들은 동독인과 서독인 간의 일반적인 만남을 문화 간 의사소통으로 해석하고, 참여자들 사이에 일어나는 상호작용의 복잡성을 이들이 서로 다른 문화적 틀 안에서 활동하기 때문이라고 본다. 그러한 해석은 동독인과 서독인이 서로 다른 '문화적 전제'를 그들의 만남으로 가져오는 '문화적 공동체'의 주민이라는 특징을 통해 충분히 논리적으로 도출된다. 그러나 이러한 용어를 사용하는 일부 분석가들조차도 '독일 대 독일' 의사소통('German-German' communication)을 '상호문화적'인 것으로 분류하는 것에 회의적이다(Antos and Richter 2000: 95: 각주 16 참조). 한 가지만 예로 들자면 그것이 두 개의 분리된, 그러나 내부적으로는 동질한 문화적 실체를 전제하고 있지만 '문화'가 진화하는 데까지는 얼마나 걸리는가, 또한 어떤 의미에서 '동쪽'과 '서쪽'의 독일 문화를 '독일' 문화와 구별되는 것으로 가정할 수 있는가(Satzger 1994: 62-3 참조)와 같은 것이다. 문화적 차이는 그들이 점진적이라고 느끼는 지점에서보다 범주적이라고 느끼는 지점에서 더 쉽게 식별된다. 예를 들어 폴란드인과 인도네시아인은 사실상 두드러진 문화적 특성을 공유하지 않으며 그들의 역사는 교차하거나 심지어 접촉하지도 않는다. 그런데도 이와 같은 두 집단은 섬(島)으로서 슈트레크(1995: 431)가 말한 문화의 원형적 개념(the prototypical conception of culture)을 공유한다. 그러나 이것은 명백히 독일 맥락에는 적용되지 않으며, 만약 동독과 서독 간 의사소통 장애물이 함부르크 사람과 바이에른 사람 사이에서보다 더 크고 체계적이지 않은 것으로 확인된다면 '상호문화성'을 주장하는 근거는 미약하다. 슈미트와 카임(Schmitt and Keim 1985: 44)이 경고한 대로 상호작용에서 참여자의 역할, 각자의 지위, 제도적 위계와 같은 다른 요소들은 우선 제거

....

(Alissa Shethar)에게 감사한다.

되어야 한다. 그렇지 않으면 "상호문화성의 큰 망치(the sledgehammer of interculturality)"로 의사소통의 일반적이고 비문화적인 구조적 현상을 없애버릴 위험이 있다.

더욱이 상호문화성은 단지 복잡한 사회적 상호작용을 다루기 위한 무기가 아니다. 많은 문화 간 모델의 기초가 되는 것으로 보이는 정적이고 획일적인 특징들의 목록으로서 문화의 개념은 그 자체로 문제가 있다. 문화 간 접촉(Kulturberührung)(Fiehler 1995 참조)의 개념은 개별 '대표자'들의 상호작용을 통해 접촉하게 되는 두 개의 분리된 실체를 전제로 한 것으로 보인다. 이에 따라 이 대표자들은 개성을 박탈당하고 규정된 행동과 신념의 고정된 집합 내에 갇히게 된다. 아우어와 케른(Auer and Kern), 2001)은 이러한 문화의 개념에 대한 일반적인 비판을 사회적 개인과는 별개의 것으로 요약한다. 그리고 그들이 '소속된 것'으로 인식되는 것은 분석가에 의해 할당된 것으로 요약한다. 그 대신 그들은 특정 맥락 속의 행동, 즉 '문화성'[3]의 창조에 초점을 맞춘 문화에 대한 역동적인 이해를 주장한다. "상호문화적 소통은 서로 다른 문화적-생애사적 배경을 가진 두 사람이 만났을 때 일어나는 것이 아니라 … 오히려 만남이 가져온 특징이다." 또한 문화적 소속감은 참여자들에게 귀속되지 않는다. 대신에 그들은 서로를 "다른 두 문화의 구성원으로 분류해 '문화적 차이에 대해 서로 이야기'할 수 있다."(Wolf 1995; "5.3 정체성의 형성과 경합" 참조). 이러한 관점에서 볼 때 동독인 또는 서독인이라는 것은 두 당사자 사이의 상호작용이 상호문화로 해석될 수 있는 충분한 조건이 아니며, 그것은 단지 참여자들 사이의 서로 다른 의사소통적 실행을 식별하는 문제도 아니다. 따라서 차이점들은 참여자 각자의 독특한 인생 경험으로부터 도출되고 연관되어야 한다.

....

3 '문화의 관념'에 대한 광범위한 비평은 에아글레톤(Eagleton 2000)를 참조하라.

'상호문화적' 입장의 마지막 문제는 그것이 동독인이나 비동독인보다 서독의 논평자들에 의해 더 선호되는 것처럼 보인다는 것이다. 이는 '상호문화성'의 개념에서 '차이'가 단지 중립적이고 서술적인 개념이 아니라 평가적 범주라는 암묵적 가정이 있기 때문일 수 있다. 만일 동독인들이 특히 동독과 서독의 뒤섞인 상호작용이 일어날 때 서독인들과 같은 방식으로 특정한 의사소통 장르를 수행하지 않는다면 이것으로부터 도출될 수 있는 다양한 결론들이 있다. 예를 들어 서독의 논평자들이 의식적으로든 무의식적으로든 서독의 규범을 기준으로 동독인의 '적절한 지식의 부족', '관련 경험의 부족', 또는 '특정한 상황 요건을 충족시킬 수 없음'을 보는 경우, 동독의 논평자들은 서독인의 '발화 사건을 제정하는 다른 방법을 인정하려 하지 않음'과 그들의 '관행을 임의로 "일반적인 것"으로 부과하는 행위'를 볼지도 모른다.[4] 반면에 외부인은 그러한 만남의 양 당사자가 새로운 맥락에서 새로운 종류의 상호작용에 참여하고 있기 때문에 양쪽 모두 상호 만족스러운 방식으로 협상할 기회와 필요성이 있다는 견해를 보일 수 있다. 그러나 이것은 의사소통 실행과 사회적 관계의 본질에 대한 공유된 인식, 즉 근본적으로 다른 사회적 조건하에서의 삶은 필연적으로 다른 형태의 사회적 행동과 기대, 그리고 다른 사람들의 행동에 대한 해석을 수반한다는 이해를 전제로 할 때에만 성립된다. 그러한 상호주의가 결여된 경우 차이는 대조적인 패턴 사이의 균형이 아니라 세계에 대한 지식이나 의사소통 능력, 또는 둘 다에 필요한 지식의 불균형으로 인식된다. 그러면 차이는 결손과 구분할 수 없게 되고, 연구된 의사소통 장르가 '서독의 모델'이라는 관점에서 특징지어지면 결손은 필연적으로 '동독' 편

....

4 마르기타 페촐트(1995: 404)가 지적했듯이, 분석가들은 상호작용의 참가자들처럼 그들 자신의 규범과 경험을 다른 사람들의 수행의 척도로 삼는 경향이 있다.

에서 비롯되는 것으로 여겨지게 된다.

이 경우, 두 참여자 사이의 '문화적' 충돌을 식별할 근거가 있든 없든 중요한 것은 권력의 불평등한 분배다. 즉, 특정 당사자가 일반적이고 적절하다, 곧 적법하다고 여기고 그렇다고 결정할 수 있는 권한이 어느 한쪽에게만 허용되는 것이다. 이러한 '헤게모니적 맥락화(hegemonic contextualization)'는 전형적인 의사소통상의 딜레마를 초래한다. 즉, 독일 언어 공동체의 서쪽 구성원들이 담화의 조건을 설정하고 통제하는 것은 동쪽 구성원들로 하여금 이러한 '다른' 규범에 순응함으로써 자신의 체면을 잃게 하거나, 이 과정에 저항하면서도 여전히 '나쁜 패배자', '투덜이', '배은망덕한' 사람의 역할을 하게 만든다. 따라서 이러한 관점에서 우리는 차이를 '발견'하는 것이 아니라 만들어진 차이를 다룬다고 할 수 있다.

문제는 언어적 또는 의사소통의 차이 때문에 발생하지 않는 사회적 불평등이다. 언어는 문제도 해결책도 아니다. 그러나 언어는 특히 독일의 맥락에서는 집단 정체성의 가장 중요한 핵심적 요소로 인식되고 있다. 또한 의사소통적 상호작용은 자기 재현의 주요 장소이며, 타인에 대한 인식을 형성하고 발전시키기 위한 것이기 때문에 사회 통합의 달성과 통일 목표의 실패를 설명해야 하는 부담은 종종 다음과 같은 수준으로 전이되는 경우가 많다.

> Man projiziert die politischen, ökonomischen und soziokulturellen Probleme, die durch die Vereinigung vor allem für den Osten relevant waren und sind, also die Unterschiede in der Sache, auf den Diskurs, der darüber geführt wird, also auf Unterschiede in der Sprache.
>
> 통일의 결과로 발생한 문제, 특히 동독과 관련이 있었고 지금도 관련이

있는 정치적, 경제적, 그리고 사회문화적 문제들, 다시 말해 물질적 차이들은 그것에 대해 행해지는 담화, 즉 언어적 차이에 투영된다.

(Antos and Richter 2000: 77; Hartung 2002)

많은 동독의 논평자들은 사회적·경제적 문제들이 언어를 통해 표현되고 지속되는 '문화적' 차이 때문에 발생했다는 견해에 비판적이다. 왜냐하면 이러한 견해는 사회적 불화가 동독인들이 서독의 행동 양식에 적응함으로써 가장 잘 해결될 수 있다는 것을 암시하는 것으로 받아들여질 수 있기 때문이다. 그러나 동독인들이 서독의 언어와 의사소통 규범을 온전하게 수용해야 사회적·경제적 문제가 완화되거나 극복될 수 있다고 주장하는 것은 솔직하지 못하거나 순진한 것이다. 사회문제와 불평등은 적절한 사회정책과 실행을 채택해야만 해결할 수 있다. 그러나 동시에 동독인들은 독일 내에서 장기적인 사회적 관계 발전에서 언어의 중요성을 과소평가하는 경향이 있다. 예를 들어 셰타어와 하르퉁(1998: 42)이 "동서독의 언어 사용에 대한 판단의 변화는 인식과 경험에 대한 해석의 변화가 드러내는 것만큼 동서독 사이에 존재하는 말하기 방식의 큰 차이를 드러내는 것은 아니다."라고 주장하는 것은 확실히 타당하다. 그러나 그럼에도 불구하고 이들의 주장은 다양한 언어 패턴이 존재하고 그것이 상당한 영향을 미쳤다는 사실에 근거한 것으로 보인다. 독일의 사회언어적 차이에 대한 논쟁의 역사에서 중요한 것은 차이의 객관적 존재가 아니라 그것에 대한 인식과 해석에 있다. 언어는 항상 독일 맥락에서 논쟁거리가 되어 왔기 때문에 사회적 격변의 시기에 언어 차이에 대한 인식이 '일반' 언어 사용자나 '전문' 논평자들에 의해 주변부로 밀려날 것이라고 기대하는 것은 현실적이지 않다.

전환기의 아이러니 중 하나는 '언어 문제'에서 덜 히스테릭하고 더 합리적인 분석을 내놓았다는 것이다. 그것은 1980년대 동서독 의사소통 공동체의 근본적 동질성에 대한 비판적 합의를 이끌어 낸 반면, 서독의 규범과 관행은 실제적이고 적법한 것으로, 동독의 규범과 관행은 부패하고 타락한 것으로 간주했던 서독의 잠재된 이데올로기를 없애 버리기는커녕 은폐시켰다. 이것이 사실이라면 우리는 1989~1990년의 사회 · 정치적 대사건을 전환점이 아니라 신념의 일시적 정지로 간주해야 한다. 이때의 신념이란 많은 평범한 사람들이 (지금까지도 여전히) 동독인과 서독인 사이에 뿌리 깊은 차이가 있다고 믿는 것이다. 이러한 차이는 언어적인 것이 아니라 근본적으로 다른 역사적 경험에 의해 좌우되는 태도와 기대에 대한 차이였다. 그러나 언어는 사회적 차이에 대한 편리한 메타포다. 왜냐하면 그 중요성 때문에, 그리고 구어와 문어의 구체적인 실현에 풍부하게 이용될 수 있기 때문에, 마지막으로 한 사회가 마음대로 사용할 수 있는 유일한 공통 자원이기 때문이다.

언어의 이러한 속성들은 또한, 언어의 역사라는 관점에서 볼 때 현대 독일에서 불일치의 역사가 형성되는 것을 가능하게 했다. 이 불일치의 역사는 언어의 단선적이고 진화적인 역사가 아니라, 언어 사용과 사용자에 대한 다층적이고 복잡한 역사이다. 블로마르트(1999c: 426)는 "언어의 이야기는 관념의 추상적인 이야기가 되어서는 안 되며, 오히려 변별적 행위자들이 매우 구체적인 방법으로, 그리고 매우 특정한 도구를 사용해 수행하는 서로 다르고, 모순되고, 불가사의한 실행에 대한 이야기가 되어야 한다."라고 주장한다. 이것이 바로 이 책에서 내가 보여 주고자 했던 것이다. 그 어떤 문제보다도 제2차 세계대전의 여파로 다시 등장한 '독일어 문제'는 20세기 후반 유럽의 역사를 규정했다. 그리고 내가 보여 주고자 했던 것처럼, 언어에 잠재되어 있는 통합적이고 분열적인 속성은 독일어에 대한 논쟁, 독일어 담화, 그리고 독일인들 간 상호작용의 역사에서 나타나는 지속적인 특징이었다.

참고문헌

AHLZWEIG, CLAUS (1994). *Muttersprache— Vaterland. Die deutsche Nation und ihre Sprache* (Opladen: Westdeutscher Verlag).

AHRENDS, MARTIN (ed.) (1986). *Trabbi, Telespargel und Tränenpavillon. Das Wörterbuch der DDR-Sprache* (Munich: Heyne).

_______ (ed.) (1989). *Allseitig gefestigt. Stichwörter zum Sprachgebrauch in der DDR* (Munich: Heyne).

ALTER, PETER (1994). *Nationalism*, 2nd edn (London: Arnold). [Originally published in 1985 as *Nationalismus* (Frankfurt/Main: Suhrkamp).]

AMMON, ULRICH (1991). *Die internationale Stellung der deutschen Sprache* (Berlin, New York: de Gruyter).

_______ (1995). *Die deutsche Sprache in Deutschland, Österreich und der Schweiz. Das Problem der nationalen Varietäten* (Berlin, New York: de Gruyter).

_______ (1997). 'Schwierigkeiten bei der Verbreitung der deutschen Sprache heute', *Muttersprache* (1), 17-34.

_______ (2000a). 'Die Rolle des Deutschen in Europa', in Gardt (2000a), 471-94.

_______ (2000b). '*Sprache— Nation* und die Plurinationalität des Deutschen', in Gardt (2000a), 509-24.

_______ and SIMON, GERD (1975). *Aspekte der Soziolinguistik* (Weinheim, Basle: Beltz).

ANDERSON, BENEDICT (1991). *Imagined Communities* (London: Verso).

ANDRASCH, WIETE (2000). 'Mitten im Niemandsland. Wieso es in Brandenburg keine netten Westler gibt', in Simon, Rothe, and Andrasch (2000), 65-77.

ANTOS, GERD (1997). 'Sprachregelung. Zur Einführung der Verwaltungssprache in den neuen Ländern am Beispiel von "Förderprogrammen Ost"', *Deutsche Sprache* 25 (2), 157-64.

_______ JÖRG PALM, and STEFAN RICHTER (2000). 'Die diskursive Organisation von Beratungsgesprächen. Zur unterschiedlichen Distribution von sprachlichen Handlungsmustern bei ost- und westdeutschen Sprechern', in Auer and Hausendorf (2000a), 21-43.

_______ and STEFAN RICHTER (2000). '"Sprachlosigkeit" Ost? Anmerkungen aus linguistischer Sicht', in Jackman and Roe (2000), 75-96.

_______ and THOMAS SCHUBERT (1997a). 'Existenzgründung nach der Wende.

Verbalisierungsprobleme von Präsuppositionen bei der sprachlichen Bearbeitung des Wissenstransfers in telefonischen Beratungsgesprächen', in Barz and Fix (1997), 233-62.

_______ _______ (1997b). 'Unterschiede in kommunikativen Mustern zwischen Ost und West', *Zeitschrift für germanistische Linguistik* 25, 308-30.

ARNDT, ERNST MORITZ (1813). *Über Volkshaß und über den Gebrauch einer fremden Sprache* (Leipzig: Fleischer).

ASENG, CHRISTINA (1998). 'Zur Entwicklung der Sprache der Wende', in Rösler and Sommerfeldt (1998), 123-7.

ASHER, R. (ed.) (1994). *The Encyclopaedia of Language and Linguistics* (Oxford: Pergamon).

ASSMANN, ALEIDA, and DIETRICH HARTH (eds.) (1991). *Mnemosyne. Formen und Funktionen der kulturellen Erinnerung* (Frankfurt/Main: Fischer).

ASSMANN, JAN (1997). *Das kulturelle Gedächtnis. Schrift, Erinnerung und politische Identität in frühen Hochkulturen* (Munich: C. H. Beck).

AUER, PETER (1992). 'Intercultural discourse without intercultural communication: a preliminary investigation of role-played job interviews in east Germany', paper delivered at 17th International LAUD Symposium, Duisburg.

_______ (1995). '"Hegemonialer" Geltungsanspruch und konversationelle Realität: Anmerkungen zu einer vernachlässigten Perspektive auf die Ost/West-Daten der Forschungsgruppe *Nationale Selbst- und Fremdbilder*', in Czyzewski *et al.* (1995), 379-83.

_______ (1998). 'Learning how to play the game: An investigation of role-played job interviews in East Germany', *TEXT* 18 (1), 7-38.

_______ (2000a). 'Changing communicative practices among east Germans', in Stevenson and Theobald (2000a), 167-88.

_______ (2000b). 'Was sich ändert und was bleibt: Vorläufiges zu stilistischen Konvergenzen Ost-West am Beispiel von Interviews', in Auer and Hausendorf (2000a), 151-75.

_______, BIRGIT BARDEN, and BEATE GROSSKOPF (1993). 'Dialektwandel und sprachliche Anpassung bei "Übersiedlern" und "Übersiedlerinnen" aus Sachsen. Bericht über eine laufende Langzeitstudie', *Deutsche Sprache* 1993 (1), 80-7.

_______, KARIN BIRKNER, and FRIEDERIKE KERN (1997a). 'Der Spiegel der Wende in der biographischen Selbstdarstellung von ostdeutschen Bewerbern und Bewerberinnen', *Deutsche Sprache* 25 (2), 144-56.

_______ (1997b). 'Wörter — Formeln — Argumente. Was in Bewerbungsgesprächen "Spaß" macht', in Barz and Fix (1997), 213-32.

_______ and HEIKO HAUSENDORF (eds.) (2000a). *Kommunikation in gesellschaftlichen Umbruchsituationen* (Tübingen: Niemeyer).

_______ _______ (2000b). '10 Jahre Wiedervereinigung. Hauptrichtungen linguistischer Untersuchungen zum sprachlichen und gesellschaftlichen Wandel in den neuen Bundesländern', in Auer and Hausendorf (2000), 3-17.

_______ and FRIEDERIKE KERN (2001). 'Three ways of analysing communication between east and west Germans as intercultural communication', in Günthner *et al.* (Amsterdam, Philadelphia: Benjamins).

AUGST, GERHARD, and WOLFGANG W. SAUER (1992). 'Der Duden-Konsequenzen aus der Wende?', in Welke *et al.* (1992), 71-92.

AULERICH, GUDRUN, and RUTH HEIDI STEIN (1998). 'Sind ostdeutsche Handlungsmuster unter westdeutschen Bedingungen lebbar? Studierende in Dresden nach der Wende', *Deutsche Studien* (138), 145-73.

AYERS, EDWARD (1996). 'What we talk about when we talk about the South', in Ayers *et al.* (1996), 62-82.

_______, PATRICIA LIMERICK, STEPHEN NISSENBAUM, and PETER ONUF (eds.) (1996). *All Over the Map: Rethinking American Regions* (Baltimore: Johns Hopkins Press).

BADENOCH, ALEC (forthcoming). 'Radio and reconstruction in occupied Germany', Ph.D. dissertation, University of Southampton.

BARBOUR, STEPHEN (1993). '"Uns knüpft der Sprache heilig Band": reflections on the role of language in German nationalism, past and present', in Flood *et al.* (1993), 313-32.

_______ (2000a). 'Nationalism, language, Europe', in Barbour and Carmichael (2000), 1-17.

_______ (2000b). 'Germany, Austria, Switzerland, Luxembourg: the total coincidence of nations and speech communities?', in Barbour and Carmichael (2000), 151-67.

_______ (2000c). 'Sociolinguistics in the GDR: the study of language in society in East Germany', in Jackman and Roe (2000), 115-27.

_______ and CATHIE CARMICHAEL (eds.) (2000). *Language and Nationalism in Europe* (Oxford: Oxford University Press).

_______ and PATRICK STEVENSON (1990). *Variation in German: A Critical Approach to German Sociolinguistics* (Cambridge: Cambridge University Press). [2nd edn publ. in 1998 as *Variation im Deutschen: soziolinguistische Perspektiven* (Berlin, New York: de Gruyter).]

BARDEN, BIRGIT (2000). 'The influence of attitudes and social networks on long-term linguistic accommodation in Germany', in Stevenson and Theobald (2000a), 226-47.

_______ and BEATE GROSSKOPF (1992). '"Ossi meets Wessi": social and linguistic integration of newcomers from Saxony', paper delivered at 17th International LAUD Symposium, Duisburg.

_______ _______ (1998). *Sprachliche Akkommodation und soziale Integration. Sächsische Übersiedler und Übersiedlerinnen im rhein-/moselfränkischen und alemannischen Sprachraum* (Tübingen: Niemeyer).

BARTH, DAGMAR (1997). 'Arbeitsweltliche Kommunikationsprobleme zwischen Ost und West', in Barz and Fix (1997), 395-9.

_______ (2000). 'Die Brisanz der eigenen Rolle. Referenzmittel und Selbstdarstellung in Sprachbiographien ehemaliger DDR-Bürger, in Fix and Barth (2000), 55-201.

BARTHOLMES, HERBERT (1991). 'Sogenannte DDR-Wörter', *Der Sprachdienst* 1991 (4), 115-19.

BARZ, IRMHILD (1992). 'Aktionen, Aktivitäten, Initiativen. Beobachtungen zum euphemistischen Sprachgebrauch in der wirtschaftspolitischen Berichterstattung in der DDR', in Lerchner (1992a), 143-65.

_______ (1997). 'Was ich kann und wie ich bin. Individualitätsgewinn und Identitätsverlust beim Umgang mit Berufen und ihren Bezeichnungen', in Barz and Fix (1997), 75-91.

_______ and ULLA FIX (eds.) (1997). *Deutsch-deutsche Kommunikationserfahrungen im arbeitsweltlichen Alltag* (Heidelberg: Winter).

_______ and MARIANNE SCHRÖDER (eds.) (1997). *Nominationsforschung im Deutschen. Festschrift für Wolfgang Fleischer zum 75. Geburtstag* (Frankfurt/Main: Lang).

BASTIAN, ANDREA (1995). *Der Heimat-Begriff. Eine begriffsgeschichtliche Untersuchung in verschiedenen Funktionsbereichen der deutschen Sprache* (Tübingen: Niemeyer).

BAUER, DIRK (1993). *Das sprachliche Ost— West-Problem. Untersuchungen zur Sprache und Sprachwissenschaft in Deutschland seit 1945* (Frankfurt am Main: Peter Lang).

BAUER, GERHARD (1988). *Sprache und Sprachlosigkeit im Dritten Reich* (Cologne: Bund-Verlag).

BAULE, BERNWARD (1995). 'Sprache und Struktur der Staatssicherheit', *Deutschland Archiv* 1995 (8), 864-7.

BAUMANN, ANTJE (2000). 'OstWind aus NeuLand. Zur Debatte um doch nicht ganz einfache Geschichten', in Reiher and Baumann (2000), 194-221.

BAUSCHKE, CHRISTIAN (1995). 'Arroganter Wessi, bescheidener Ossi. Endlich. Eine wissenschaftliche Untersuchung zeigt uns, wie Westdeutsche und Ostdeutsche wirklich sind. Wirklich?', *Wochenpost*, 23 February 1995, 3.

BENEKE, JÜRGEN (1993). '"Am Anfang wollten wir zueinander..." —Was wollen wir heute? Sprachlich-kommunikative Reflexionen Jugendlicher aus dem Ost- und Westteil Berlins zu einem bewegenden Zeitthema', in Reiher and Läzer (1993), 210-38.

BERGMANN, CHRISTIAN (1990). 'Anmerkungen zur Sprache und Gesellschaft in der DDR. Von der Wirkung und Wahrheit des Wortes', *Wirkendes Wort* 1990 (1), 1-3.

_______ (1991). 'Neues Denken und neue Sprache', in Pohl and Bartels (1991), 45-59.

_______ (1992). 'Parteisprache und Parteidenken. Zum Sprachgebrauch des ZK der SED', in Lerchner (1992a), 101-42.

_______ (1995). 'Semantische Destruktion als Methode der Manipulation', in Reiher (1995b), 299-304.

_______ (1996). 'Über das "Herausbrechen" und "Zersetzen" von Menschen', *Muttersprache* (4), 289-301.

_______ (1997). 'Über das "Herausbrechen" und "Zersetzen" von Menschen', *Deutsche Sprache* 25 (2), 98-102.

_______ (1999). *Die Sprache der Stasi* (Göttingen: Vandenhoeck & Ruprecht).

BERGSDORF, WOLFGANG (1993). 'Die Wiedervereinigung der deutschen Sprache', *Deutschland Archiv* 26 (10), 1182-91.

BERNSTEIN, BASIL (ed.) (1971a). *Class, Codes and Control* (London: Routledge & Kegan Paul).

_______ (1971b). 'A socio-linguistic approach to social learning', in Bernstein (1971a), 118-43.

BERSCHIN, HELMUT (1979). *Deutschland — ein Name im Wandel* (Munich, Vienna: Olzog).

_______ (1994). 'Kontinuität oder Wandel? Deutsch als internationale Sprache seit 1989. Anläßlich des Erscheinens von: Ulrich Ammon, Die internationale Stellung der deutschen Sprache', *Zeitschrift für Dialektologie und Linguistik* 61 (3), 308-24.

BESCH, WERNER (1998). *Duzen, Siezen, Titulieren. Zur Anrede im Deutschen heute und gestern* (Göttingen: Vandenhoeck & Ruprecht).

_______, ARNE BETTEN, OSKAR REICHMANN, and STEFAN SONDEREGGER (eds.) (2000). *Sprachgeschichte: Ein Handbuch zur Geschichte der deutschen Sprache und ihrer Erforschung*, 2nd edn (Berlin, New York: de Gruyter).

_______, OSKAR REICHMANN, and STEFAN SONDEREGGER (eds.) (1985). *Sprachgeschichte. Ein Handbuch zur Geschichte der deutschen Sprache und ihrer Erforschung* 2 vols. (Berlin, New York: de Gruyter).

BIBER, DOUGLAS (1991). *Variation Across Speech and Writing* (Cambridge: Cambridge University Press).

BICKERTON, DEREK (1971). 'Inherent variability and variable rules', *Foundations of Language* 7, 457-92.

BICKES, HANS (1992). 'Sozialpsychologisch motivierte Anmerkungen zur Rolle der deutschen Sprache nach der "Einigung"', in Welke *et al.* (1992), 111-26.

_______ and ANNETTE TRABOLD (eds.) (1994). *Förderung der sprachlichen Kultur in der Bundesrepublik Deutschland: Positionsbestimmung und Bestandsaufnahme* (Stuttgart: Bleicher).

BIEGE, ANGELA, and INES BOSE (1997). 'Untersuchungen zur Redeweise in Landtagen', *Deutsche Sprache* 25 (2), 123-31.

BIERE, BERND ULRICH, and HELMUT HENNE (eds.) (1993). *Sprache in den Medien nach 1945* (Tübingen: Niemeyer).

BIRKNER, KARIN (2001). *Bewerbungsgespräche mit Ost- und Westdeutschen: Eine kommunikative Gattung in Zeiten gesellschaftlichen Wandels* (Tübingen: Niemeyer).

_______ and FRIEDERIKE KERN (1996). 'Deutsch-deutsche Reparaturversuche. Alltagsrhetorische Gestaltungsverfahren ostdeutscher Sprecherinnen und Sprecher im westdeutschen Aktivitätstyp "Berwerbungsgespräch"', *Zeitschrift für angewandte Linguistik* 1996 (25), 53-76.

_______ (2000). 'Ost- und Westdeutsche in Bewerbungsgesprächen', in Auer and Hausendorf (2000a), 45-81.

BLEI, DAGMAR (1990). 'Ist die "Sprache der Wende" eine "gewendete Sprache"? Bemerkungen zum Sprachgebrauch in der (ehemaligen) DDR', *Info DaF* 17 (4), 391-401.

_______ (1992). 'Deutsch versus "DDRsch"? Stand der Perspektiven einer nationalsprachlichen Variante', *Info DaF* 19 (3), 326-34.

_______ (1993). 'Ein Deutschland—eine deutsche Sprache? Ein Beitrag zu den sprachlichen Anpassungsleistungen der Ostdeutschen', *Germanistische Mitteilungen* 37, 105-112.

_______ (1994). '"Altbundesdeutscher" Spracherwerb in Ostdeutschland? Gemischtes und Vermischtes im Wortschatz der Ostdeutschen', in Bungarten (1994a), 38-60.

BLOMMAERT, JAN (ed.) (1999a). *Language Ideological Debates* (Berlin, New York: Mouton de Gruyter).

_______ (1999b). 'The debate is open', in Blommaert (1999a), 1-38.

_______ (1999c). 'The debate is closed', in Blommaert (1999a), 425-38.

BOA, ELIZABETH, and RACHEL PALFREYMAN (2000). *Heimat—a German Dream. Regional loyalties and national identity in German culture 1890-1990* (Oxford: Oxford University Press).

BÖHM, CARL (1992). 'Der Broiler lebt. Die deutsche Sprache im Wandel zwischen DDR und BRD. Ergebnisse einer interdisziplinären Untersuchung im Bereich Jugendsprache in der mecklenburgischen Landeshauptstadt Schwerin im Sommer 1991', *Zeitschrift für Germanistik* 1992 (2), 320-40.

BÖKE, KARIN, MATTHIAS JUNG, and MARTIN WENGELER (eds.) (1996). *Öffentlicher*

Sprachgebrauch (Opladen: Westdeutscher Verlag).

BORN, JOACHIM, and GERHARD STICKEL (eds.) (1993). *Deutsch als Verkehrssprache in Europa* (Berlin, New York: de Gruyter).

BRAUDEL, FERNAND (1958a). *Ecrits sur l'histoire* (Paris: Flammarion).

_______ (1958b). 'Histoire et sciences sociales: la longue durée', in Braudel (1958a), 41-83.

BRAUN, PETER (1992). '"Erichs Krönung" im "Palazzo Protzi"—Zur Rolle alltagssprachlicher Kritik vor der Wende', in Welke *et al.* (1992), 35-42.

_______ (1993). *Tendenzen in der deutschen Gegenwartssprache* (Stuttgart, Berlin, Cologne: Kohlhammer).

BREDEL, URSULA (2000). 'Erzählen vom Umbruch. Zu einer Form narrativer Konversion', in Auer and Hausendorf (2000a), 177-98.

_______ and JEANETTE DITTMAR (1997). 'Strukturelle Planbrüche als Hinweise auf Registerkonflikte im Sprachgebrauch von Ostberlinern nach der Wende', *Deutsche Sprache* (1), 39-53.

_______ and NORBERT DITTMAR (1998). '"naja dit sind allet so+verschiedene dinge die einem da so durch-n kopp gehen... zuviel neues mit eenem schlach". Verfahren sprachlicher Bearbeitung sozialer Umbruchsituationen', in Reiher and Kramer (1998), 129-52.

BRESGEN, BERT (1993). 'Grenzgänger und Wiedergänger. Zur Berichterstattung des "Neuen Deutschland" über die Öffnung der ungarischen Grenze im September 1989', in Reiher and Läzer (1993), 53-86.

_______ (1995). 'Als das Wünschen noch geholfen hat. Semantische und symbolische Strategien im Gründungsaufruf des Neuen Forums', in Reiher (1995b), 277-98.

BRUNNER, MARGOT, and KARIN FRANK-CYRUS (eds.) (1998). *Die Frau in der Sprache. Gespräche zum geschlechtergerechten Sprachgebrauch* (Wiesbaden: Gesellschaft für deutsche Sprache).

BÜHLER, KARL (1934). *Sprachtheorie* (Jena).

BUNGARTEN, THEO (ed.) (1994a). *Deutsch-deutsche Kommunikation in der Wirtschaftskooperation* (Torstedt: Attikon Verlag).

_______ (1994b). 'Kommunikationspsychologische Barrieren in interkulturellen Managementkontakten', in Bungarten (1994a), 24-33.

BURKE, PETER (1997). *Varieties of Cultural History* (Cambridge: Polity Press).

_______ (ed.) (2001). *New Perspectives on Historical Writing* (Cambridge: Polity Press).

_______ and ROY PORTER (eds.) (1987). *The Social History of Language* (Cambridge: Cambridge University Press).

BURKHARDT, ARMIN (1992). 'Ein Parlament sucht(e) seine Sprache—Zur Sprache der

Volkskammer', in Burkhardt and Fritzsche (1992), 155-98.
_______ (1993). 'Vergangenheitsüberwältigung. Zur Berichterstattung über die "Affäre Fink" in deutschen Medien', in Reiher and Läzer (1993), 126-46.
_______ (1996). 'Palast versus Schloß oder: Wem gehören die Symbole?', in Reiher and Läzer (1996), 137-68.
_______ (2000). 'Vom "Akklamations- zum Abwicklungsparlament". Zur Sprache der Volkskammer', in Reiher and Baumann (2000), 73-98.
_______ and KLAUS PETER FRITZSCHE (eds.) (1992). *Sprache im Umbruch* (Berlin, New York: de Gruyter).
BUSCH, RAINER (ed.) (1993). *Gemischte Gefühle. Einheitsalltag in Mecklenburg-Vorpommern* (Bonn: Dietz).
BUSSE, DIETRICH (1993). 'Deutschland, die "schwierige Nation"—Mythos oder Wirklichkeit?', in Reiher and Läzer (1993), 8-27.
_______ (1995). 'Deutsche Nation. Zur Geschichte eines Leitbegriffs in Deutschland vor und nach der Wiedervereinigung', in Reiher (1995b), 203-31.
_______, FRITZ HERMANNS, and WOLFGANG TEUBERT (eds.) (1994). *Begriffsgeschichte und Diskursgeschichte. Methodenfragen und Forschungsergebnisse der historischen Semantik* (Opladen: Westdeutscher Verlag).
CAMERON, DEBORAH (1995). *Verbal Hygiene* (London, New York: Routledge).
_______, ELIZABETH FRAZER, PENELOPE HARVEY, BEN RAMPTON, and KAY RICHARDSON (1992). *Researching Language: Issues of Power and Method* (London: Routledge).
CARTER, RONALD (2001). *The Language of Speech and Writing* (London: Routledge).
CHAMBERS, J. K., and PETER TRUDGILL (1998). *Dialectology*, 2nd edn (Cambridge: Cambridge University Press).
CHILTON, PAUL, MIHAIL ILYIN, and JACOB MEY (eds.) (1998). *Political Discourse in Transition in Europe 1989-1991* (Amsterdam, Phildelphia: Benjamins).
CLYNE, MICHAEL (1993). 'The German language after unification: adapting assumptions and methodologies to the "new world order"', *International Journal of the Sociology of Language* (100/101), 11-27.
_______ (1995). *The German Language in a Changing Europe* (Cambridge: Cambridge University Press).
COLE, PETER, and JERRY L. MORGAN (eds.) (1975). *Syntax and Semantics*, vol. 3, *Speech Acts* (New York: Academic Press).
COULMAS, FLORIAN (1985). 'Reden ist Silber, Schreiben ist Gold', *Zeitschrift für Literaturwissenschaft und Linguistik* 15, 94-112.
_______ (1990). 'The status of German: some suggestions for future research',

International Journal of the Sociology of Language (83), 171-85.

_______ (1997). 'Germanness: language and nation', in Stevenson (1997), 55-68.

CROWLEY, TONY (1996). *Language in History. Theories and Texts* (London: Routledge).

CZYZEWSKI, MAREK, ELISABETH GÜLICH, HEIKO HAUSENDORF, and MARIA KASTNER (eds.) (1985). *Nationale Selbst- und Fremdbilder im Gespräch. Kommunikative Prozesse nach der Wiedervereinigung Deutschlands und dem Systemwandel in Ostmitteleuropa* (Opladen: Westdeutscher Verlag).

DAHL-BLUMENBERG, MICHAEL (1987). 'Zum Podiumsgespräch "Nationale Varianten der deutschen Hochsprache" auf dem IDV-Kongreß in Bern', *Deutsche Sprache* 15, 358-66.

DAILEY-O'CAIN, JENNIFER (1997). 'Geographic and socio-political influences on language ideology and attitudes toward language variation in post-unification Germany', Ph.D. dissertation, University of Michigan.

_______ (2000). 'Competing language ideologies in Germany: when east meets west', in Stevenson and Theobald (2000a), 248-66.

_______ and GRIT LIEBSCHER (2009). 'Interacting identities in dialect and discourse: migrant western Germans in eastern Germany'. *Language, Discourse and Identity in Central Europe* (London: Palgrave Macmillan).

DANN, OTTO (1992). *Nation und Nationalismus in Deutschland* (Munich: C. H. Beck).

DEBUS, FRIEDHELM (1991). 'Zur Entwicklung der deutschen Sprache seit 1945', *New German Studies* 16 (3), 173-206.

_______ MANFRED W. HELLMANN, and HORST DIETER SCHLOSSER (eds.) (1985). *Sprachliche Normen und Normierungsfolgen in der DDR* (= *Germanistische Linguistik* 82/83) (Hildesheim: Olms).

DIECKMANN, WALTHER (1967). 'Kritische Bemerkungen zum sprachlichen Ost-West Problem', *Zeitschrift für Deutsche Sprache* 23, 136-65.

_______ (1969). *Sprache in der Politik. Einführung in die Pragmatik und Semantik der politischen Sprache* (Heidelberg: Winter).

_______ (1983). 'Diskontinuität? Zur — unbefriedigenden — sprachkritischen und sprachwissenschaftlichen Behandlung der Nachkriegssprache in Deutschland 1945-1949', *Argument*, Special Issue 116, 89-100.

_______ (1989a). 'Die Untersuchung der deutsch-deutschen Sprachentwicklung als linguistisches Problem', *Zeitschrift für germanistische Linguistik* 17, 162-81.

_______ (ed.) (1989b). *Reichthum und Armut der deutschen Sprache* (Berlin, New York: de Gruyter).

DIEHL, ELKE (1992). '"Ich bin Student." Zur Feminisierung weiblicher Personen- und Berufsbezeichnungen in der früheren DDR', *Deutschland Archiv* 25 (4), 384-92.

DIEKMANNSHENKE, HAJO (1997). 'Sprachliche Ostidentität? Ostprofilierung bei Parteien in den neuen Bundesländern', *Deutsche Sprache* 25 (2), 165-75.

DITTMAR, NORBERT (1983). 'Soziolinguistik, Teil II', *Studium Linguistik* 14, 20-57.

_______ (1997). 'Sprachliche und kommunikative Perspektiven auf ein gesamtdeutsches Ereignis in Erzählungen von Ost- und Westberlinern', in Barz and Fix (1997), 1-32.

_______ (2000). 'Sozialer Umbruch und Sprachwandel am Beispiel der Modalpartikeln halt und *eben* in der Berliner kommunikationsgemeinschaft nach der "Wende"', in Auer and Hausendorf (2000a), 199-234.

_______ and URSULA BREDEL (1999). *Die Sprachmauer. Die Verarbeitung der Wende und ihrer Folgen in Gesprächen mit Ost- und WestberlinerInnen* (Berlin: Weidler).

_______ and MELANIE GLIER (2000). 'Abbruch, Aufbruch, Umbruch!? Im Schatten der alten und im Flutlicht der neuen Sprache', in Reiher and Baumann (2000), 241-72.

_______ and PETER SCHLOBINSKI (eds.) (1988). *Wandlungen einer Stadtsprache. Berlinisch in Vergangenheit und Gegenwart* (Berlin: Colloquium Verlag).

_______, PETER SCHLOBINSKI, and INGE WACHS (1986). *Berlinisch. Studien zum Lexikon, zur Spracheinstellung und zum Stilrepertoire* (Berlin: Arno Spitz).

DOCEN, BERNHARD JOSEPH (1814). 'Über die Selbständigkeit und Reinerhaltung unserer Literatur und Sprache: Rückerinnerungen und Wünsche', in *Nemesis: Zeitschrift für Politik und Geschichte* 2.

DONATH, JOACHIM (1974). 'Soziolinguistische Aspekte der sprachlichen Kommunikation', in Ising (1974), 37-74.

_______ RUTH PAPE, MARION ROLOFF, and HELMUT SCHÖNFELD (1981). 'Beschreibung einer empirischen Untersuchung zur Sprachvarianz', in *Kommunikation und Sprachvariation* (1981), 308-440.

DRESCHER, MARTINA, and ULRICH DAUSENDSCHÖN-GAY (1995). '*Sin wer an son immobilienmakler da eh gekommen*. Zum Umgang mit sozialen Kategorien im Gespräch', in Czyzewski *et al.* (1995), 85-119.

DROSDOWSKI, GÜNTHER (1991). 'Deutsch—Sprache in einem geteilten Land', *Sprache und Literatur in Wissenschaft und Unterricht* (67), 21-35.

DURRANI, OSMAN (2000). 'Language and subversion in GDR rock music', in Jackman and Roe (2000), 145-70.

EAGLETON, TERRY (1991). *Ideology: An Introduction* (London: Verso).

_______ (2000). *The Idea of Culture* (Oxford: Blackwell).

EBERLE, HENRIK (ed.) (1998). *Mit sozialistischem Gruß! Parteiinterne Hausmitteilungen, Briefe, Akten und Intrigen aus der Ulbricht-Zeit* (Berlin: Schwarzkopf & Schwarzkopf).

EICHHOFF, JÜRGEN (1978). *Wortatlas der deutschen Umgangssprache* (Berne, Munich: Francke).

EICHHOFF-CYRUS, KARIN M., and RUDOLF HOBERG (eds.) (2000). *Die deutsche Sprache zur Jahrtausendwende. Sprachkultur oder Sprachverfall?* (Mannheim, Leipzig, Vienna, Zurich: Dudenverlag).

EICHLER, ERNST, and GEORG HILTY (eds.) (1995). *Namenforschung* (Berlin, New York: de Gruyter).

EIFLER, GÜNTHER, and OTTO SAAME (eds.) (1992). *Gegenwart und Vergangenheit deutscher Einheit* (Vienna: Passagen Verlag).

ELSPASS, STEPHAN (2000). '"Es ist so; jedenfalls erscheint es mir so": markers of uncertainty and vagueness in speeches of east and west German politicians', in Stevenson and Theobald (2000a), 206-25.

ENGLER, WOLFGANG (2000a). *Die Ostdeutschen. Kunde von einem verlorenen Land* (Berlin: Aufbau).

_______ (2000b). 'Sie sprechen doch Deutsch. Trotzdem verstehen Ost und West einander nicht', *Die Zeit*, 24 August 2000, 9.

ENSEL, LEO (1995). '*Warum wir uns nicht leiden mögen...*'. *Was Ossis und Wessis voneinander halten* (Münster: Agenda Verlag).

EPPLER, ERHARD (1992). *Kavalleriepferde beim Hornsignal. Die Krise der Politik im Spiegel der Sprache* (Frankfurt/Main: Suhrkamp).

ERMERT, KARL (ed.) (1994). *Sprache zwischen Markt und Politik: Über die internationale Stellung der deutschen Sprache und die Sprachenpolitik in Europa* (Rehburg-Loccum: Evangelische Akademie).

EROMS, HANS-WERNER (1994). 'Die deutsche Sprache hüben und drüben—drei Jahre nach der Wiedervereinigung', in Heringer *et al.* (1994), 23-40.

_______ (1996). 'Streitpunkte politischer Sprache in der Bundesrepublik Deutschland', in Böke, Jung, and Wengeler (1996), 38-50.

_______ (1997). 'Sprachliche "Befindlichkeiten" der Deutschen in Ost und West', *Der Deutschunterricht* (1), 6-16.

ETZOLD, SABINE (1993). 'Was Stasi-Namen verraten', *Die Zeit*, 1/1993, 43.

FAIRCLOUGH, NORMAN (1989). *Language and Power* (London, New York: Longman).

_______ (1992). *Discourse and Social Change* (Cambridge: Polity Press).

FALKENBERG, GABRIEL (1989). 'Zur Begriffsgeschichte der deutschen Spaltung zwischen Deutschem Reich und zwei Deutschen Republiken', *Sprache und Literatur in Wissenschaft und Unterricht* (64), 3-22.

FASOLD, RALPH (1984). *The Sociolinguistics of Society* (Oxford: Blackwell).

FIEHLER, REINHARD (1995). 'Die Wiedervereinigung als Kulturberührung', in Czyzewski *et al.* (1995), 328-47.

FINK, HERMANN, LIANE FIJAS, and DANIELLE SCHONS (1997). *Anglizismen in der*

Sprache der Neuen Bundesländer: eine Analyse zur Verwendung und Rezeption (Frankfurt: Lang).

FIX, ULLA (1990). 'Der Wandel der Muster—Der Wandel im Umgang mit den Mustern. Kommunikationskultur im institutionellen Sprachgebrauch der DDR am Beispiel von Losungen', *Deutsche Sprache* 18/4, 332-47.

_______ (1992a). '"Noch breiter entfalten und noch wirksamer untermauern." Die Beschreibung von Wörtern aus dem offiziellen Sprachverkehr der DDR nach den Bedingungen ihres Gebrauchs', in Große, Lerchner, and Schröder (1992), 13-28.

_______ (1992b). 'Rituelle Kommunikation im öffentlichen Sprachgebrauch der DDR und ihre Begleitumstände. Möglichkeiten und Grenzen der selbstbestimmten und mitbestimmenden Kommunikation in der DDR', in Lerchner (1992a), 3-99.

_______ (1993). 'Medientexte diesseits und jenseits der "Wende". Das Beispiel "Leserbrief"', in Biere and Henne (1993), 20-55.

_______ (1994a). 'Die Beherrschung der Kommunikation durch die Formel. Politisch gebrauchte rituelle Formeln im offiziellen Sprachgebrauch der "Vorwende"-Zeit in der DDR. Strukturen und Funktionen', in Sandig (1994), 139-53.

_______ (1994b). '"Gewendete" Texte—"gewendete" Textsorten', in Heringer *et al.* (1994), 131-46.

_______ (1995). 'Texte mit doppeltem Boden? Diskursanalytische Untersuchung inklusiver und exklusiver personenbeurteilender Texte im Kommunikationskontext der DDR', in Wodak and Kirsch (1995a), 71-92.

_______ (1997a). 'Die Sicht der Betroffenen. Beobachtungen zum Kommunikationswandel in den neuen Bundesländern', *Der Deutschunterricht* (1), 34-41.

_______ (1997b). 'Erklären und Rechtfertigen. Die Darstellung der eigenen sprachlich-kommunikativen Vergangenheit in Interviews. Ein Analyseansatz', *Deutsche Sprache* 25 (2), 187-94.

_______ (1997c). '"Bewältigung" von Vergangenheit und Gegenwart beim Erzählen über Sprache. Strategien des Darstellens sprachlich-kommunikativer Erinnerungen an die DDR und Erfahrungen mit der gegenwärtigen Sprachsituation', in Barz and Fix (1997), 33-43.

_______ (1997d). 'Wortzuteilung, Wortverknappung, Wortverweigerung, Wortverbot. Die Rolle von Benennungen bei der Steuerung des Diskurses', in Barz and Schröder (1997), 345-59.

_______ (ed.) (1998). *Ritualität in der Kommunikation der DDR* (Frankfurt/Main: Lang).

_______ (2000a). 'Fremdheit versus Vertrautheit. Die sprachlich-kommunikative Befindlichkeit von Sprachteilnehmern der DDR und ihre Reaktion auf die

Destruktion der kommunikativen "Selbstverständlichkeiten" des Alltags durch die politische Wende von 1989', in Fix and Barth (2000), 15-54.

_______ (2000b). '"Sprachverwendung im Klasseninteresse": Philosophische, sprachwissenschaftliche und sprachpraktische Äußerungen von Wissenschaftlern der DDR zum Gebrauch von Sprache im "Klassenkampf"', in Jackman and Roe (2000), 97-113.

FIX, ULLA and DAGMAR BARTH (eds.) (2000). *Sprachbiographien. Sprache und Sprachgebrauch vor und nach der Wende von 1989 im Erinnern und Erleben von Zeitzeugen aus der DDR* (Frankfurt am Main: Lang).

FLEISCHER, HOLM (2001). *Wandlungen im Sprachgebrauch. Referenz und Pragmatik der Pronomen in ostdeutschen Zeitungskommentaren, am Beispiel der Leipziger Volkszeitung vor, während und nach der 'Wende'* (Mannheim: Institut für Deutsche Sprache).

FLEISCHER, WOLFGANG (1983). 'Die deutsche Sprache in der DDR: grundsätzliche Überlegungen zur Sprachsituation', in *Linguistische Studien (Reihe A). Arbeitsberichte 111*, 258-75.

_______ (ed.) (1987). *Wortschatz der deutschen Sprache in der DDR* (Leipzig: Bibliographisches Institut).

_______ (1992). 'DDR-typische Benennungen und ihre Perspektive', in Welke *et al.* (1992), 15-34.

FLOOD, JOHN L., PAUL SALMON, OLIVE SAYCE, and CHRISTOPHER WELLS (eds.) (1993). *'Das unsichtbare Band der Sprache'. Studies in German Language and Linguistic History in Memory of Leslie Seiffert* (Stuttgart: Akademischer Verlag).

FOWLER, ROGER (1991). *Language in the News. Discourse and ideology in the press* (London: Routledge).

FRAAS, CLAUDIA (1990). 'Beobachtungen zur deutschen Lexik vor und nach der Wende', *Deutschunterricht* 43 (12), 595-9.

_______ (1994). 'Kommunikationskonflikte vor dem Hintergrund unterschiedlicher Erfahrungswelten', *Zeitschrift für germanistische Linguistik* 22, 87-90.

_______ (1996). *Gebrauchswandel und Bedeutungsvarianz in Textnetzen. Die Konzepte IDENTITÄT und DEUTSCHE im Diskurs zur deutschen Einheit* (Tübingen: Narr).

_______ (1997). '"Die *sozialistische Nation* — sie war eine Chimäre." Interpretationsmuster und Interpretationskonflikte', *Deutsche Sprache* 25 (2), 103-13.

_______ and KATHRIN STEYER (1992). 'Sprache der Wende — Wende der Sprache? Beharrungsvermögen und Dynamik von Strukturen im öffentlichen Sprachgebrauch', *Deutsche Sprache* 20 (2), 172-84.

FRICKE, CORINNA (1990). 'Überlegungen zu einem Neuansatz der gesellschaftswissenschaftlichen Linguistik, ihren Aufgaben und Quellen', *Osnabrücker Beiträge zur Sprachtheorie (OBST)* 43, 141-60.

FRIEDRICH-EBERT-STIFTUNG (ed.) (1989). *Politik und Sprachentwicklung in der DDR. Zu neuen Ufern* (Bonn-Bad Godesberg: Friedrich-Ebert-Stiftung).

FRIEL, BRIAN (1981). *Translations* (London: Faber).

FRITZE, LOTHAR (1996). 'Gestörte Kommunikation zwischen Ost und West. Erscheinungen — Ursachen — Folgen', *Deutschland Archiv* 6, 921-8.

FRITZSCHE, K. PETER (1992). 'Auf der Suche nach einer neuen Sprache. Schulbücher in der DDR', in Burkhardt and Fritzsche (1992), 199-210.

FULBROOK, MARY (1990). *A Concise History of Germany* (Cambridge: Cambridge University Press).

GAL, SUSAN (1980). *Language Shift* (New York, London: Academic Press).

——— (1987). 'Codeswitching and consciousness in the European periphery', *American Ethnologist* 14 (4), 637-53.

——— (1993). 'Diversity and contestation in linguistic ideologies: German-speakers in Hungary', *Language in Society* 22, 337-59.

——— (1995). 'Cultural bases of language use amongst German-speakers in Hungary', *International Journal of the Sociology of Language* 111, 93-102.

GALLER, KATRIN (1993). 'Die Heiratsannonce im deutsch-deutschen Wandel', Diplomarbeit, Humboldt-Universität Berlin.

GANSEL, CHRISTINA, and CARSTEN GANSEL (1993). 'Aspekte der deutschen Sprache in der DDR als Unterrichtsgegenstand', *Deutschunterricht* 46 (3), 140-51.

——— ——— (1997). 'Zwischen Karrierefrau und Hausmann. Aspekte geschlechterdifferenzierenden Sprachgebrauchs in Ost und West', *Der Deutschunterricht* (1), 59-69.

GARDT, ANDREAS (1999). 'Sprachpatriotismus und Sprachnationalismus. Versuch einer historisch-systematischen Bestimmung am Beispiel des Deutschen', in Gardt, Haß-Zum kehr, and Roelcke (1999), 89-113.

——— (ed.) (2000a). *Nation und Sprache. Die Diskussion ihres Verhältnisses in Geschichte und Gegenwart* (Berlin, New York: de Gruyter).

——— (2000b). 'Sprachnationalismus zwischen 1850 und 1945', in Gardt (2000a), 247-71.

———, ULRIKE HASS-ZUMKEHR, and THORSTEN ROELCKE (eds.) (1999). *Sprachgeschichte als Kulturgeschichte* (Berlin, New York: de Gruyter).

GÄRTNER, DETLEV (1992). 'Vom Sekretärsdeutsch zur Kommerzsprache — Sprachmanipulation gestern und heute', in Lerchner (1992a), 203-61.

GAUDIG, RICHARD (1958-9) 'Die deutsche Sprachspaltung', *Neue Deutsche Hefte* 5 (55), 1008-14.

GEERTZ, CLIFFORD (1995). *After the Fact: Two Countries, Four Decades, One Anthropologist* (Cambridge, MA: Harvard University Press).

GEIER, RUTH (1996). 'Die Welt der schönen Bilder. Wahlwerbung in Ostdeutschland—Wahlwerbung für Ostdeutsche?', in Reiher and Läzer (1996), 229-44.

_______ (1997). 'Festreden in sozialistischen Betrieben', in Barz and Fix (1997), 339-47.

_______ (1998). 'Reden als rituelle Ereignisse', in Fix (1998), 321-68.

_______ (2000). '"Alle Jahre wieder...". Zehn Reden zur deutschen Einheit', in Reiher and Baumann (2000), 115-30.

GESELLSCHAFT FÜR DEUTSCHE SPRACHE (ed.) (1993). *Wörter und Unwörter: Sinniges und Unsinniges der deutsche Gegenwartssprache* (Niedernhausen/Taunus: Falken-Verlag).

GILES, HOWARD (1994). 'Accommodation in communication', in Asher (1994), 12-15.

GLÄSER, ROSEMARIE (1992). 'Gestalt- und Stilwandel in der kommerziellen Werbung der neuen Bundesländer', in Hess-Lüttich (1992), 189-211.

GLASEROW, VERA (1996). 'Die Vorurteile verhärteten sich. Schulklassen aus Ost und West sind sich in einem Punkt einig: sie finden sich blöd', *Die Zeit*, 31 May 1996, 21.

GLÜCK, HELMUT (1992). 'Aktuelle Beobachtungen zum Namen Deutsch', in Welke *et al.* (1992), 141-71.

_______ (1995). 'Westdeutsch + Ostdeutsch = Gesamtdeutsch? Die deutsche Sprache fünf Jahre nach der "Wende"', *Sprachwissenschaft* 20, 187-206.

_______ and WOLFGANG W. SAUER (1997). *Gegenwartsdeutsch, 2nd edn* (Stuttgart: Metzler).

GOFFMAN, ERVING (1963). *Behavior in Public Places. Notes on the Social Organization of Gatherings* (New York: Free Press).

GOOD, COLIN (1991). 'Der Kampf geht weiter oder Die sprachlichen Selbstrettungsversuche des SED-Staates', *Sprache und Literatur in Wissenschaft und Unterricht* (67), 48-55.

_______ (1993). 'Die sprachliche Inszenierung der Hauptstadtdebatte. Oder: "Wie kann es Konsens in einer Frage geben, die eine klassisch-klare Entscheidung erfordert?"', in Reiher and Läzer (1993), 117-25.

_______ (1995). 'Sprache im totalitären Staat: der Fall DDR', in Reiher (1995b), 263-76.

_______ (1996). 'Über die "Neuen Linken": der Versuch der PDS, eine neue Sprache des Sozialismus zu finden', in Reiher and Läzer (1996), 265-85.

GRAMSCI, ANTONIO (1985). *Selections from Cultural Writings* (London: Lawrence and Wishart).

GRASSL, SIGRID (1991). 'Zur Sprache der Sportberichterstattung in der ehemaligen DDR und BRD', in *Zum Sprachgebrauch unter dem Zeichen von Hammer, Zickel und*

Ährenkranz (1991), 57-72.

GREWENIG, ADI (ed.) (1993). *Inszenierte Information. Politik und strategische Kommunikation in den Medien* (Opladen: Westdeutscher Verlag).

GRICE, H. P. (1975). 'Logic and conversation', in Cole and Morgan (1975), 41-58.

GRIMM, JACOB (1847). 'Einleitender Vortrag des Vorsitzenden über die wechselseitigen Beziehungen und die Verbindung der drei in der Versammlung vertretenen Wissenschaften', published in *Verhandlungen der Germanisten zu Frankfurt am Main am 24., 25. und 26. September 1846* (Frankfurt am Main: J. D. Sauerländer's Verlag), 11-18.

_______ (1864). *Über den Ursprung der Sprache* (Berlin: Dümmler).

GROSSE, RUDOLF, and ALBRECHT NEUBERT (eds.) (1974a). *Beiträge zur Soziolinguistik* (Munich: Hueber).

_______ _______ (1974b). 'Thesen zur marxistisch-leninistischen Soziolinguistik', in Grosse and Neubert (1974a), 9-22.

_______, GOTTHARD LERCHNER, and MARIANNE SCHRÖDER (eds.) (1992). *Phraseologie, Wortbildung, Lexikologie: Festschrift für Wolfgang Fleischer zum 70. Geburtstag* (Frankfurt am Main: Lang).

GRUNER, PAUL-HERMANN (1992). 'Kontinuität oder Innovation? Zur Frage konstanter formaler und inhaltlicher Prägung des Sprachkampfes anläßlich der ersten gesamtdeutschen Bundestagswahl vom 2.12.1990', in Burkhardt and Fritzsche (1992), 267-86.

GÜGOLD, BARBARA (2000). '"Höher, schneller, weiter": Deutsch als Fremdsprache in der DDR', in Jackman and Roe (2000), 129-43.

GUMPERZ, JOHN (1982). *Discourse Strategies* (Cambridge: Cambridge University Press).

GÜNTHNER, SUSANNE, ALDO DI LUZIO, and FRANCA ORLETTI (eds.) (forthcoming). *Language, Culture, and Interaction: New Perspectives on Intercultural Communication* (Amsterdam, Philadelphia: Benjamins).

HAHN, SILKE (1995). 'Vom zerrissenen Deutschland zur vereinigten Republik. Zur Sprachgeschichte der "deutschen Frage"', in Stötzel and Wengeler (1995), 285-353.

HALLIDAY, MICHAEL (1989). *Spoken and Written Language* (Oxford: Blackwell).

HAMPEL, ANJA (1998). 'Zum Gebrauch und zur Rezeption von Anglizismen in regionalen Werbeanzeigen', in Rösler and Sommerfeldt (1998), 109-22.

HARTUNG, WOLFDIETRICH (1981a). 'Differenziertheit der Sprache als Inhalt kommunikativer Erfahrung', in *Kommunikation und Sprachvariation* (1981), 11-26.

_______ (1981b). 'Differenziertheit der Sprache als Ausdruck ihrer Gesellschaftlichkeit', in *Kommunikation und Sprachvariation* (1981), 26-72.

_______ (1981c). 'Eine hohe Sprachkultur: Aufgabe in der sozialistischen Gesellschaft der

DDR', *Deutschunterricht* 6, 292-303.
_______ (1990). 'Einheitlichkeit und Differenziertheit der deutschen Sprache', *Zeitschrift für Germanistik* 90, 447-66.
_______ (ed.) (1991a). *Kommunikation und Wissen* (Berlin: Akademie-Verlag).
_______ (1991b). 'Linguistische Zugänge zur sprachlichen Kommunikation', in Hartung (1991a), 13-90.
_______ (2002). 'Über die Wahrnehmung sprachlicher Unterschiede. Methodologische Anmerkungen zu "Ostdeutsch" und "Westdeutsch"', in Hartung and Shethar (Berlin: Trafo Verlag).
_______ and ALISSA SHETHAR (eds.) (2002). *Kulturen und ihre Sprachen. Die Wahrnehmung anders Sprechender und ihr Selbstverständnis* [= Abhandlungen der Leibniz-Societät, Band 7] (Berlin: Trafo Verlag).
HAUSENDORF, HEIKO (1995). '*Man spricht zwar eine Sprache aber*... Die Wiedervereinigung als Kommunikationsproblem', in Czyzewski *et al.* (1995), 120-44.
_______ (1997). '*Gerade hier im osten die frauen*. Soziale Kategorisierung, Macht und Moral', *Deutsche Sprache* 25 (2), 132-43.
_______ (2000a). 'Ost- und Westzugehörigkeit als soziale Kategorien im wiedervereinigten Deutschland', in Auer and Hausendorf (2000a), 83-111.
_______ (2000b). *Zugehörigkeit durch Sprache. Eine linguistische Studie am Beispiel der deutschen Wiedervereinigung* (Tübingen: Niemeyer).
HEINEMANN, MARGOT (1995). '*Vorher war das alles irgendwie organisiert*: Verhaltensmuster im deutsch—deutschen Diskurs, in Czyzewski *et al.* (1995), 389-95.
_______ (ed.) (1998). *Sprachliche und soziale Stereotypen* (Frankfurt/Main, Berlin, New York: Peter Lang).
HEINRICH-BÖLL-STIFTUNG (ed.) (1996). *Die Sprache als Hort der Freiheit* (Cologne: Heinrich-Böll-Stiftung).
HELLMANN, MANFRED W. (ed.) (1973). *Zum öffentlichen Sprachgebrauch in der Bundesrepublik Deutschland und in der DDR. Methoden und Probleme seiner Erforschung* (Düsseldorf: Schwann).
_______ (ed.) (1976). *Bibliographie zum öffentlichen Sprachgebrauch in der Bundesrepublik Deutschland und in der DDR* (Düsseldorf: Schwann).
_______ (ed.) (1984). *Ost-West-Wortschatzvergleiche. Maschinell gestützte Untersuchungen zum Vokabular von Zeitungstexten aus der BRD und der DDR* (Tübingen: Narr).
_______ (1989a). 'Die doppelte Wende: Zur Verbindung von Sprache, Sprachwissenschaft und zeitgebundener politischer Bewertung am Beispiel deutsch-deutscher Sprachdifferenzierung', in Klein (1989), 297-326.

_______ (1989b). 'Zwei Gesellschaften — zwei Sprachkulturen? Acht Thesen zur öffentlichen Sprache in der Bundesrepublik Deutschland und in der Deutschen Demokratischen Republik', *Forum für interdisziplinäre Forschung* 1989 (2), 27-38.

_______ (1990). 'DDR-Sprachgebrauch nach der Wende — eine erste Bestandsaufnahme', *Muttersprache* 100/2-3, 266-86.

_______ (1991). '"Ich suche eine Wohnung." Zur vergleichenden Untersuchung alltagssprach lichen Handelns in den beiden deutschen Staaten', in Schlosser (1991b), 19-32.

_______ (1993). 'Die Leipziger Volkszeitung vom 27.10.1989 — eine Zeitung im Umbruch', *Muttersprache* 103 (3), 186-218.

_______ (1994a). 'Ostdeutsch-Westdeutsch im Kontakt. Brücke oder Schranke der Verständigung?', *Terminologie et Traduction* 1994 (1), 105-38.

_______ (1994b). '"Rote Socken" — ein alter Hut?', *Der Sprachdienst* 1994 (5), 170-2.

_______ (1997a). 'Wörter der Emotionalität und Moralität in Texten der Wendezeit — sprachliche Revolution oder Kommunikationsbarriere?', in Barz and Fix (1997), 113-52.

_______ (1997b). 'Sprach- und Kommunikationsprobleme in Deutschland Ost und West', in Schmirber (1997), 53-87.

_______ (1997c). 'Das "kommunistische Kürzel *BRD*". Zur Geschichte des öffentlichen Umgangs mit den Bezeichnungen für die beiden deutschen Staaten', in Barz and Schröder (1997), 93-107.

_______ (1997d). 'Tendenzen der sprachlichen Entwicklung seit 1989 im Spiegel der Forschung', *Der Deutschunterricht* (1), 17-32.

_______ (1998). '"Durch die gemeinsame Sprache getrennt" — zu Sprache und Kommunikation in Deutschland seit der Wende 1989/90', *Das Wort* (*Germanistisches Jahrbuch*) 1998, 51-69.

_______ (1999). *Wende-Bibliografie. Literatur und Nachschlagewerke zu Sprache und Kommunikation im geteilten und vereinigten Deutschland ab Januar 1990* (Mannheim: Institut für Deutsche Sprache).

_______ (2000). 'Divergenz und Konvergenz: Sprachlich-kommunikative Folgen der staatlichen Trennung und Vereinigung Deutschlands', in Eichhoff-Cyrus and Hoberg (2000), 247-75.

_______ (ed.) (1989). *Wörter in Texten der Wendezeit. Alphabetisches Wörterverzeichnis zum "Wendekorpus" des IDS—Mai 1989 bis Ende 1990* (Tübingen: Narr).

HENNE, HELMUT (1995). 'Hassen. Legendieren. Abschöpfen. Das Wörterbuch der Staatssicherheit', *Zeitschrift für germanistische Linguistik 23* (2), 210-14.

HENNECKE, ANGELIKA (1999). *Im Osten nichts Neues? Eine pragmalinguistisch-*

semiotische Analyse ausgewählter Werbeanzeigen für Ostprodukte im Zeitraum 1993 bis 1998 (Frankfurt: Peter Lang).

HENTSCHEL, ELKE (1986). *Funktion und Geschichte deutscher Partikeln: ja, doch, halt und eben* (Tübingen: Niemeyer).

HERBERG, DIETER (1991). 'Ost-Deutsch. Betrachtungen zum Wortgebrauch in der Noch- und in der Ex-DDR', *Sprachpflege und Sprachkultur* 40 (1), 1-5.

_______ (1997). '*Beitritt, Anschluß* oder was? Heteronominativität in Texten der Wendezeit', in Barz and Schröder (1997), 109-16.

_______ STEFFENS, DORIS, and ELKE TELLENBACH (eds.) (1997). *Schlüsselwörter der Wendezeit. Wörter-Buch zum öffentlichen Sprachgebrauch 1989/90* (Berlin, New York: de Gruyter).

HERDER, JOHANN (1770). *Abhandlung über den Ursprung der Sprache Moral* (Munich: Hanser).

HERINGER, HANS JÜRGEN (1990). '*Ich gebe Ihnen mein Ehrenwort.*' *Politik, Sprache, Moral* (Munich: C. H. Beck).

_______ (1991). 'Wörter des Jahres 1991', *Sprache und Literatur in Wissenschaft und Unterricht* 22 (68), 107-15.

_______ (1992). 'Wörter des Jahres 1992', *Sprache und Literatur in Wissenschaft und Unterricht* 23 (70), 116-20.

_______ (1994). 'Das Stasi-Syndrom', in Heringer *et al.* (1994), 163-76.

_______, GUNHILD SAMSON, MICHEL KAUFFMANN, and WOLFGANG BADER (eds.) (1994). *Tendenzen der deutschen Gegenwartssprache* (Tübingen: Niemeyer).

HERMANNS, FRITZ (1992). 'Ein Wort im Wandel: Deutsch — was ist das? Semiotischsemantische Anmerkungen zu einem Wahlplakat der CDU (1990)', in Burkhardt and Fritzsche (1992), 253-66.

_______ (1994). 'Deutsche Sprache — deutsche Identität', in Ermert (1994), 187-204.

_______ (1995). 'Deutsch und Deutschland. Semantik deutscher nationaler Selbstbezeichnungswörter heute', in Jäger (1995), 374-89.

_______ (1996). '*Deutsche, deutsch* und *Deutschland.* Zur Bedeutung deutscher nationaler Selbstbezeichnungswörter heute', in Reiher and Läzer (1996), 11-31.

HERRMANN-WINTER, RENATE (1977). 'Soziolinguistische Aspekte empirischer Erhebungen zur sprachlichen Varianz', in *Normen in der sprachlichen Kommunikation* (1977), 209-46.

_______ (1979). *Studien zur gesprochenen Sprache im Norden der DDR* (Berlin: Akademie-Verlag).

HERTEL, VOLKER, REGINA METZLER, and BRIGITTE UHLIG (eds.) (1996). *Sprache und Kommunikation im Kulturkontext: Beiträge zum Ehrenkolloquium aus Anlaß des*

60. Geburtstages von Gotthard Lerchner (Frankfurt am Main: Lang).
HESS, ANNE-KATHRIN, and HANS RAMGE (1991). 'Der "andere Teil Deutschlands" in Zeitungskommentaren zum "17. Juni"', *Sprache und Literatur in Wissenschaft und Unterricht* (67), 36-47.
HESS-LÜTTICH, ERNEST W. B. (1990). 'Grenzziehungen und Brückenschläge—oder: von der "Sprachspaltung" zur "plurizentrischen Sprachkultur". Ein Rückblick auf die Varietäten des Deutschen', *Rhetorik* (9), 108-22.
_______ (ed.) (1992). *Medienkultur—Kulturkonflikt: Massenmedien in der interkulturellen und internationalen Kommunikation* (Opladen: Westdeutscher Verlag).
HEYSE, JOHANN CHRISTOPH AUGUST (1814). *Theoretisch-praktische deutsche Grammatik oder Lehrbuch zum reinen und richtigen Sprechen, Lesen und Schreiben der deutschen Sprache* (Hanover).
HINGST, JÜRGEN (1993). 'Vom Ich zum Wir', in Busch (1993), 45-50.
HOBSBAWM, ERIC (1991). 'Dangerous exit from a stormy world', *New Statesman and Society*, 8 November 1991, 16-17.
HOFFMANN, GREGOR (1997). 'Politische Ritualität als Spiegelbild des Gesellschaftlichen', in Barz and Fix (1997), 349-65.
_______ (1998). 'Zur Funktion und Zeichenhaftigkeit des 1. Mai in der DDR', in Fix (1998), 51-100.
_______ (2000). '"Arbeit, Brot und Völkerfrieden, das ist unsere Welt!" Rituelle Kommunikation in den Texten zum 1. Mai', in Auer and Hausendorf (2000a), 237-70.
HOFFMANN, MICHAEL (1994). 'Individualisierung als Tendenz? Untersuchungen zum Kommunikationswandel in der DDR', in Sommerfeldt (1994a), 51-69.
_______ (1995). 'Filmwerbung zwischen Konventionalität und Originalität. Fortgesetzte Untersuchungen zum Kommunikationswandel in der DDR', *Muttersprache* 1995 (2), 97-118.
HOLLY, WERNER (1992). 'Was kann Kohl, was Krenz nicht konnte? Deutsch-deutsche Unterschiede politischer Dialogrhetorik in zwei Fernsehinterviews', *Rhetorik* 11, 33-50.
_______ (1997). 'Language and television', in Stevenson (1997), 341-75.
HOLMES, JANET (2001). *An Introduction to Sociolinguistics*, 2nd edn (London, New York: Longman).
HOPFER, REINHARD (1991). 'Besetzte Plätze und "befreite Begriffe". Die Sprache der Politik der DDR im Herbst 1989', in Liedtke, Wengeler, and Böke (1991), 111-22.
_______ (1992a). 'Christa Wolfs Streit mit dem "großen Bruder". Politische Diskurse der DDR im Herbst 1989', in Burkhardt and Fritzsche (1992), 111-34.
_______ (1992b). 'Schwierigkeiten der "semantischen Vereinigung". Ein Vergleich

deutsch — deutscher Pressetexte', in Hess-Lüttich (1992), 147-65.

_______ (1994). 'Vom Konsens zum Dissens. Diskursanalytische Untersuchungen zum Wandel des Sprachgebrauchs der CDU im Herbst 1989', in Busse, Hermanns, and Teubert (1994), 124-42.

_______ (1996). 'Wessianisch für Ossis. Vorschläge für eine soziolinguistische deutsch — deutsche Enzyklopädie', in Reiher and Läzer (1996), 94-109.

HÖRSCHELMANN, KATHRIN (2000). '"Go east, young man..." — gendered representations of identity in television dramas about "east Germany"', in Stevenson and Theobald (2000a), 43-59.

HUDSON, R. A. (1996). *Sociolinguistics* 2nd edn (Cambridge: Cambridge University Press).

HUMBOLDT, WILHELM VON (1963a). *Über die Verschiedenheiten des menschlichen Sprachbaues* (Stuttgart: J. G. Cotta'sche Buchhandlung).

_______ (1963b). *Über die Verschiedenheit des menschlichen Sprachbaues und ihren Einfluß auf die Entwicklung des Menschengeschlechts* (Stuttgart: J. G. Cotta'sche Buchhandlung).

IRVINE, JUDITH T., and SUSAN GAL (2000). 'Language ideology and linguistic differentiation', in Kroskrity (2000a), 35-83.

ISING, ERIKA (1994). 'Sprachkultur und Sprachsituation im wiedervereinigten Deutschland', in Bickes and Trabold (1994), 63-87.

ISING, GERHARD (ed.) (1974). *Aktuelle Probleme der sprachlichen Kommunikation* (Berlin: Akademie-Verlag).

J. F. (1846). 'Ein frommer Wunsch in Sachen deutscher Rede', *Jahrbücher der Gegenwart* 1/4, 293-306.

JACHMANN, MAIKA (1994). 'Ost und West im Dialog. Untersuchungen zu Problemen deutsch-deutscher Kommunikation im inszenierten Gespräch Talk-Show', Ph.D. dissertation, Universität Innsbruck.

JACKMAN, GRAHAM (2000). 'Introduction: "Finding a Voice" in the GDR', in Jackman and Roe (2000), 1-17.

_______ and IAN F. ROE (eds.) (2000). *Finding a Voice. Problems of Language in East German Society and Culture* (Amsterdam, Atlanta: Rodopi).

JÄGER, LUDWIG (ed.) (1995). *Germanistik: Disziplinäre Identität und kulturelle Leistung* (Weinheim: Beltz Athenäum).

JÄGER, SIEGFRIED (1997). 'Political discourse: the language of right and left in Germany', in Stevenson (1997a), 233-57.

JAHN, FRIEDRICH LUDWIG (1806). *Bereicherung des Hochdeutschen Sprachschatzes versucht im Gebiethe der Sinnverwandtschaft, ein Nachtrag zu Adelung's und eine*

Nachlese zu Eberhard's Wörterbuch (Leipzig: Böhme).
JARAUSCH, KONRAD (ed.) (1997). *After Unity. Reconfiguring German Identities* (Providence, Oxford: Berghahn).
JESSEN, RALPH (1997). 'Diktatorische Herrschaft als kommunikative Praxis. Überlegungen zum Zusammenhang von "Bürokratie" und Sprachnormierung in der DDR-Geschichte', in Lüdtke and Becker (1997), 57-75.
JOGSCHIES, RAINER (1993). 'Die vier Wände nach dem Fall der Mauer. Warum die westdeutsche Berichterstattung über die Vereinigung ab Herbst 1989 die Trennung vergrößerte', in Reiher and Läzer (1993), 107-16.
JOHNSON, SALLY (1995). *Gender, Group Identity and Variation in Usage of the Berlin Urban Vernacular* (Frankfurt/Main: Lang).
JOSEPH, JOHN (1987). *Eloquence and Power. The Rise of Language Standards and Standard Languages* (London: Pinter).
KAHLE, EGON *et al.* (eds.) (1990). *Wirtschaftsbegriffe in Ost und West. 200 ausgewählte betriebswirtschaftliche Begriffe—interpretiert aus marktwirtschaftlicher bzw. planwirtschaftlicher Sicht als Handlungs- und Orientierungshilfe* (Frankfurt: Deutsche Bank AG).
KAPPERER, NORBERT (1992). 'Von der "Macht des Wortes" zur "Sprache der Macht" zur Ohn Macht der Vernunft. Über die Enteignung der Sprache im real existierenden Sozialismus durch die marxistisch-leninistische Philosophie', in Burkhardt and Fritzsche (1992), 19-42.
KAUKE, WILMA (1997). 'Politische Rituale als Spiegelbild des Gesellschaftlichen. Die Kommunikationskonstellation des Rituals "Jugendweihe" in der DDR und seine Entwicklung nach der Wende', in Barz and Fix (1997), 367-78.
_______ (1998). 'Ritualbeschreibung am Beispiel der Jugendweihe', in Fix (1998), 101-214.
_______ (2000). 'Jugendweihe in Ostdeutschland. Ein Ritual im Umbruch', in Auer and Hausendorf (2000a), 271-303.
KELLY-HOLMES, HELEN (2000). 'United consumers? Advertising discourse and constructions of German identity', in Stevenson and Theobald (2000a), 91-108.
KEMPF, W., and IRENA SCHMIDT-REGENER (eds.) (1998). *Krieg, Nationalismus, Rassismus und die Medien* (Münster: LIT Verlag).
KERN, FRIEDERIKE (2000). *Kulturen der Selbstdarstellung. Ost- und Westdeutsche in Bewerbungsgesprächen* (Wiesbaden: Deutscher Universitäts-Verlag).
KESSLER, CHRISTINE (1997). '"… und fügt sich gut ins Kollektiv ein"—Muster personenbeurteilender Texte in der DDR', in Barz and Fix (1997), 303-14.
KETTEMANN, BERNHARD, RUDOLF DE CILLIA, and ISABEL LANDSIEDLER (eds.) (1998). *Sprache und Politik* (Frankfurt/Main: Lang).

KILIAN, J. (1994). 'Historische Lexikologie und Didaktik. A. Waags Didaktisierung der lexikographischen Bedeutungsgeschichten Pauls', *Zeitschrift für germanistische Linguistik* 22, 31-49.

KINNE, MICHAEL (ed.) (1977). *Texte Ost — Texte West* (Frankfurt/Main: Diesterweg).

_______ (1990). 'Deutsch 1990 in den Farben der DDR. Sprachlich Markantes aus der Zeit vor und nach der Wende', *Der Sprachdienst* 34 (1), 13-8.

_______ (1991). 'DDR-Deutsch und Wendesprache', *Der Sprachdienst* 35 (2), 49-54.

_______ and BIRGIT STRUBE-EDELMANN (1980). *Kleines Wörterbuch des DDR-Wortschatzes* (Düsseldorf: Schwann).

KIRCHHÖFER, D. (1988). 'Für ein dialektisches Verständnis der Erziehung im Unterricht', *Pädagogische Forschung* 5, 81.

KIRKNESS, ALAN (1975). *Zur Sprachreinigung im Deutschen 1789-1871* (Tübingen: Narr).

KLEIN, JOSEF (ed.) (1989). *Politische Semantik* (Opladen: Westdeutscher Verlag).

_______ and HAJO DIEKMANNSHENKE (eds.) (1996). *Sprachstrategien und Dialogblockaden: linguistische und politikwissenschaftliche Studien zur politischen Kommunikation* (Berlin, New York: de Gruyter).

KLEIN, WOLF PETER, and Ingwer PAUL (eds.) (1993). *Sprachliche Aufmerksamkeit. Glossen und Marginalien zur Sprache der Gegenwart* (Heidelberg: Winter).

KLEIN, WOLFGANG, and DIETER WUNDERLICH (eds.) (1971). *Aspekte der Soziolinguistik* (Frankfurt/Main: Athenäum).

Kleines Politisches Wörterbuch (1967). (Berlin: Dietz).

KLEMPERER, VIKTOR (1954). *Zur gegenwärtigen Sprachsituation in Deutschland* (Berlin: Aufbau-Verlag).

KLOSS, HEINZ (1978). *Die Entwicklung neuer germanischer Kultursprachen seit 1800*, 2nd edn (Düsseldorf: Schwann).

KLUGE, FRIEDRICH (1918). 'Vaterland und Muttersprache', in *Wissenschaftliche Beihefte zur Zeitschrift des Allgemeinen Deutschen Sprachvereins*, 5th series, vols. 38-40, 283-90.

KÖHLER, AUGUST (1954). *Vortrag im Deutschen Sprachverein Berlin* (Berlin: Sprachenverlag Leben im Wort).

KOLBE, KARL WILHELM (1804[1], 1818[2]) *Über den Wortreichthum der deutschen und französischen Sprache* (Berlin: Realschulbuchhandlung).

KOLLER, WERNER (2000). 'Nation und Sprache in der Schweiz', in Gardt (2000a), 563-609.

Kommunikation und Sprachvariation (1981). (Berlin: Akademie-Verlag).

KÖSSLING, RAINER (1996). '"Republikflucht"—das behördlich nicht genehmigte Verlassen der DDR im Spiegel der Sprache', in Hertel, Metzler, and Uhlig (1996), 239-50.

KRAMER, UNDINE (1996). 'Von Ossi-Nachweisen und Buschzulagen.

Nachwendewörter—sprachliche Ausrutscher oder bewußte Etikettierung?', in Reiher and Läzer (1996), 55-69.

_______ (1998). '"Wir und die anderen". Distanzierung durch Sprache', in Reiher and Kramer (1998), 273-98.

KRESS, GUNTHER (1985). *Linguistic Processes in Sociocultural Practice* (Victoria: Deakin University Press).

KRETZENBACHER, HEINZ (1991). 'Das deutsch-deutsche Du', *Deutsch als Fremdsprache*, 181-3.

KREUTZ, HEINZ (1997a). 'Aspects of communicative uncertainty in the language of young East Germans during the Wende', *Monash University Linguistics Papers* 1, 11-23.

_______ (1997b). 'Some observations on hedging phenomena and modifying devices as regional markers in the speech of young east Germans', in Markkanen and Schröder (1997), 208-31.

KRONENBERG, STEPHAN (1993). *Wirtschaftliche Entwicklung und die Sprache der Wirtschaftspolitik in der DDR* (Frankfurt/Main: Lang).

KROSKRITY, PAUL (ed.) (2000a). *Régimes of Language: Ideologies, Polities, and Identities* (Santa Fe: School of American Research Press).

_______ (2000b). 'Regimenting languages: language ideological perspectives', in Kroskrity (2000a), 1-34.

KÜHN, INGRID (1993). 'Straßennamen nach der Wende', in *Gesellschaft für deutsche Sprache* (1993), 152-61.

_______ (1994). 'Sprachberatung in den neuen Bundesländern—Hilfe bei deutsch-deutschen Sprachproblemen', *Muttersprache* 104/2, 137-42.

_______ (1995a). 'Aktivierung DDR-spezifischer Archaisierungen', *Muttersprache* (4), 315-23.

_______ (1995b). 'Alltagssprachliche Textsortenstile', in Stickel (1995), 329-54.

_______ (1995c). 'Decknamen. Zur Pragmatik von inoffiziellen Personenbenennungen', in Eichler *et al.* (1995), 515-20.

_______ (1995d). 'Lexik in alltagssprachlichen Textsorten', *Deutschunterricht* 48 (9), 411-17.

_______ (1996). 'Von Clara Zetkin zu Dorothea. Straßennamen im Wandel', in Reiher and Läzer (1996), 186-205.

_______ (1999). 'Schulnamengebung im politisch-kulturellen Symbolkanon', *Muttersprache* 2, 136-43.

_______ (2000). '"Besonderer Dank gilt der Hausgemeinschaft...." Konventioneller Stil und individueller Spielraum in Texten der Alltagssprache', in Reiher and Baumann (2000), 131-52.

_______ and KLAUS ALMSTÄDT (1997a). 'Deutsch-deutsche Verständigungsprobleme. Erfahrungen aus der Sprachberatung', *Der Deutschunterricht* (1), 86-94.

_______ _______ (1997b). 'Rufen Sie uns an—Sprachberatung zwischen Sprachwacht und Kummertelefon', *Deutsche Sprache* (3), 195-206.

KÜPPER, HEINZ (1987). *Wörterbuch der deutschen Umgangssprache* (Stuttgart: Klett).

LABOV, WILLIAM (1972a). *Sociolinguistic Patterns* (Oxford: Blackwell).

_______ (1972b). 'The study of language in its social context', in Labov (1972a), 183-259.

LÄMMERT, KARL, WALTHER KILLY, CARL OTTO CONRADY, and PETER VON POLENZ (1967). *Germanistik—eine deutsche Wissenschaft* (Frankfurt/Main: Suhrkamp).

LANG, EWALD (ed.) (1990). *Wendehals und Stasi-Laus* (Munich: Heyne).

LANGE, BERND-LUTZ, and ULRICH FORCHNER (eds.) (1996). *Bonzenschleuder und Rennpappe. Der Volksmund in der DDR* (Frankfurt/Main: Eichborn).

LATSCH, JOHANNES (1994). *Die Bezeichnungen für Deutschland, seine Teile und die Deutschen. Eine lexikalische Analyse deutschlandpolitischer Leitartikel in bundesdeutschen Tageszeitungen 1950-1991* (Frankfurt/Main: Lang).

LAZER, RÜDIGER (1993). 'Der gewendete Journalismus im Untergang der DDR. Zum Wandel von Strategien der Kommentierung innenpolitischer Konflikte', in Reiher and Läzer (1993), 87-106.

_______ (1996a). '"Schön, daß es das noch gibt"—Werbetexte für Ostprodukte. Untersuchungen zur Sprache einer ost-west-deutschen Textsorte', in Reiher and Läzer (1996), 206-28.

_______ (1996b). '"Sie könn' das inzwischen wie ein westdeutscher politiker." Metakommunikative Situationsbearbeitung und thematische Steuerung der Argumentation in einer ostdeutschen Elefantenrunde', in Klein and Diekmannshenke (1996), 165-200.

_______ (1997). 'Neues von und über Deutsch-Ost und -West. Bemerkungen zu neuen Materialien und Beiträgen in einer andauernden Debatte', *Zeitschrift für Germanistik* 1997 (1), 132-9.

LE PAGE, R., and ANDRÉE TABOURET-KELLER (1985). *Acts of Identity* (Cambridge: Cambridge University Press).

LERCHNER, GOTTHARD (1974). 'Zur Spezifik der Gebrauchsweise der deutschen Sprache in der DDR und ihre gesellschaftliche Determination', *Deutsch als Fremdsprache* 11, 259-65.

_______ (1976). 'Nationalsprachliche Varianten', *Forum* 30 (3), 10-11.

_______ (ed.) (1992a). *Sprachgebrauch im Wandel. Anmerkungen zur Kommunikationskultur in der DDR vor und nach der Wende* (Frankfurt/Main: Lang).

——— (1992b). 'Broiler, Plast(e) und Datsche machen noch nicht den Unterschied. Fremdheit und Toleranz in einer polyzentrischen deutschen Kommunikationskultur', in Lerchner (1992a), 297-332.

——— (2000). 'Nation und Sprache im Spannungsfeld zwischen Sprachwissenschaft und Politik in der Bundesrepublik und der DDR bis 1989', in Gardt (2000a), 273-302.

LIEBE RESÉNDIZ, JULIA (1992). 'Woran erkennen sich Ost- und Westdeutsche? Eine Sprach einstellungsstudie am Beispiel von Rundfunksendungen', in Welke *et al.* (1992), 127-39.

LIEBSCH, HELMUT (ed.) (1976). *Deutsche Sprache* (Leipzig).

LIEBSCHER, GRIT (2000). 'Arriving at identities: positioning of speakers in German television talkshows', in Stevenson and Theobald (2000a), 189-205.

LIEDTKE, FRANK, MARTIN WENGELER, and KARIN BÖKE (eds.) (1991). *Begriffe besetzen: Strategien des Sprachgebrauchs in der Politik* (Opladen: Westdeutscher Verlag).

LINKLATER, BETH (2000a). 'Narratives of the GDR: what parents tell their children', in Stevenson and Theobald (2000a), 150-66.

LIN-LIU, HWEI-ANN (1993). *Sprachliche Folgen der ideologisch-politischen Spaltung einer Sprachgemeinschaft in Deutschland und China. Ein Vergleich am Beispiel der Sprache in Zeitungen* (Frankfurt/Main: Lang).

LIPPI-GREEN, ROSINA (1997). *English with an Accent. Language, Ideology, and Discrimination in the United States* (London, New York: Routledge).

LÖFFLER, HEINRICH (1998). 'Sprache als Mittel der Identifikation und Distanzierung in der viersprachigen Schweiz', in Reiher and Kramer (1998), 11-38.

LÜDTKE, ALF (1997). '"...den Menschen vergessen"?—oder: das Maß der Sicherheit: Arbeiterverhalten der 1950er Jahre im Blick von MfS, SED, FDGB und staatlichen Zeitungen', in Lüdtke and Becker (1997), 189-222.

——— and PETER BECKER (eds.) (1997). *Akten. Eingaben. Schaufenster. Die DDR und ihre Texte: Erkundungen zu Herrschaft und Alltag* (Berlin: Akademie-Verlag).

LUDWIG, KLAUS-DIETER (1992). 'Zur Sprache der Wende—Lexikologisch-lexikographische Beobachtungen', in Welke *et al.* (1992), 59-70.

——— (1996). 'Der "Einheitsduden" oder: Was ist geblieben? DDR-spezifischer Wortschatz im DUDEN von 1991', in Reiher and Läzer (1996), 110-34.

——— (1997). 'Wortschatzveränderungen nach 1989 und ihre Widerspiegelung in aktuellen Wörterbüchern des Deutschen', *Der Deutschunterricht* (1), 77-85.

——— (2000). 'Von der "Zielsetzung" zur "Zielstellung" und zurück. Vorwendewortschatz in Vorwende- und Nachwendewörterbüchern', in Reiher and Baumann (2000), 55-72.

MAAS, UTZ (1984). *'Als der Geist der Gemeinschaft eine Sprache fand': Sprache im Nationalsozialismus* (Opladen: Westdeutscher Verlag).

MAIER, GERHARD (1991). *Die Wende in der DDR* (Bonn: Bundeszentrale für politische Bildung).

MARKKANEN, RAIJA, and HARTMUT SCHRÖDER (eds.) (1997). *Hedging and Discourse. Approaches to the Analysis of a Pragmatic Phenomenon in Academic Texts* (Berlin, New York: de Gruyter).

MAR-MOLINERO, CLARE (2000). *The Politics of Language in the Spanish-Speaking World. From Colonisation to Globalisation* (London, New York: Routledge).

MARQUARDT, EDITHA (1998). 'Feste und Feiern', in Fix (1998), 1-49.

MARR, MIRKO (1998). '"Mie lache ons hüt buggelich." Imitation und Deritualisierung in der Gegenwelt des Karnevals', in Fix (1998), 215-320.

MARTEN-FINNIS, SUSANNE (1994). *Pressesprache zwischen Stalinismus und Demokratie. Parteijournalismus im 'Neuen Deutschland' 1946-1993* (Tübingen: Niemeyer).

Materialien zur wissenschaftlichen Konferenz 'Zum Sprachgebrauch unter dem Zeichen von Hammer, Zirkel und Ährenkranz' im September 1991 (1992). (Zwickau: Pädagogische Hochschule).

MCNALLY, JOANNE (2000). 'Diverging discourses of east German *Kabarett*: cultural and linguistic "misbehaviour"', in Stevenson and Theobald (2000a), 60-74.

MEINHOF, ULRIKE (2000). 'The new Germany on the screen: conflicting discourses on German television', in Stevenson and Theobald (2000a), 23-42.

MERKEL, INA (ed.) (1998). *'Wir sind doch nicht die Mecker-Ecke der Nation.' Briefe an das DDR-Fernsehen* (Cologne, Weimar, Vienna: Böhlau).

_______ and FELIX MÜHLBERG (1998). 'Eingaben und Öffentlichkeit', in Merkel (1998), 9-32.

MILLS, SARA (1997). *Discourse* (London, New York: Routledge).

MILROY, JAMES, and LESLEY MILROY (1999). *Authority in Language*, 3rd edn (London, New York: Routledge).

MILROY, LESLEY (1980[1], 1987[2]). *Language and Social Networks* (Oxford: Blackwell).

MOSER, HUGO (1962). *Sprachliche Folgen der politischen Teilung Deutschlands* (Düsseldorf: Schwann).

_______ (ed.) (1964). *Das Aueler Protokoll. Deutsche Sprache im Spannungsfeld zwischen West und Ost* (Düsseldorf: Schwann).

_______ (1985). 'Die Entwicklung der deutschen Sprache seit 1945', in Besch *et al.* (1985), 1678-707.

MÜHLHÄUSLER, PETER (1996). *Linguistic Ecology. Language Change and Linguistic Imperialism in the Pacific Region* (London, New York: Routledge).

MÜLLER, GERHARD (1992). 'Deutsch 1991. Bemerkungen zur Gegenwartssprache', *Der Sprachdienst* 1992 (1), 1-26.

_______ (1994). 'Der "Besserwessi" und die "innere Mauer": Anmerkungen zum Sprachgebrauch im vereinigten Deutschland', *Muttersprache* 104/2, 118-36.

NAGUSCHEWSKI, DIRK, and JÜRGEN TRABANT (eds.) (1997). *Was heißt hier 'fremd'? Studien zu Sprache und Fremdheit* (Berlin: Akademie-Verlag).

NAIL, NORBERT (1996). 'Handeln und Sprachhandeln an der Berliner Mauer', *Muttersprache* (4), 302-7.

NEUBRECHT, ALBERT (1994). 'Auswirkungen des politischen Wandels auf die Sprache (aus östlicher Sicht)', *Germanistische Mitteilungen* 39, 3-21.

NEUES FORUM LEIPZIG (ed.) (1989/90) *Jetzt oder nie—Demokratie* (Leipzig: Forum Verlag).

NEULAND, EVA, and MARGOT HEINEMANN (1997). '"Tussis": hüben und drüben? Vergleichende Beobachtungen zur Entwicklung von Jugendsprachen in Ost und West', *Der Deutschunterricht* (1), 70-6.

NEUMANN, WERNER (1973). 'Ideologische und theoretische Fragen bei den Arbeiten zur marxistisch-leninistischen Sprachtheorie', *Zeitschrift für Phonetik, Sprachwissenschaft und Kommunikationsforschung* 26 (3), 276-83.

NIETHAMMER, LUTZ (1990). 'Das Volk der DDR und ihre Revolution. Versuch einer historischen Wahrnehmung der laufenden Ereignisse', in Schüddekopf (1990), 251-79.

Normen in der sprachlichen Kommunikation (1977). (Berlin: Akademie-Verlag).

OSCHLIES, WOLF (1990). *Wir sind das Volk. Zur Rolle der Sprache bei den Revolutionen in der DDR, der Tschechoslowakei, Rumänien und Bulgarien* (Cologne: Böhlau).

_______ (1991). 'Zur Software-Erfassung von Broilern in der Datsche des Dispatchers', in Zum *Sprachgebrauch unter dem Zeichen von Hammer, Zickel und Ährenkranz* (1991), 93-108.

OSTOW, ROBIN (1993). 'Restructuring our lives: national unification and German biographies', *The Oral History Review* 21/2, 1-8.

PALM, JÖRG, and STEFAN RICHTER (2000). 'BERATUNG. Im Osten was Neues?', in Reiher and Baumann (2000), 153-68.

PAPE, KORNELIA (1997). 'Schlag-(Wort-)Abtausch im Landesparlament. Analysen zu Debatten über Bildungspolitik', *Deutsche Sprache* 25 (2), 114-22.

_______ (2000). 'Der aufhaltsame Aufstieg zur direkten Demokratie. Die Verfassungsdiskussion im Landtag von Sachsen-Anhalt', in Reiher and Baumann (2000), 99-114.

PARKES, STUART (1997). *Understanding Contemporary Germany* (London: Routledge).

PÄTZOLD, JÖRG (1992). 'Zwischen Indirektheit und Sprachlosigkeit der Umgang der

Presse in der DDR zwischen dem Stern-Interview Hagers und Oktober '89 mit der Wirklichkeit des real Existierenden', in Welke *et al.* (1992), 93-110.

_______ and MARGITA PÄTZOLD (1995). 'Gemeinsame Sprache, geteiltes Verstehen. Anmerkungen zur Systematik von Verständnisschwierigkeiten zwischen Deutschen Ost und Deutschen West', in Reiher (1995b), 244-62.

PÄTZOLD, MARGITA (1995). 'West beforscht Ost—Anmerkungen zu einigen Analysen und Daten aus meiner ostdeutschen Perspektive', in Czyzewski *et al.* (1995), 402-8.

_______ (2001). 'Die Kategorie "Vorurteil" als Lernpotential', in Hartung and Shethar (Berlin: Trafo Verlag).

_______ and LYDIA MARHOFF (1998). 'Zur sozialen Konstruktion von "Stereotyp" und "Vorurteil"', in Heinemann (1998), 73-96.

PATZOLD, MARGITA and JÖRG PÄTZOLD (1998). '"Sphärengeruch" der Sprache—eigener und fremder', in Reiher and Kramer (1998), 67-128.

PAUL, INGWER (1995). 'Schismogene Tendenzen des Mediendiskurses nach der deutschen Einheit', in Czyzewski *et al.* (1995), 297-327.

_______ (1997). 'Sprachreflexivität als Mittel der sozialen Differenzierung', in Barz and Fix (1997), 279-301.

_______ (2000a). 'Gerahmte Kommunikation. Die Inszenierung ost-westdeutscher Kommunikationserfahrungen im Mediendiskurs', in Auer and Hausendorf (2000a), 113-50.

_______ (2000b). 'Verständigung ohne Verstehen. Subjektive Thesen eines Gesprächsanalytikers', in Reiher and Baumann (2000), 182-93.

PEINE, MARGIT, and HELMUT SCHÖNFELD (1981). 'Sprachliche Differenzierung und ihre Bewertung', *in Kommunikation und Sprachvariation* (1981), 214-58.

POHL, INGE (1992). 'Bewegung im ostdeutschen Wortschatz', *Deutsch als Fremdsprache* 29, 173-6.

_______ (1994). 'Neologismen des ostdeutschen Wortschatzes im Beschreibungsbereich von Markennamen und Firmennamen', in Sommerfeldt (1994a), 99-123.

_______ (1997). 'Bedeutung sprachlicher Ausdrücke im Wandel', *Der Deutschunterricht* (1), 50-8.

_______ and GERHARD BARTELS (eds.) (1991). *Sprachsystem und sprachliche Tätigkeit: Festschrift zum 65. Geburtstag von Karl-Ernst Sommerfeldt* (Frankfurt am Main: Lang).

POLENZ, PETER VON (1967). 'Sprachpurismus und Nationalsozialismus. Die "Fremdwortfrage" gestern und heute', in Lämmert *et al.* (1967), 111-65.

_______ (1987). 'Beitrag zum Podiumsgespräch: Nationale Varianten der deutschen Hochsprache', in Zellweger (1987).

——— (1988). '"Binnendeutsche" oder plurizentrische Sprachkultur?', *Zeitschrift für germanistische Linguistik* 16, 198-218.

——— (1990). 'Nationale Varietäten der deutschen Sprache', *International Journal of the Sociology of Language* 83, 5-38.

——— (1993). 'Die Sprachrevolte in der DDR im Herbst 1989. Ein Forschungsbericht nach drei Jahren vereinter germanistischer Linguistik', *Zeitschrift für germanistische Linguistik* 22, 127-49.

——— (1994). *Deutsche Sprachgeschichte vom Spätmittelalter bis zur Gegenwart*, vol. 2 (Berlin, New York: de Gruyter).

——— (1999). *Deutsche Sprachgeschichte vom Spätmittelalter bis zur Gegenwart*, vol. 3 (Berlin, New York: de Gruyter).

PORSCH, PETER (1992). 'Alltag—Alltagsbewußtsein—Sprache', in Lerchner (1992a), 189-202.

PORTELLI, ALESSANDRO (1990). 'Uchronic dreams: working class memory and possible worlds', in Samuel and Thompson (1990), 143-60.

PRINS, GWYN (2001). 'Oral history', in Burke (2001), 120-56.

PULZER, PETER (1995). *German Politics 1945-1995* (Oxford: Oxford University Press).

RADERS, MARGIT (1997). 'Rede-Wendungen in Wende-Reden: Originalität und Intertextualität in Demosprüchen', *Revista de Filologia Alemana* 5, 275-302.

REICH, JENS (1991). 'Rebhuhnweg überlebt . . . Über den Unsinn von Straßennamen als Sinnbild des politischen Wandels', *Die Zeit*, 1 February 1991, 90.

REIFARTH, GERD THOMAS (2000). 'Can oil unite with water? Braun and Biskupek on German disunity', in Stevenson and Theobald (2000a), 75-90.

REIHER, RUTH (1992). '"Wir sind das Volk." Sprachwissenschaftliche Überlegungen zu den Losungen des Herbstes 1989', in Burkhardt and Fritzsche (1992), 43-58.

——— (1993). 'Das "Zu-sich-selber-Kommen des Menschen". Zum Umgang mit Konflikten in der Kommunikation der DDR', in Reiher and Läzer (1993), 147-60.

——— (ed.) (1995a). *Mit sozialistischen und anderen Grüßen. Porträt einer untergegangenen Republik in Alltagstexten* (Berlin: Aufbau-Verlag).

——— (ed.) (1995b). *Sprache im Konflikt. Zur Rolle der Sprache in sozialen, politischen und militärischen Auseinandersetzungen* (Berlin, New York: de Gruyter).

——— (1995c). 'Deutsch-deutscher Sprachwandel', in Reiher (1995b), 232-43.

——— (1996). 'Ein Ossi—ein Wort; ein Wessi—ein Wörterbuch. Zur Bewertung von Sprache und Sprachverhalten der Deutschen Ost und West', in Reiher and Läzer (1996), 32-54.

——— (1997a). 'Annäherung und Kontroversen-Sprachentwicklung in Berlin', *Deutsche Sprache* 25 (2), 176-86.

——— (1997b). 'Drei*raum*- versus Drei*zimmer*wohnung. Zum Sprachgebrauch der

Ostdeutschen', *Der Deutschunterricht* (1), 42-9.

_______ (2000). 'Das "Kollektiv" hat sich ins "Team" verabschiedet. Regionale Differenzierungen im ostdeutschen Sprachgebrauch', in Reiher and Baumann (2000), 30-54.

and ANTJE BAUMANN (eds.) (2000). *Mit gespaltener Zunge? Die deutsche Sprache nach dem Fall der Mauer* (Berlin: Aufbau).

_______ and UNDINE KRAMER (eds.) (1998). *Sprache als Mittel von Identifikation und Distanzierung* (Frankfurt/Main: Lang).

_______ and RÜDIGER LÄZER (eds.) (1993). *Wer spricht das wahre Deutsch? Erkundungen zur Sprache im vereinten Deutschland* (Berlin: Aufbau).

_______ _______ (eds.) (1996). *Von 'Buschzulage' und 'Ossinachweis'. Ost-West-Deutsch in der Diskussion* (Berlin: Aufbau).

RESÉNDIZ, JULIA LIEBE (1992). 'Woran erkennen sich Ost- und Westdeutsche? Eine Spracheinstellungsstudie am Beispiel von Rundfunksendungen', in Welke *et al.* (1992), 127-39.

RIEMANN, T., *et al.* (eds.) (1969). *Verfassung der Deutschen Demokratischen Republik. Dokumente—Kommentar*, vol. 2 (Berlin).

ROCHE, REINHARD (1991). 'Nach Tische liest man's anders. Texte aus der DDR vor und nach der Novemberrevolution im Blickpunkt der Öffentlichkeit, besonders des (Deutsch)unterrichts', *Muttersprache* 101, 297-307.

RÖDING-LANGE, UTE (1997). *Bezeichnungen für 'Deutschland' in der Zeit der 'Wende'. Dargestellt an ausgewählten westdeutschen Printmedien* (Würzburg: Königshausen & Neumann).

ROE, IAN F. (2000). 'The "Wende" and the overcoming of "Sprachlosigkeit"?', in Jackman and Roe (2000), 55-74.

ROSENKRANZ, HEINZ, and KARL SPANGENBERG (1963). *Sprachsoziologische Studien in Thüringen* (Berlin: Akademie-Verlag).

RÖSLER, IRMTRAUD, and KARL-ERNST SOMMERFELDT (eds.) (1998). *Probleme der Sprache nach der Wende*, 2nd edn (Frankfurt/Main: Lang).

ROTHE, FRANK (2000). 'Der Dinosaurier im Bernstein. Ich, das Überbleibsel aus einer implodierten Galaxis', in Simon, Rothe, and Andrasch (2000), 52-64.

RUNGE, ERIKA (1971). *Reise nach Rostock, DDR* (Frankfurt/Main: Suhrkamp).

RYTLEWSKI, RALF (1992). 'Politische Kultur in der DDR vor und nach der *Wende*', in Burkhardt and Fritzsche (1992), 3-18.

SAMUEL, RAPHAEL, and PAUL THOMPSON (eds.) (1990). *The Myths We Live By* (London: Routledge).

SANDFORD, JOHN (2000). 'The opposition that dare not speak its name', in Jackman and

Roe (2000), 19-37.
SANDIG, BARBARA (ed.) (1994). *Europhras 92: Tendenzen der Phraseologieforschung* (Bochum: Universitätsverlag Brockmeyer).
SATZGER, AXEL (1994). 'Deutsch-deutsch: Kommunikation miteinander oder übereinander?', in Bungarten (1994a), 61-8.
SAUER, WOLFGANG WERNER (1988). *Der 'Duden'. Geschichte und Aktualität eines 'Volkswörterbuchs'* (Stuttgart: Metzler).
SCHAAF, S. (1995). 'Zur Redekultur im Landtag von Sachsen-Anhalt', Diplomarbeit, University of Halle.
SCHAEDER, BURKHARD (1981). 'Deutsche Sprache in der BRD und in der DDR. Neuere Arbeiten und Ansichten über das sprachliche Ost-West-Problem', *Muttersprache* 1981 (3-4), 198-205.
——— (1994). 'Wir sind ein Wörterbuch—wir sind das Wörterbuch! Duden-Ost + DudenWest = Einheitsduden?', *Zeitschrift für germanistische Linguistik* 22, 58-86.
——— (1997). 'Die deutsche Vereinigung im Spiegel der Wörterbücher—oder: Was ist lexikographisch aus der DDR geworden?', in Barz and Fix (1997), 45-73.
SCHAFARSCHIK, WALTER (ed.) (1973). *Herrschaft durch Sprache. Politische Reden* (Stuttgart: Reclam).
SCHÄFFNER, CHRISTINA (1992). 'Sprache des Umbruchs und ihre Übersetzung', in Burkhardt and Fritzsche (1992), 135-54.
——— and PETER PORSCH (1993). 'Meeting the challenge on the path to democracy: discursive strategies in government declarations in Germany and the former GDR', *Discourse & Society* 4 (1), 33-55.
——— (1998). 'Continuity and change: German discourse after unification', in Chilton, Ilyin, and Mey (1998), 147-72.
SCHARNHORST, JÜRGEN (ed.) (1995). *Sprachsituation und Sprachkultur im internationalen Vergleich* (Frankfurt am Main: Lang).
SCHELLENBERG, WILHELM (1991). 'Zwischeneinschätzungen. Zur Sprachgestaltung von Texten im Spannungsfeld "verordnender"/"vollzugsmeldender" Kommunikation in Institutionen der ehemaligen DDR', in *Zum Sprachgebrauch unter dem Zeichen von Hammer, Zickel und Ährenkranz* (1991), 109-19.
SCHERF, FRITZ-PETER (1991). 'Agrartopolexik im Agrarkollektivismus der DDR', in *Zum Sprachgebrauch unter dem Zeichen von Hammer, Zickel und Ährenkranz* (1991), 120-32.
——— (1992). 'Von der TECHNIK bis zur TAIGA—dokumentarisierte Topolexik im Agrarkollektivismus der DDR', in Lerchner (1992a), 167-88.
SCHERZBERG, JOHANNA (1972). 'Zur Struktur des Wortschatzes der Wirtschaftspolitik

der DDR', in Schmidt (1972), 187-217.

SCHIEWE, ANDREA, and JÜRGEN SCHIEWE (2000). *Witzkultur in der DDR. Ein Beitrag zur Sprachkritik* (Göttingen: Vandenhoeck & Ruprecht).

SCHIEWE, JÜRGEN (1997). 'Sprachwitz—Sprachspiel—Sprachrealität. Über die Sprache im geteilten und vereinigten Deutschland', *Zeitschrift für germanistische Linguistik* 25 (2), 129-46.

_______ (1998). *Die Macht der Sprache. Eine Geschichte der Sprachkritik von der Antike bis zur Gegenwart* (Munich: C. H. Beck).

SCHILDT, JOACHIM, and HARTMUT SCHMIDT (eds.) (1986). *Berlinisch: Geschichtliche Einführung in die Sprache einer Stadt* (Berlin: Akademie-Verlag).

SCHIRMER, DIETMAR (1992). 'Auf der Baustelle des gemeinsamen Hauses. Zur Struktur eines politischen Symbols', in Burkhardt and Fritzsche (1992), 211-32.

SCHLIEBEN-LANGE, BRIGITTE (1991). *Soziolinguistik* 3rd edn (Stuttgart: Kohlhammer).

SCHLOBINSKI, PETER (1987). *Stadtsprache Berlin. Eine soziolinguistische Untersuchung* (Berlin, New York: de Gruyter).

SCHLOSSER, HORST DIETER (1990a/1999) *Die deutsche Sprache in der DDR zwischen Stalinismus und Demokratie* (Cologne: Verlag Wissenschaft und Politik).

_______ (1990b). 'Das Ende der "Zweisprachigkeit". Sprachliche Aspekte des politischen Zusammenwachsens der Deutschen', in Strunk *et al.* (1990), 26-39.

_______ (1990c). '"Wir Deutschen"—"Wir in der DDR". Helmut Kohl und Lothar de Maizière zur Unterzeichnung des Staatsvertrags', *Deutschland Archiv* 23 (7), 994-6.

_______ (1991a). 'Deutsche Teilung, deutsche Einheit und die Sprache der Deutschen', *Aus Politik und Zeitgeschichte—Beilage zur Wochenzeitung 'Das Parlament'* 1991 (B17), 13-21.

_______ (ed.) (1991b). *Kommunikationsbedingungen und Alltagssprache in der ehemaligen DDR. Ergebnisse einer interdisziplinären Tagung Frankfurt/Main 30.9.88-1.10.88* (Hamburg: Buske).

_______ (1991c). 'Perspektiven des Zusammenwachsens nach 45 Jahren getrennter Entwicklung', in *Zum Sprachgebrauch unter dem Zeichen von Hammer, Zickel und Ährenkranz* (1991), 133-51.

_______ (1992a). 'Mentale und sprachliche Interferenzen beim Übergang der DDR von der Zentralplanwirtschaft zur Marktwirtschaft', in Welke *et al.* (1992), 43-58.

_______ (1992b). 'Die sprachliche Ost-West-Differenzierung—ein Umweg der deutschen Sprachgeschichte?', in Eifler and Saame (1992), 141-65.

_______ (1993). 'Die ins Leere befreite Sprache. Wende-Texte zwischen Euphorie und bundesdeutscher Wirklichkeit', *Muttersprache* 103 (3), 219-30.

_______ (1996). 'Ost und West im Talkshowtest', *Muttersprache* (4), 308-18.

——— (1997). 'Fremdheit in einer vertrauten Sprache. Sprachliche Folgen der Teilung Deutschlands', in Naguschewski and Trabant (1997), 197-206.

——— (1999): see 1990a.

——— (2000). 'Von der "niveauvollen Unterhaltung" zur Smalltalk-Kultur. Neue Beobachtungen zu Talkshows in Ost und West', in Reiher and Baumann (2000), 169-81.

SCHMIDER, EKKEHARD (1990). *Werbedeutsch in Ost und West. Die Sprache der Konsumwerbung in beiden Teilen Deutschlands* (Berlin: Arno Spitz).

SCHMIDT, GERHARD (1991). 'Lehrersein in der DDR', in Schlosser (1991b), 99-112.

SCHMIDT, HARTMUT (2000). 'Entwicklung und Formen des offiziellen Sprachgebrauchs der ehemaligen DDR', in Besch *et al.* (2000), 2016-37.

SCHMIDT, WILHELM (ed.) (1972). *Sprache Ideologie. Beiträge zu einer marxistisch-leninistischen Sprachwirkungsforschung* (Halle: Max Niemeyer Verlag).

SCHMIDT-REGENER, IRENA (1998). '"Von der Akzeptanz des Berlinischen, von Liberalisierungstendenzen und Berührungsängsten". Spracheinstellungen in der Berliner Sprachgemeinschaft nach 1989', in Reiher and Kramer (1998), 153-86.

——— (1998a). 'Distanz und Nähe. Soziolinguistische Aspekte deutscher Identität(en) nach 1989', in Kempf and Schmidt-Regener (Münster: LIT Verlag).

——— (1998b). 'Language attitudes in the Berlin speech community after the fall of the Wall in 1989', *Multilingua*.

SCHMIRBER, GISELA (ed.) (1997). *Sprache im Gespräch: zu Normen, Gebrauch und Wandel der deutschen Sprache* (Munich: Hans-Seidel-Stiftung).

SCHMITT, REINHOLD and KEIM, INKEN (1985). 'Das Problem der subsumtionslogischen Konstitution von Interkulturalität', in Czyzewski *et al.* (1985), 413-29.

SCHMITZ-BERNING, CORNELIA (2000). *Vokabular des Nationalsozialismus* (Berlin, New York: de Gruyter).

SCHÖNFELD, HELMUT (1974a). *Gesprochenes Deutsch in der Altmark* (Berlin: Akademie-Verlag).

——— (1974b). 'Sprachverhalten und Sozialstruktur in einem sozialistischen Dorf in der Altmark', in Ising (1974), 191-283.

——— (1977). 'Zur Rolle der sprachlichen Existenzformen in der sprachlichen Kommunikation', in *Normen in der sprachlichen Kommunikation* (1977), 163-208.

——— (1983). 'Zur Soziolinguistik in der DDR. Entwicklung, Ergebnisse, Aufgabe', *Zeitschrift für Germanistik* 2, 213-23.

——— (1985). 'Varianten, Varietäten und Sprachvariation', *Zeitschrift für Phonetik, Sprachwissenschaft und Kommunikation* 38, 206-24.

——— (1986). 'Die berlinische Umgangssprache im 19. und 20. Jahrhundert', in Schildt and Schmidt (1986), 214-98.

_______ (1989). *Sprache und Sprachvariation in der Stadt. Zu sprachlichen Entwicklungen und zur Sprachvariation in Berlin und anderen Städten im Nordteil der DDR* (= *Linguistische Studien* Reihe a, 197) (Berlin: Akademie der Wissenschaften der DDR Zentralinstitut für Sprachwissenschaft).

_______ (1993). 'Auch sprachlich beigetreten? Sprachliche Entwicklungen im zusammenwachsenden Berlin', in Reiher and Läzer (1993), 187-209.

_______ (1995). 'Das Berlinische zwischen Kontinuität und Wandel', in Scharnhorst (1995), 207-26.

_______ (1996a). 'Berlinisch in der zusammenwachsenden Stadt Berlin', *Zeitschrift für Germanistik* 1, 144-59.

_______ (1996b). 'Heimatsprache, Proletendeutsch, Ossi-Sprache oder? Bewertung und Akzeptanz des Berlinischen', in Reiher and Läzer (1996), 70-93.

_______ and JOACHIM DONATH (1978). *Sprache im sozialistischen Industriebetrieb* (Berlin: Akademie-Verlag).

_______ and PETER SCHLOBINSKI (1997). 'After the Wall: social change and linguistic variation in Berlin', in Stevenson (1997a), 119-36.

SCHRABBACK, SUSANNE (2000). 'Ideological practices in east and west German media: reporting the Thuringian miners' hunger strike', in Stevenson and Theobald (2000a), 109-30.

SCHREIBER, HERBERT (1994). 'Von PGH "Die Frisur" zu "Coiffeur am Bahnhof"—Bezeichnungen für Geschäfte und Institutionen im Wandel', in Sommerfeldt (1994a), 161-9.

SCHRÖDER, MARIANNE (1992). 'Lexikographische Nach-Wende—ein Überarbeitungsbericht', in Lerchner (1992a), 263-96.

_______ (1997a). 'Allgemeinwortschatz der DDR-Bürger—zu seiner onomasiologischen Sammlung vor der Wende und zu seinem Gebrauch', in Schröder and Fix (1997), 153-75.

_______ (1997b). 'Falsche Freunde im jüngeren Deutsch', in Barz and Fix (1997), 153-62.

_______ and ULLA FIX (1997). *Allgemeinwortschatz der DDR-Bürger—nach Sachgruppen geordnet und linguistisch kommentiert* (Heidelberg: Winter).

SCHROETER, SABINA (1994). *Die Sprache der DDR im Spiegel ihrer Literatur. Studien zum DDR-typischen Wortschatz* (Berlin, New York: de Gruyter).

SCHÜDDEKOPF, CHARLES (ed.) (1990). *'Wir sind das Volk!' Flugschriften, Aufrufe und Texte einer deutschen Revolution* (Reinbek: Rowohlt).

SCHÜTTE, WILFRIED (1990). '"Live aus Leipzig". Talkshows und die DDR-Revolution', *Sprachreport* 1990 (1), 1-3.

SCOLLON, RON, and SUZANNE WONG SCOLLON (1995). *Intercultural Communication*

(Oxford: Blackwell).
SEIDEL, UTE (1992). 'Deutschland—einig Wossi-Land? Betrachtungen zu einigen umstrittenen Wörtern', *Deutschunterricht* 45 (3), 149-52.
_______ (1993). '"...denn deine Sprache verrät dich." (Matthäus 26, 73) Nachdenken über unser "besonderes Verhältnis zur Sprache"', *Deutschunterricht* 46 (3), 134-9.
_______ (1998). 'Die neue "öffentliche Schnödigkeit" (Dolf Sternberger). Demütigungen und Beleidigungen im Ost-West-Diskurs', in Rösler and Sommerfeldt (1998), 51-9.
SHETHAR, ALISSA (forthcoming a). '"Die reden janz anders da drüben, die berlinern ständig, wa?" The social meanings of Berlinisch after unification', in Topofsky and Starkman (forthcoming).
_______ (forthcoming b). 'Sprachideologie und die "Dolmetscher der Träume (Ost)"'.
_______ and WOLFDIETRICH HARTUNG (1998). 'Was ist "Ostjammer" wirklich? Diskurs-Ideologie und die Konstruktion deutsch-deutscher Interkulturalität', in Reiher and Kramer (1998), 39-66.
SIEHR, KARL-HEINZ (1993). 'Abwickeln: brisantes Wort—brisanter Diskurs', *Sprache und Literatur in Wissenschaft und Unterricht* (72), 31-47.
_______ (1994). 'Abwickeln—auch ein Kommunikationskonflikt. Einige sprachkritische Bemerkungen', in Sommerfeldt (1994a), 193-219.
SIMON, JANA, FRANK ROTHE, and WIETE ANDRASCH (eds.) (2000). *Das Buch der Unterschiede. Warum die Einheit keine ist* (Berlin: Aufbau-Verlag).
SMITH, ANTHONY (1991). *National Identity* (Harmondsworth: Penguin).
SOBOTTA, KIRSTEN (2000). '"Ich lebte auf der anderen Seite der Mauer". Perspektiven in autobiografischen Erzählungen von Frauen über ihr Leben vor und nach der Wende', in Reiher and Baumann (2000), 222-40.
SOMMERFELDT, KARL-ERNST (1992a). 'Neue Schulbezeichnungen in Mecklenburg-Vorpommern', *Deutschunterricht* 45 (7-8), 361-2.
_______ (1992b). 'Straßennamen in Mecklenburg-Vorpommern nach der Wende', *Deutschunterricht* 45 (9), 408-12.
_______ (ed.) (1994a). *Sprache im Alltag—Beobachtungen zur Sprachkultur* (Frankfurt/Main: Lang).
_______ (1994b). 'Schulnamen in den neuen Bundesländern nach der Wende', in Sommerfeldt (1994a), 221-9.
Sprachliche Kommunikation und Gesellschaft (1976). 2nd edn (Berlin: Akademie Verlag).
STAININGER, OTTO (1995). *WiderWITZIG. Wortwitz und Karikatur um die Wende* (Vienna: Löcker Verlag).
STEINBERG, JONATHAN (1987). 'The historian and the *questione della lingua*', in Burke and Porter (1987), 198-209.

STEVENSON, PATRICK (1993). 'The German language and the construction of national identities', in Flood *et al.* (1993), 333-56.

_______ (1995). '*Gegenwartsbewältigung*: coming to terms with the present in Germany', *Multilingua* 14 (1), 39-59.

_______ (ed.) (1997a). *The German Language and the Real World. Sociolinguistic, Cultural, and Pragmatic Perspectives on Contemporary German*, revised edn (Oxford: Clarendon Press).

_______ (1997b). 'The study of real language: observing the observers', in Stevenson (1997a), 1-24.

_______ and JOHN THEOBALD (eds.) (2000a). *Relocating Germanness. Discursive Disunity in Unified Germany* (Basingstoke: Macmillan).

_______ (2000b). 'A decade of cultural disunity: diverging discourses and communicative dissonance in 1990s Germany', in Stevenson and Theobald (2000a), 1-22.

STEYER, KATHRIN (1997). *Reformulierungen. Sprachliche Relationen zwischen Äußerungen und Texten im öffentlichen Diskurs* (Tübingen: Narr).

STICKEL, GERHARD (ed.) (1995). *Stilfragen* (Berlin, New York: de Gruyter).

_______ (2000). 'Was West- und Ostdeutsche sprachlich voneinander halten', in Reiher and Baumann (2000), 16-29.

_______ and NORBERT VOLZ (1999). *Meinungen und Einstellungen zur deutschen Sprache* (Mannheim: Institut für Deutsche Sprache).

STÖREL, THOMAS (1997). 'Im Westen nichts Neues? Zur Kampf-Metaphorik der Arbeitswelt im geteilten und geeinten Deutschland', in Barz and Fix (1997), 93-111.

STÖTZEL, GEORG (1991). 'Entzweiung und Vereinigung. Antworten der Sprache auf die deutsche Frage', *Sprache und Literatur in Wissenschaft und Unterricht* (67), 2-20.

_______ (1994). 'Der öffentliche Sprachgebrauch in der Bundesrepublik Deutschland seit 1945—Entwicklungen und Auseinandersetzungen', in Heringer *et al.* (1994), 41-80.

_______ (1995). 'Der Nazi-Komplex', in Stötzel and Wengeler (1995), 355-82.

_______ and MARTIN WENGELER (eds.) (1995). *Kontroverse Begriffe* (Berlin, New York: de Gruyter).

STRASSNER, ERICH (1985). '"Ich trage die neue Welt in mir." Argumentationsstrategien angeleitet schreibender Kinder in der DDR', in Debus *et al.* (1985), 243-60.

STREECK, JÜRGEN (1995). 'Ethnomethodologische Indifferenz im Ost-West-Verhältnis', in Czyzewski *et al.* (1995), 430-6.

STRUNK, G., *et al.* (eds.) (1990). *Wiederbegegnungen: Herausforderung an die politische Bildung* (Bonn: Deutscher Volkshochschul-Verband).

SUCKUT, SIEGFRIED (ed.) (1996). *Das Wörterbuch der Staatssicherheit. Definitionen zur 'politisch-operativen Arbeit'* (Berlin: Christoph Links Verlag).

TAJFEL, HENRI, and JOHN C. TURNER (1986). 'The social identity theory of intergroup behaviour', in Worchel and Austin (1986), 7-24.

TANNEN, DEBORAH (1991). *You Just Don't Understand: Women and Men in Conversation* (London: Virago).

TEICHMANN, CHRISTINE (1991). 'Von der "langue de bois" zur "Sprache der Wende"', *Muttersprache* 101, 252-65.

TEICHMANN-NADIRASCHWILI, CHRISTINE (1993). 'Von der deutschen Zweistaatlichkeit zur Konzeption "Deutschland, einig Vaterland"—Versuch einer linguistischen Beschreibung', in Grewenig (1993), 56-72.

TEIDGE, HELGA (1990). 'Sprachliche Veränderungen bei Wohnungsanzeigen', *Sprachpflege und Sprachkultur* 39 (3), 77-80.

TEUBERT, WOLFGANG (1992). 'Die Deutschen und ihre Identität', in Burkhardt and Fritzsche (1992), 233-52.

——— (1993). 'Sprachwandel und das Ende der DDR', in Reiher and Läzer (1993), 28-52.

THEOBALD, JOHN (2000). 'Disgraceland GDR: locating the admirable amongst the abject', in Stevenson and Theobald (2000a), 131-49.

THIERSE, WOLFGANG (1993). '"Sprich, damit ich dich sehe." Beobachtungen zum Verhältnis von Sprache und Politik in der DDR-Vergangenheit', in Born and Stickel (1993), 114-26.

THOMAS, ALEXANDER (1994). 'Kulturelle Divergenzen in der deutsch-deutschen Wirtschaftskooperation', in Bungarten (1994a), 69-89.

TOPOFSKY, PETER, and RUTH STARKMAN (eds.) (forthcoming). *Unelected Affinities: Interdisciplinary Studies in German Unification* (Bloomington: Indiana University Press).

TOWNSON, MICHAEL (1992). *Mother-Tongue and Fatherland. Language and Politics in German* (Manchester, New York: Manchester University Press).

TREMPELMANN, GISELA (1998). '*Leserinnen/LeserInnen* Ost wie West? Zu Bezeichnungen und Anredeformen für Frauen in den östlichen Bundesländern', *Germanistische Linguistik* (139/140), 33-47.

ULBRICHT, WALTER (1970). 'Schlusswort auf der 13. Tagung des Zentralkomitees der SED', *Neues Deutschland*, 16 June 1970, 4.

USKE, HANS (1986). *Die Sprache der Wende* (Berlin, Bonn: J. H. W. Dietz).

VOLMERT, JOHANNES (1992). 'Auf der Suche nach einer neuen Rhetorik. Ansprachen auf den Massendemonstrationen Anfang November '89', in Burkhardt and Fritzsche (1992), 59-110.

——— (1993). '"Asylantendebatte" in Ost und West. Ein Lehrstück über die Instrumentalisierung politischer Vorurteile', in Reiher and Läzer (1993), 239-71.

WACHTEL, STEFAN (1991). 'Deutsch sprechen. Zu den Sprechkulturen in Ost- und Westdeutschland', *Muttersprache* 101, 157-65.

WAGENER, PETER, and KARL-HEINZ BAUSCH (eds.) (1997). *Tonaufnahmen des gesprochenen Deutsch. Dokumentationen der Bestände von sprachwissenschaftlichen Forschungsprojekten und Archiven* (Tübingen: Niemeyer).

WARDHAUGH, RONALD (1998). *An Introduction to Sociolinguistics*, 3rd edn (Oxford: Blackwell).

WÄTJEN, STEPHANIE (2000). 'Wo liegt eigentlich Eisenhüttenstadt? Die Wandlung von einer Westfrau im Osten zu einer Ostfrau im Westen', in Simon, Rothe, and Andrasch (2000), 45-51.

WEBER, ANDREAS (1989). 'Zweierlei Deutsch im Rundfunk? Eine vergleichende morphosyntaktische Untersuchung zum deutsch-deutschen Sprachgebrauch', *Muttersprache* (99), 17-26.

WEDEL, MATTHIAS (1990). 'Die Sprache der Stagnation', *Magazin* 2, 5-6.

WELKE, KLAUS (1992). 'Deutsche Sprache BRD/DDR—Reflexion in der Linguistik der DDR', in Welke *et al.* (1992), 1-14.

_______, WOLFGANG W. SAUER, and HELMUT GLÜCK (eds.) (1992). *Die deutsche Sprache nach der Wende* (Hildesheim: Olms).

WELLS, CHRISTOPHER (1985). *German: A Linguistic History to 1945* (Oxford: Clarendon Press).

WENGELER, MARTIN (1995). '"1968" als sprachgeschichtliche Zäsur', in Stötzel and Wengeler (1995), 383-404.

WEYDT, HARALD (1993). *'Zärtl. Sie, m. bet. frl. Figur, die (. . .) eine m.-l. WA bes., sucht. . . .* Partnerschaftsanzeigen in Ost und West', in Klein and Paul (1993), 213-19.

WODAK, RUTH, and F. P. KIRSCH (eds.) (1995a). *Totalitäre Sprache—Langue de bois—Language of Dictatorship* (Vienna: Passagen Verlag).

_______ (1995b). 'Vorwort', in Wodak and Kirsch (1995a), 11-17.

WOLF, BIRGIT (2000). *Sprache in der DDR. Ein Wörterbuch* (Berlin, New York: de Gruyter).

WOLF, CHRISTA (1990). *Reden im Herbst* (Berlin, Weimar: Aufbau).

WOLF, RICARDA (1995). 'Interaktive Fallen auf dem Weg zum vorurteilsfreien Dialog. Ein deutsch-deutscher Versuch', in Czyzewski *et al.* (1995), 203-31.

WOLLE, STEFAN (1998). *Die heile Welt der Diktatur. Alltag und Herrschaft in der DDR 1971-1989* (Berlin: Christoph Links Verlag).

WOOLARD, KATHRYN (1985). 'Language variation and cultural hegemony: toward an integration of sociolinguistic and social theory', *American Ethnologist* 12 (4), 738-48.

_______ and BAMBI SCHIEFFELIN (1994). 'Language ideology', *Annual Review of*

Anthropology 23, 55-82.
WORCHEL, STEPHEN, and WILLIAM G. AUSTIN (eds.) (1986). *Psychology of Intergroup Relations* (Chicago: Nelson-Hall).
Wörter und Wendungen—von der Sprache der Konfrontation zur Sprache der Kooperation (1990). (Berlin: DDR-Komitee für wissenschaftliche Fragen der Sicherung des Friedens und der Abrüstung bei der Akademie der Wissenschaften der DDR).
Das Wörterbuch der Staatssicherheit. Definitionen des MfS zur 'politisch-operativen Arbeit' (1993). (Berlin: Der Bundesbeauftragte für die Unterlagen des Staatssicherheitsdienstes der ehemaligen Deutschen Demokratischen Republik).
WUNDERLICH, DIETER (1971). 'Zum Status der Soziolinguistik', in Klein and Wunderlich (1971), 297-321.
YLÖNEN, SABINE (1992). 'Probleme deutsch-deutscher Kommunikation', *Sprachreport* (2-3), 17-20.
ZELLWEGER, R. (ed.) (1987). *VIII. Internationale Deutschlehrertagung Bern: Ziele und Wege des Unterrichts in Deutsch als Fremdsprache* (Berne: Staatlicher Lehrmittelverlag).
Zum Sprachgebrauch unter dem Zeichen von Hammer, Zickel und Ährenkranz (1991). (Zwickau: Pädagogische Hochschule).

찾아보기

ㅇ

ㅎ

국어교육학회
국어교육번역총서 6

언어와 독일의 분열

2023년 2월 17일 초판 1쇄 찍음
2023년 2월 28일 초판 1쇄 펴냄

지은이 패트릭 스티븐슨
옮긴이 신명선 · 양수경 · 강남욱 · 강보선 · 박진희
감수 김하수
편집 이소영 · 김혜림 · 조유리
디자인 김진운
본문조판 민들레
마케팅 김현주

펴낸이 권현준
펴낸곳 ㈜사회평론아카데미
등록번호 2013-000247(2013년 8월 23일)
전화 02-326-1545
팩스 02-326-1626
주소 03993 서울특별시 마포구 월드컵북로6길 56
이메일 academy@sapyoung.com
홈페이지 www.sapyoung.com

ISBN 979-11-6707-092-0 93700

* 이 책은 인하대학교의 지원을 받아 만들었습니다.